Verbraucherschutzrecht

Hemmer/Wüst/d'Alquen/Stainer

Juristisches Repetitorium hemmer

Augsburg - Bayreuth - Berlin - Bielefeld - Bochum - Bonn - Bremen - Dortmund
Düsseldorf - Erlangen - Essen - Frankfurt/M. - Freiburg - Gießen - Göttingen - Greifswald
Halle - Hamburg - Hannover - Heidelberg - Jena - Kiel - Koblenz - Köln - Konstanz
Leipzig - Mainz - Marburg - München - Münster - Nürnberg - Osnabrück - Passau
Potsdam - Regensburg - Rostock - Saarbrücken - Stuttgart - Trier - Tübingen - Würzburg

Unsere Hauptkurse Zivilrecht - Öffentliches Recht - Strafrecht

Ab dem 5. - 6. Semester werden Sie sich erfahrungsgemäß für unsere Examensvorbereitungskurse interessieren. Hören Sie kostenlos Probe und besuchen Sie unsere Infoveranstaltungen.

Im Repetitorium gilt dann: Lernen am examenstypischen Fall!
Wir orientieren uns am Niveau des Examensfalls!

Gemäß unserem Berufsverständnis als Repetitoren vermitteln wir Ihnen nur das, worauf es ankommt: Wie gehe ich bestmöglich mit dem großen Fall, dem Examensfall, um. Aus diesem Grund konzentrieren wir uns nicht auf Probleme in einzelnen juristischen Teilbereichen. Bei uns lernen Sie, mit der Vielzahl von Rechtsproblemen fertig zu werden, die im Examensfall erkannt und zu einem einheitlichen Ganzen zusammengesetzt werden müssen („Struktur der Klausur"). Verständnis für das Ineinandergreifen der Rechtsinstitute und die Entwicklung eines Problembewusstseins sind aber zur Lösung typischer Examensfälle notwendig.

Ausgangspunkt unseres erfolgreichen Konzepts ist die generelle Problematik der Klausur oder Hausarbeit: Der Bearbeiter steht bei der Falllösung zunächst vor einer Dekodierungs- (Entschlüsselungs-) und dann vor einer (Ein-) Ordnungsaufgabe: Der Examensfall kann nur mit juristischem Verständnis und dem entsprechenden Begriffsapparat gelöst werden. Damit muss Wissen von vorneherein unter Anwendungsgesichtspunkten erworben werden. Abstraktes, anwendungsunspezifisches Lernen genügt nicht.

Man hofft auf die leichten Rezepte, die Schemata und den einfachen Rechtsprechungsfall. Die unnatürlich klare Zielsetzung der Schemata lässt aber keine Frage offen und suggeriert eine Einfachheit, die im Examen nicht besteht. Auch bleibt die der Falllösung zugrunde liegende juristische Argumentation auf der Strecke. Mit einer solchen Einstellung wird aber die korrekte, sachgerechte Lösung von Klausur und Hausarbeit verfehlt.

Ersteller als „imaginärer Gegner"

Der Ersteller des Examensfalls hat auf verschiedene Problemkreise und ihre Verbindung geachtet. Diesen Ersteller muss der Student als imaginären Gegner bei seiner Falllösung berücksichtigen. Er muss also versuchen, sich in die Gedankengänge, Annahmen und Ideen des Erstellers hineinzudenken und dessen Lösungsvorstellung wie im Dialog möglichst nahe zu kommen. Dazu gehört auch der Erwerb von Überzeugungssystemen, Denkmustern und ethischen Standards, die typischerweise und immer wieder von Klausurenerstellern den Examensfällen zugrunde gelegt werden.

Wir fragen daher konsequent bei der Falllösung:
Was will der Ersteller des Falls („Sound")?
Welcher „rote Faden" liegt der Klausur zugrunde („mainstreet")?
Welche Fallen gilt es zu erkennen?
Wie wird bestmöglicher Konsens mit dem Korrektor erreicht?

Wer sich überwiegend mit Grundfällen und dem Auswendiglernen von Meinungen beschäftigt, dem fehlt zum Schluss die Zeit, Examenstypik einzutrainieren. Es droht das Schreckgespenst des „Subsumtionsautomaten". Examensfälle zu lösen ist eine praktische und keine theoretische Aufgabe.

Spezielle Ausrichtung auf Examenstypik

Die Thematik der Examensfälle ist bei uns auffällig häufig vorher im Kurs behandelt worden. Auch in Zukunft ist damit zu rechnen, dass wir mit Ihnen innerhalb unseres Kurses die examenstypischen Kontexte besprechen, die in den nächsten Prüfungsterminen zu erwarten sind.

Schon beim alten Seneca galt: „Wer den Hafen nicht kennt, für den ist kein Wind günstig". Vertrauen Sie auf unsere Expertenkniffe. Seit 1976 analysieren wir Examensfälle und die damit einhergehenden wiederkehrenden Problemfelder. Problem erkannt, Gefahr gebannt. Die „hemmer-Methode" setzt richtungsweisende Maßstäbe und ist Gebrauchsanweisung für Ihr Examen.

Das Repetitorium hemmer ist bekannt für seine Spitzenergebnisse. Sehen Sie dieses Niveau als Anreiz für Ihr Examen. Orientieren Sie sich nach oben, nicht nach unten.

Unsere Hauptaufgabe sehen wir aber nicht darin, nur Spitzennoten zu produzieren: Wir streben auch für Sie ein solides Prädikatsexamen an. Regelmäßiges Training an examenstypischem Material zahlt sich also aus.

Gehen Sie mit dem sicheren Gefühl ins Examen, sich richtig vorbereitet zu haben. Gewinnen Sie mit der „hemmer-Methode".

www.hemmer.de

Juristisches Repetitorium hemmer
Mergentheimer Str. 44 / 97082 Würzburg
Tel.: 0931-7 97 82 30 / Fax: 0931-7 97 82 34

6 Monate kostenlos testen*

juris by hemmer – zwei starke Marken!

Ihre Online-Recherche: So leicht ist es, bequem von überall – zu Hause, im Zug, in der Uni – zu recherchieren. Ob Sie einen Gesetzestext suchen, Entscheidungen aus allen Gerichtsbarkeiten, zitierte und zitierende Rechtsprechung, Normen, Kommentare oder Aufsätze – **juris by hemmer** bietet Ihnen weitreichend verlinkte Informationen auf dem aktuellen Stand des Rechts.

Erfahrung trifft Erfahrung

juris verfügt inzwischen über mehr als dreißig Jahre Erfahrung in der Bereitstellung und Aufbereitung von Rechtsinformationen und war der erste, der digitale Rechtsinformationen angeboten hat. hemmer bildet seit 1976 Juristen aus. Das umfassende Lernprogramm des Marktführers bereitet gezielt auf die Staatsexamina vor. Jetzt ergänzt durch die intuitive Online-Recherche von juris.

Nutzen Sie die durch das Kooperationsmodell von **juris by hemmer** geschaffene Möglichkeit: Für die Scheine, vor dem Examen die neuesten Entscheidungen abrufen, schnelle Vorbereitung auf die mündliche Prüfung, bequemes Nachlesen der Originalentscheidung passend zur Life&LAW und den hemmer-Skripten. So erleichtern Sie sich durch frühzeitigen Umgang mit Onlinedatenbanken die spätere Praxis. Schon für Referendare ist die Online-Recherche unentbehrlich. Erst recht für den Anwalt oder im Staatsdienst ist der schnelle Zugriff obligatorisch. hemmer hat ein umfassendes juris-Paket geschnürt: Über 800.000 Entscheidungen, der juris PraxisKommentar zum BGB und Fachzeitschriften zu unterschiedlichen Rechtsgebieten ermöglichen eine Voll-Recherche!

Das „juris by hemmer"-Angebot für hemmer.club-Mitglieder

So einfach ist es, **juris by hemmer** kennenzulernen:

***Ihr Vorteil:** 6 Monate kostenfrei für alle Teilnehmer/-innen des hemmer Haupt-, Klausuren- oder Individualkurses oder des Assessorkurses, die sich während dieser Kursteilnahme anmelden und gleichzeitig hemmer.club-Mitglied sind. Die Mitgliedschaft im hemmer.club ist kostenlos.

Danach nur 2,90 € monatlich, solange Sie Jurastudent oder Rechtsreferendar sind. Voraussetzung ist auch dann die Mitgliedschaft im hemmer.club. Auch für alle hemmer.club-Mitglieder, die nicht (mehr) Kursteilnehmer sind, gilt unser Angebot: nur 2,90 € monatlich, solange Sie Jurastudent oder Rechtsreferendar sind. Kündigung jederzeit zum Monatsende möglich.

Jetzt anmelden unter „juris by hemmer": www.hemmer.de

Kursorte im Überblick

Augsburg
Wüst
Mergentheimer Str. 44
97082 Würzburg
Tel.: (0931) 79 78 230
Fax: (0931) 79 78 234
Mail: augsburg@hemmer.de

Bayreuth
Daxhammer/d´Alquen
Parkweg 7
97944 Boxberg
Tel.: (07930) 99 23 38
Fax: (07930) 99 22 51
Mail: bayreuth@hemmer.de

Berlin-Dahlem
Gast
Schumannstraße 18
10117 Berlin
Tel.: (030) 240 45 738
Fax: (030) 240 47 671
Mail: mitte@hemmer-berlin.de

Berlin-Mitte
Gast
Schumannstraße 18
10117 Berlin
Tel.: (030) 240 45 738
Fax: (030) 240 47 671
Mail: mitte@hemmer-berlin.de

Bielefeld
Lück
Salzstr. 14/15
48143 Münster
Tel.: (0251) 67 49 89 70
Fax.: (0251) 67 49 89 71
Mail: bielefeld@hemmer.de

Bochum
Schlömer/Sperl
Salzstr. 14/15
48143 Münster
Tel.: (0251) 67 49 89 70
Fax.: (0251) 67 49 89 71
Mail: bochum@hemmer.de

Bonn
Ronneberg/Clobes/Geron
Meckenheimer Allee 148
53115 Bonn
Tel.: (0228) 91 14 125
Fax: (0228) 91 14 141
Mail: bonn@hemmer.de

Bremen
Kulke/Hermann
Mergentheimer Str. 44
97082 Würzburg
Tel.: (0931) 79 78 257
Fax: (0931) 79 78 240
Mail: bremen@hemmer.de

Dresden
Stock
Zweinaundorfer Str. 2
04318 Leipzig
Tel.: (0341) 6 88 44 90
Fax: (0341) 6 88 44 96
Mail: dresden@hemmer.de

Düsseldorf
Ronneberg/Clobes/Geron
Meckenheimer Allee 148
53113 Bonn
Tel.: (0228) 91 14 125
Fax: (0228) 91 14 141
Mail: duesseldorf@hemmer.de

Erlangen
Grieger/Tyroller
Mergentheimer Str. 44
97082 Würzburg
Tel.: (0931) 79 78 230
Fax: (0931) 79 78 234
Mail: erlangen@hemmer.de

Frankfurt/M.
Geron
Dreifaltigkeitsweg 49
53489 Sinzig
Tel.: (02642) 61 44
Fax: (02642) 61 44
Mail: frankfurt.main@hemmer.de

Frankfurt/O.
Gast
Schumannstraße 18
10117 Berlin
Tel.: (030) 240 45 738
Fax: (030) 240 47 671
Mail: mitte@hemmer-berlin.de

Freiburg
Behler/Rausch
Rohrbacher Str. 3
69115 Heidelberg
Tel.: (06221) 65 33 66
Fax: (06221) 65 33 30
Mail: freiburg@hemmer.de

Gießen
Sperl
Parkweg 7
97944 Boxberg
Tel.: (07930) 99 23 38
Fax: (07930) 99 22 51
Mail: giessen@hemmer.de

Göttingen
Schlömer/Sperl
Kirchhofgärten 22
74635 Kupferzell
Tel.: (07944) 94 11 05
Fax: (07944) 94 11 08
Mail: goettingen@hemmer.de

Greifswald
Burke/Lück
Buchbinderstr. 17
18055 Rostock
Tel.: (0381) 3 77 74 00
Fax: (0381) 3 77 74 01
Mail: greifswald@hemmer.de

Halle
Ra. J. Luke
Haferkornstr. 46
04129 Leipzig
Tel.: (0341) 49 25 54 70
Fax: (0341) 49 25 54 71
Mail: halle@hemmer.de

Hamburg
Schlömer/Sperl
Steinhöft 5-7
20459 Hamburg
Tel.: (040) 317 669 17
Fax: (040) 317 669 20
Mail: hamburg@hemmer.de

Hannover
Daxhammer/Sperl
Matzenhecke 23
97204 Höchberg
Tel.: (0931) 400 337
Fax: (0931) 404 3109
Mail: hannover@hemmer.de

Heidelberg
Behler/Rausch
Rohrbacher Str. 3
69115 Heidelberg
Tel.: (06221) 65 33 66
Fax: (06221) 65 33 30
Mail: heidelberg@hemmer.de

Jena
Richard Weber
c/o Kanzlei Luke
Haferkornstr. 46
04129 Leipzig

Mail: halle@hemmer.de

Kiel
Schlömer/Sperl
Kirchhofgärten 22
74635 Kupferzell
Tel.: (07944) 94 11 05
Fax: (07944) 94 11 08
Mail: kiel@hemmer.de

Köln
Ronneberg/Clobes/Geron
Meckenheimer Allee 148
53113 Bonn
Tel.: (0228) 91 14 125
Fax: (0228) 91 14 141
Mail: koeln@hemmer.de

Konstanz
Guldin/Kaiser
Hindenburgstr. 15
78467 Konstanz
Tel.: (07531) 69 63 63
Fax: (07531) 69 63 64
Mail: konstanz@hemmer.de

Leipzig
Ra. J. Luke
Haferkornstr. 46
04129 Leipzig
Tel.: (0341) 49 25 54 70
Fax: (0341) 49 25 54 71
Mail: leipzig@hemmer.de

Mainz
Geron
Dreifaltigkeitsweg 49
53489 Sinzig
Tel.: (02642) 61 44
Fax: (02642) 61 44
Mail: mainz@hemmer.de

Mannheim
Behler/Rausch
Rohrbacher Str. 3
69115 Heidelberg
Tel.: (06221) 65 33 66
Fax: (06221) 65 33 30
Mail: mannheim@hemmer.de

Marburg
Sperl
Parkweg 7
97944 Boxberg
Tel.: (07930) 99 23 38
Fax: (07930) 99 22 51
Mail: marburg@hemmer.de

München
Wüst
Mergentheimer Str. 44
97082 Würzburg
Tel.: (0931) 79 78 230
Fax: (0931) 79 78 234
Mail: muenchen@hemmer.de

Münster
Schlömer/Sperl
Salzstr. 14/15
48143 Münster
Tel.: (0251) 67 49 89 70
Fax.: (0251) 67 49 89 71
Mail: muenster@hemmer.de

Osnabrück
Fethke
Liebknechtstr. 35
99086 Erfurt
Tel.: (0541) 18 55 21 79
Fax.: ---
Mail: osnabrueck@hemmer.de

Passau
Rath/Wenzl
Mergentheimer Str. 44
97082 Würzburg
Tel.: (0931) 79 78 230
Fax: (0931) 79 78 234
Mail: passau@hemmer.de

Potsdam
Gast
Schumannstraße 18
10117 Berlin
Tel.: (030) 240 45 738
Fax: (030) 240 47 671
Mail: mitte@hemmer-berlin.de

Regensburg
Daxhammer/d´Alquen
Parkweg 7
97944 Boxberg
Tel.: (07930) 99 23 38
Fax: (07930) 99 22 51
Mail: regensburg@hemmer.de

Rostock
Burke/Lück
Buchbinderstr. 17
18055 Rostock
Tel.: (0381) 3777 400
Fax: (0381) 3777 401
Mail: rostock@hemmer.de

Saarbrücken
Bold/Hein/Issa
Preslesstraße 2
66987 Thaleischweiler-Fröschen
Tel.: (06334) 98 42 83
Fax: (06334) 98 42 83
Mail: saarbruecken@hemmer.de

Trier
Geron
Dreifaltigkeitsweg 49
53489 Sinzig
Tel.: (02642) 61 44
Fax: (02642) 61 44
Mail: trier@hemmer.de

Tübingen
Guldin/Kaiser
Hindenburgstr. 15
78465 Konstanz
Tel.: (07531) 69 63 63
Fax: (07531) 69 63 64
Mail: tuebingen@hemmer.de

Würzburg
- ZENTRALE -

Mergentheimer Str. 44
97082 Würzburg
Tel.: (0931) 79 78 230
Fax: (0931) 79 78 234
Mail: wuerzburg@hemmer.de

VORBEREITUNG AUF DAS ZWEITE STAATSEXAMEN

ASSESSORKURSORTE IM ÜBERBLICK

BAYERN
WÜRZBURG/MÜNCHEN/NÜRNBERG/REGENSBURG/POSTVERSAND

RA I. Gold
Mergentheimer Str. 44
97082 Würzburg
Tel.: (0931) 79 78 2-50
Fax: (0931) 79 78 2-51
Mail: assessor@hemmer.de

BADEN-WÜRTTEMBERG
KONSTANZ/TÜBINGEN/POSTVERSAND

Rae F. Guldin/B. Kaiser
Hindenburgstr. 15
78467 Konstanz
Tel.: (07531) 69 63 63
Fax: (07531) 69 63 64
Mail: konstanz@hemmer.de

STUTTGART

Rae R. Rödl / A. Baier
Mergentheimerstr. 44
97082 Würzburg
Tel. 0931-7978230
Fax. 0931-7978234
Mail: stuttgart@hemmer.de

BERLIN/POTSDAM/BRANDENBURG
BERLIN

RA L. Gast
Schumannstr. 18
10117 Berlin
Tel.: (030) 24 04 57 38
Fax: (030) 24 04 76 71
Mail: mitte@hemmer-berlin.de

BREMEN/HAMBURG
HAMBURG/POSTVERSAND

Rae M. Sperl/Clobes/Dr.Schlömer
Kirchhofgärten 22
74635 Kupferzell
Tel.: (07944) 94 11 05
Fax: (07944) 94 11 08
Mail: assessor-nord@hemmer.de

HESSEN
FRANKFURT

RA A. Geron
Dreifaltigkeitsweg 49
53489 Sinzig
Tel.: (02642) 61 44
Fax: (02642) 61 44
Mail: frankfurt.main@hemmer.de

MECKLENBURG-VORPOMMERN
POSTVERSAND

Ludger Burke/Johannes Lück
Buchbinderstr. 17
18055 Rostock
Tel.: (0381) 37 77 40 0
Fax: (0381) 37 77 40 1
Mail: rostock@hemmer.de

RHEINLAND-PFALZ
POSTVERSAND

RA A. Geron
Dreifaltigkeitsweg 49
53489 Sinzig
Tel.: (02642) 61 44
Fax: (02642) 61 44
Mail: trier@hemmer.de

NIEDERSACHSEN
HANNOVER

RAe M. Sperl/Dr. Schlömer
Steinhöft 5 - 7
20459 Hamburg
Tel.: (040) 317 669 17
Fax: (040) 317 669 20
Mail: assessor-nord@hemmer.de

HANNOVER POSTVERSAND

RAe M. Sperl/Clobes/Dr. Schlömer
Kirchhofgärten 22
74635 Kupferzell
Tel.: (07944) 94 11 05
Fax: (07944) 94 11 08
Mail: assessor-nord@hemmer.de

NORDRHEIN-WESTFALEN
KÖLN/BONN/DORTMUND/DÜSSELDORF/POSTVERSAND

Dr. A. Ronneberg
Meckenheimer Allee 148
53113 Bonn
Tel.: (0228) 91 14 125
Fax: (0228) 91 14 141
Mail: koeln@hemmer.de

SCHLESWIG-HOLSTEIN
POSTVERSAND

RAe M. Sperl/Clobes/Dr. Schlömer
Kirchhofgärten 22
74635 Kupferzell
Tel.: (07944) 94 11 05
Fax: (07944) 94 11 08
Mail: assessor-nord@hemmer.de

THÜRINGEN
POSTVERSAND

RA Stock, RA Hunger & Kollegen
Zweinaundorfer Str. 2
04318 Leipzig
Tel.: (0341) 6 88 44 90 oder -93
Fax: (0341) 6 88 44 96
Mail: dresden@hemmer.de

SACHSEN
DRESDEN/LEIPZIG/POSTVERSAND

RA Stock, RA Hunger & Kollegen
Zweinaundorfer Str. 2
04318 Leipzig
Tel.: (0341) 6 88 44 90 oder -93
Fax: (0341) 6 88 44 96
Mail: dresden@hemmer.de

SACHSEN-ANHALT
POSTVERSAND

RA Stock, RA Hunger & Kollegen
Zweinaundorfer Str. 2
04318 Leipzig
Tel.: (0341) 6 88 44 90 oder -93
Fax: (0341) 6 88 44 96
Mail: dresden@hemmer.de

Verbraucherschutzrecht

Hemmer/Wüst/d'Alquen/Stainer

Hemmer/Wüst Verlagsgesellschaft

Das Skript ist urheberrechtlich geschützt. Die dadurch begründeten Rechte, insbesondere des Nachdrucks, der Wiedergabe auf photomechanischem oder ähnlichem Wege und der Speicherung in Datenverarbeitungsanlagen bleiben, auch bei nur auszugsweiser Verwertung, der Hemmer/Wüst-Verlagsgesellschaft vorbehalten.

Hemmer/Wüst/d'Alquen/Stainer, Verbraucherschutzrecht

ISBN 978-3-86193-841-5

5. Auflage 2019

gedruckt auf chlorfrei gebleichtem Papier
von Schleunungdruck GmbH, Marktheidenfeld

INHALTSVERZEICHNIS

§ 1 EINLEITUNG ... 1

A) Der Begriff des Verbraucherschutzrechts ... 1
- I. Verbraucherschutzrecht im weiteren Sinne ... 1
- II. Verbraucherschutzrecht im engeren Sinne ... 1

B) Sinn und Zweck des Verbraucherschutzrechts ... 1

C) Instrumente des Verbraucherschutzrechts ... 2

D) Entwicklung des Verbraucherschutzrechts ... 3

E) Europarechtliche Bezüge des Verbraucherschutzrechts ... 4
- I. Der europarechtliche Ursprung des Verbraucherschutzrechts ... 4
- II. Das Gebot der richtlinienkonformen Auslegung ... 5
  1. Der Grundsatz der richtlinienkonformen Auslegung ... 5
  2. Grenzen der richtlinienkonformen Auslegung ... 5
  3. Beispielsfall ... 6

§ 2 DER VERBRAUCHERBEGRIFF ... 9

A) Der „Verbraucher" im weiteren Sinne ... 9

B) Der Verbraucher i.S.v. § 13 BGB ... 9
- I. Natürliche Person ... 10
  1. Natürliche ⇔ juristische Personen ... 10
  2. Unternehmer als Verbraucher ... 12
  3. Der Existenzgründer ... 12
  4. Der Arbeitnehmer als Verbraucher ... 13
  5. Der Gesellschafter/Geschäftsführer einer GmbH ... 17
  6. Der Gesellschafter einer Personengesellschaft ... 17
- II. Zweckbestimmung ... 18
- III. Zuordnung des Rechtsgeschäfts ... 18
  1. Objektive Zuordnung ... 18
  2. Relevanter Zeitpunkt ... 19
  3. Beweislast ... 19
  4. Dual use ... 20
  5. Der Scheinunternehmer ... 20
- IV. „Abgeschlossenes Rechtsgeschäft" ... 20

§ 3 DER UNTERNEHMERBEGRIFF, § 14 BGB ... 21

A) Definition ... 21

B) Anwendbarkeit des § 344 I HGB analog ... 22

§ 4 STELLVERTRETUNG UND VERBRAUCHERSCHUTZ ... 23

A) Einführung ... 23

B) Die Rechtsprechung des BGH ... 23

I. Die betroffenen Schutzinteressen 23

II. Die frühere Rechtsprechung des BGH 24

III. Die Reaktion des Gesetzgebers 24

IV. Stellvertretung und weitere Verbraucherschutzvorschriften 24

§ 5 UNBESTELLTE LEISTUNGEN, § 241A BGB 29

A) Einführung 29

B) Die Rechtslage vor Einfügung des § 241a BGB 29

C) Besonderer Verbraucherschutz durch § 241a BGB 31

I. Rechtsfolge 31

    1. Ausschluss vertraglicher Ansprüche 31

    2. Ausschluss gesetzlicher Ansprüche 34

    3. Ausnahmen 35

II. Persönlicher Anwendungsbereich 35

III. Sachlicher Anwendungsbereich 35

IV. Unbestellt 36

    1. Vorliegen einer unbestellten Sache im Vertragsverhältnis 36

        a) Stückkauf 36

        b) Gattungskauf 36

    2. Vorsätzliche Falschlieferung 37

    3. Fahrlässige Falschlieferung 37

D) Sonderprobleme bei § 241a BGB 39

I. Forderung eines höheren Preises 39

II. Weitergabe an Dritte 40

    1. Herausgabeanspruch gegen den Erwerber 40

    2. Anspruch auf Herausgabe des Erlöses 42

    3. Ansprüche Dritter gegen den Verbraucher 42

    4. Ansprüche bei Beschädigung oder Zerstörung der Sache durch einen Dritten 43

E) Die strafrechtliche Relevanz des § 241a BGB 45

I. Tatbestandskorrektur 46

II. § 241a BGB als Rechtfertigungsgrund 46

§ 6 ALLGEMEINE GESCHÄFTSBEDINGUNGEN 47

A) Einführung 47

B) Die verbraucherschutzrechtliche Relevanz der §§ 305 ff. BGB 49

C) Rechtsfolge 49

I. Unwirksamkeit der Klausel 49

II. Vorrangige Prüfung des zwingenden Gesetzesrechts 49

III. Nichteinbeziehung in den Vertrag 50

IV. Folgen der Nichteinbeziehung bzw. Unwirksamkeit 50

D) Prüfungsreihenfolge 52

E) Begrifflicher Anwendungsbereich 52

I. Vertragsbedingungen 52
1. Einzelerläuterungen 52
2. Erweiterung auf bestimmte einseitige Rechtsgeschäfte 53

II. Vorformulierung 53

III. Für eine Vielzahl von Verträgen 54

IV. Ausnahme: Verbraucherverträge 55

V. Veranlassung der Einbeziehung durch den Verwender ("Stellen") 55

VI. Die Individualvereinbarung, § 305 I S.3 BGB 56

F) Sachlicher Anwendungsbereich 58

G) Persönlicher Anwendungsbereich 58

H) Verbraucherverträge 59

I) Einbeziehung 59

I. Grundsatz 59

II. Der Hinweis des Verwenders, 305 II Nr.1 BGB 60

III. Möglichkeit der Kenntnisnahme, § 305 II Nr.2 BGB 61

IV. Einverständnis des Vertragspartners 64
1. Rahmenvereinbarung 64
2. Das Problem sich widersprechender AGB 64

V. Überraschende Klauseln, § 305c I BGB 65

J) Auslegung von AGB 66

I. Allgemeines 66

II. Der Vorrang der Individualabrede, § 305b BGB 67

III. Die Unklarheitenregelung, § 305c II BGB 69

IV. Prüfungsrelevanz der Auslegung 69
1. Bei der Eröffnung der Inhaltskontrolle gem. § 307 III BGB 69
2. Bei der Inhaltskontrolle gem. der §§ 307 ff. BGB 70
3. Bei der Auslegung einer wirksamen AGB-Klausel 71

K) Die Inhaltskontrolle 71

I. Anwendbarkeit der Inhaltskontrolle nach den §§ 307 ff. BGB 72

II. Klauselverbote ohne Wertungsmöglichkeit, § 309 BGB 73
1. § 309 Nr.1 BGB: Verbot kurzfristiger Preiserhöhungen 73
2. § 309 Nr.5 BGB: Die Pauschalierung von Schadensersatzansprüchen 74
3. § 309 Nr.6 BGB: Vertragsstrafen 74
4. Vorbemerkung zu den neuen § 309 Nr.7 – 10 BGB 75
5. § 309 Nr.7: Haftungsbeschränkung bei grobem Verschulden 75
6. § 309 Nr.8 BGB: Sonstige Pflichtverletzung 76
7. § 309 Nr.13 BGB: Form von Anzeigen und Erklärungen 79

III. Klauselverbote mit Wertungsmöglichkeit, § 308 BGB 80

IV. Generalklausel, § 307 I, II BGB 80

L) Hinweise zur Formulierung eigener AGB 85

§ 7 WIDERRUFSRECHT BEI VERBRAUCHERVERTRÄGEN 86

A) Einführung 86

B) Rechtsfolge 87

I. Gegenseitige Rückgewähr, §§ 355 III; 357 I–V BGB 88

II. Kostentragung, § 357 VI BGB 89

III. Wertersatz, § 357 VII–IX BGB 90

IV. Abschließende Regelung, Benachteiligungsverbot, § 361 BGB 92

C) Gesetzesstruktur des Verbraucherwiderrufs 94

D) Voraussetzungen 95

I. Widerrufsrecht 96

1. Außerhalb von Geschäftsräumen geschlossene Verträge, §§ 312b; 312g BGB 96
   a) Persönlicher Anwendungsbereich 97
   b) Sachlicher Anwendungsbereich 97
      aa) Entgeltliche Leistung 97
      bb) Keine Bereichsausnahme gem. § 312 II, V, VI BGB 97
      cc) Vorliegen eines Außergeschäftsraumvertrages 99
      dd) Kein Ausschluss des Widerrufsrechts gem. § 312g II S.1 BGB 101
      ee) Keine Subsidiarität gem. § 312g III BGB 106
      ff) Kein Erlöschen des Widerrufsrechts gem. § 356 IV, V BGB 106
   c) Informationspflichten bei Außergeschäftsraumverträgen 108
      aa) Allgemeine Pflichten und Grundsätze gem. § 312a BGB 108
      bb) Besondere Informationspflichten gem. §§ 312d, 312e BGB 108
      cc) Form, § 312f I BGB, Art. 246a § 4 EGBGB 109
      dd) Folgen bei Verstoß gegen die Informationspflichten 110
   d) Abweichende Vereinbarungen 110
2. Fernabsatzverträge, §§ 312c, 312g BGB 110
   a) Persönlicher Anwendungsbereich 111
   b) Sachlicher Anwendungsbereich 111
      aa) Fernabsatzvertrag, § 312c I BGB 111
      bb) Informationspflichten bei Fernabsatzverträgen 112
   c) Pflichten im elektronischen Geschäftsverkehr, §§ 312i f. BGB 113
      aa) Allgemeine Pflichten im e-Commerce, § 312i BGB 113
      bb) Verbraucherverträge und e-Commerce 114
      cc) Rechtsfolgen bei einem Verstoß gegen §§ 312i; 312j BGB 115
      dd) Vertragsschluss beim e-Commerce 116
3. Verbraucherverträge über Finanzdienstleistungen 118
   a) Anwendbarkeit des (subsidiären) Widerrufsrechts aus § 312g I BGB 119
   b) Informationspflichten, § 312d II BGB 119
   c) Rechtsfolgen, §§ 355 III; 357a BGB 120
4. Teilzeit-Wohnrechteverträge, §§ 481 ff. BGB 120
   a) Das Widerrufsrecht 121
      aa) Persönlicher Anwendungsbereich 121
      bb) Sachlicher Anwendungsbereich 121
      cc) Widerrufsrecht nach §§ 485; 355 I BGB 121
   b) Sonderregelungen für Teilzeit-Wohnrechteverträge 122
   c) Räumlicher Anwendungsbereich 122

5. Verbraucherdarlehensverträge und ähnliche Finanzierungshilfen 122
    a) Wirtschaftliche Bedeutung des Widerrufsrechts 123
    b) Widerrufsrechte 123
        aa) Persönlicher Anwendungsbereich 123
        bb) Sachlicher Anwendungsbereich 124
6. Erstreckung des Widerrufs auf verbundene Verträgen gem. § 358 BGB 139
    a) Voraussetzungen 139
    b) Ausnahme: Finanzierung von Grundstücken und grundstücksgleichen Rechten, § 358 III S.3 BGB 140
    c) Widerruf des Kauf- bzw. Darlehensvertrages 141
7. Zusammenhängende Verträge 146
8. Der Verbraucherbauvertrag, §§ 650i ff. BGB 146

II. Die Widerrufserklärung 146

III. Form 146

IV. Frist 147
    1. Fristbeginn 147
    2. Fristdauer 147
    3. Fristwahrung 152
    4. Beweislast 152

V. Abdingbarkeit 152

§ 8 VERBRAUCHSGÜTERKAUF 153

A) Anwendungsbereich 153

B) Regelungsinhalt der §§ 474 ff. BGB 154

    I. Einschränkung abweichender Vereinbarungen, § 475 BGB 154
        1. § 476 I BGB 154
        2. § 476 II BGB 156

    II. Beweislastumkehr 158

    III. Gefahrübergang 160

    IV. Sonderbestimmung für Garantien, § 479 BGB 161

    V. Nachlieferung und Nutzungsersatz, § 475 III S.1 BGB 162

    VI. Sonderbestimmungen für den Unternehmerregress, § 478 BGB 163

    VII. Fälligkeit der Leistung 164

§ 9 PAUSCHALREISEVERTRAG 165

A) Entwicklung des Pauschalreiserechts 165

B) Anwendbare Vorschriften 165

C) Zustandekommen und Inhalt des Pauschalreisevertrages 166

    I. Reiseveranstalter, Leistungsträger und Vermittler 166

    II. Gesamtheit von mindestens zwei verschiedenen Arten von Reiseleistungen, § 651a II BGB 168

    III. Informationspflichten und Vertragsinhalt, § 651d BGB 170

IV. Änderungen des Vertragsinhalts 170

    1. Einseitige Vertragsänderung durch den Veranstalter bei unerheblichen Änderungen 170
    2. Erhebliche Vertragsänderungen 172

V. Reisender und weitere Reiseteilnehmer 173

D) Hauptpflichten beim Reisevertrag 173

I. Hauptpflicht des Reiseveranstalters 173

II. Hauptpflicht des Reisenden 174

E) Rechte der Parteien bei Nichterfüllung der Hauptpflichten 175

I. Verhältnis der §§ 651i ff. BGB zu den allgem. Vorschriften 175

    1. Verhältnis zu §§ 119 ff. BGB 175
    2. Verhältnis zu § 323 bzw. § 280 und §§ 280 I, III, 281 BGB bei behebbaren Reisemängeln 175
    3. Verhältnis zum Unmöglichkeitsrecht bei unbehebbaren Reisemängeln 175

II. Rechte des Reisenden bei Reisemängeln 176

    1. Vorliegen eines Reisemangels, § 651i II BGB 176
    2. Recht des Reisenden auf Abhilfe, Selbstabhilfe und Aufwendungsersatz gemäß § 651i III Nr.1 bis 4 i.V.m. § 651k BGB 178
    3. Minderung, § 651 III Nr.6 i.V.m. § 651m BGB 182
    4. Kündigungsrecht, § 651i III Nr.5 i.V.m. § 651l BGB 184
    5. Schadensersatz, §§ 651i III Nr.7, 651n BGB 185

III. Deliktische Schadensersatzpflicht wegen Verletzung von Verkehrssicherungspflichten, § 823 I BGB 188

IV. Ansprüche des Reisenden gegen das den Flug ausführende Unternehmen („Fluggastrechte") 190

F) Nebenpflichten und Nebenpflichtverletzungen 191

G) Zulässige Haftungsbeschränkung, § 651p I BGB 192

H) Besondere Rechte der Parteien 193

I. Vertragsübertragung vor Reisebeginn, § 651e BGB (sog. „Ersetzungsbefugnis" des Reisenden) 193

II. Rücktrittsrecht des Reisenden vor Reisebeginn, § 651h I BGB 194

III. Rücktrittsrecht des Reiseveranstalters vor Reisebeginn, § 651h IV BGB 195

§ 10 DER EHEMAKLERVERTRAG, § 656 BGB 196

§ 11 GEWINNZUSAGEN, § 661A BGB 198

§ 12 VERBRAUCHERSCHUTZ EINZELNER VORSCHRIFTEN 200

A) Schuldnerverzug 200

B) Produkthaftungsgesetz 200

C) Haftung bei Kreditkartenmissbrauch 201

D) Sonstiges 201

§ 13 UNTERLASSUNGSKLAGENGESETZ 202

A) Zweck und Rechtsnatur der Klagen 202

B) Anwendungsbereich 202

C) Die vom UKlaG erfassten Ansprüche 202

I. Unterlassungsansprüche gegen den Verwender unwirksamer AGB 202

II. Unterlassungsansprüche gegen den Empfehlenden unwirksamer AGB 203

III. Unterlassungsanspruch gegen den Verletzer von Verbraucherschutzgesetzen 203

D) Die anspruchsberechtigten Verbände 203

E) Zulässigkeit der Klage nach dem UKlaG 204

HEMMER/WÜST VERLAG

DIGITAL EDITION
UNSERE EBOOKS ERHÄLTLICH FÜR IHRE MOBILGERÄTE UND PC'S:

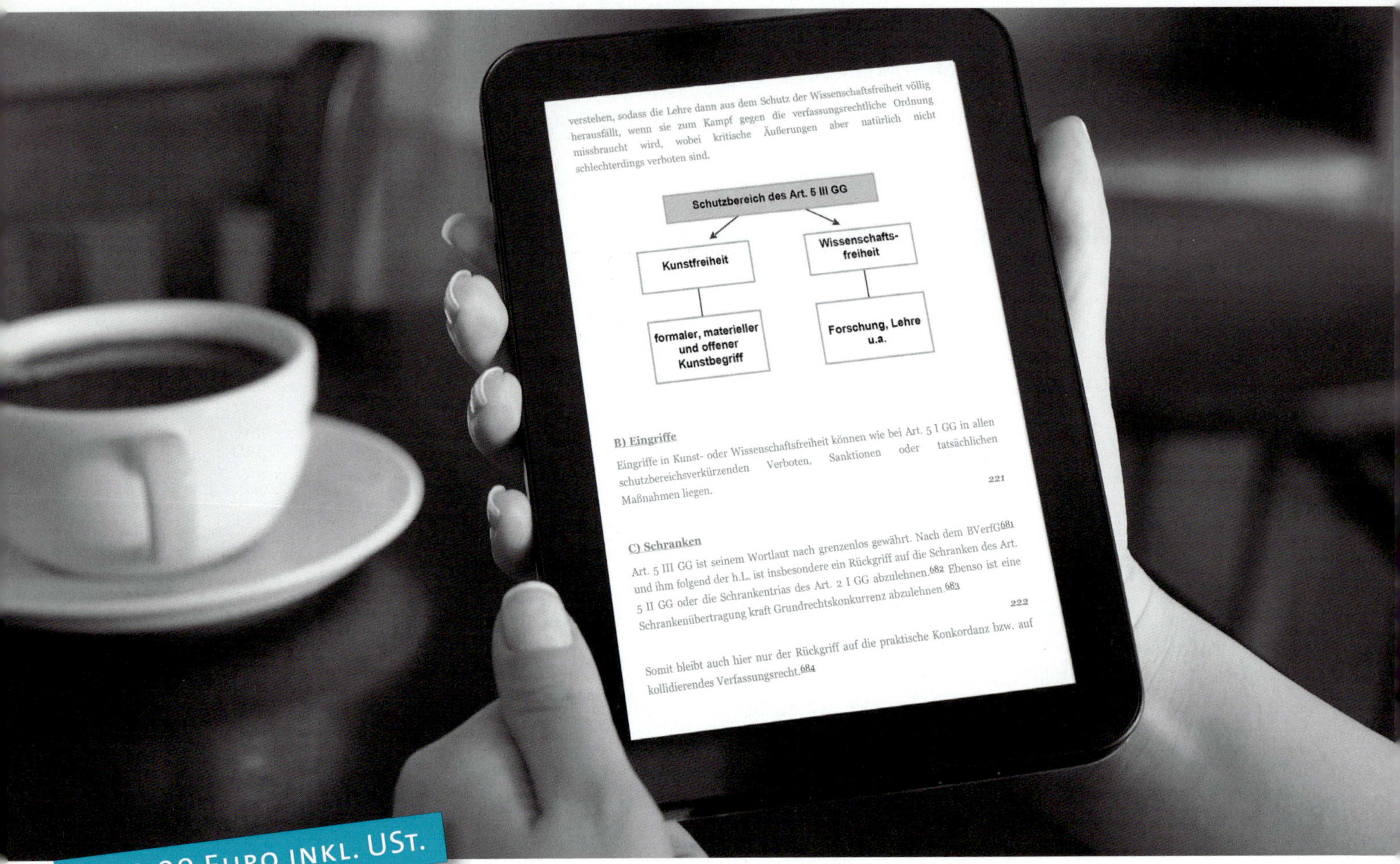

AB: 9,90 EURO INKL. USt.

ERHÄLTLICHE EBOOKS AUS DEN RUBRIKEN:

- ✓ GRUNDWISSEN
- ✓ DIE WICHTIGSTEN FÄLLE
- ✓ BASICS
- ✓ HAUPTSKRIPTE
- ✓ SCHWERPUNKT
- ✓ STEUERRECHT
- ✓ ASSESSORSKRIPTE
- ✓ WIWIS, BWLER, & STEUERBERATER
- ✓ PHILSOPH.-PSYCHOLOG. RATGEBER

SIE FINDEN UNSERE EBOOKS UNTER
WWW.HEMMER-SHOP.DE

§ 1 EINLEITUNG

A) Der Begriff des Verbraucherschutzrechts

I. Verbraucherschutzrecht im weiteren Sinne

Verbraucherschutzrecht im weiteren Sinne

Unter **Verbraucherschutzrecht im weiteren Sinne** versteht man Vorschriften, die dem Schutz von Verbrauchern dienen. Dieser Begriff liegt auch der Legaldefinition des § 2 I S.1 UKlaG (Schönfelder Nr.105) für Verbraucherschutzgesetze zugrunde.

Eine Art „Verbraucherschutzgesetzbuch", vergleichbar etwa mit dem HGB für Kaufleute, gibt es nicht. Das sog. Verbraucherschutzrecht (im weiteren Sinne) dient vielmehr als ein Oberbegriff für eine Vielzahl von höchst unterschiedlich strukturierten gesetzlichen Regelungen, welche in § 2 II Nr.1 - 6 UKlaG nicht abschließend („ ... insbesondere ... ") aufgeführt sind.

II. Verbraucherschutzrecht im engeren Sinne

Verbraucherschutzrecht im engeren Sinne

Verbraucherschutzrecht im engeren Sinne ist dagegen jedes Recht, dessen Anwendung von der Beteiligung eines **„Verbrauchers" i.S.d. § 13 BGB** auf einer Seite des Vertrages abhängt.

> **hemmer-Methode:** Die Abgrenzung zwischen Verbraucherschutzrecht i.e.S. und Verbraucherschutzrecht i.w.S. erfolgt anhand des „Verbraucherbegriffs". Für die Klausurlösung hat dies zur Konsequenz, dass Sie die Voraussetzungen des § 13 BGB nur dann prüfen müssen, wenn der betreffende Tatbestand die Beteiligung eines solchen ausdrücklich verlangt.

B) Sinn und Zweck des Verbraucherschutzrechts

Ungleichgewicht der Verhandlungsstärke

a) Allen Verbraucherschutzvorschriften ist gemein dass sie den Risiken des privaten Konsums entgegenwirken sollen, die sich für den Verbraucher aufgrund seiner **strukturellen Unterlegenheit** gegenüber dem Unternehmer ergeben.

Informationsasymmetrie zwischen Verbraucher und Unternehmer

b) So hat der Unternehmer gegenüber dem Verbraucher meist einen Informationsvorsprung bezüglich der rechtlichen und tatsächlichen Aspekte des Geschäfts. Diese **informatorische Unterlegenheit** des Verbrauchers führt dazu, dass es auch dem aufgeklärten und kaufkräftigen Verbraucher nicht möglich ist, die Konditionen wirklich zu vergleichen: Seine Transaktionskosten (Kosten für die Vertragsdurchführung, z.B. Informationsbeschaffung bei unabhängigem Gutachter/Rechtsanwalt) sind erheblich höher als die der Anbieter, die derartige Kosten aufgrund der Vielzahl der von ihnen abgeschlossenen Verträge leichter umverteilen können. Dementsprechend wird der Verbraucher in der Regel auf einen Vergleich der Konditionen verschiedener Anbieter verzichten.

> *Bsp.: Der Unternehmer kennt die Eigenschaften seines Produktes besser als der Verbraucher. Des Weiteren wird der Unternehmer in der Regel auch eine bessere Übersicht über das Angebot seiner Konkurrenten haben. Dagegen fehlt es dem Verbraucher oft am Wissen über die einschlägigen gesetzlichen Regelungen und seine hieraus resultierenden Rechte. Zudem wird es ihm oft kaum möglich sein, sich ohne weiteres in dem in manchen Branchen herrschenden Tarifdschungel zu orientieren.*

Ungleichgewicht der Verhandlungsstärke

c) Des Weiteren verfügt der Unternehmer aufgrund seiner wirtschaftlichen Überlegenheit meist über eine bessere Verhandlungsposition und ist üblicherweise nicht darauf angewiesen, mit einem bestimmten Verbraucher einen Vertrag abzuschließen. Auf manchen Märkten ist das Angebot derart knapp und die Nachfrage derart groß, dass der auf die Leistung Angewiesene praktisch keine Möglichkeit hat, von seiner Vertragsfreiheit Gebrauch zu machen und auf den Inhalt des Vertrages Einfluss zu nehmen. Hieraus ergibt sich ein **Ungleichgewicht der Verhandlungsstärke** („inequality of bargaining power").

> *Bsp.: Die überlegene Verhandlungsstärke eines Unternehmers zeigt sich insbesondere dann, wenn es um die Einbeziehung von Allgemeinen Geschäftsbedingungen geht. Dem Verbraucher wird es in der Regel nicht gelingen, hiervon abweichende Regelungen durchzusetzen. Er kommt gar nicht auf den Gedanken, etwa mit der Kassiererin über einen Haftungsausschluss zu verhandeln.*

C) Instrumente des Verbraucherschutzrechts

Zwingender Charakter des Verbraucherschutzrechts

a) Den Verbraucherschutzvorschriften kommt in dem Spannungsverhältnis zwischen Verbraucher und Unternehmer die Aufgabe zu, dem Verbraucher einen bestimmten Mindestschutz durch **zwingende (indisponible) Rechtsvorschriften** zu gewähren, siehe §§ 241a III S.1, 312k, 306a, 476, 487, 512, 651y, 655e BGB.

hemmer-Methode: Wären die Verbraucherschutzvorschriften disponibel, könnten sie von den Unternehmern viel zu leicht umgangen oder ausgehebelt werden. Bei der Rechtsanwendung ist daher auch zu beachten, dass eine restriktive Auslegung und eine teleologische Reduktion zu Lasten des Verbrauchers nur in bestimmten Ausnahmefällen in Betracht kommen können.

Schutz vor unangemessenen Vertragsbedingungen

b) Die „klassischen" Schutzrechte zielen auf den **Schutz vor unangemessenen Vertragsbedingungen** ab. Hier sind insbesondere die §§ 305 ff. BGB hinsichtlich Allgemeiner Geschäftsbedingungen und die Vorschriften für Verbraucherdarlehen, §§ 491 ff. BGB, zu nennen. Dabei steht die Begrenzung der Ausübung oder des Missbrauchs der wirtschaftlichen Übermacht seitens der Unternehmer im Vordergrund.

Herstellung der Transparenz der Marktbedingungen

c) Bei den „modernen" Schutzrechten geht es im Kern um einen Ausgleich bezüglich der mangelnden Marktübersicht des Verbrauchers angesichts einer unüberschaubaren Angebotsflut einschließlich völlig neuartiger Produkte. Dem Verbraucherschutzrecht kommt in dieser Hinsicht die Aufgabe zu, die informatorische Unterlegenheit des Verbrauchers zu kompensieren. Zum Kernbereich des Verbraucherschutzrechts gehört deshalb die **Herstellung der Transparenz der Marktbedingungen** durch Informationspflichten, vgl. § 312a II BGB i.V.m. Art. 246 EGBGB und Formvorschriften, vgl. § 492 I S.1 BGB.

Schutz vor voreiliger vertraglicher Bindung

d) Ein weiteres Instrument des Verbraucherschutzes ist das **Widerrufsrecht**, das den Verbraucher vor einer übereilten Bindung schützt und ihm einen **nachträglichen Produkt- und Preisvergleich** ermöglicht, der mit Rücksicht auf die Komplexität des Produkts (Verbraucherkredit, Teilzeitwohnrecht), mangelnder Prüfmöglichkeit (Fernabsatz) oder der besonderen Vertragsschlusssituation (außerhalb von Geschäftsräumen geschlossene Verträge) nicht von vorneherein gewährleistet erscheint.[1]

---

[1] Schäfer, Das neue Schuldrecht, Haas/Medicus/Rolland/Schäfer/Wendtland, VIII S. 2, S.341.

§ 1 EINLEITUNG

Unterlassungsklage

e) Schließlich dienen **Unterlassungsschutzklagen** nach dem UKlaG durch Verbraucherschutzverbände und anderen Stellen der Unterbindung von Verstößen gegen Verbraucherschutzvorschriften.[2]

Verbraucherschutzrecht steht damit in allen seinen Aspekten unter der Zielsetzung einer „**Wiederherstellung gestörter Vertragsparität**".[3]

> **hemmer-Methode:** Die Verbraucherschutzvorschriften schränken durch ihre zwingenden Rechtsvorschriften die Vertragsfreiheit zwar einerseits ein, da der Unternehmer seine Verträge nicht beliebig zu Ungunsten des Verbrauchers ausgestalten und der Verbraucher sich hierauf auch nicht freiwillig einlassen kann. Andererseits eröffnen die Verbraucherschutzvorschriften dem Verbraucher oftmals gerade erst die Möglichkeit, von seiner Vertragsfreiheit in angemessener Weise Gebrauch zu machen, und führen zudem zu einer Ausweitung der Vertragsgerechtigkeit.

D) Entwicklung des Verbraucherschutzrechts

Regelung in Einzelgesetzen

Gemessen an der Gesamtentwicklung des Schuldrechts ist das Verbraucherschutzrecht (i.e.S.) ein junges Recht. Es hatte sich seit Schaffung des AbzG[4] zunächst flickenteppichartig, größtenteils außerhalb des BGB entwickelt. Erst mit dem Fernabsatzgesetz von 2000 und insbesondere dem Schuldrechtsmodernisierungsgesetz von 2001 ist das Verbraucherschutzrecht weitestgehend im BGB angesiedelt worden. Zuvor waren zentrale Bereiche des Zivilrechts über den Inhalt und das Zustandekommen eines Vertrages nicht im BGB, sondern in Sondergesetzen (AGBG, HWiG, FernAbsG, VerbrKrG) geregelt.

Damit war der Rang des BGB als zentrale Zivilrechtskodifikation in Frage gestellt. Vor allem aber führte dies für den juristischen Laien zu einer unübersichtlichen Rechtslage.

Integration durch Schuldrechtsreform

Anlässlich der Umsetzung der Verbrauchsgüterkaufrichtlinie (RL 1999/44/EG vom 25. Mai 1999)[5], der Richtlinie zur Bekämpfung von Zahlungsverzug im Geschäftsverkehr (sog. Zahlungsverzugsrichtlinie RL 2000/35/EG), der Richtlinie über den elektronischen Geschäftsverkehr (sog. „E-Commerce"-Richtlinie RL 2000/31/EG vom 8. Juni 2000) und der damit verbundenen Schuldrechtsreform von 2002 entschied sich der deutsche Gesetzgeber daher dafür, die einzelnen Verbraucherschutzgesetze in das BGB zu integrieren.

Zentrales Anliegen des Gesetzgebers war es dabei, das BGB durch die Integration der Nebengesetze übersichtlicher zu machen und wieder zum zentralen zivilrechtlichen Gesetzbuch werden zu lassen.[6]

Nicht integriert worden, sondern völlig neu hinzugekommen ist § 312i BGB, der die Art. 10 f. der E-Commerce-Richtlinie (RL 2000/31/EG) umsetzt und Informationspflichten im elektronischen Zahlungsverkehr regelt.[7]

In diesem Zusammenhang entstanden auch die §§ 126a, 126b, 127 BGB, mit denen die elektronische Form Einzug in das BGB gefunden hat.[8]

---

[2] Kittner, Schuldrecht, Rn. 877.

[3] Kittner, Schuldrecht, Rn. 874.

[4] Das Abzahlungsgesetz von 1894 gilt als erstes Verbraucherschutzgesetz. Es diente dem Schutz gegen den Verfall bereits geleisteter Raten bei Zahlungsverzug. Mittlerweile wurde es von den Vorschriften über das Verbraucherdarlehen abgelöst und ist nicht mehr in Kraft; Kittner, Schuldrecht, Rn. 60.

[5] Zur Umsetzung der Verbrauchsgüterkaufrichtlinie in das Deutsche Recht vgl. Hoffmann, ZRP 2001, 477 ff.; einen Überblick über den Inhalt finden Sie auch bei Weisner, Die EG-Kaufrechtsgewährleistungsrichtlinie, JuS 2001, 759 - 764.

[6] Artz, Schuldrechtsmodernisierung 2001/2002 - Integration der Nebengesetze in das BGB, JuS 2002, 528 - 535.

[7] Palandt, § 312i, Rn.1.

[8] Eingeführt durch das Gesetz zum elektronischen Geschäftsverkehr sowie die Neufassung des Signaturgesetzes.

Mit Wirkung zum 13.06.2014 wurden die Widerrufsrechte bei Haustürgeschäften und im Fernabsatz durch das Gesetz zur Umsetzung der Verbraucherrechterichtlinie und zur Änderung des Gesetzes zur Regelung der Wohnungsvermittlung erheblich geändert.[9]

Zum 01.01.2018 ist das Gesetz zur Änderung des Bauvertragsrechts in Kraft getreten. Relevant für den Verbraucherschutz ist hier die Regelung des Verbraucherbauvertrages, §§ 650i ff. BGB, im Rahmen dessen dem Verbraucher u.a. ein Widerrufsrecht eingeräumt wird, § 650l BGB.[10]

Ebenfalls zum 01.01.2018 ist das Gesetz zur Änderung der kaufrechtlichen Mängelhaftung in Kraft getreten. Durch dieses Gesetz wurden insbesondere Vorgaben des EuGH zur richtlinienkonformen Ausgestaltung des Nacherfüllungsanspruchs umgesetzt („absolute Unverhältnismäßigkeit"; „Reichweite der Nacherfüllung bei Ein- und Ausbaukosten").[11]

E) Europarechtliche Bezüge des Verbraucherschutzrechts

hemmer-Methode: Eine instinktive Abneigung gegen Ausführungen zum Europarecht ist allzu verständlich, weil die Struktur des Gesetzes z.T. schwer erfassbar ist. Dies ist bedingt durch eine z.T. unnötig komplizierte Verweisungstechnik. Trotzdem sollten Sie sich diese einmal zu Gemüte führen, denn gerade in Hinblick auf das Verbraucherschutzrecht sind die Zeiten vorbei, in denen man ohne europarechtliche Grundkenntnisse bei der Anwendung des deutschen Rechts auskam. So sind die deutschen Rechtsvorschriften der §§ 491 ff. BGB, §§ 355 ff. BGB, §§ 312 ff. BGB sowie der §§ 474 ff. BGB Paradebeispiele für unionsrechtlich veranlasste deutsche Rechtsvorschriften. Das Prinzip lautet hier: Aktion und Reaktion: Neue Richtlinien werden umgesetzt, nach entsprechender Vorlage moniert der EuGH, dass die Umsetzung nicht richtlinienkonform erfolgte; sodann ändert (wie zuletzt 2018) der nationale Gesetzgeber das Gesetz, um die Vorgaben des EuGH umzusetzen. Parallel wird nicht selten bereits über neue Richtlinien diskutiert, die die aktuellen Regelungen wieder überholen würden. Ein nie endender Kreislauf….

I. Der europarechtliche Ursprung des Verbraucherschutzrechts

Sämtliche Verbraucherschutzgesetze finden ihre **Grundlage in europäischen Richtlinien**. Einen Sonderfall bildet insoweit das AGBG von 1977, welches in Deutschland bereits vor dem Erlass der EG-Klauselrichtlinie 1996 galt. Zur Umsetzung der EG-Klauselrichtlinie musste der deutsche Gesetzgeber nur den § 24a AGBG einführen, der sich nunmehr in § 310 III BGB wiederfindet. Dies bedeutet allerdings nicht, dass allein diese Vorschrift die Klauselrichtlinie transformiert; vielmehr sind die §§ 305 ff. BGB im Anwendungsbereich der Richtlinie allgemein als umgesetztes sekundäres Gemeinschaftsrecht zu behandeln.[12]

---

[9] Vgl. Sie dazu die Ausführungen in § 7 dieses Skripts. Einen kurzen Überblick über die wesentlichen Änderungen finden Sie auch in der **Life&Law 04/2014, 296 ff.** sowie **06/2014, 452 ff.**).

[10] Vgl. ausführlich Tyroller, Das Gesetz zur Änderung des Bauvertragsrechts, **Life&Law 06/2017, 423 ff.**

[11] Vgl. ausführlich Tyroller, Das Gesetz zur Änderung der kaufrechtlichen Mängelhaftung, **Life&Law 10/2016, 727 ff.** sowie **05/2018, 342 ff.**

[12] Schäfer, Das neue Schuldrecht, Haas/Medicus/Rolland/Schäfer/Wendtland, VIII S. 2, S. 341.

II. Das Gebot der richtlinienkonformen Auslegung

1. Der Grundsatz der richtlinienkonformen Auslegung

Richtlinienkonforme Auslegung

Soweit eine Verbraucherschutzvorschrift der Umsetzung einer europäischen Richtlinie dient, sind die Grundsätze der **richtlinienkonformen Auslegung** zu beachten.[13] Bei der Auslegung eines Umsetzungsgesetzes ist die zugrundeliegende Richtlinie nämlich vorrangig heranzuziehen.[14]

Grundsätze der richtlinienkonformen Auslegung

Richtlinien entfalten grundsätzlich keine unmittelbare Wirkung zu Lasten Einzelner oder im Verhältnis der Einzelnen zueinander.

Sie können jedoch zu Gunsten wie zu Lasten Einzelner bzw. auf die Rechtsbeziehungen Privater dadurch Auswirkungen haben, dass nationales Recht, welches den von einer Richtlinie geregelten Sachbereich direkt oder indirekt betrifft, richtlinienkonform auszulegen ist.[15]

Die Pflicht zur richtlinienkonformen Auslegung des (deutschen) mitgliedsstaatlichen Rechts folgt aus Art. 4 Abs. 3 EUV.

Exkurs: Die Pflicht zur richtlinienkonformen Auslegung, die alle Träger öffentlicher Gewalt (Gerichte, Verwaltung) trifft, stellt nur einen - wenngleich den praktisch wichtigsten - Unterfall des allgemeinen Gebots der unionsrechtskonformen Auslegung mitgliedschaftlichen Rechts dar. Mitgliedschaftliches Recht muss selbstverständlich über den Bereich der Richtlinien hinaus auch unter Beachtung von Verordnungen, Entscheidungen und des Vertragsrechts unionsrechtskonform ausgelegt werden. Die für den Bereich der richtlinienkonformen Auslegung geltenden Grundsätze lassen sich auf die anderen Arten von Unionsrechtsnormen ohne weiteres übertragen. Ist einem Gericht unklar, wie es eine Richtlinie auszulegen hat, so kommt das Vorlageverfahren vor dem EuGH nach Art. 267 AEUV in Betracht.[16]

2. Grenzen der richtlinienkonformen Auslegung

Grenzen der richtlinienkonformen Auslegung

Die Pflicht zur richtlinienkonformen Auslegung besteht allerdings nicht unbeschränkt.[17]

Allgemeine mitgliedstaatliche Auslegungsregeln

a) Sie findet vielmehr ihre Grenzen in der **Auslegungsfähigkeit** des mitgliedstaatlichen Rechts. Das Ergebnis einer richtlinienkonformen Auslegung muss daher eine **nach mitgliedsstaatlichen Auslegungsregeln** vertretbare Lösung darstellen. Die Begrenzung auf die mitgliedsstaatlichen Auslegungsregeln ist auch geboten, da andernfalls die Gerichte rechtsschöpferisch tätig und so in den Zuständigkeitsbereich des Gesetzgebers (Art. 20 II S.2 GG) eingreifen würden. Für die Rechtsanwendung durch die deutschen Gerichte folgt daraus, dass – in Anlehnung an die Grenzen der verfassungskonformen Auslegung – jedenfalls einer nach Wortlaut und Sinn eindeutigen deutschen Rechtsvorschrift kein entgegengesetzter Sinn verliehen werden darf. Die richtlinienkonforme Auslegung findet somit im Wortlaut einer deutschen Rechtsvorschrift ihre Grenzen.

---

[13] Grundmann, Europäisches Schuldvertragsrecht - Standort, Gestalt und Bezüge, JuS 2001, 946 - 951 (949).
[14] Grundmann/Riesenhuber, Die Auslegung des Europäischen Privat- und Schuldvertragsrechts, JuS 2001, 529 - 536.
[15] Vgl. EuGH, (Centrosteel SRL/Adipol GmbH), NJW 2000, 3267 - 3268.
[16] Siehe dazu Cole/Haus, JuS 2003, 353 - 359 (358).
[17] BGH, NJW 2006, 3200 - 3202 = **juris**byhemmer (wenn dieses Logo hinter einer Fundstelle abgedruckt wird, finden Sie die Entscheidung online unter „juris by hemmer": www.hemmer.de).

> **Exkurs:** Die Grenzen der Auslegungsfähigkeit waren für den BGH im Vorlagebeschluss NJW 2006, 3200 erreicht. Hier führte der Kauf eines Herdsets bei einem großen Versandhandelsunternehmen (Quelle) bis vor den EuGH. Der Versandhändler forderte nach Nachlieferung eines neuen Gerätes von der Käuferin Nutzungsersatz für die Zeit der ungehinderten Nutzungsmöglichkeit des alten, ausgetauschten Herdes aus §§ 346 I Alt.2, II Nr.1, 439 V BGB (§ 439 IV BGB a.F.). Für den BGH war fraglich, ob § 439 V BGB mit der Verbrauchsgüterkaufrichtlinie (1999/44/EG) vereinbar ist. Er legte dem EuGH im Wege der Vorabentscheidung gem. Art. 267 AEUV die Frage vor, ob die Verbrauchsgüterkaufrichtlinie so auszulegen ist, dass sie einer Regelung entgegensteht, die einen Nutzungsersatz hinsichtlich des ausgetauschten Gerätes bei Nachlieferung vorsieht. Er sieht dabei die Grenzen der richtlinienkonformen Auslegung im entgegenstehenden Wortlaut des § 439 V BGB erreicht.[18] Der Gesetzgeber hat darauf reagiert und die Rechtslage für den Verbrauchsgüterkauf an die Vorgaben des EuGH angepasst, § 475 III S.1 BGB.

Allgemeine Rechtsgrundsätze

b) Auch die allgemeinen Rechtsgrundsätze (Rechtsstaatsprinzip, Rechtssicherheit, Rückwirkungsverbot) des Unionsrechts begrenzen die richtlinienkonforme Auslegung mitgliedsstaatlichen Rechts zu Lasten Einzelner.

> **hemmer-Methode:** In einer Klausur wird niemand von Ihnen erwarten, dass Sie den Inhalt bzw. die Motive der zugrunde liegenden Richtlinie kennen. Sind im Bearbeitervermerk diesbezüglich keine Angaben enthalten, sollten Sie kurz auf die vorrangige richtlinienkonforme Auslegung hinweisen, können dann jedoch die allgemeinen Auslegungsgrundsätze heranziehen. Sollten entsprechende Angaben vorhanden sein, müssen Sie darauf achten, dass Sie die Grenzen der richtlinienkonformen Auslegung einhalten. Die deutsche Vorschrift kann nicht beliebig in die Form der Richtlinie hineingepresst werden. Der Spruch „was nicht passt, wird passend gemacht", gilt hier nicht. Genau diese Konstellation liegt nach Lorenz auch bei BGH, NJW 2006, 3200 vor (s.o.).[19] Zu denken ist jedoch des Weiteren an den sog. Anwendungsvorrang des Europarechts, durch welchen – um den Vorgaben Geltung verschaffen zu können – die nationale Norm zwar nicht unwirksam, aber unangewendet bleibt.[20]

3. Beispielsfall

Ein praktisch wichtiger und durchaus examensrelevanter Fall zur richtlinienkonformen Auslegung i.R.d. Verbraucherschutzrechts ist folgendes Beispiel[21]:

> **Bsp.:** Anton benötigt dringend ein Darlehen für den Kauf eines Pkw zum privaten Gebrauch. Die Meyer-Bank macht die Gewährung des Darlehens allerdings davon abhängig, dass sich Valentin – der Vater des Anton – selbstschuldnerisch für die Rückgewähr des Darlehens verbürgt. Ein Mitarbeiter der Meyer-Bank besucht daraufhin nach telefonischer Voranmeldung Valentin in dessen Privatwohnung. Im Laufe des Gesprächs erklärt sich Valentin bereit, die Bürgschaft zu übernehmen und unterschreibt eine Bürgschaftsurkunde. Eine Unterrichtung über ein Widerrufsrecht erfolgt nicht. Als die Rückzahlung des Darlehens fällig wird, nimmt die Meyer-Bank Valentin in Anspruch. Valentin widerruft seine Bürgschaftserklärung unter Hinweis auf die §§ 312b, 312g I, 355 BGB und verweigert jegliche Zahlung.
>
> **Bearbeitervermerk:** Kann die Meyer-Bank von Valentin Zahlung verlangen?

---

[18] Kritisch zur Zulässigkeit der Vorlage: BGH, NJW 2006, 3200 - 3202 (3202) = **juris**byhemmer; mit Anm. von Lorenz, NJW 2006, 3202 - 3203.

[19] Lorenz, a.a.O, 3202.

[20] Vgl. z.B. § 622 II S.2 BGB, der wegen Verstoßes gegen das Verbot der Altersdiskriminierung nicht angewendet wird, Palandt, § 622, Rn. 15 m.w.N.

[21] EuGH, (Bayerische Hypotheken- und Wechselbank AG/Edgar Dietzinger), ZIP 1998, 554 - 556 mit Besprechung von Reinicke/Tiedtke, Schutz des Bürgen durch das Haustürwiderrufsgesetz, ZIP 1998, 893 - 897; BGH, WM 1998, 1388. Vgl. auch BGH, NJW 1993, 1594 - 1595 = **juris**byhemmer; Riehm, Aktuelle Fälle zum Bürgschaftsrecht, JuS 2000, 138 - 144.

a) Lösung

Anspruch der Meyer-Bank (M-Bank) gegen Valentin (V) auf Zahlung gem. § 765 I BGB

Die M-Bank könnte gegen V einen Anspruch aus § 765 I BGB wegen eines dem Anton (A) gewährten Darlehens haben. Dazu müsste zunächst eine Hauptverbindlichkeit zwischen A und der M-Bank entstanden sein. Hinsichtlich dieser Hauptverbindlichkeit müsste dann ein wirksamer Bürgschaftsvertrag vorliegen.

aa) Hauptverbindlichkeit

Zwischen der M-Bank und A ist ein wirksamer Darlehensvertrag geschlossen worden. Die Hauptverbindlichkeit ist auch fällig.

bb) Wirksamer Bürgschaftsvertrag

V und die M-Bank haben einen wirksamen Bürgschaftsvertrag i.S.v. § 765 I BGB geschlossen.

Der Bürgschaftsvertrag könnte jedoch durch einen wirksam erklärten Widerruf entfallen sein, § 355 I S.1 BGB.

(1) Widerrufsrecht

Da der Bürgschaftsvertrag in der Wohnung des V abgeschlossen wurde, könnte ihm ein Widerrufsrecht i.S.v. §§ 312b I S.1 Nr.1, 312g I BGB zustehen.

(a) Fraglich ist aber, ob § 312b BGB überhaupt auf Bürgschaftsverträge anwendbar ist. Nach § 312 I BGB fallen nur Verträge über „entgeltliche Leistungen" in den Anwendungsbereich der Bestimmung. Der Bürgschaftsvertrag ist jedoch ein einseitig verpflichtender Vertrag.[22] Er ist kein gegenseitiger Vertrag i.S.d. §§ 320 ff. BGB, da der Darlehensvertrag zwischen Gläubiger (M-Bank) und Schuldner (A) rechtlich selbstständig bleibt und die Darlehensgewährung nicht als die Gegenleistung für die Bürgschaftsgewährung angesehen werden kann.

(b) Allerdings ist zu beachten, dass § 312 I S.1 BGB zur Umsetzung der Richtlinie 577/85/EWG ergangen ist. Die Richtlinie enthält keinen Ausschluss einseitig verpflichtender Verträge oder eine Beschränkung auf entgeltliche Verträge, sondern erfasst in Art. 1 I ganz allgemein „Verträge zwischen einem Gewerbetreibenden und einem Verbraucher". Auch der Schutzzweck der Richtlinie spricht nicht von vorneherein gegen eine Einbeziehung des Bürgschaftsvertrags. Zwar schützt die Richtlinie ihrem Wortlaut nach „Verbraucher", wobei unter „Verbraucher" in erster Linie der Empfänger von Waren oder Dienstleistungen zu verstehen ist, Art. 2 I der Richtlinie. Der Geltungsbereich der Richtlinie ist aber nicht nach der Art der Waren oder Dienstleistungen, die Gegenstand des Vertrages sind, beschränkt, sofern die Waren oder Dienstleistungen zum privaten Verbrauch bestimmt sind. Die Gewährung eines Kredits stellt eine Dienstleistung dar, der Bürgschaftsvertrag ist meist in dem Sinne akzessorisch, dass er in der Praxis sehr oft Voraussetzung für die Kreditgewährung ist.

(c) Weiter enthält die Richtlinie keinen Hinweis darauf, dass derjenige, der den Vertrag über die Waren oder Dienstleistungen geschlossen hat, selbst der Empfänger dieser Waren oder Dienstleistungen sein müsste.

Vielmehr kann unter Berücksichtigung des Schutzzweckes der Richtlinie – Schutz des Verbrauchers vor Überrumpelung – ein Vertrag, der einem Dritten zugutekommt, nicht allein deshalb vom Anwendungsbereich der Richtlinie ausgenommen werden, weil die Waren oder Dienstleistungen für den Dritten, der nicht Partei des betreffenden Vertragsverhältnisses ist, bestimmt sind.

---

[22] Palandt, Einf. vor § 765, Rn. 1, 4, 5.

(d) Übertragen auf diesen Fall bedeutet dies, dass der Abschluss eines einseitig verpflichtenden Vertrages zwischen einem Verbraucher und einem Unternehmer in den Schutzbereich der Richtlinie fällt, soweit dieser Vertrag mit einem anderen Vertrag des Unternehmers und einem Dritten über die Lieferung von Waren oder Erbringung von Dienstleistungen in einer hinreichend engen Verbindung steht.

Eine solche Auslegung gebietet auch der Schutzzweck des § 312 I S.1 BGB, da bei **einseitigen Leistungsverpflichtungen** des Verbrauchers dessen **Bedürfnis** nach **Schutz vor Überrumpelung noch größer ist** als bei Verträgen, die eine Gegenleistung des Vertragspartners vorsehen. Es ist nicht einzusehen, weshalb derjenige, dem die andere Vertragspartei keinerlei Entgelt zu gewähren hat, weniger schutzwürdig ist, als der, dem vertraglich eine Gegenleistung versprochen ist.

Schließlich ist nicht anzunehmen, dass der Gesetzgeber beim Erlass des § 312 I S.1 BGB hinter den Anforderungen der EG-Richtlinie zurückbleiben wollte.

(e) Nach alledem werden in richtlinienkonformer Auslegung des § 312 I S.1 BGB Bürgschaftsverträge von den Bestimmungen über Verbraucherverträge erfasst.

hemmer-Methode: Der BGH hatte früher zusätzlich danach verlangt, dass mit der Bürgschaft auch eine Forderung abgesichert wird, die wiederum einem Vertrag zwischen Unternehmer und Verbraucher entstammt, welcher in einer Haustürsituation entstanden war. Dies wurde u.a. mit Akzessorietätserwägungen begründet. Dabei verkannte der BGH allerdings, dass die Akzessorietät den Bürgen schützen soll, während diese Auslegung zu seinen Lasten ging, weil diese Voraussetzungen wohl kaum jemals gegeben waren. Mittlerweile hat der BGH sich von dieser Rechtsprechung gelöst (NJW 2006, 845).[23]

(2) Widerrufserklärung

V hat eine entsprechende Widerrufserklärung abgegeben. Bestimmte Formanforderungen stellt das Gesetz nicht auf, § 355 I S.2 BGB.

(3) Widerrufsfrist

Die zweiwöchige Widerrufsfrist des § 355 II S.1 BGB ist nicht abgelaufen, da ohne entsprechende Informationen gem. § 356 III BGB die Frist nicht beginnt. Von der Wahrung der Maximalfrist des § 356 III S.2 BGB ist auszugehen.

b) Ergebnis

Infolge des ordnungsgemäßen Widerrufs ist V an seine auf Abschluss des Bürgschaftsvertrags gerichtete Willenserklärung nicht mehr gebunden, § 355 I S.1 BGB. V muss daher nicht gem. § 765 I BGB an die M-Bank zahlen.

---

[23] Kritisch dazu jedoch Schärtl, JuS 2014, 577 ff. (578, 579).

§ 2 DER VERBRAUCHERBEGRIFF

Kein allgemeingültiger Verbraucherbegriff

Das Verbraucherschutzrecht kennt **keinen allgemeingültigen Verbraucherbegriff**. Entsprechend der Unterscheidung von Verbraucherschutzvorschriften i.w.S. und Verbraucherschutzvorschriften i.e.S. ergeben sich im Hinblick auf den geschützten Personenkreis bei den betreffenden Regelungen erhebliche Unterschiede.[24]

Der **persönliche Schutzbereich** ist für jede Verbraucherschutznorm einzeln zu bestimmen.[25]

EG-Verbraucherbegriff

Auch den entsprechenden Richtlinien liegt kein einheitlicher Verbraucherbegriff zugrunde.

Überwiegend wird der Verbraucher in den Richtlinien als eine natürliche Person definiert, die nicht zu gewerblichen und beruflichen Zwecken handelt. Hiervon wird aber bereits in der Versicherungsrichtlinie und der Pauschalreiserichtlinie abgewichen, was sich auch in den entsprechenden mitgliedsstaatlichen Regelungen wiederspiegelt, siehe etwa die §§ 651a BGB ff. (Reisevertrag).

A) Der „Verbraucher" im weiteren Sinne

Kunden

1. Eine Reihe von Vorschriften – teils im BGB, teils in anderen Gesetzen – gewährt einen besonderen Schutz für **„Kunden"**. Damit sind **sowohl Verbraucher als auch Unternehmer** gemeint. Das ist z.B. im Bereich des elektronischen Geschäftsverkehrs der Fall, siehe § 312i I BGB. Hier befindet sich der „Kunde" als Empfänger des Tele- oder Mediendienstes in einer spezifischen, technisch verursachten Abhängigkeit, die ihn schutzwürdig macht.[26] Die Zugehörigkeit dieser Vorschrift zum Verbraucherschutzrecht i.w.S. ergibt sich aus ihrer Abdingbarkeit, § 312i II S.2 BGB, wenn kein Verbraucher an dem Rechtsgeschäft beteiligt ist.

Reisende

2. Auch das Reisevertragsrecht setzt nicht die Beteiligung eines „Verbrauchers" voraus, sondern spricht vom **„Reisenden"**. Trotzdem handelt es sich um Verbraucherschutzrecht, da in den überwiegenden Fällen der Reisende auch zugleich die Eigenschaften eines Verbrauchers aufweisen wird, zumal er bei einem Reisevertrag in einer **spezifischen Konsumentenrolle** auftritt. Es handelt sich der Sache nach ebenfalls um „Verbraucherschutzrecht", das jedoch seinen eigenen Regelungsmechanismen folgt.[27]

3. Unter den Verbraucherbegriff, der dem Verbraucherschutzrecht im weiteren Sinne zugrunde liegt, fallen damit auch Kunden bzw. Reisende. Entscheidend ist in dieser Hinsicht, dass eine Person in einer **typischen Konsumentenrolle** angesprochen wird, welche eine **besondere Schutzwürdigkeit** begründet.

B) Der Verbraucher i.S.v. § 13 BGB

Legaldefinition

Spricht das Gesetz ausdrücklich von einem „Verbraucher" ist damit der Verbraucher i.S.d. § 13 BGB gemeint, der eine Legaldefinition des Verbrauchers enthält.

---

[24] Kieselstein/Rückebeil, Der Verbraucher im BGB, ZGS 2007, 54 - 57 (56).
[25] Schmidt, Verbraucherbegriff und Verbrauchervertrag - Grundlagen des § 13 BGB, JuS 2006, 1 - 8 (2).
[26] Kittner, Schuldrecht, Rn. 871.
[27] Kittner, Schuldrecht, Rn. 871.

Demnach ist ein Verbraucher jede natürliche Person, die ein Rechtsgeschäft zu einem Zweck abschließt, der überwiegend weder ihrer gewerblichen noch ihrer selbstständigen beruflichen Tätigkeit zugerechnet werden kann.

I. Natürliche Person

1. Natürliche ⇔ juristische Personen

Keine juristischen Personen

a) Unter den Verbraucherbegriff des § 13 BGB fallen grundsätzlich nur natürliche Personen. Juristische Personen, also auch Idealvereine (e.V.) und gemeinnützige Stiftungen, sind dagegen vom Verbraucherbegriff nicht umfasst.[28]

Verbrauchereigenschaft der GbR

b) Allerdings kann die **Gesellschaft bürgerlichen Rechts** (GbR) nach einem Grundsatzurteil des BGH[29] und der mittlerweile h.M. **Verbraucher** sein, und zwar unbeschadet ihrer seit 2001 höchstrichterlich anerkannten Rechtsfähigkeit.[30] Die GbR wird vom Schutzbereich des § 13 BGB jedoch nur erfasst, wenn die Gesellschaft einen **nichtkommerziellen Gesellschaftszweck** verfolgt.[31]

H.M.

aa) Begründet wird dies damit, dass mit einer „natürlichen Person" i.S.v. § 13 BGB nicht nur eine einzelne natürliche Person gemeint ist, sondern hierunter auch eine Mehrzahl von natürlichen Personen zu verstehen ist, die sich zur Verfolgung eines nichtkommerziellen Zwecks zu einer GbR zusammengeschlossen haben.[32]

> **Exkurs:** Dem steht auch nicht die Rechtsprechung des EuGH entgegen, die besagt, dass sich der Verbraucherbegriff im Sinne von Artikel 2 Buchstabe b der Richtlinie 93/13/EWG des Rates vom 5. April 1993 über missbräuchliche Klauseln in Verbraucherverträgen ausschließlich auf natürliche Personen bezieht.[33] Denn ein höherer Schutzstandard für Verbraucher bleibt dem nationalen Gesetzgeber, mit wenigen Ausnahmen[34], stets unbenommen[35], auch wenn dafür keine ausdrückliche Ermächtigung in der Richtlinie enthalten ist[36] („überschießende Umsetzung").

Aufgrund ihrer akzessorischen Haftung analog § 128 HGB seien die Gesellschafter auch entsprechend schutzwürdig. Auf eine unmittelbare Haftung nach der früher vertretenen Theorie der „Doppelverpflichtung" kommt es nicht an.[37]

GbR keine juristische Person

Zudem ist die Außen-GbR auch nach der neuesten Rechtsprechung, trotz teilweiser Rechtsfähigkeit, keine juristische Person.

---

[28] Palandt, § 13, Rn. 2.; auch der Geschäftsführer einer GmbH ist Verbraucher, BGH, **Life&Law 03/2006, 149 - 158** = ZIP 2006, 68 - 71 = **juris**byhemmer. **Unser Service-Angebot an Sie: kostenlos hemmer-club-Mitglied werden (www.hemmer-club.de) und Entscheidungen der Life&Law lesen und downloaden.**

[29] BGH, ZIP 2001, 2224 - 2227 (2225) = **juris**byhemmer.

[30] BGHZ 146, 341 - 361 (347) = **juris**byhemmer.

[31] BGH, NJW 2002, 368 - 370 = **juris**byhemmer.

[32] BGH, NJW 2002, 368 - 370 = **juris**byhemmer.

[33] EuGH, NJW 2002, 205 (Cape/Idealservice Slg.) = **juris**byhemmer.

[34] So etwa im Anwendungsbereich der Irreführungsrichtlinie (97/55/EG), weil hier nach EuGH ausnahmsweise eine abschließende, spezielle Regelung des Gemeinschaftsrecht besteht, siehe Lettl, Das neue UWG, Rn. 50 m.w.N.

[35] Kellermann, Der deutsche Verbraucherbegriff - eine Würdigung der streitigen Einzelfälle, JA 2005, 546 - 549 (548).

[36] Palandt, § 13, Rn. 3.

[37] Kellermann, Der deutsche Verbraucherbegriff - eine Würdigung der streitigen Einzelfälle, JA 2005, 546 - 549 (548).

§ 2 DER VERBRAUCHERBEGRIFF

bb) Die Gegenansicht[38] sieht in der Begründung der h.M. nur ein Notargument, um den rechtspolitischen Fehler zu kompensieren, dass § 13 BGB nur auf natürliche Personen beschränkt ist.

A.A.

(1) Dabei werde jedoch die gedankliche Stringenz von BGB und HGB von der h.M. konterkariert. Insbesondere stehe einer Anwendbarkeit des § 13 BGB auf die GbR § 105 II HGB entgegen, der nach wiederum umstrittener Ansicht[39] auch nichtgewerblichen privaten Vermögensverwaltungsgesellschaften über die Eintragung im Handelsregister die OHG/KG-Fähigkeit eröffnet. Aus der Existenz dieser Norm folge die Notwendigkeit eines Gleichlaufes der Anwendbarkeit des § 13 BGB für die OHG/KG und die GbR.

Kritik

(2) Dagegen lässt sich vorbringen, dass auch § 105 II Alt.2 HGB nach h.M. zumindest eine „einem Gewerbe vergleichbare" eigene Vermögensverwaltung voraussetzt[40] und somit für die ins Handelsregister eingetragene Privatvermögensverwaltungsgesellschaft zumindest hierüber eine Nähe zur Unternehmereigenschaft entsprechend § 14 BGB zu begründen ist. Ferner basiert die Eintragung im Handelsregister auf einer freien Entscheidung der Gesellschafter, die oft zum Ziel hat, handelsrechtliche Vorteile zu genießen (etwa die Haftungsbeschränkungen des Kommanditisten bei der KG nach § 171 HGB). Es erscheint jedoch nur logisch, dass mit dieser (unternehmerischen) Entscheidung zu Gunsten der handelsrechtlichen Vorteile auch als korrespondierender handelsrechtlicher Nachteil die Unternehmereigenschaft der Gesellschaft im Sinne von § 14 BGB erwirkt wird.

Außerdem muss der Verbraucherbegriff des § 13 BGB stets im Zusammenhang mit dem Sinn und Zweck der spezialgesetzlichen Norm, sowie dem konkret in Frage stehenden Rechtsgeschäft ausgelegt werden.[41] Folglich kommt auch eine unterschiedliche Auslegung des Verbraucherbegriffes hinsichtlich GbR und OHG grundsätzlich in Frage.

Weitere Ansicht

cc) Teilweise wird eine Differenzierung nach personal strukturierten und korporativ strukturierten GbRs befürwortet, wobei korporativ strukturierte GbRs vom Schutzbereich der Verbraucherschutzvorschriften ausgenommen sein sollen.[42] Der BGH lehnt aus Gründen der Rechtssicherheit und Rechtsklarheit eine derartige Differenzierung zu Recht ab.

Nichtrechtsfähige Vereine

c) Ungeklärt ist die Lage hinsichtlich der nichtrechtsfähigen Vereine. Die vergleichbare Interessenlage mit einer nichtkommerziellen GbR spricht für eine Qualifikation des nichtrechtsfähigen Vereins als Verbraucher i.S.v. § 13 BGB.

> **hemmer-Methode:** Aufgrund der Anerkennung der Rechtsfähigkeit der GbR und den in diesem Zusammenhang ergangenen Folgeentscheidungen haben Problemfelder, die mit der GbR zusammenhängen, eine hohe Examensrelevanz; siehe hierzu Hemmer/Wüst, Gesellschaftsrecht, Rn. 67.

---

[38] Schmidt, Verbraucherbegriff und Verbrauchervertrag - Grundlagen des § 13 BGB, JuS 2006, 1 - 8 (4).
[39] Vgl. Baumbach/Hopt, § 105, Rn. 13 m.w.N.
[40] Baumbach/Hopt, § 105, Rn. 13.
[41] Kieselstein/Rückebeil, Der Verbraucher im BGB, ZGS 2007, 54 - 57 (56).
[42] Staudinger, § 491, Rn. 39 ff.

2. Unternehmer als Verbraucher

Unternehmer als Verbraucher

Unternehmer sind als Verbraucher anzusehen, wenn sie außerhalb ihres gewerblichen oder beruflichen Tätigkeitskreises handeln.

Unternehmer U kauft ein Brötchen bei Bäcker B. Hier würden dem U die §§ 474 ff. BGB zur Seite stehen.

Etwas anderes gilt jedoch dann, wenn der Unternehmer in seiner Eigenschaft als Unternehmer ein Geschäft tätigt, welches nicht zu seinem eigentlichen Geschäftsbereich gehört.

Verbraucher V erwirbt bei der Druckerei D einen sieben Jahre alten PKW, der bei dieser für die Auslieferung von Druckerzeugnissen genutzt wurde. Hier gehört der „Handel" mit PKW nicht zum eigentlichen Geschäftsfeld der Druckerei. Gleichwohl handelt D als Unternehmer.[43]

Bestehen nach der Auslegung des Rechtsgeschäfts noch Zweifel über die Zugehörigkeit des Rechtsgeschäfts, ist es dem unternehmerischen Tätigkeitsbereich des Unternehmers zuzurechnen.[44] Dies lässt sich mit dem BGH auf eine analoge Anwendung des § 344 I HGB stützen.[45]

3. Der Existenzgründer

Existenzgründer

Soweit es um den Abschluss eines Vertrages geht, durch welchen erst eine unternehmerische Tätigkeit aufgenommen werden soll, ist auch die Qualifikation des Existenzgründers als Verbraucher problematisch.

Bsp.: E nimmt ein Darlehen auf, mit welchem er den Start seines zukünftigen Unternehmens finanzieren will.

Rechtsprechung und Schrifttum beantworten dementsprechend die Frage unterschiedlich, ob derjenige, der einen Vertrag abschließt, vermittels dessen die unternehmerische Tätigkeit erst begonnen werden soll, sich im Hinblick auf diesen Vertrag als Unternehmer behandeln lassen muss.

E.A.: Existenzgründer immer Verbraucher

Nach einer Ansicht sind Existenzgründer bis zum Beginn ihrer unternehmerischen Tätigkeit noch Verbraucher, d.h. dass der Existenzgründer hinsichtlich eines Rechtsgeschäfts, durch welches er seine unternehmerische Tätigkeit erst beginnen will, als Verbraucher anzusehen ist. Aus § 513 BGB, der den Existenzgründer ausdrücklich unter den Schutz der Verbraucherdarlehensvorschriften stellt, dürfe kein Umkehrschluss gezogen werden.[46]

H.M.: Existenzgründer kein Verbraucher

Die h.M. schließt dagegen Verträge eines Existenzgründers, welche der Aufnahme unternehmerischer Tätigkeiten dienen sollen, vom Anwendungsbereich des § 13 BGB aus.[47]

---

[43] BGH, **Life&Law 10/2011, 695 - 703** = ZIP 2011, 1571 - 1575 = **juris**byhemmer. Z.T. wird in der Rechtsprechung noch danach differenziert, ob der Unternehmer freiberuflich oder gewerblich tätig ist. Denn § 344 I HGB gilt für Kaufleute. Ein Freiberufler ist aber kein Kaufmann. Der BGH hat sich in seiner Entscheidung mit dieser Frage nicht auseinandergesetzt, weil es dort um einen gewerblich tätigen Unternehmer ging.

[44] Palandt, § 13, Rn. 3.

[45] Vgl. zum umgekehrten Fall des Kaufs eines privaten Gegenstandes durch einen Unternehmer bei einem anderen Unternehmer BGH, **Life&Law 10/2011, 695 - 703 (702 f.)** = ZIP 2011, 1571 - 1575 = **juris**byhemmer. Hier ist fraglich, ob sich der Unternehmer ebenfalls über § 344 I HGB als Unternehmer behandeln lassen muss, und daher nicht von den §§ 474 ff. BGB profitiert. Jedenfalls bei einem Freiberufler hat der BGH nicht mit § 344 I HGB argumentiert, und den objektiven Charakter als Privatgeschäft genügen lassen, um den Verbraucherstatus zu bejahen, vgl. dazu BGH, **Life&Law 01/2010, 16 - 18** = NJW 2009, 3780 - 3781 = **juris**byhemmer; bzw. unten Rn. 38. Generell bestehen gegen die Heranziehung des § 344 HGB aus europarechtlichen Gründen bedenken, weil die objektive Betrachtung durch die Anwendung der Norm unterlaufen werden könnte. Auch die Neufassung des § 13 BGB spricht dafür, den Rechtsgedanken des § 344 I HGB im Rahmen der Verbraucherschutzproblematik nicht heranzuziehen.

[46] Palandt, § 13, Rn. 3.

[47] Kieselstein/Rückebeil, Der Verbraucher im BGB, ZGS 2007, 54 - 57 (55).

Dies wird damit begründet, dass ein derartiger Vertragsabschluss Ausdruck einer Entscheidung ist, unternehmerisch tätig werden zu wollen. Der „Existenzgründer", der einen solchen Vertrag schließt, gibt damit dem Rechtsverkehr zu erkennen, dass er sich nicht mehr als Verbraucher an diesem beteiligen möchte.[48] Entscheidend ist hierbei die objektiv zu bestimmende Zweckrichtung des Rechtsgeschäftes.[49]

Es wird angeführt, dass es eine künstliche Trennung darstellen würde, wenn man zwischen dem Vertragsschluss und der Folgezeit differenzieren wollte. Da der Existenzgründer eine juristische Sekunde nach Abschluss des Vertrages als Unternehmer angesehen wird, könne für den Vertragsschluss selbst nichts anderes gelten.[50]

Für diese Auffassung spricht insbesondere die Vorschrift des § 513 BGB, in welcher der Existenzgründer ausdrücklich genannt wird. E contrario ergibt sich nämlich, dass der Gesetzgeber den Existenzgründer grundsätzlich nicht als Verbraucher ansieht, ansonsten hätte es der Regelung des § 513 BGB überhaupt nicht bedurft.[51] Schließlich sind keine plausiblen Gründe ersichtlich, die gegen einen Umkehrschluss sprechen.

33

Konsequenterweise sind danach auch diejenigen Rechtsgeschäfte eines Existenzgründers unter § 14 BGB zu subsumieren, die einer späteren unternehmerischen Tätigkeit dienen sollen, durch welche die unternehmerische Tätigkeit jedoch noch nicht unmittelbar aufgenommen werden soll.[52] Entscheidend für die Abgrenzung ist auch hierbei die Zweckrichtung des Rechtsgeschäftes.[53]

> **Bsp.:** *Der Existenzgründer E kauft sich ein Fahrzeug, welches er als Geschäftsauto für sein zukünftiges Unternehmen nutzen möchte.*

> **hemmer-Methode:** Da sich der BGH in NJW 2005, 1273 ausdrücklich der herrschenden Ansicht in der Literatur angeschlossen hat und dies auch im Einklang mit der Rechtsprechung des EuGH steht[54], sehen einige Autoren den oben dargestellten Streit sogar schon als beendet an.[55] In einer Klausur des 1. Staatsexamen müssen sie jedoch zumindest kurz auf die möglichen Lösungen eingehen, insbesondere, weil diese Frage in der Vergangenheit stark umstritten war („Probleme schaffen, nicht wegschaffen"). Vgl. zum Ganzen auch die sehr lehrreiche Besprechung des oben genannten BGH-Urteils in Life&Law 06/2005, S. 359. Der BGH hatte hierbei über die Wirksamkeit einer Schiedsklausel im Vertrag über den Einkauf in eine Arztpraxis zu entscheiden. Dabei war fraglich, ob die Formvorschrift des § 1031 V ZPO anwendbar ist, die nur bei Verbrauchern zur Anwendung kommt. Der BGH hat schließlich die Verbrauchereigenschaft (§ 1031 V ZPO i.V.m. § 13 BGB) der existenzgründenden (weil eintretenden) Ärztin abgelehnt und damit die Wirksamkeit der Schiedsklausel bestätigt.

4. Der Arbeitnehmer als Verbraucher[56]

Arbeitnehmer

Durch die Schuldrechtsreform ist nun auch die Frage der Anwendbarkeit der Verbraucherschutzrechte auf Arbeitnehmer aufgeworfen worden.[57] Solange das Verbraucherschutzrecht im Wesentlichen außerhalb des BGB geregelt war, konnte man Verbraucherrecht und Arbeitsrecht als zwei selbstständige Rechtsmaterien behandeln.

34

---

[48] BGH, NJW 2005, 1273 - 1275 = **juris**byhemmer; OLG Düsseldorf, NJW 2004, 3192 - 3194 = **juris**byhemmer.
[49] Kieselstein/Rückebeil, Der Verbraucher im BGB, ZGS 2007, 54 - 57 (55).
[50] OLG Oldenburg, NJW-RR 2002, 641 - 642 = **juris**byhemmer.
[51] Schmidt, Verbraucherbegriff und Verbrauchervertrag - Grundlagen des § 13 BGB, JuS 2006, 1 - 8 (5).
[52] A.A. noch die Vorauflage zum früheren Streitstand.
[53] BGH, **Life&Law 06/2005, 359 - 363** = NJW 2005, 1273 - 1275 = **juris**byhemmer.
[54] EuGH, WM 1997, 1549 - 1552.
[55] Kieselstein/Rückebeil, Der Verbraucher im BGB, ZGS 2007, 54 - 57 (55).
[56] S. hierzu auch Falllösung Kowalski/Vaupel, Bürgerliches Recht: Probleme eines Aufhebungsvertrags, JuS 2004, 593 - 598.
[57] Däubler, Die Auswirkungen der Schuldrechtsmodernisierung auf das Arbeitsrecht, NZA 2001, 1329 - 1337 (1332 ff.).

Im einen Fall ging es um disparitätische Beziehungen auf dem Markt für Güter und Dienstleistungen, im anderen Fall war die ungleiche Verhandlungssituation auf dem Arbeitsmarkt der Ausgangspunkt.[58] Der allgemeine Sprachgebrauch legt es nunmehr nahe, einen Arbeitnehmer auch weiterhin nicht als Verbraucher anzusehen. Andererseits spricht der Wortlaut der in den §§ 13 und 14 BGB enthaltenen Definitionen von Verbraucher und Unternehmer durchaus dafür, das Verbraucherrecht auch auf Arbeitsverträge anzuwenden. Angesichts der Schutzbedürftigkeit des Arbeitnehmers wird dieses Ergebnis durch eine teleologische Auslegung sogar noch bestätigt. Relevant wird die Frage in folgenden Fällen:

⇨ Gem. § 288 II BGB ist bei Rechtsgeschäften, an denen ein Verbraucher nicht beteiligt ist, ein erhöhter Verzugszins (neun Prozentpunkte über dem Basiszinssatz) zu zahlen. Bei rückständigen Lohnforderungen, z.B. im Rahmen eines Kündigungsschutzverfahrens, kann dies erhebliche Bedeutung gewinnen, zumal die Zinsen nach dem BAG auf Grundlage des Bruttolohns zu berechnen sind. Ist dagegen ein Verbraucher beteiligt, liegt der Verzugszins nach § 288 I BGB nur fünf Prozentpunkte über dem Basiszinssatz.

Hinsichtlich der Anwendbarkeit des § 288 II BGB zugunsten von Arbeitnehmern ist allerdings zu bemerken, dass selbst diejenigen, die den Arbeitnehmer nicht als Verbraucher ansehen, davon ausgehen, dass der Arbeitnehmer lediglich fünf Prozent Zinsen über dem Basiszinssatz verlangen kann, da § 288 II BGB teleologisch zu reduzieren und auf den Rechtsverkehr mit Unternehmern zu beschränken sei.[59]

⇨ Nach § 310 III Nr.1 BGB gelten bei Verträgen mit einem Verbraucher Allgemeine Geschäftsbedingungen als vom Unternehmer gestellt, es sei denn, der Verbraucher hat sie in den Vertrag eingeführt.

Da § 310 IV BGB auch Arbeitsverträge der AGB-Kontrolle unterwirft, kann es von erheblicher Bedeutung sein, ob der Arbeitnehmer Verbraucher ist oder wie ein solcher behandelt werden muss.[60]

⇨ § 312 I BGB eröffnet bei Verbraucherverträgen über eine entgeltliche Leistung den Anwendungsbereich der §§ 312b ff. BGB. Gem. § 312 I Nr.1 Alt.1 BGB a.F. lag eine „Haustürsituation" vor, wenn der Verbraucher zum Abschluss des Vertrages an seinem Arbeitsplatz bestimmt worden ist. Daher war fraglich, inwieweit bei Verträgen zwischen Arbeitgeber und Arbeitnehmer, die am Arbeitsplatz geschlossen wurden, dem Arbeitnehmer ein Widerrufsrecht zusteht. Überwiegend wurde der Verbraucherschutz in diesem Bereich verneint, weil es keine Überrumpelungssituation darstellt, am Arbeitsplatz vom Arbeitgeber mit arbeitsvertraglichen Fragestellungen behelligt zu werden. Nach der Neufassung des § 312b I BGB stellt sich das Problem schon vom Wortlaut nicht mehr, weil ein außerhalb von Geschäftsräumen geschlossener Vertrag erforderlich ist. Das trifft auf Verträge am Arbeitsplatz nur zu, soweit andere Unternehmer („Drücker") den Arbeitnehmer zum Vertragsschluss „drängen".

---

[58] Däubler, Die Auswirkungen der Schuldrechtsmodernisierung auf das Arbeitsrecht, NZA 2001, 1329 - 1337 (1333).
[59] Brors, Arbeitnehmer und Verbraucher - keine deckungsgleichen Begriffe!, ZGS 2003, 34 - 38 (38).
[60] Zur Erstreckung der AGB-Kontrolle auf standardisierte Arbeitsverträge s. ausführlich: Däubler, Die Auswirkungen der Schuldrechtsmodernisierung auf das Arbeitsrecht, NZA 2001, 1329 - 1337 (1334 ff.).

Nachdem das BAG zunächst in seiner Entscheidung vom 27.11.2003 die Frage der Verbrauchereigenschaft von Arbeitnehmern ausdrücklich offen gelassen hatte[61], liegt seit dem BAG-Urteil vom 25.05.2005[62] eine klare Entscheidung zugunsten der Anwendbarkeit des § 13 BGB auf Arbeitnehmer vor.[63]

Absoluter Verbraucherbegriff

a) Nach dieser Rechtsprechung ist der Arbeitnehmer aufgrund der Stellung des Verbraucherbegriffs im allgemeinen Teil und dem weit gefassten Wortlaut des § 13 BGB stets zugleich Verbraucher (sog. **absoluter Verbraucherbegriff**).[64] Als abhängig beschäftigte natürliche Person übe der Arbeitnehmer eben weder eine gewerbliche noch eine selbstständige berufliche Tätigkeit aus. Der Arbeitnehmer schließe den Arbeitsvertrag und sonstige Verträge im Arbeitsverhältnis zwar zu einem beruflichen Zweck ab, insoweit liege jedoch keine selbstständige Tätigkeit vor. Die Arbeitsleistung sei bekanntlich auch keine gewerbliche Tätigkeit, weil der weisungsgebundene Arbeitnehmer seine Dienste in persönlicher und wirtschaftlicher Abhängigkeit, eingebunden in eine Betriebsorganisation, erbringe. Daneben sprächen die ausdrückliche Erwähnung von „Arbeitnehmer" und „Arbeitgeber" bzw. von „Arbeitsverträgen" in den §§ 491 II Nr.4, 310 IV S.2 BGB und die Gesetzesmaterialien[65] für dieses Ergebnis.[66] Bei dieser ausschließlich am Gesetzeswortlaut orientierten Subsumtion unterliegen sämtliche Rechtsgeschäfte rund um das Arbeitsverhältnis dem Verbraucherschutzrecht.

Relativer Verbraucherbegriff; Zuordnung nach objektiven Kriterien

b) Verschiedentlich wird allerdings auch ein **relativer, d.h. bereichsspezifischer Verbraucherbegriff** vertreten. Die Anwendbarkeit von Verbraucherschutzvorschriften bestimmt sich nach dieser Ansicht allein nach dem Zweck des zu beurteilenden Rechtsgeschäfts. Der Begriff des Verbrauchers sei als solcher „situationsgebunden" und meine in erster Linie eine Person, die Waren oder Dienstleistungen kaufe und konsumiere.

Der „Verbraucher" sei der Gegenbegriff zum „Unternehmer" und nicht etwa zum „Arbeitgeber". Unter „Verbraucher" werde allgemein eine Person verstanden, die Waren zur eigenen Bedürfnisbefriedigung kaufe oder verbrauche bzw. Dienstleistungen zu diesem Zweck in Anspruch nehme. Demzufolge sei der Arbeitnehmer dann Verbraucher, wenn er etwa für seine Berufsausübung Waren kaufe oder mit seinem Arbeitgeber Nebengeschäfte tätige. Der Arbeitnehmer sei weiter auch dann Verbraucher, wenn er von seinem Arbeitgeber ein Darlehen erhält, das er zu marktüblichen Sätzen verzinsen muss, § 491 II Nr.4 BGB. Dagegen sei der Arbeitnehmer aber hinsichtlich solcher Rechtsgeschäfte, welche die Begründung und Beendigung des Arbeitsverhältnisses betreffen, nicht als Verbraucher anzusehen.[67]

Aus der Tatsache, dass der Arbeitgeber mit dem Arbeitnehmer einen Verbrauchervertrag abschließen kann, folge noch nicht, dass der Arbeitsvertrag bzw. diesen betreffende Aufhebungs- bzw. Änderungsverträge selbst verbraucherrechtlichen Grundsätzen unterliegen.

Diese enge Auslegung ergebe sich überdies aus den europarechtlichen Vorgaben. Der europäische Verbraucherbegriff umfasse anders als der deutsche gerade alle diejenigen Rechtsgeschäfte nicht, die durch jede Art von Berufsausübung veranlasst sind.[68]

---

[61] BAG, **Life&Law 08/2004, 527 - 535** = NJW 2009, 3780 - 3781 = **juris**byhemmer. Mit einer Tendenz zum relativen Verbraucherbegriff allerdings das LAG Potsdam, ZIP 2003, 1214 - 1217 (1215) = **juris**byhemmer.

[62] BAG, **Life&Law 01/2006, 20 - 30** = ZIP 2005, 1699 - 1705 = **juris**byhemmer.

[63] Benecke/Pils, Der Arbeitsvertrag als Verbrauchervertrag, ZIP 2005, 1956 - 1958.

[64] BAG, ZIP 2005, 1699 - 1705 = **juris**byhemmer.

[65] Siehe hierzu Hümmerich/Holthausen, Der Arbeitnehmer als Verbraucher, NZA 2002, 173 - 181 (175).

[66] Hierzu ausführlich: Hümmerich/Holthausen, Der Arbeitnehmer als Verbraucher, NZA 2002, 173 - 181 (175 ff.).

[67] Bauer/Kock, Arbeitsrechtliche Auswirkungen des neuen Verbraucherschutzrechts, DB 2002, 42 - 46 (43); Bauer, Neue Spielregeln für Aufhebungs- und Abwicklungsverträge durch das geänderte BGB?, NZA 2002, 169 - 173.

[68] Lingemann, Allgemeine Geschäftsbedingungen und Arbeitsvertrag, NZA 2002, 181 - 192.

Gegen die Verbrauchereigenschaft des Arbeitnehmers wird schließlich noch eine ökonomische Sichtweise vorgebracht, nach welcher der Arbeitnehmer als Dienstleister auftrete, der seine Arbeitskraft verkaufe und damit in dieser Hinsicht nicht als Verbraucher behandelt werden könne.[69]

Folgt man dieser Ansicht, würde es bei einer grundsätzlichen Trennung von Arbeits- und Verbraucherschutzrecht bleiben.

c) Die Ansicht, die den relativen Verbraucherbegriff vertritt, kann insoweit nicht überzeugen, als sie den persönlichen Schutzbereich des § 13 BGB zu sehr einschränkt. Es erscheint willkürlich, Kaufverträge und Nebengeschäfte zwischen Arbeitnehmer und Arbeitgeber unter § 13 BGB fallen zu lassen, andere Verträge, die das Arbeitsverhältnis betreffen, jedoch von vorneherein von Verbraucherschutzvorschriften herauszunehmen. Mit dem relativen Verbraucherbegriff entstünde Rechtsunsicherheit, die zu Lasten des Verbrauchers ginge, zumal er im Zweifel die Beweislast für das Vorliegen seiner Verbrauchereigenschaft trägt. Dies erscheint mit dem Sinn und Zweck des Verbraucherschutzrechts nicht vereinbar.

Auch der Wortlaut des § 13 BGB spricht gegen den relativen Verbraucherbegriff. Im Gegensatz zum Unionsrecht, welches jeden Bezug zu einer beruflichen Tätigkeit zur Ablehnung der Verbrauchereigenschaft ausreichen lässt, sind gem. § 13 BGB nur Rechtsgeschäfte für **selbstständige** berufliche Zwecke vom Verbraucherschutz ausgeschlossen.

Der europarechtliche Verbraucherbegriff hindert den deutschen Gesetzgeber nicht daran, den persönlichen Anwendungsbereich des Verbraucherschutzrechts auszuweiten und einen darüber hinausgehenden Verbraucherschutz zu gewähren.[70]

Der Umstand, dass der „Verbraucher" nicht der Gegenbegriff zum „Arbeitgeber", sondern zum „Unternehmer" ist, schließt nicht aus, dass der Arbeitnehmer gleichzeitig auch Verbraucher sein kann.[71]

Der absolute Verbraucherbegriff darf aber nicht so verstanden werden, dass damit automatisch die weiteren Voraussetzungen einer Verbraucherschutzvorschrift vorliegen. Vielmehr ist bei der Anwendung der jeweiligen Vorschrift die besondere Interessenlage, die zwischen einem Arbeitnehmer und Arbeitgeber besteht, zu berücksichtigen. So ist seit der BAG-Entscheidung vom 27.11.2003[72] höchstrichterlich geklärt, dass §§ 312b, 312g I BGB unabhängig vom Verbraucherbegriff keine Anwendung auf den Arbeitsvertrag finden können, da es an einer dem § 312 I S.1 Nr.1 BGB a.F. entsprechenden Überrumpelungssituation fehle. Nach der Neufassung (§ 312b I BGB) wird auf Verträge außerhalb von Geschäftsräumen abgestellt, so dass arbeitsvertragliche Regelungen am Arbeitsplatz schon vom Wortlaut nicht mehr unter die Norm fallen.

> **hemmer-Methode:** In einer entsprechenden Klausur wäre die Verbrauchereigenschaft des Arbeitnehmers ein erster Schwerpunkt in der Klausurlösung. Hier sollten Sie sich insbesondere wegen der einschlägigen Rechtsprechung des BAG für das Vorliegen einer Verbraucherstellung des Arbeitnehmers entschließen, um sich nicht die Folgeprobleme abzuschneiden. Beachten Sie zu dem Problemkreis auch die umfassende Darstellung der oben zitierten aktuellen Rechtsprechung in Life&Law 08/2004, S. 527 ff.; Life&Law 01/2006, S. 20 ff. sowie den sehr lehrreichen Aufsatz in Life&Law 02/2006, S. 141 ff.

---

[69] Rieble/Klumpp, ZIP 2002, 2154 f.

[70] Kellermann, Der deutsche Verbraucherbegriff - eine Würdigung der streitigen Einzelfälle, JA 2005, 546 - 549 (548).

[71] Boemke, Höhe der Verzugszinsen für Entgeltforderungen des Arbeitnehmers, BB 2002, 96 - 97.

[72] BAGE 109, 22 - 29 = **juris**byhemmer.

5. Der Gesellschafter/Geschäftsführer einer GmbH

GmbH-Gesellschafter/ Geschäftsführer als Verbraucher

Verbraucher i.S.d. § 13 BGB ist nach ständiger Rechtsprechung auch der Gesellschafter sowie der Geschäftsführer einer GmbH[73]. Der Gesellschafter betreibt bloße Vermögensverwaltung[74] und übt somit keine gewerbliche Tätigkeit aus; der Geschäftsführer befindet sich in einer angestellten und damit in keiner selbstständigen beruflichen Stellung. Aus der bloßen (auch nicht immer vorliegenden) Geschäftserfahrenheit dieser Personen kann eine Unternehmerstellung nicht begründet werden[75]. Gegen diese Rechtsprechung wird vorgebracht, dass eine Ungleichbehandlung des Einzelkaufmannes im Verhältnis zur Ein-Mann-GmbH erfolge[76]. Dagegen lässt sich jedoch vorbringen, dass die Unternehmensform (Ein-Mann-GmbH oder Einzelkaufmann) frei wählbar ist.

hemmer-Methode: In einer entsprechenden Klausur sollten sie die Verbrauchereigenschaft wegen des ausdrücklichen Festhaltens des BGH an der ständigen Rechtsprechung[77] eher nicht ablehnen, auch wenn sich hierfür gute Argumente finden lassen. Auch die Praxis hat mittlerweile gelernt mit der Rechtsprechung zu leben.[78]

6. Der Gesellschafter einer Personengesellschaft

Personengesellschafter als Verbraucher

Ungeklärt ist allerdings, ob auch einem Personengesellschafter die Verbrauchereigenschaft zugebilligt werden kann. Ausgehend von der Anerkennung der rechtlichen Verselbstständigung einer Handelsgesellschaft und in Anlehnung an die Rechtsprechung zur GmbH können der Gesellschafter und der Komplementär als Verbraucher angesehen werden.[79]

Erst recht muss dies dann für den Kommanditisten gelten, der gem. §§ 164 S.1 HS. 1, 170 HGB von der Geschäftsführung und Vertretung der Gesellschaft ausgeschlossen ist.

hemmer-Methode: Anders als beim Streit zur Verbrauchereigenschaft des GmbH-Gesellschafters und Geschäftsführers können Sie hierzu in der Klausur alles vertreten, da dieses Problem selbst in der Literatur bisher noch kaum wahrgenommen wurde und es keine gefestigte Rechtsprechung gibt. Gegen die hier dargestellte Ansicht könnte man etwa das Missbrauchsargument und eine ungerechtfertigte unterschiedliche Behandlung von Einzelkaufmann und OHG/KG vorbringen. Gehen Sie aber klausurtaktisch vor, wenn die Verbrauchereigenschaft ihr einziger Schlüssel zu weiteren verbraucherrechtlichen Problemen (etwa Fristen eines Widerrufes) darstellt.

---

[73] BGH, NJW 1996, 2156 - 2158 = **juris**byhemmer; BGH, NJW 2004, 3039 - 3041 = **juris**byhemmer.
[74] Siehe dazu Rn. 52
[75] Kieselstein/Rückebeil, Der Verbraucher im BGB, ZGS 2007, 54 - 57 (55).
[76] Kellermann, Der deutsche Verbraucherbegriff - eine Würdigung der streitigen Einzelfälle, JA 2005, 546 - 549 (548 m.w.N); siehe auch die Verweise bei Kieselstein/Rückebeil, Der Verbraucher im BGB, ZGS 2007, 54 - 57 (55).
[77] BGH, **Life&Law 03/2006, 149 - 158** = BGH, NJW 2006, 431 - 434 = **juris**byhemmer.
[78] So auch der Klausurhinweis bei Kellermann, Der deutsche Verbraucherbegriff - eine Würdigung der streitigen Einzelfälle, JA 2005, 546 - 549 (549).
[79] Kellermann, Der deutsche Verbraucherbegriff - eine Würdigung der streitigen Einzelfälle, JA 2005, 546 - 549 (549).

II. Zweckbestimmung

Es muss sich um ein zu **privaten Zwecken** vorgenommenes Rechtsgeschäft handeln, das überwiegend weder einer **gewerblichen** noch einer **selbstständigen**[80] beruflichen Tätigkeit zugerechnet werden kann.[81] Ein derartiger privater Zweck liegt u.a. vor, wenn das Rechtsgeschäft dem täglichen Lebensbedarf, der Urlaubs- und Freizeitgestaltung oder Gesundheitsvorsorge dient.

Eine gewerbliche Tätigkeit ist dagegen eine planmäßige und auf Dauer angelegte wirtschaftlich selbstständige Tätigkeit unter Teilnahme am Wettbewerb. Zu den gewerblichen Tätigkeiten gehört daher nicht die Verwaltung **eigenen** Vermögens.[82]

Schließt eine Person ein Rechtsgeschäft objektiv zu einem Zweck ab, der weder ihrer gewerblichen noch ihrer selbstständigen Tätigkeit zugerechnet werden kann, so kommt eine Zurechnung entgegen dem mit dem rechtsgeschäftlichen Handeln objektiv verfolgten Zweck nur dann in Betracht, wenn die dem Vertragspartner erkennbaren Umstände eindeutig und zweifelsfrei darauf hinweisen, dass die natürliche Person in Verfolgung ihrer gewerblichen oder selbstständigen beruflichen Tätigkeit handelt.[83]

Bsp.: Rechtsanwältin B bestellt bei Internetanbieter V Lampen für ihre Privatwohnung, lässt diese aber an die Kanzleiadresse liefern. Die Lieferung erfolgt ohne Widerrufsbelehrung, da V von Unternehmerhandeln ausgeht. Nach drei Wochen widerruft B wirksam den Kaufvertrag. Eine Zurechnung des Eindrucks einer Unternehmereigenschaft kommt bei objektiv nicht bestimmbarem Zweck eben nicht ohne weiteres in Betracht.

III. Zuordnung des Rechtsgeschäfts

1. Objektive Zuordnung

Zuordnung nach objektiven Kriterien

Die Frage, ob der Charakter des Rechtsgeschäfts nach objektiven oder subjektiven Kriterien vorgenommen wird, ist gesetzlich nicht geregelt. Nach e.A. gebietet die Rechtssicherheit eine Zuordnung durch Auslegung des Rechtsgeschäfts nach dem objektiven Empfängerhorizont, die folglich nicht am inneren Willen der Parteien, sondern am Inhalt des Rechtsgeschäfts und den erkennbaren Begleitumständen anknüpft.[84]

Der BGH geht grundsätzlich von einer objektiven Beurteilung aus, die sich gerade nicht am Empfängerhorizont orientiert. Denn andernfalls würde der Verbraucherschutz in vielen Fällen nicht greifen, in denen er aber von der Intention her angebracht wäre. Nur wenn die dem Vertragspartner erkennbaren Umstände eindeutig und zweifelsfrei (!) darauf hinweisen, dass die natürliche Person in Verfolgung ihrer gewerblichen oder selbständigen Tätigkeit handelt, ist nicht von einem Verbrauchergeschäft auszugehen. Im obigen Beispiel (Rn. 38) hat der BGH den Verbraucherstatus bejaht. Denn allein aus der Tatsache, dass die Lieferung an die Kanzlei erfolgte, kann nicht zweifelsfrei (!) geschlossen werden, es handele sich um ein unternehmerisches Geschäft.

---

[80] Damit geht der deutsche Gesetzgeber in zulässiger Weise über die Vorgaben des EU-Rechts hinaus, welches jeden Bezug zu einer beruflichen Tätigkeit für den Ausschluss der Verbrauchereigenschaft genügen lässt.

[81] Palandt, § 13, Rn. 3.

[82] BGH, NJW 2002, 368 - 370 (369) = **juris**byhemmer.

[83] BGH, **Life&Law 01/2010, 16 - 18** = NJW 2009, 3780 - 3781 = **juris**byhemmer; vgl. auch **Life&Law 10/2011, 695 - 703 (702)** = NJW 2011, 3435 - 3438 = **juris**byhemmer.

[84] Palandt, § 13, Rn. 4; Lettl, Bürgerliches Recht: Schwierigkeiten beim Versendungskauf, JuS 2004, 314 - 318 (315).

2. Relevanter Zeitpunkt

Relevanter Zeitpunkt

Für die Zuordnung ist der Zeitpunkt des Vertragsschlusses entscheidend. Spätere Ereignisse sind bedeutungslos.[85] Auch ein **späterer Gesinnungswechsel ist unerheblich**, wenn nicht schon bei Vertragsschluss objektive Umstände vorgelegen haben, welche die Möglichkeit eines Gesinnungswechsels offen hielten.[86]

> *Bsp.: Der Computerhändler C bestellt bei dem Obsthändler O sieben kg Erdbeeren (ausdrücklich) für einen Sektempfang in seiner neuen Filiale, um sie seinen Gästen anbieten zu können. Als der Sektempfang kurzfristig abgesagt werden musste, entschließt sich C die Erdbeeren für einen Kuchen zu verwenden, den er mit seiner Familie beim Nachmittagskaffee verspeist.*

Käme es in diesem Beispiel darauf an, ob der Computerhändler C hinsichtlich des Kaufs der Erdbeeren als Verbraucher i.S.v. § 13 BGB anzusehen ist, wäre es unbeachtlich, wofür der Kaufgegenstand letztendlich verwendet wurde. Entscheidend ist vielmehr welche Anhaltspunkte beim Abschluss des Vertrages vorgelegen haben.

Hier kaufte C die Erdbeeren von O objektiv erkennbar für einen gewerblichen Zweck. Das Rechtsgeschäft kann nicht der Privatsphäre des C zugerechnet werden, so dass C insoweit nicht als Verbraucher angesehen werden kann.

> *Bsp.: Der Computerhändler C kauft bei dem Obsthändler O sieben kg Erdbeeren. Er legt dabei nicht offen, dass er die Erdbeeren für ein Familienfest verwenden will. Später entscheidet sich C dafür die Erdbeeren doch lieber seinen Kunden auf einer Feier anzubieten.*

Da C dem O nicht offenbarte, wofür er die Erdbeeren verwenden wollte, ist der Charakter des Rechtsgeschäfts nach objektiven Kriterien zu bestimmen. Bei dem Kaufgegenstand handelt es sich um einen üblicherweise privat genutzten Verbrauchsgegenstand. Allerdings spricht die von C gekaufte Menge (sieben kg) gegen eine private Nutzung. Da Zweifel über die Zuordnung des Rechtsgeschäfts bestehen und C ein Unternehmer ist, ist das Rechtsgeschäft analog § 344 I HGB[87] nicht der Privatsphäre des R zuzurechnen, sodass ihm die Verbrauchereigenschaft abgesprochen werden muss (a.A. vertretbar, da mit § 344 I HGB die Gefahr besteht, zwingende (!) europarechtliche Vorgaben auszuhebeln, denn rein objektiv gehört das Geschäft zum privaten Bereich des Erwerbers (Familienfest), so dass es sich um einen Verbrauchsgüterkauf handelt).

3. Beweislast

Beweislast

Der Unternehmer muss beweisen, dass er einen Gegenstand objektiv zu privaten Zwecken erworben hat. Auch wenn § 344 I HGB nicht direkt anwendbar ist[88], führen Zweifel an der Verbrauchereigenschaft zur Nichtanwendbarkeit der Verbraucherschutzvorschriften, da derjenige, der sich auf besondere Schutzvorschriften beruft, die Beweislast für deren Vorliegen trägt.[89] Wenn dieser Nachweis aber geführt werden kann, kommt es nicht mehr darauf an, wie der Vertragspartner das Geschäft gedeutet hat, vgl. oben, Rn. 39.

---

[85] BGH, NJW 2002, 368 - 370 (369) = **juris**byhemmer.
[86] Palandt, § 13, Rn. 4.
[87] Vgl. Rn. 53.
[88] Siehe dazu Rn. 53 und Palandt, § 13, Rn. 3.
[89] OLG Celle, ZGS 2004, 472 - 474 (474) = **juris**byhemmer; Palandt, § 13, Rn. 4.

4. Dual use

dual use

Probleme bei der Zuordnung können sich auch daraus ergeben, dass der Vertragsgegenstand sowohl privaten als auch gewerblichen Zwecken dienen soll, sog. „dual use".

Lange Zeit war umstritten, wovon abhängen soll, ob in diesen Situationen Verbraucherschutz gewährt wird.

Der Gesetzgeber hat mit der Neufassung des § 13 BGB, die seit dem 13.06.2014 gilt, das Problem geklärt. Es kommt auf eine überwiegend private Nutzung an.

Lässt sich eine überwiegende Nutzung nicht ermitteln, ist aufgrund der Beweislastregelung des § 13 BGB im Zweifel die Verbrauchereigenschaft abzulehnen.[90] Insbesondere können Geschäfte von Unternehmern nach § 344 I HGB analog im Zweifel dem unternehmerischen Bereich zugeordnet werden.[91]

5. Der Scheinunternehmer

Nicht mehr auf den Verbraucherschutz kann sich jedoch derjenige berufen, der zwar objektiv die Verbrauchereigenschaften erfüllt, sich aber bei dem Rechtsgeschäft wahrheitswidrig auf eine Stellung als Unternehmer beruft.[92] In NJW 2005, 1045[93] hat der BGH entschieden, dass in einem derartigen Fall keine Berufung auf die Verbrauchereigenschaft erfolgen kann.

Der Verbraucher stellt sich durch sein Verhalten außerhalb des den Verbrauchergeschäften vorbehaltenen Schutzes.[94] Im konkreten Fall war die Anwendbarkeit der §§ 474 ff. BGB fraglich. Der BGH hat seine Entscheidung auf die Anwendung des Grundsatzes von Treu und Glauben aus § 242 BGB und den entsprechenden europarechtlichen Grundsätzen gestützt und damit klargestellt, dass die Situation des Verbrauchers nicht mit dem Schutz des Minderjährigen vergleichbar ist, der auch bei einer Täuschung des Rechtsverkehrs noch Schutz erfahren muss.

Auch das Umgehungsverbot des § 475 I S.2 BGB muss hinter der Redlichkeit des Rechtsverkehrs zurücktreten, andernfalls müsste sich ein getäuschter Unternehmer behandeln lassen, wie derjenige, der bewusst die Verbrauchervorschriften umgehen möchte.

Dass diese Linie des BGH auch im Einklang mit den europäischen Grundsätzen steht, hat der EuGH in einer Entscheidung zu § 15 EuGVÜ bestätigt.[95] Siehe dazu auch die Fallbesprechung des Urteils in **Life&Law 04/2005, S. 211**.

IV. „Abgeschlossenes Rechtsgeschäft"

Die Beschränkung des § 13 BGB auf von Verbrauchern abgeschlossene Rechtsgeschäfte ist offensichtlich verfehlt. Der Verbraucher wird auch geschützt, wenn er selbst nicht rechtsgeschäftlich handelt, sondern ihm beispielsweise eine unbestellte Sache zugesandt wird, § 241a BGB, ihm gegenüber der Eindruck einer Gewinnzusage erweckt wird, § 661a BGB, oder er auf Informationen des Unternehmers angewiesen ist, § 482 BGB.

---

[90] So auch OLG Celle, ZGS 2004, 472 - 474 (474) = **juris**byhemmer.
[91] Vgl. Rn. 53; Palandt, § 14, Rn. 2 a.E; § 13, Rn. 3, 4.
[92] Kieselstein/Rückebeil, Der Verbraucher im BGB, ZGS 2007, 54 - 57 (56).
[93] BGH, NJW 1045 - 1047 = **juris**byhemmer.
[94] Schmidt, Verbraucherbegriff und Verbrauchervertrag - Grundlagen des § 13 BGB, JuS 2006, 1 - 8 (8).
[95] EuGH, NJW 2005, 653.

§ 3 DER UNTERNEHMERBEGRIFF, § 14 BGB

Ausgehend vom Unionsrecht definiert § 14 BGB den Begriff des Unternehmers als Gegenbegriff zum Verbraucher i.S.v. § 13 BGB. Der weite, auch Freiberufler und Landwirte erfassende Unternehmerbegriff ersetzt im Verbraucherschutzrecht den Begriff des Kaufmanns und den des Gewerbetreibenden.[96]

> **hemmer-Methode:** Der Unternehmerbegriff des § 631 I BGB bezieht sich nicht auf § 14 BGB. Unternehmer i.S.d. §§ 631 ff. BGB ist der Hersteller (Auftragnehmer), der auch Verbraucher i.S.d. § 13 BGB sein kann. Allerdings ist der Unternehmer-Begriff i.S.d. § 650i BGB wiederum im verbraucherschützenden Sinne zu verstehen. Es ist wohl auch kaum vorstellbar, dass eine Privatperson „sich zum Bau eines neuen Gebäudes oder zu erheblichen Umbaumaßnahmen" verpflichtet.

A) Definition

Gewerbliche oder selbstständige berufliche Tätigkeit

Unternehmer ist jede natürliche oder juristische Person, die am Markt planmäßig und dauerhaft Leistungen gegen Entgelt anbietet.[97] Auch Freiberufler, Handwerker und Landwirte sind Unternehmer, ebenso Kleingewerbetreibende, die nicht im Handelsregister eingetragen sind. Auf die Absicht einer Gewinnerzielung kommt es nicht an. Eine nebenberufliche Tätigkeit ist ebenfalls ausreichend.[98]

Verbraucher als Strohmann

Schließlich muss sich auch ein Verbraucher, der aufgrund einer wirksamen Abrede als Strohmann für einen Unternehmer handelt, als Unternehmer i.S.v. § 14 BGB behandeln lassen.[99]

Scheinunternehmer

Ferner muss sich auch ein Verbraucher, der selbst als Unternehmer auftritt, als Unternehmer behandeln lassen.[100] Dies ergibt sich jedenfalls aus dem Grundsatz von Treu und Glauben, der auch im Gemeinschaftsrecht Anwendung findet.[101]

eBay Powerseller

Unter den Unternehmerbegriff fallen nach der Rechtsprechung auch der eBay Powerseller, auch wenn diese Tätigkeit nur nebenberuflich ausgeübt wird[102]. Stellenweise wird auch hierbei eine Beweislastumkehr zu Lasten des Powersellers hinsichtlich der Unternehmereigenschaft vertreten, sodass der Powerseller im Einzelfall nachweisen muss, dass er ausnahmsweise als Verbraucher agiert hat.[103] Ein pauschaler, standardisierter Hinweis auf der Angebotsseite in der Form „…dieser Artikel wird von privat verkauft…" ist dafür jedoch nicht ausreichend.[104]

Verwaltung eigenen Vermögens

Die Verwaltung und Anlage eigenen Vermögens erfüllt dagegen **nicht** den Unternehmerbegriff.[105] Dies gilt aber nur, soweit der Eigentümer Leistungen nachfragt. Bietet er dagegen selbst im Wettbewerb mit anderen planmäßig Leistungen gegen ein Entgelt an, ist er Unternehmer.[106]

---

[96] Palandt, § 14, Rn. 1.
[97] BGH, NJW 2018, 146 ff. = **juris**byhemmer.
[98] K. Schmidt, Handelsrecht, § 9 IV.
[99] BGH, NJW 2002, 2030 - 2031 = **juris**byhemmer.
[100] BGH, NJW 2005, 1045 - 1047 = **juris**byhemmer; Kieselstein/Rückebeil, Der Verbraucher im BGB, ZGS 2007, 54 - 57 (56).
[101] S.o. Rn. 47a.
[102] Überblick bei Palandt, § 13, Rn. 4; § 14, Rn. 2 m.w.N; OLG Koblenz, NJW 2006, 1438 = **juris**byhemmer.
[103] OLG Koblenz, NJW 2006, 1438 = **juris**byhemmer; AG Radolfzell, NJW 2004, 3342 = **juris**byhemmer.
[104] OLG Frankfurt, NJW 2005, 1438 = **juris**byhemmer.
[105] BGH, NJW 2002, 368 - 370 = **juris**byhemmer.
[106] Palandt, § 14, Rn. 2.; BGH, NJW 2018, 1812 ff. = **juris**byhemmer.

B) Anwendbarkeit des § 344 I HGB analog

Hier kommt es maßgeblich darauf an, ob es um die Erwerber- oder Veräußererseite geht.

§ 344 HGB analog bei Geschäften auf Veräußererseite

Nach der h.M. sind Rechtsgeschäfte eines Unternehmers auf Veräußererseite entsprechend dem Rechtsgedanken des § 344 I HGB im Zweifel dem unternehmerischen Bereich zuzuordnen.[107] Für einen Freiberufler auf Veräußererseite wird jedoch überwiegend davon ausgegangen, dass § 344 I HGB keine Anwendung findet.[108] Das hat der BGH 2017 bestätigt.[109]

Auf Erwerberseite?

Auf Erwerberseite hat der BGH die Frage bislang nicht entschieden. Nach wohl überwiegender Ansicht ist danach zu unterscheiden, ob ein Freiberufler oder ein Gewerbetreibender agiert. Beim Freiberufler hat der BGH jedenfalls § 344 I HGB nicht diskutiert.[110]

Nach a.A. ist die Diskussion auf Erwerberseite obsolet geworden, weil § 13 BGB objektiv (!) danach verlangt, dass das Geschäft weder überwiegend der selbständigen oder gewerblichen Tätigkeit zugeordnet werden kann.[111]

Eine analoge Anwendung des § 344 I HGB auf Erwerberseite wäre europarechtlich kaum haltbar, da durch diese Vorschrift das (zwingende) Verbraucherschutzrecht nicht zur Anwendung käme.

---

[107] Palandt, § 14, Rn. 2. Das wird insbesondere wichtig in Fällen, in denen branchenfremde Rechtsgeschäfte vorgenommen werden, vgl. Rn. 28. Hier kann gem. § 344 I HBG vom Unternehmerstatus ausgegangen werden, vgl. BGH, **Life&Law 10/2011, 695 - 703** = NJW 2011, 3435 - 3438 = **juris**byhemmer.

[108] KG Berlin, ZGS 2007, 78 = **juris**byhemmer; LG Frankfurt / Main, NJW-RR 2004, 1208.

[109] BGH, **Life&Law 02/2018, 91 ff.** = **juris**byhemmer.

[110] Vgl. Rn. 39.

[111] Schärtl, JUS-Extra 2014, S. 12 ff. (S. 13).

§ 4 STELLVERTRETUNG UND VERBRAUCHERSCHUTZ

A) Einführung

Die Stellvertretung, §§ 164 ff. BGB, erlaubt es, dass der Verbraucher beispielsweise in einer Haustürsituation einem Unternehmer eine Vollmacht erteilt und dieser als Vertreter im Namen des Verbrauchers ein entsprechendes Rechtsgeschäft abschließt. Diese Möglichkeit gibt Anlass, sich mit der Frage zu befassen, wie die Verbraucherschutzvorschriften angewendet werden müssen, wenn die für den Verbraucher kritische Situation durch die Erteilung einer Vollmacht vorverlagert wurde.[112]

B) Die Rechtsprechung des BGH

Der BGH hat bereits im Jahr 2000 zu dem Problem der Anwendung von Verbraucherschutzvorschriften im Zusammenhang mit dem Stellvertretungsrecht Stellung genommen.[113] Den Entscheidungen lagen jeweils ähnliche Fallkonstellationen zugrunde, die hier kurz und vereinfacht dargestellt werden sollen.

> *Sachverhalt: Ein selbstständig tätiger Anlagevermittler A (Unternehmer i.S.v. § 14 BGB) stellte dem Verbraucher V in dessen Wohnung eine Geldanlagemöglichkeit vor. V erteilte dem A eine unwiderrufliche Vollmacht für die Aufnahme eines Darlehens. In gleicher Weise bevollmächtigte V den A, das Darlehen in seinem Namen in Gesellschaftsanteile zu investieren. Eine Belehrung über ein Widerrufsrecht erfolgte nicht.[114] V nahm wie verabredet das Darlehen bei der B-Bank auf und investierte das Geld gem. der Abrede. V will sich nach einigen Jahren von dem nicht gerade lukrativen Darlehen durch Widerruf lösen. Steht dem V ein Widerrufsrecht zu?*

I. Die betroffenen Schutzinteressen

Verkehrsschutz vs. Verbraucherschutz

Die Anwendungsprobleme des Verbraucherschutzrechts im Zusammenhang mit dem Recht der Stellvertretung entstehen, weil hier zwei unterschiedliche Schutzkonzeptionen aufeinander treffen: der **Verkehrsschutz** und der **Verbraucherschutz**.[115]

Verkehrsschutzinteressen

Die Erweiterung des rechtsgeschäftlichen Wirkungsradius des Geschäftsherrn durch die Stellvertretung erfordert Vorschriften, die den Rechtsverkehr in seinem (berechtigten) Vertrauen auf die Vertretungsmacht schützen, vgl. §§ 170 ff. BGB sowie die Grundsätze zur Anscheins- bzw. Duldungsvollmacht.[116]

Verlust der Verbraucherrechte durch Stellvertretung

Lässt sich ein Verbraucher vertreten, ergibt sich jedoch das Problem, dass er nicht persönlich mit dem Unternehmer verhandelt. Die für das Geschäft durch den Verbraucherschutz vorgeschriebenen Informationspflichten bzw. die durch die Widerrufsmöglichkeit abgesicherte Überlegungsfrist kommen somit gegenüber dem vertretenen (und somit meist ortsfernen) Verbraucher nicht zur Entfaltung.

---

[112] Siehe hierzu Möller, Das Recht der Stellvertretung und des Verbraucherschutzes, ZIP 2002, 333 ff.

[113] BGH, ZIP 2000, 1155 – 1158; BGH, ZIP 2000, 1158 - 1159; BGH, ZIP 2000, 1152 - 1155; Rechtsprechung fortgeführt in BGH, ZIP 2001, 911 – 913: **alle Entscheidungen = juris**byhemmer.

[114] BGH, ZIP 2000, 1155 - 1158; BGH, ZIP 2000, 1158 - 1159; BGH, ZIP 2000, 1152 - 1155; Rechtsprechung fortgeführt in BGH, ZIP 2001, 911 – 913: **alle Entscheidungen = juris**byhemmer.

[115] Vgl. Möller, Das Recht der Stellvertretung und des Verbraucherschutzes, ZIP 2002, 333 ff. (334).

[116] Siehe hierzu ausführlich **Hemmer/Wüst, BGB AT I, Rn. 236 ff.**

VERBRAUCHERSCHUTZRECHT

Schutzwürdigkeit des Rechtsverkehrs

Anderseits ist aber auch der Unternehmer (Rechtsverkehr) schutzwürdig, soweit er einen Vertrag mit einem Vertreter abschließt, der kein Verbraucher ist, und er deshalb nicht damit rechnen muss, dass hinsichtlich des Vertrages Verbraucherschutzvorschriften Anwendung finden. Dies gilt jedenfalls im Anwendungsbereich des § 172 BGB.[117]

II. Die frühere Rechtsprechung des BGH

Entscheidung des BGH

Der BGH hat früher schon dem **Schutz des Rechtsverkehrs** vor dem Verbraucherschutz den **Vorrang** eingeräumt. Im Rahmen von Haustürgeschäften sollte es nur darauf ankommen, ob der Vertreter selbst in einer Haustürsituation überrumpelt wurde. Ob die Vollmacht durch Überrumpelung erlangt wurde, war irrelevant.[118] Des Weiteren hatte der BGH entschieden, dass die Erteilung der Vollmacht nicht den Verbraucherdarlehensvorschriften unterliegt, d.h. die Vollmacht musste nicht einen besonderen Inhalt aufweisen.[119]

III. Die Reaktion des Gesetzgebers

Reaktion des Gesetzgebers

Als Reaktion auf diese Rechtsprechung des BGH zur Anwendung der Vorschriften über das Verbraucherdarlehen und deren Formvorschriften auf Kreditvollmachten hat der Gesetzgeber i.R.d. Schuldrechtsreform die Vorschrift des § 492 IV BGB in das BGB aufgenommen. § 492 IV BGB ist lex specialis zu § 167 II BGB und bewirkt, dass eine wirksame Vollmacht nur vorliegen kann, wenn diese bereits die in § 492 I und II BGB aufgeführten Informationen enthält, es sei denn, es handelt sich um eine Prozessvollmacht oder eine notariell beurkundete Vollmacht, § 492 IV S.2 BGB.[120] Ein Verstoß gegen die Formvorschriften hat gem. § 494 I BGB die Nichtigkeit des Verbraucherdarlehens und der Vollmacht zur Folge. Gem. § 494 II S.1 BGB wird der Verbraucherdarlehensvertrag jedoch gültig, wenn der Darlehensnehmer das Darlehen empfängt oder in Anspruch nimmt.

hemmer-Methode: In der Literatur wird in diesem Zusammenhang kritisiert, dass durch die Schaffung des § 492 IV BGB der Abschluss eines Verbraucherkreditvertrages in den Rang eines höchstpersönlichen Rechtsgeschäfts gerückt wird. Bei der Erteilung der Vollmacht werden die genauen Darlehenskonditionen (§ 492 II BGB, Art. 247 §§ 6 bis 13 EGBGB) in der Regel nämlich noch nicht feststehen.[121]

IV. Stellvertretung und weitere Verbraucherschutzvorschriften

Durch diese Gesetzesänderung wurde die Problematik des Verbraucherschutzrechts im Zusammenhang mit dem Stellvertretungsrecht etwas entschärft.

§ 492 IV BGB stellt jedoch eine Ausnahmevorschrift für Verbraucherdarlehen dar und gilt nicht für die Fälle der §§ 506 ff. BGB.[122] § 506 I BGB schließt § 492 IV BGB ausdrücklich von der Verweisung aus.

---

[117] Palandt, § 312, Rn. 5.

[118] BGH, ZIP 2000, 1155 - 1158 = **juris**byhemmer; BGH, ZIP 2000, 1158 - 1159 = **juris**byhemmer; BGH, ZIP 2000, 1152 - 1155 = **juris**byhemmer.

[119] BGH, ZIP 2001, 911 - 913 = **juris**byhemmer.

[120] Vereinzelt wird die Ausnahme von notariell beurkundeten Vollmachten kritisch gesehen, weshalb vertreten wird, dass § 492 IV S.2 BGB zumindest für die Fälle teleologisch zu reduzieren ist, wenn der Vollmachtgeber durch eine notariell beurkundete Vollmacht schon rechtlich oder tatsächlich gebunden wird. Aufgrund der Warnfunktion sei auch hier der Vertragsinhalt in der vorgesehenen Form dem Verbraucher bereits bei der Erteilung der Vollmacht mitzuteilen, Herresthal, Formbedürftigkeit der Vollmacht zum Abschluss eines Verbraucherdarlehens, JuS 2002, 844 - 850.

[121] **Zeller-Müller,** Verbraucherschutz im BGB, **Life&Law 08/2002, 565 - 570 (570)**; vgl. auch Dörrie, Verbraucherdarlehen und Immobilienfinanzierung nach der Schuldrechtsreform, ZflR 2002, 89 (92); Herresthal, Formbedürftigkeit der Vollmacht zum Abschluss eines Verbraucherdarlehens, JuS 2002, 844 - 850 (845).

[122] Palandt, § 492, Rn. 20.

§ 4 STELLVERTRETUNG UND VERBRAUCHERSCHUTZ

Problematisch ist die Situation weiterhin bei außerhalb von Geschäftsräumen geschlossenen Verträgen.

Bsp.: Der Verbraucher V wird in seiner Wohnung von dem selbstständig tätigen Unternehmer U aufgesucht. Dem U gelingt es, von V eine Vollmacht und einen entsprechenden (unentgeltlichen) Auftrag zum Kauf eines Staubsaugers zu erlangen. Zudem stellt V dem U noch eine Vollmachtsurkunde aus. Auf ein Widerrufsrecht macht U den V nicht aufmerksam. U kauft bei der X-GmbH im Namen des V für diesen einen Staubsauger (Vertretergeschäft). Steht V hinsichtlich des Kaufvertrages ein Widerrufsrecht gem. der §§ 355, 312b, 312g I BGB zu?

V hat ein Widerrufsrecht, wenn die Voraussetzungen der §§ 312b I BGB vorliegen.

1. V hat jedoch mit der X-GmbH den Vertrag nicht außerhalb von Geschäftsräumen i.S.v. § 312b I BGB abgeschlossen. Auch ein von U abgeleitetes Widerrufsrecht besteht für V nicht, da U und die X-GmbH den Kaufvertrag nicht außerhalb von Geschäftsräumen abgeschlossen haben und darüber hinaus U ohnehin kein Verbraucher i.S.v. § 13 BGB ist.

2. Möglicherweise kann V die Vollmacht gem. der §§ 312b, 312g I, 355 BGB **ausnahmsweise** mit **ex-tunc**-Wirkung widerrufen, sodass U als Vertreter ohne Vollmacht gehandelt hätte und V folglich nicht an den Kaufvertrag mit der X-GmbH gebunden wäre. Die Vollmacht wurde zumindest außerhalb eines Geschäftsraumes erteilt, nämlich in der Privatwohnung des V.

hemmer-Methode: Die Vollmacht ist grundsätzlich jederzeit frei widerruflich, § 168 S.2 BGB, allerdings hat ein „regulärer" Widerruf keine Auswirkungen, wenn das Vertretergeschäft, wie hier, bereits vollzogen wurde, da der Widerruf einer Vollmacht grundsätzlich nur ex nunc wirkt.

Vollmacht kein Vertrag i.S.v. § 312b I BGB

a) Es ist jedoch bereits fraglich, ob die Erteilung einer Vollmacht als ein „Vertrag" anzusehen ist, welcher nach § 312g I BGB widerrufen werden kann. Das Gesetz spricht in § 312 I BGB von einem Vertag über eine entgeltliche Leistung. Die Vollmacht wird dagegen durch eine einseitige Willenserklärung erteilt. Sie ist daher kein Vertrag und hat auch nicht eine entgeltliche Leistung zum Gegenstand.

Analoge Anwendung (-)

b) Der Umstand, dass die Vollmacht für den Abschluss eines Vertrages erteilt und auch entsprechend ausgeübt wurde, ist kein hinreichender Grund für eine analoge Anwendung des § 312 I S.1 BGB auf Vollmachten. Der selbstständige Widerruf einer Vollmacht entspricht nämlich nicht dem Regelungszweck des § 312 I BGB. Insoweit fehlt es an der für eine Analogie erforderlichen vergleichbaren Interessenlage.[123]

c) Der Verbraucher V kann folglich die Vollmacht nicht gem. der §§ 312b, 312g I, 355 I BGB widerrufen. Des Weiteren wäre es mit den allgemeinen Grundsätzen über den Widerruf von Vollmachten hinsichtlich bereits vollzogener Vertretergeschäfte kaum vereinbar, dem Widerruf gem. der §§ 312b, 312g I, 355 I BGB eine Wirkung ex tunc zukommen zu lassen. Dies wäre nur möglich, wenn man den Widerruf wie eine Anfechtung einer Vollmacht behandelte. Für eine derartige Analogie fehlt es aber an einer vergleichbaren Interessenlage, da die Anfechtungsregeln der Sicherung der Willensfreiheit und nicht dem Verbraucherschutz dienen.[124]

---

[123] Palandt, § 312b, Rn. 8 m.w.N.
[124] Palandt, § 312, Rn. 5 m.w.N.

Vollmachtsurkunde

d) Darüber hinaus hat V dem U sogar eine Vollmachtsurkunde erteilt. Folglich könnte selbst eine (hier nicht vorhandene) Widerrufsmöglichkeit hinsichtlich der Vollmacht mit ex tunc Wirkung die Rechtsscheinwirkungen der Vollmachtsurkunde nicht beeinträchtigen, §§ 172, 170, 173 BGB. Der Geschäftspartner (X-GmbH) eines Vertreters (U), der eine Vollmachtsurkunde vorweisen kann, darf auf das Bestehen der Vollmacht vertrauen. Die Rechtsscheinregeln des Stellvertretungsrechts würden daher einen etwaigen Widerruf ohnehin wirkungslos lassen.

e) Es bleibt daher festzuhalten, dass ein Widerruf generell dem Vertreter nicht nachträglich die Vertretungsmacht ex tunc entziehen kann.

Ansicht in der Literatur

3. In der Literatur findet das hier gefundene Ergebnis jedoch nicht nur Zustimmung. So wird vertreten, dass dem Verbraucher auch bei einem Vertretergeschäft ein Widerrufsrecht nach der jeweiligen Verbraucherschutznorm zustehen müsse.[125]

Gesamtbetrachtung

a) Es wird angeführt, dass § 312b BGB dem Schutz der Privatautonomie diene, indem er die Entscheidungsfreiheit des bei außerhalb von Geschäftsräumen geschlossenen Verträgen Überraschten durch einen Übereilungsschutz verbessern will. Dem Schutzzweck des Verbraucherrechts und insbesondere des § 312b BGB entspreche es daher, durch eine **Gesamtbetrachtung** von Bevollmächtigung und Vertretergeschäft dem vertretenen Verbraucher die Reaktionsmöglichkeit des Verbraucherrechts zugänglich zu machen. Dem **Verbraucherschutz** soll wegen der Schutzwürdigkeit der Willensbildung des Verbrauchers der **Vorrang vor** dem **Verkehrsschutz** des Stellvertretungsrechts für den Geschäftspartner (X-GmbH) zukommen.[126] Demnach soll das **Vertretergeschäft** doch gem. der §§ 312b, 312g I Alt.1, 355 I BGB **widerruflich** sein.

Zurechnung der Haustürsituation

b) Zwar **unterfalle** die **Vollmacht** aufgrund ihres **unentgeltlichen** Charakters **nicht** dem **§ 312 I BGB**. Jedoch unterliege die vom Vertreter abgegebene Willenserklärung dem § 312 I BGB, wenn der vertretene Verbraucher sich in einer gem. § 312 I BGB geschützten Situation befand, als er die Vollmacht erteilte und der Geschäftspartner (hier die X-GmbH) hiervon Kenntnis hatte bzw. hätte haben müssen. Insoweit müsse sich der Geschäftspartner die **Verbraucherschutzsituation zurechnen** lassen.[127]

c) Von der Literatur wird des Weiteren angeführt, dass entsprechend der einschränkenden Auslegung der h.M. hinsichtlich § 167 II BGB die verbraucherschützenden Formvorschriften auch für die Erteilung der Vollmacht heranzuziehen sind.

Gem. § 167 II BGB bedarf die Erteilung einer Vollmacht nicht der für das Vertretergeschäft erforderlichen Form. Hiervon macht die h.M. jedoch eine Ausnahme und verlangt die Erteilung der Vollmacht in der für das Vertretergeschäft vorgeschriebenen Form, wenn die formfreie Bevollmächtigung im Ergebnis zu einer Umgehung der Formvorschrift führen würde. Dies wäre der Fall, wenn der Vertretene durch die Erteilung der Vollmacht rechtlich und tatsächlich in gleicher Weise gebunden würde wie durch die Vornahme des formbedürftigen Rechtsgeschäfts selbst.[128]

(Beispiel: X lässt sich von dem Grundstückseigentümer Y eine unwiderrufliche Vollmacht zum Verkauf seines Grundstücks geben. Hier muss die Vollmacht die Formanforderungen des § 311b I BGB erfüllen, da ansonsten die Formvorschrift des § 311b I BGB umgangen werden würde.

Dieser Rechtsgedanke soll auch bei der hier zugrunde liegenden Problemlage anwendbar sein.[129])

---

[125] Möller, Das Recht der Stellvertretung und des Verbraucherschutz, ZIP 2002, 333 ff. (341).

[126] Möller, Das Recht der Stellvertretung und des Verbraucherschutz, ZIP 2002, 333 ff. (338).

[127] Möller, Das Recht der Stellvertretung und des Verbraucherschutz, ZIP 2002, 333 ff. (341).

[128] Palandt, § 167, Rn. 2.

[129] Möller, Das Recht der Stellvertretung und des Verbraucherschutz, ZIP 2002, 333 ff. (339).

§ 4 STELLVERTRETUNG UND VERBRAUCHERSCHUTZ

d) Die Argumentation hinsichtlich § 167 II BGB kann jedoch nicht wirklich überzeugen, da es dort um eine Umgehung der Formvorschriften des Vertretergeschäfts geht. In der hier fraglichen Fallkonstellation - Vertreter (Unternehmer) schließt mit Geschäftspartner (Unternehmer) einen Vertrag - sind die Formvorschriften des Verbraucherschutzrechts nicht einschlägig, sodass keine Umgehung der Formvorschriften i.S.d. zu § 167 II BGB gemachten Ausnahmen vorliegt.

e) Ferner wird vertreten, dass sich die Widerruflichkeit der Vertretungsmacht aus einer richtlinienkonformen extensiven Auslegung des § 312b BGB ergeben müsse.[130]

4. Diese in der Literatur vertretene Ansicht steht im Gegensatz zur ständigen Rechtsprechung des BGH.

Rückgriff auf § 166 I BGB

a) Der BGH geht davon aus, dass § 312b BGB nicht die Frage regelt (planwidrige Gesetzeslücke), ob die Verhandlungssituation für den Vertretenen oder für den Vertreter vorliegen muss. Diese Lücke schließt der BGH durch einen Rückgriff auf die Regelung des § 166 I BGB aus dem Stellvertretungsrecht.[131]

Der BGH trennt also konsequent nach den **Wirkungen** des Vertretergeschäfts, die nach § 164 I BGB den Vertretenen treffen, und der **Verhandlungssituation** bei Abgabe der auf den **Vertragsschluss gerichteten Willenserklärung**, für deren Beurteilung gem. § 166 I BGB auf die Person des Vertreters abzustellen ist.[132]

b) Er stellt dabei zutreffend fest, dass § 166 I BGB nur den Vertragsschluss beeinflussende Willensmängel regelt und nicht die Frage, unter welchen situationsbedingten Umständen eine Willenserklärung abgegeben wurde.

Dem BGH zufolge ist **§ 166 I BGB** jedoch hinsichtlich der Zuordnung etwa einer Haustürsituation **analog** anzuwenden.

So sei in den Fällen des § 312b BGB ein Übereilungsschutz durch ein Widerrufsrecht deswegen gewährt worden, weil die Gefahr einer mangelhaften Willensbildung bestehe.

Der BGH sieht eine vergleichbare Interessenlage gegeben, die eine analoge Anwendung des § 166 I BGB legitimiert, sodass für die situationsbezogenen Voraussetzungen des Widerrufsrechts i.S.v. § 312b BGB allein die Person des Vertreters maßgeblich ist, so dass ein Widerruf ausscheiden muss.[133]

hemmer-Methode: Diese Rechtsprechung hat gem. BGH, NJW 2006, 2118 ausdrücklich auch noch nach dem Urteil des EuGH vom 25. Oktober 2005 (WM 2005, 2086, „Crailsheimer Volksbank")[134] sowie des BGH vom 12. Dezember 2005 (II ZR 327/04, WM 2006, 220) und vom 14. Februar 2006 (XI ZR 255/04) Bestand.

---

[130] Hofmann, JZ 2012, 1156.

[131] Siehe dazu Anmerkung von v. Sethe, Zur Frage des Vorliegens einer Haustürsituation und den Voraussetzungen der Rechtsscheinhaftung, BKR 2006, Heft 6, 248 - 249 zu BGH, NJW 2006, 2118 - 2120 = **juris**byhemmer.

[132] BGH, NJW 2006, 2118 - 2120 = **juris**byhemmer.

[133] Beachten Sie aber Rn. 302 für den umgekehrten Fall, dass ein Verbraucher einen Unternehmer vertritt; aufgrund der unterschiedlichen Interessenlage kommt die h.M. hier zu einem anderen Ergebnis.

[134] Siehe auch die Besprechung in **Life&Law 01/2006, 31 - 38** = ZIP 2005, 1959 - 1965 = **juris**byhemmer; dazu auch Staudinger, Die Zukunft der Schrottimmobilien nach den EuGH-Entscheidungen vom 25.10.2005, NJW 2005, 3521 - 3525; Limbach, Schulte und Crailsheimer Volksbank: Die Haftung des Unternehmers bei Nichtbeachtung der Widerrufsbelehrungspflicht, ZGS 2006, 66 - 72.

> Während sich nach diesen Urteilen eine Bank eine objektiv vorliegende Haustürsituation bei Vertragsverhandlungen unabhängig von einer entsprechenden Anwendung des § 123 II BGB stets zurechnen lassen muss, auch wenn die Vertragsverhandlungen in der Haustürsituation von einem mit der Bank nicht personengleichen Verhandlungsführer geführt wurden (siehe zu diesen Fällen zusammenfassend Life&Law 10/2006, S. 667), geht es hier im Beispielsfall hingegen um die Einschaltung eines unternehmerischen Vertreters durch den Verbraucher, wobei der Vertreter dann unstreitig den späteren Vertrag gerade nicht in einer Haustürsituation schließt und für den auch keine Verbrauchereigenschaft vorliegt.[135] Verwechseln Sie in der Klausur also nicht diese beiden sehr ähnlichen Ansatzpunkte, die zu völlig unterschiedlichen Ergebnissen führen.

Umgehungsverbot des § 312k I S.2 BGB

5. Schließlich könnte noch § 312k I S.2 BGB (Umgehungsverbot) eingreifen. Auch wenn U von der X-GmbH eine Provision erhalten haben sollte, kann nicht festgestellt werden, dass U und die X-GmbH von vornherein V seine Verbraucherschutzrechte durch eine anderweitige Gestaltung entziehen wollten. Vielmehr sind Fälle, in denen der Verbraucher nur eine Vollmacht in einer Haustürsituation erteilt, nicht vom Schutzbereich der Norm erfasst.

Ergebnis:

V kann sich daher nicht durch einen Widerruf gem. der §§ 312b, 312g I Alt.1, 355 I BGB von dem Kaufvertrag lösen.

---

[135] Siehe dazu Anmerkung zu BGH, ZIP 2006, 843 - 746 – **juris**hyhemmer; mit Anmerkung von v. Sethe, BKR 2006, Heft 6, 248 - 249.

§ 5 UNBESTELLTE LEISTUNGEN, § 241a BGB

A) Einführung

Europarechtlicher Ursprung des § 241a BGB

§ 241a BGB dient der Umsetzung von Art. 9 der Richtlinie 97/7/EG über den Verbraucherschutz bei Vertragsabschlüssen im Fernabsatz und wurde am 27.06.2000 in das BGB eingefügt. Damit ist § 241a BGB eine Norm, die in den Fällen wettbewerbswidriger Marketingmethoden neben den §§ 3 ff., 8 ff. UWG[136] und Normen des GWB[137] anwendbar ist. Die Zusendung unbestellter Waren verbunden mit einer Zahlungsaufforderung verstößt gegen §§ 3, 7 I UWG als unzumutbare Belästigung.[138]

Sanktionsgedanke

Indem § 241a BGB grundsätzlich alle Ansprüche des Unternehmers gegen den Verbraucher ausschließt, soll das wettbewerbswidrige Handeln des Unternehmers sanktioniert werden.[139] Die wettbewerbswidrige Maßnahme wird darin gesehen, dass der Unternehmer unaufgefordert Waren Verbrauchern zusendet, in der Hoffnung, der Verbraucher lasse die angegebene Frist verstreichen und fühle sich so an einen Vertrag gebunden. Da der Sanktionsgedanke dem BGB eigentlich fremd ist, stellt § 241a BGB auch in dieser Hinsicht eine Ausnahmevorschrift dar.[140] Dementsprechend stößt § 241a BGB im Hinblick auf Art. 14 I GG auch auf verfassungsrechtliche Bedenken und wird teilweise als verfassungswidriger Eingriff in die Eigentumsfreiheit angesehen.[141]

Die Norm wurde mit Wirkung zum 13.06.2014 neu gefasst. In § 241a I BGB wird der Begriff einer unbeweglichen Sache legaldefiniert (Ware). Die Änderungen sind im Übrigen sprachlicher Natur. § 241a III a.F. BGB musste gestrichen werden, weil diese Formulierung nicht mit Art. 27 der Verbraucherrechterichtlinie vereinbar wäre. Die Neufassung des § 241a III BGB verbessert den Verbraucherschutz durch eine Unabdingbarkeitsregelung (S.1) sowie ein Umgehungsverbot (S.2).

B) Die Rechtslage vor Einfügung des § 241a BGB

a) Der Anwendungsbereich des § 241a BGB regelt die Lieferung unbestellter Sachen und die Erbringung unbestellter sonstiger Leistungen.

(P) Vertragsschluss

Die Erbringung unbestellter Leistungen stellte vor Einfügung des § 241a BGB eigentlich nur ein Problem des Vertragsschlusses dar. Genauer gesagt geht es um die Frage, ob ein Schweigen eine Annahmeerklärung darstellen bzw. inwiefern man aus dem Verhalten des Empfängers eine konkludente Annahmeerklärung folgen kann.

Konkludente Annahmeerklärung

In der Zusendung unbestellter Waren bzw. Erbringung unbestellter sonstiger Leistungen wird in der Regel ein konkludentes Vertragsangebot i.S.v. § 145 BGB liegen. Ein Schweigen des Empfängers kann grundsätzlich nicht als Annahme gewertet werden, da dem Empfänger das Schweigen als Erklärungsmittel nicht aufgedrängt werden kann.

---

[136] UWG, Schönfelder Nr. 73.

[137] GWB, Schönfelder Nr. 74.

[138] Lettl, Das neue UWG, Rn. 594.

[139] Wrase/Müller-Helle, Aliud-Lieferung beim Verbrauchsgüterkauf - ein nur scheinbar gelöstes Problem, NJW 2002, 2537 - 2539 (2538).

[140] Der Gesetzgeber hat mit § 241a BGB bewusst eine zivilrechtliche Sanktion der gegen § 3 ff. UWG verstoßenden Zusendung unbestellter Ware geschaffen, BT-Dr 14/2658, S.46.

[141] Deckers, Zusendung unbestellter Ware, NJW 2001, 1474 - 1475.

Meistens wird der Erbringer der Leistung aber auf den Zugang der Annahmeerklärung verzichten, § 151 S.1 BGB, sodass der Empfänger allein durch eine nach außen hervortretende Annahmehandlung einen Vertragsschluss bewirken kann.

Bsp.: Die A-GmbH sendet von sich aus dem Bauunternehmer B 2,5 t Zement. B kommt die Lieferung gerade recht, da er ohnehin neuen Zement benötigt. Er verwendet ihn deshalb auf seiner Baustelle. Die A-GmbH verlangt nun von B die Zahlung des Kaufpreises gem. § 433 II BGB. Zu Recht?

Die A-GmbH kann von B die Bezahlung des Kaufpreises verlangen, wenn ein Kaufvertrag i.S.v. § 433 BGB zwischen ihr und B wirksam zustande gekommen ist.

Die Zusendung des Zements stellt ein konkludentes Angebot i.S.v. § 145 BGB zum Abschluss eines Kaufvertrages dar.[142]

Fraglich ist, ob B dieses Angebot angenommen hat. Zwar kann davon ausgegangen werden, dass die A-GmbH auf den Zugang der Annahme i.S.v. § 151 S.1 BGB verzichtet hat, jedoch ist für einen Vertragsschluss immer noch die tatsächliche Annahme des Angebots durch den Empfänger erforderlich.

hemmer-Methode: Nach § 151 BGB wird nicht auf das Vorhandensein einer Annahme i.S.e. Willenserklärung mit entsprechenden Rechtsbindungswillen, sondern nur auf den Zugang derselben beim Antragenden verzichtet.

Voraussetzung hierfür ist die Begründung eines entsprechenden Rechtsbindungswillens, der sich nach außen erkennbar – wenn auch nicht für den vermeintlichen Vertragspartner – manifestiert haben muss.

Eine ausdrückliche Annahmeerklärung hat B nicht abgegeben. Mangels vorheriger Vertragsverhandlungen liegt auch kein Fall des Schweigens auf ein kaufmännisches Bestätigungsschreiben vor. Auch § 362 I S.1 HGB ist nicht einschlägig. Ein rechtlich relevantes Schweigen kann daher nicht festgestellt werden.

Allerdings hat B durch die Verwendung des Zements auf seiner Baustelle nach außen objektiv erkennbar seinen Annahmewillen schlüssig geäußert. B hat folglich eine konkludente Annahmeerklärung abgegeben. Somit liegt ein wirksamer Kaufvertrag vor. Die A-GmbH kann von B die Zahlung des Kaufpreises verlangen.

Folgen der Nichtannahme

b) Selbstverständlich kann der Sachverhalt auch so liegen, dass der Empfänger das Angebot nicht annimmt. In diesem Fall ergeben sich ebenfalls examenstypische Folgeprobleme, weil dann in der Regel ein Eigentümer-Besitzer-Verhältnis (EBV) entsteht und insoweit Schwierigkeiten bei der Rückgewähr der Leistung auftreten können. Das EBV entsteht in dem Zeitpunkt, in dem der Empfänger das Angebot des Versenders ablehnt bzw. eine Annahmefrist verstreichen lässt. Bis dahin besitzt der Empfänger die Sache mit dem Einverständnis des Versenders; solange sind die §§ 823 ff. BGB nicht durch das EBV gesperrt. Nach der Entstehung eines EBV steht jedoch grundsätzlich fest, dass der Anbieter vom Empfänger die Herausgabe der unbestellten Ware verlangen kann.

Es kommt in diesen Fällen weder ein Kaufvertrag noch ein Verwahrungsvertrag gem. der §§ 688 ff. BGB zustande. Der Empfänger kann auch nicht ohne seinen Willen dazu veranlasst werden, dem Anbieter Mitteilung zu machen, dass er die Ware nicht kaufen wolle und sie daher abgeholt werden solle.

---

[142] Es ist davon auszugehen, dass die essentialia negotii insoweit vorliegen.

§ 5 UNBESTELLTE LEISTUNGEN, § 241A BGB

Typische Examensprobleme können sich vor allem dann ergeben, wenn die Ware bei dem Empfänger untergeht oder beschädigt wird. Die h.M. hilft dem Empfänger beispielsweise i.R.d. §§ 989, 990 BGB bei Beschädigung oder Zerstörung mit einer Haftungsprivilegierung zugunsten des Empfängers gem. § 300 I BGB analog. Des Weiteren wird der Schadensersatzanspruch des Erbringers einer unbestellten Leistung aufgrund seines Mitverschuldens i.S.v. § 254 I BGB entsprechend gekürzt. Beachten sie dabei, dass soweit die Voraussetzungen des § 992 BGB nicht vorliegen, die §§ 823 ff. BGB grundsätzlich durch das EBV gesperrt sind.

Ferner kann der Empfänger einem Kondiktionsanspruch ausgesetzt sein, der auf Herausgabe des erlangten Besitzes gerichtet ist. Allerdings ist umstritten, ob die Zusendung unbestellter Waren zum Zwecke des Vertragsschlusses einen Fall des § 812 I S.1 Alt.1 BGB (condictio indebiti) oder des § 812 I S.2 Alt.2 BGB (condictio ob rem) darstellt. Ein Kondiktionsanspruch wird allerdings häufig ausgeschlossen sein, weil bzgl. der condictio indebiti § 814 BGB anwendbar ist und es bzgl. einer condictio ob rem grundsätzlich an einer Zweckvereinbarung fehlen wird.

Ansprüche bei Dienstleistungen

c) Bei unbestellt erbrachten Dienstleistungen kommt ein Bereicherungsanspruch in Betracht, der in der Regel auf Wertersatz gerichtet sein wird, § 818 II BGB.

Des Weiteren kann bei unbestellten Dienstleistungen ein Anspruch aus GoA vorliegen.

Unterlassungsanspruch des Empfängers

d) Allgemein gilt (also auch in den Fällen des § 241a BGB) schließlich, dass der Empfänger einer unbestellten Leistung (Ware bzw. Dienstleistung) einen Unterlassungsanspruch gem. der §§ 1004, 823 I BGB wegen der Verletzung seines allgemeinen Persönlichkeitsrechts haben kann.[143]

C) Besonderer Verbraucherschutz durch § 241a BGB

§ 241a BGB stellt nunmehr eine Ausnahmeregelung für die Fälle dar, bei denen ein Unternehmer, § 14 BGB, einem Verbraucher, § 13 BGB, unbestellte Leistungen erbringt. Als lex specialis ist § 241a BGB gegenüber den allgemeinen Vorschriften vorrangig.

> **hemmer-Methode:** Beachten Sie deshalb, dass die Ausführungen zu § 241a BGB nicht auf die allgemeinen Fälle der Erbringung unbestellter Leistungen übertragen werden können. Merken Sie sich auch, dass die allgemeinen Grundsätze zur Erbringung unbestellter Waren durch die Einführung des § 241a BGB nicht irrelevant geworden sind, da sie weiterhin für alle Fälle heranzuziehen sind, bei denen ein Unternehmer einem anderen Unternehmer bzw. ein Verbraucher einem anderen Verbraucher bzw. Unternehmer unbestellte Leistungen erbringt.

I. Rechtsfolge

1. Ausschluss vertraglicher Ansprüche

a) Gem. § 241a I BGB werden durch die Erbringung unbestellter Leistungen Ansprüche nicht begründet. Hinsichtlich vertraglicher Ansprüche wird damit eigentlich nur etwas Selbstverständliches ausgesagt.

---

[143] Vgl. für den Fall der Zusendung eines RA Schreibens an den Gegner des Mandanten, BGH, **Life&Law 05/2011, 306 - 309** = NJW 2011, 1005 - 1009 = **juris**byhemmer; hier ist der BGH trotz anwaltlicher Vertretung des Gegners des Mandanten nicht von einer APR-Verletzung ausgegangen.

Denn die Zusendung unbestellter Sachen stellt, wie bereits erörtert, häufig ein Angebot des Unternehmers zum Abschluss eines Vertrages dar. Ein Schweigen des Verbrauchers bedeutet keine Annahme, auch wenn der Unternehmer erklärt, dass der Vertrag bei Nichtablehnung oder Nichtzurücksendung als geschlossen gilt.

Durch die Zusendung allein könnte folglich ohnehin nie ein vertraglicher Anspruch gegen den Verbraucher begründet werden.

Konkludente Annahme grundsätzlich nicht möglich

b) § 241a BGB kommt in Hinblick auf die Begründung vertraglicher Ansprüche allerdings große Bedeutung zu, soweit es um die konkludente Annahme eines solchen Angebots geht. Aufgrund des Sinn und Zwecks des § 241a BGB können nämlich selbst Zueignungs- bzw. Gebrauchshandlungen nicht als konkludente Annahme des Vertragsangebots gewertet werden. Der Verbraucher ist gem. § 241a BGB nämlich grundsätzlich berechtigt, die unbestellte Sache unabhängig von einem Vertragsschluss nach seinem Belieben zu benutzen. Der von § 241a BGB bezweckte umfassende Verbraucherschutz kann nur dann erreicht werden, wenn der Verbraucher zum Ge- und Verbrauch berechtigt ist. Deshalb kann nach dem objektiven Empfängerhorizont bei einer Zueignungs- bzw. Gebrauchshandlung nicht davon ausgegangen werden, dass der Verbraucher das Vertragsangebot annehmen wollte.

Ausdrückliche Annahme erforderlich

Ein Vertragsschluss kommt nur zustande, wenn der Verbraucher das Angebot **ausdrücklich** annimmt.

> *Bsp.:* Der Buchverlag B schickt dem Verbraucher V ohne vorherige Bestellung einen Roman zu, welcher dem V zum Kauf angeboten wird. V liest den Roman interessiert durch, schreibt seinen Namen auf die Innenseite des Buchrückens und stellt ihn in sein Bücherregal zu seinen anderen Büchern. Kann B von V die Bezahlung des Kaufpreises gem. § 433 II BGB verlangen?

> Fraglich ist hier wiederum, ob V das Angebot des B angenommen hat. Eine ausdrückliche Annahmeerklärung des V liegt nicht vor. Allerdings könnte das Lesen, Beschriften und Einordnen des Buches in das Bücherregal als konkludente Annahme aufgefasst werden, da derartige Zueignungshandlungen üblicherweise als konkludente Annahme des Angebots anzusehen sind. In diesem Fall ist allerdings zu beachten, dass der Buchverlag B, also ein Unternehmer i.S.v. § 14 BGB, dem Verbraucher V, § 13 BGB, unbestellt eine Sache zugesendet hat, sodass ein Fall des § 241a I BGB gegeben ist. Gem. § 241a I BGB werden (vertragliche) Ansprüche gegen den Verbraucher durch die Zusendung unbestellter Waren nicht begründet. Sinn und Zweck dieser Vorschrift gebieten es daher, an die grundsätzlich mögliche Annahme des Vertragsangebots höhere Anforderungen zu stellen. Da der Verbraucher die Sache gem. § 241a BGB unabhängig von einem Vertragsschluss ohnehin gebrauchen kann, können die hier vorliegenden Gebrauchs- und Zueignungshandlungen des V nicht als konkludente Annahme angesehen werden. Es wäre vielmehr eine ausdrückliche Annahmeerklärung des V für die Annahme eines Vertragsschlusses erforderlich gewesen.

> B kann von V daher nicht die Bezahlung des Kaufpreises gem. § 433 II BGB verlangen.

Bei Annahme liegt i.d.R. Fernabsatzvertrag vor

c) Nimmt der Verbraucher das in der Erbringung der Leistung liegende Angebot zum Abschluss eines Kaufvertrages (ausdrücklich) an, fällt der Vertrag i.d.R. unter § 312c BGB (Fernabsatzverträge), wenn der Unternehmer im Rahmen eines Fernabsatzsystems i.S.v. § 312c I BGB handelt. Die Voraussetzungen des § 312c II BGB liegen vor, da der Unternehmer und der Verbraucher beim Vertragsschluss nicht gleichzeitig körperlich anwesend sind. Den Unternehmer treffen daher die Informationspflichten des § 312d I BGB i.V.m. Art. 246a EGBGB.

§ 5 UNBESTELLTE LEISTUNGEN, § 241A BGB

Des Weiteren steht dem Verbraucher ein Widerrufsrecht gem. §§ 312g I Alt.2, 355 I BGB zu.

Grundsätzlich machen jedoch in einer „normalen" Fernabsatzsituation weder die Anfechtung der Willenserklärung (auch gem. § 123 BGB)[144] noch der Widerruf die Leistung zu einer unbestellten gem. § 241a BGB.[145]

Vertragsschluss durch Kaufpreiszahlung?

d) Problematisch ist die Annahme eines Vertragsschlusses, wenn der Verbraucher den vom Unternehmer geforderten Kaufpreis zahlt. | 82

H.M.: Kaufpreiszahlung ⇨ Vertragsschluss

Die absolut h.M. geht davon aus, dass die Zahlung des Kaufpreises durch den Verbraucher als Annahme des Vertragsangebots gewertet werden muss.[146] | 83

Diese Ansicht ist jedoch sehr problematisch. § 241a BGB soll unlautere Maßnahmen eines Unternehmers verhindern, der bei der Versendung unbestellter Waren bzw. sonstiger Leistungen darauf hofft, dass sich der Verbraucher aufgrund seiner Unerfahrenheit zu einer Zahlung verpflichtet fühlen wird. In vielen Fällen wird der Verbraucher auch aus Bequemlichkeit der Zahlungsaufforderung nachkommen, weil er Belästigungen durch Zahlungsaufforderungen seitens des Unternehmers oder eines Inkassounternehmens aus dem Weg gehen möchte.[147] | 84

> *Bsp.: Der Unternehmer U schickt der Rentnerin R ohne vorherige Bestellung eine Enzyklopädie. Falls sie die Enzyklopädie nicht innerhalb von zwei Tagen zurückschicke, gelte ein Kaufvertrag als geschlossen und ein Kaufpreis von 1.500,- € als vereinbart. Die leicht vergessliche R schickt die Enzyklopädie aus Versehen erst eine Woche später zurück. U schickt R daraufhin die Enzyklopädie mit einer Rechnung zurück. R denkt, dass ihr nun nichts mehr anderes übrig bleibe als zu bezahlen, da sie anscheinend mit U einen Kaufvertrag geschlossen habe. R bezahlt deswegen den Kaufpreis an U.*

Nach der überwiegenden Ansicht könnte sich R nicht auf § 241a BGB berufen, allenfalls komme ein Widerrufsrecht gem. der §§ 312d, 355 BGB bzw. eine Anfechtung analog § 119 I BGB in Betracht. Dieses Ergebnis erscheint bedenklich, da der Verbraucher in derjenigen Situation, die der Gesetzgeber bei der Schaffung des § 241a BGB im Auge hatte, nicht geschützt wird. Außerdem ist es fragwürdig, in der Zahlung des Kaufpreises eine Annahmeerklärung zu sehen, obwohl R und U davon ausgehen, dass bereits ein Vertrag geschlossen wurde. Der Verbraucher wird bei der Zahlung des Kaufpreises in der Regel nicht den Willen haben, eine Annahmeerklärung abzugeben, insoweit fehlt es am Erklärungsbewusstsein. Dies ist im Einzelfall auch für einen objektiven Beobachter erkennbar. Auf eine objektive Erkennbarkeit für den Unternehmer kommt es nicht an, da dieser i.S.v. § 151 S.1 BGB auf den Zugang der Annahmeerklärung verzichtet hat. Nur wenn der Verbraucher positive Kenntnis davon hat, dass noch keine vertragliche Bindung besteht und er trotzdem den Kaufpreis bezahlt, kann hierin die Annahme des Angebots gesehen werden. | 85

---

[144] Palandt, § 241a, Rn. 3.
[145] Vgl. Rn. 96.
[146] Palandt, § 241a, Rn. 6.
[147] Berger, Der Ausschluss gesetzlicher Rückgewähransprüche bei der Erbringung unbestellter Leistungen nach § 241a BGB, JuS 2001, 649 - 654 (650).

> **hemmer-Methode:** Mit dieser Argumentation dürfte Ihnen kein Korrektor das Ergebnis als falsch ankreiden. Beachten Sie aber, dass dann die Klausur einen ganz anderen Verlauf nimmt und Sie mangels eines Vertragsschlusses nicht in die Probleme des Vertragsrechts kommen. Der Klausurersteller wird seine Klausur in der Regel nach der h.M. ausgestalten und daher in einem entsprechenden Fall von einem Vertragsschluss ausgehen. Deswegen sollten Sie der h.M. folgen.

2. Ausschluss gesetzlicher Ansprüche

Umfassender Anspruchsausschluss

a) Im Umkehrschluss zu § 241a II BGB („Gesetzliche Ansprüche sind nicht ausgeschlossen, wenn ...") ergibt sich, dass vom Anspruchsausschluss des § 241a I BGB auch die gesetzlichen Ansprüche umfasst sind. Damit sind nicht nur Ansprüche auf **Schadensersatz**, etwa aus den §§ 990, 989 BGB, und **Nutzungsherausgabe** gem. §§ 990, 987 BGB, sondern auch die **Herausgabeansprüche** der §§ 985 bzw. 812 ff. BGB gemeint.

86

> **hemmer-Methode:** § 241a BGB führt zu einem ständigen Auseinanderfallen von Eigentum und Besitz, ohne dass für den Eigentümer die Möglichkeit der Reversibilität besteht. § 241a I BGB gibt kein Besitzrecht, sondern führt nur dazu, was wirtschaftlich auf dasselbe hinausläuft, nämlich den Ausschluss von Ansprüchen gem. § 985 BGB.[148]

b) Der Verbraucher wird zwar nicht Eigentümer, kann die Sache aber nach seinem Belieben gebrauchen und verbrauchen und ist auch nicht bei vorsätzlichen Beschädigungen oder der Veräußerung der Sache zum Schadensersatz verpflichtet. Problematisch ist allerdings der Ausschluss gesetzlicher Ansprüche, wenn der Verbraucher die Sache an einen Dritten weitergibt, s. Rn. 114 ff.

87

Ausnahme: berechtigte GoA

c) Der Normzweck erfasst jedoch nicht Aufwendungsersatzansprüche eines berechtigten **Geschäftsführers ohne Auftrag**, §§ 683 S.1, 670 BGB, der uneigennützig handelt.[149] Ein Unternehmer kann grundsätzlich die übliche Vergütung solcher Tätigkeiten verlangen, die zu seinem Gewerbe oder Beruf gehören. Insoweit wird § 1835 III BGB analog herangezogen.

88

> **Bsp.:** Der Arzt A hilft dem bewusstlosen Unfallopfer O. Für seine Tätigkeit verlangt er die übliche Vergütung.

A ist Freiberufler und damit als Unternehmer i.S.v. § 14 BGB anzusehen. Er hat dem Verbraucher O auch ohne vorherige Aufforderung eine Dienstleistung erbracht. Folglich lägen auf den ersten Blick die Voraussetzungen des § 241a BGB vor, sodass ein Aufwendungsersatz des A ausgeschlossen wäre. Ein solches Ergebnis erscheint jedoch überaus bedenklich, da A gem. § 323c StGB sogar verpflichtet ist dem O zu helfen. Insoweit ist § 241a BGB teleologisch zu reduzieren. Eine derartige Reduktion lässt sich durch einen Blick auf die Gesetzesmaterialien rechtfertigen, weil hier zum Ausdruck gebracht wurde, dass der Unternehmer zur Anbahnung eines Vertragsverhältnisses tätig geworden sein muss. Da in den hier fraglichen Fällen der Unternehmer nicht zur Anbahnung eines Vertrages tätig wird, wäre es völlig verfehlt die §§ 677 ff. BGB, die einen angemessenen Ausgleich zwischen den Interessen des Geschäftsführers und des Geschäftsherrn schaffen, von § 241a BGB verdrängen zu lassen.

89

§ 241a BGB anwendbar, wenn Tätigkeit auf Vertragsschluss abzielte

d) Ist dagegen von vornherein offenkundig, dass die Aussicht auf ein Honorar die einzige Motivation des Unternehmers war, ist § 241a BGB einschlägig. Dies dürfte insbesondere für die Fallgruppe der „auch fremden Geschäfte" relevant werden.[150]

90

---

[148] So die h.M; dagegen aber Palandt, § 241a, Rn. 7.
[149] Palandt, § 241a, Rn. 3; Hau, Geschäftsführung ohne Verbraucherauftrag, NJW 2001, 2863 - 2865.
[150] Hau, Geschäftsführung ohne Verbraucherauftrag, NJW 2001, 2863 - 2865.

Bsp.: Der Unternehmer U ermittelt unbekannte Erben, die im Bundesanzeiger bekannt gemacht wurden (§ 1965 BGB) und weist sie darauf hin, dass ihnen eine nicht näher bezeichnete Erbschaft zusteht. Lässt sich der Erbe nicht auf einen Vertrag mit dem Erbensucher ein, etwa weil er glaubt, die Informationen selbst besorgen zu können, fordert der Erbensucher in der Regel wenigstens Ersatz seiner Aufwendungen nach den GoA-Grundsätzen.

Dieser vom BGH entschiedene Fall[151] kann nunmehr ohne weiteres unter § 241a I BGB subsumiert werden, da der Unternehmer im Rahmen seiner gewerblichen Tätigkeit Dienstleistungen erbringt, ohne hierzu beauftragt worden zu sein.

3. Ausnahmen

Die gesetzlichen Ansprüche auf Herausgabe, §§ 985, 812 ff. BGB, Schadensersatz und Nutzungsherausgabe, §§ 987 ff., 818 f, 823 ff. BGB sind gem. § 241a II BGB in zwei Fällen nicht ausgeschlossen.

⇨ Die Leistung war nicht für den Empfänger bestimmt.

⇨ Die Leistung ist in der irrigen Annahme einer Bestellung erfolgt. Dem Unternehmer schadet auch grobe Fahrlässigkeit nicht.

Zusätzlich muss der Verbraucher die Bestimmung für einen anderen Empfänger oder die irrige Annahme einer Bestellung durch den Unternehmer erkannt haben bzw. aufgrund (einfacher) Fahrlässigkeit verkannt haben.[152]

II. Persönlicher Anwendungsbereich

a) Wer Unternehmer (= Absender) ist, lässt sich ohne weiteres gem. § 14 BGB bestimmen.

b) Hinsichtlich der Verbrauchereigenschaft des Empfängers ist jedoch zu beachten, dass dieser keine Bestellung vorgenommen hat und es deshalb letztendlich darauf ankommt, ob eine **fiktive Bestellung** seinem privaten oder gewerblichen bzw. selbstständigen beruflichen Bereich zuzuordnen wäre.[153] In Zweifelfällen, etwa der Zusendung doppelfunktionaler Gegenstände (dual use), mag das Kriterium weiter helfen, ob die Sendung an die Geschäfts- oder Privaträume adressiert ist.[154]

III. Sachlicher Anwendungsbereich

§ 241a I BGB bezieht sich auf bewegliche Sachen i.S.v. § 90 BGB, die nicht aufgrund von Zwangsvollstreckungsmaßnahmen oder anderen gerichtlichen Maßnahmen veräußert werden (Waren), und sonstigen Leistungen. Sonstige Leistungen sind alle Leistungen, die gewöhnlich Gegenstand eines Werk-, Dienst- oder Maklervertrags sind und nicht in der Lieferung einer Sache bestehen.[155] Unter „Sache" fallen nach der Verbraucherrechterichtlinie auch Wasser, Gas, Strom und Fernwärme, wenn sie in einem begrenzten Volumen oder in bestimmter Menge angeboten werden.

---

[151] BGH, NJW 2000, 72 - 73 = **juris**byhemmer.
[152] Palandt, § 241a, Rn. 8.
[153] Palandt, § 241a, Rn. 2.
[154] Berger, Der Ausschluss gesetzlicher Rückgewähransprüche bei der Erbringung unbestellter Leistungen nach § 241a BGB, JuS 2001, 649 - 654 (651).
[155] Palandt, § 241a, Rn. 2.

IV. Unbestellt

Eine Leistung ist unbestellt, wenn sie dem Verbraucher ohne vorherige zurechenbare Aufforderung zugeht.

Durch eine Anfechtung des Vertrages, auch gem. § 123 BGB, wird die Sache nicht zu einer unbestellten.

Unbestellt ist die Ware nach Wegfall des § 241a III BGB auch dann, wenn zwar ein Vertrag besteht, aber eine andere, nach Qualität und Preis gleichwertige Ware geliefert wird. Der Unternehmer sollte daher vor Lieferung eine ausdrückliche Annahmeerklärung des Käufers einholen, um die Ware nicht gem. § 241a II BGB „zu verlieren".

1. Vorliegen einer unbestellten Sache im Vertragsverhältnis

a) Stückkauf

Bei Stückkauf

Bei einem **Stückkauf** lässt sich relativ leicht bestimmen, ob eine andere als die bestellte Sache geliefert wird.

b) Gattungskauf

Bei Gattungskauf

aa) Dagegen bestehen beim **Gattungskauf** erhebliche Abgrenzungsschwierigkeiten zwischen Falsch- bzw. Aliud-Lieferung und Lieferung einer mangelhaften Sache.

Abgrenzungsproblematik durch § 434 III BGB beseitigt?

Diese Abgrenzungsproblematik wollte der Gesetzgeber durch die Einführung des § 434 III BGB beseitigen, welcher die Falsch- bzw. Aliud-Lieferung dem Sachmangel gleichstellt. § 434 III BGB[156] soll die Abgrenzungsschwierigkeiten beim Gattungskauf zwischen der bloßen Schlechtlieferung und der Falschlieferung beseitigen und eine einheitliche Anwendung des Leistungsstörungsrechts gewährleisten. Fraglich ist aber, ob sich diese Problematik nicht aufgrund des § 241a BGB sich quasi durch die Hintertür wieder in das BGB eingeschlichen hat.

H.M.: Abgrenzungsproblematik bei § 241a BGB noch gegeben

bb) Nach einer Ansicht, die wohl als herrschend angesehen werden kann, umfasst der Anwendungsbereich des § 241a BGB die Fälle der klassischen Falschlieferung (Identitätsabweichung) wie sie bereits aus der alten Rechtslage beim Kaufrecht bekannt sind. Da § 241a BGB dagegen nicht auf die Fälle der Lieferung einer mangelhaften Sache anzuwenden ist (unstrittig), bestehen hinsichtlich § 241a BGB beim Gattungskauf weiterhin die alten Abgrenzungsprobleme zwischen Falschlieferung und der Lieferung einer mangelhaften Sache.[157]

Demnach liegt ein Aliud vor, wenn die gelieferte Sache nicht der vereinbarten Gattung angehört. Um festzustellen, ob die Sache noch zu der vereinbarten Gattung gehört, ist in erster Linie auf die Parteiabrede abzustellen. Bei unergiebigen Parteiabreden entscheidet die Verkehrsanschauung über die Abgrenzung von Aliud und mangelhafter Lieferung.[158]

---

[156] Allgemein zur „Gleichstellung von Mangel und aliud/Probleme im Rahmen von § 434 III BGB", d'Alquen, **Life&Law 01/2003, 54 - 57**.

[157] Palandt, § 241a, Rn. 5; Wrase/Müller-Helle, Aliud-Lieferung beim Verbrauchsgüterkauf - ein nur scheinbar gelöstes Problem, NJW 2002, 2537 - 2539 (2538).

[158] Palandt, § 241a, Rn. 5; siehe hierzu auch Lettl, Die Falschlieferung durch den Verkäufer nach der Schuldrechtsreform, JuS 2002, 866 - 872.

cc) Auch wenn der Unternehmer ein Aliud liefert, mit dessen Genehmigung er rechnen konnte, gilt neben § 437 BGB auch § 241a BGB, es sei denn, er hat einen entsprechenden Hinweis erteilt.[159]

Folgen einer unbestellten Leistung im bestehenden Vertragsverhältnis

dd) Wird im Rahmen eines Verbrauchsgüterkaufs ein Aliud geliefert, richten sich die Rechtsfolgen sowohl nach den §§ 434 ff. BGB als auch nach § 241a BGB. Insoweit sind sämtliche Ansprüche des Unternehmers gegen den Verbraucher gem. § 241a I BGB ausgeschlossen. Da sich der Ausschluss allein auf die Ansprüche des Unternehmers gegen den Verbraucher bezieht und nicht auch umgekehrt die Ansprüche des Verbrauchers gegen den Unternehmer beseitigt, stehen dem Käufer aufgrund des Sachmangels i.S.v. § 434 III BGB, die Mängelansprüche des § 437 BGB zu.

Der Käufer kann daher weiter im Wege der Nacherfüllung gem. § 439 I Alt.2 BGB die Lieferung einer mangelfreien Sache verlangen, ohne jedoch gem. der §§ 439 IV, 346 I BGB zur Rückgewähr der erlangten Falschlieferung verpflichtet zu sein.[160] Der Verbraucher kann auch gem. § 323 I BGB bzw. § 326 V BGB vom Vertrag zurücktreten, ohne einem Rückgabeanspruch ausgesetzt zu sein. Eine Minderung des Kaufpreises gem. § 441 BGB kommt nicht in Betracht, da der Verbraucher das gelieferte Aliud ohnehin kostenfrei behalten darf. Schließlich kann der Verbraucher Schadensersatz gem. der §§ 280 I, 281, 283 bzw. 311a II BGB verlangen. Dabei kann der Wert der erlangten Sache nicht etwa nach den Grundsätzen der Vorteilsausgleichung vom Schadensersatzanspruch des Verbrauchers abgezogen werden. Aufgrund des generellen Anspruchsausschluss durch § 241a BGB kommt die Falschlieferung dem Verbraucher bei allen Mängelansprüchen kostenfrei zugute.[161]

2. Vorsätzliche Falschlieferung

Vorsätzliche Falschlieferung

Soweit der Verkäufer **vorsätzlich** eine andere Sache als bestellt zusendet, findet diese h.A. zumindest im Ergebnis eine breite Zustimmung.

Nur eine M.M. in der Literatur vertritt die Meinung, dass § 241a BGB bei einer Falschlieferung überhaupt nicht anwendbar sein soll, da der Kaufpreisanspruch nicht i.S.v. § 241a I BGB durch die Lieferung, sondern durch den vorher abgeschlossenen Kaufvertrag begründet wird.[162]

3. Fahrlässige Falschlieferung

Fahrlässige Falschlieferung

a) Fraglich ist aber, ob von § 241a BGB auch diejenigen Fälle der Falschlieferung mit umfasst werden, bei denen der Unternehmer versehentlich ein Aliud liefert.

> *Bsp.:* C bestellt sich bei dem Unternehmer U ein rotes Kleid. Der Lagerangestellte des U verliest sich bei der Aussonderung des Kleides, sodass er dasselbe Modell in schwarz einpackt und der C zusendet. Zumindest nach der Verkehrsanschauung stellt die Farbe eines Kleides ein Identitätsmerkmal und nicht nur ein Qualitätsmerkmal dar, sodass insoweit eine Falschlieferung vorliegt, auch wenn das gelieferte Kleid demselben Modell wie dem bestellten entspricht.

---

[159] Palandt, § 241a, Rn. 4.
[160] Siehe aber zur Anwendbarkeit dieser für den Unternehmer extremen Folge unten Rn. 103 ff.
[161] Wrase/Müller-Helle, Aliud-Lieferung beim Verbrauchsgüterkauf - ein nur scheinbar gelöstes Problem, NJW 2002, 2537 - 2539.
[162] Lettl, Die Falschlieferung durch den Verkäufer nach der Schuldrechtsreform, JuS 2002, 866 - 872 (871); Lorenz/Riehm, Lehrbuch zum neuen Schuldrecht, 2002, S.263, Rn. 492.

E.A.: § 241a I BGB grundsätzlich (+), aber § 241a II BGB analog

b) Eine Ansicht will in den Fällen der irrtumsbedingten bzw. fahrlässigen Falschlieferung in Hinblick auf die zugrunde liegende Richtlinie den § 241a II BGB analog anwenden, sodass auch bei einer versehentlichen Falschlieferung Ansprüche des Unternehmers gegen den Verbraucher ausgeschlossen wären, es sei denn der Verbraucher erkannte bzw. hätte erkennen können und erkennen müssen, dass die Falschlieferung auf einem Irrtum des Unternehmers beruhte.[163]

Aus dem systematischen Zusammenhang mit § 241a II BGB ergebe sich, dass ein Irrtum auf Seiten des Versenders nur dann beachtlich ist, wenn dieser für den Verbraucher erkennbar ist. Eine generelle Begrenzung auf die vorsätzliche Falschlieferung würde den Verbraucher vor erhebliche Beweisprobleme stellen, welche der Gesetzgeber gerade vermeiden wollte. Ein nicht erkennbarer Irrtum des Unternehmers sei daher unbeachtlich.[164]

Voraussetzungen für die Analogie (-)

c) In Hinblick auf versehentliche Falschlieferungen kann diese Meinung jedoch nicht überzeugen. Der Normzweck, den Verbraucher vor unlauterem Handeln des Unternehmers zu schützen, ist insoweit nicht einschlägig.

Gegen eine analoge Anwendung des § 241a II BGB spricht insbesondere, dass es an einer vergleichbaren Interessenlage fehlt. Von der oben dargestellten Ansicht wird angeführt, dass eine Aliud-Lieferung i.S.v. § 241a II Alt.1 BGB für den Empfänger bestimmt sei. Dem kann jedoch nicht gefolgt werden, denn § 241a II Alt.1 BGB regelt den Fall, dass die Ware überhaupt nicht für den Empfänger bestimmt war, sondern entweder falsch eingeworfen wurde bzw. Adressen vertauscht wurden. In den hier relevanten Fällen sollte der Empfänger aber genau diese Sache erhalten, nur hinsichtlich des Inhalts des Pakets liegt eine Verwechslung vor. Die Sache war demnach gerade für diesen Verbraucher bestimmt.

Weiterhin betrifft § 241 II Alt.2 BGB die Fälle, in denen der Unternehmer irrig von einer Bestellung ausgeht, also überhaupt keine Bestellung des Verbrauchers vorliegt. Ein Verbraucher, der allerdings eine Bestellung bei einem Unternehmer aufgegeben hat und sich damit diesen als Vertragspartner ausgesucht hat, ist weniger schutzwürdig als derjenige, der eine Sache aus heiterem Himmel zugesandt bekommt. Besteht bereits ein vertragliches Schuldverhältnis, kann einem Verbraucher auch zugemutet werden, dass er bei einer fahrlässigen Falschlieferung auf seine Mängelrechte verwiesen wird. Eine vergleichbare Interessenlage mit einem Verbraucher, der überhaupt keine Bestellung abgegeben hat und dem insoweit auch keine Mängelrechte zustehen, kann daher nicht angenommen werden. Es wird insoweit verkannt, dass die Voraussetzungen einer Analogie nicht vorliegen.

Gegenansicht: nur vorsätzliche Falschlieferungen von § 241a BGB erfasst

d) Vorzugswürdig erscheint daher eine andere in der Literatur vertretene Ansicht, die nur vorsätzliche Falschlieferungen unter § 241a BGB fallen lassen möchte.[165]

Sie führt an, dass die Richtlinie derart weitgehende Rechtsfolgen der versehentlichen Übersendung unbestellter Waren nicht gefordert hat.

---

[163] Wrase/Müller-Helle, Aliud-Lieferung beim Verbrauchsgüterkauf - ein nur scheinbar gelöstes Problem, NJW 2002, 2537 - 2539 (2538).

[164] Wrase/Müller-Helle, Aliud-Lieferung beim Verbrauchsgüterkauf - ein nur scheinbar gelöstes Problem, NJW 2002, 2537 - 2539 (2538).

[165] Dieser Ansicht hat sich mittlerweile auch Palandt angeschlossen, vgl. § 241a, Rn. 5.

109 Selbst die oben dargestellte Ansicht gibt zu, dass dem subjektiven Element auf der Seite des Unternehmers eine besondere Bedeutung zukommt, zumal sie eine unbestellte Sache im Vertragsverhältnis umso eher annehmen möchte, je deutlicher die Absicht des Unternehmers hervortritt, dem Verbraucher eine unerwünschte Aliud-Lieferung aufzudrängen.[166]

110 Der Gegenansicht ist daher zu folgen. Es wäre völlig unangemessen und mit dem Zweck des § 241a BGB nicht zu vereinbaren, wenn in den Fällen der versehentlichen Falschlieferung die scharfen Rechtsfolgen des § 241a BGB eintreten würden.

Unternehmer trägt Beweislast

111 Der oben dargestellten Ansicht ist allerdings insoweit entgegenzukommen, als dem Unternehmer die Beweislast für das Vorliegen einer versehentlichen Falschlieferung aufzuerlegen ist. Der Verbraucher würde sonst in kaum lösbare Beweisschwierigkeiten gebracht, zumal der Fehler in der Sphäre des Unternehmers entstanden ist. Damit sich der Unternehmer den Rechtsfolgen des § 241a BGB nicht einfach durch die Behauptung, es handele sich um ein bloß versehentliche Falschlieferung, entziehen kann, hat der Unternehmer den Beweis zu führen, dass die Falschlieferung auf einem Irrtum beruht und nicht vorsätzlich erfolgt ist.

Änderungsvorbehalt möglich

112 Schließlich ist zu beachten, dass § 241a I BGB keine Anwendung findet, wenn der Unternehmer sich die Änderung der versprochenen Leistung wirksam vorbehalten hat. Dies ist nach wie vor möglich. In den durch § 308 Nr.4 BGB vorgegeben Grenzen kann sich der Unternehmer sogar in Allgemeinen Geschäftsbedingungen eine Änderung vorbehalten. In solchen Fällen ist die geänderte Leistung schon keine „unbestellte".

> **hemmer-Methode:** In einer Klausur wird man von Ihnen kaum eine detaillierte Kenntnis dieses Problems erwarten. Wichtig ist aber, dass Sie auch in einem bestehenden Vertragsverhältnis an die mögliche Anwendbarkeit des § 241a I BGB denken und diese Vorschrift nicht übersehen. Bei der Lösung des Falles können Sie von der „Schweinehundtheorie" (nicht hinschreiben!!!) ausgehen. Je mehr sich der Unternehmer wie ein Schweinehund benimmt, desto eher können Sie von einer Anwendbarkeit des § 241a BGB ausgehen. Verhält sich der Unternehmer dagegen redlich, erscheint es mit dem Sinn und Zweck des § 241a BGB nicht vereinbar, das Verhalten des Unternehmers mit der Rechtsfolge des § 241a BGB zu sanktionieren.

D) Sonderprobleme bei § 241a BGB

I. Forderung eines höheren Preises

113 § 241a BGB regelt nicht, was passiert, wenn der Unternehmer auf Grund einer Bestellung des Verbrauchers zwar die gewünschte Sache zusendet, aber in einem Begleitschreiben einen gegenüber der Angabe im Katalog oder auf der Website höheren Preis verlangt.

Vergleichbare Interessenlage wie bei Zusendung unbestellter Sachen

Der Unternehmer hat damit den Antrag des Verbrauchers abgelehnt und seinerseits ein neues Angebot unterbreitet, § 150 II BGB, das der Verbraucher selbstverständlich nicht annehmen muss. In der Zusendung unter Forderung eines höheren Preises kann ein Verstoß gegen § 1 der Preisangabenverordnung (PAngVO)[167] liegen. Unabhängig von der Frage, ob das Verhalten des Unternehmers wettbewerbswidrig ist, sollte die Zusendung der bestellten Ware zu einem höheren als dem zunächst angegebenen Preis analog § 241a I BGB zu einem Ausschluss gesetzlicher Ansprüche führen.

---

[166] Wrase/Müller-Helle, Aliud-Lieferung beim Verbrauchsgüterkauf - ein nur scheinbar gelöstes Problem, NJW 2002, 2537 - 2539 (2539).

[167] Von Ihnen wird im Examen selbstverständlich nicht die Kenntnis der PAngVO erwartet. Die Ausführungen erfolgen nur der Vollständigkeit halber.

Der Verbraucher erhält zwar die Ware, die er bestellt hat; will er sie jedoch nicht zu einem höheren Preis erwerben, gleicht seine Lage wirtschaftlich demjenigen, dem eine Sache ganz ohne Bestellung zugesandt wird. Eine Ausnahme ist anzunehmen, wenn der Unternehmer einen Preisänderungsvorbehalt nach § 1 V PAngVO wirksam erklärt hat.[168]

Soweit der Unternehmer nachweisen kann, dass er nur irrtümlich eine höhere Kaufpreisforderung beigelegt hat, gelten die in Rn. 104 ff. gemachten Ausführungen in entsprechender Weise.

II. Weitergabe an Dritte

1. Herausgabeanspruch gegen den Erwerber

Fraglich ist, was passiert, wenn der Verbraucher die zugesandte Sache an einen Dritten weitergibt.

Bsp.: Der Verbraucher V hat i.S.v. § 241a I BGB eine unbestellte CD von einem Unternehmer U erhalten. Er verkauft sie an A, dem er zuvor die ganze Geschichte erzählt hat. Kann U von A die Herausgabe der CD gem. § 985 BGB verlangen?

§ 985 BGB setzt das Vorliegen eines EBV voraus. U müsste also noch Eigentümer der CD sein.

Die Übersendung der CD an V enthält auch ein konkludentes Übereignungsangebot i.S.v. § 929 S.1 BGB. Allerdings steht dieses Angebot unter der Bedingung des Abschlusses des Kaufvertrages bzw. der vollständigen Kaufpreiszahlung. Da diese Bedingung nicht eingetreten ist, fehlt es an einer gem. § 929 S.1 BGB erforderlichen Einigung über den Eigentumsübergang.

Weiterhin könnte V die CD an A übereignet haben. Eine Übereignung gem. § 929 S.1 BGB scheitert an der fehlenden Berechtigung des V als Nichteigentümer. Da A außerdem weiß, dass V nicht der Eigentümer der CD ist, scheitert auch ein gutgläubiger Eigentumserwerb i.S.v. §§ 932 I S.1, 929 S.1 BGB an der Bösgläubigkeit des A.

Des Weiteren ist A unmittelbarer Besitzer ohne Recht zum Besitz[169], sodass die Voraussetzungen des § 985 BGB eigentlich vorliegen würden. Allerdings ist zu berücksichtigen, dass A den Besitz an der CD von V erhalten hat und U von V die CD aufgrund des § 241a BGB nicht von diesem herausverlangen könnte. Es stellt sich deshalb die Frage, ob § 241a BGB auch zugunsten eines Dritten eingreift.

§ 241a BGB greift nicht zugunsten Dritter ein

a) Nach einer Ansicht ist der Dritte gem. § 985 BGB zur Herausgabe der Sache an den Unternehmer verpflichtet, wenn er, wie hier, bösgläubig ist und folglich nicht gutgläubig das Eigentum an der Sache erwerben kann.[170]

Für diese Ansicht spricht der Wortlaut des § 241a I BGB, der nur Ansprüche „[...] gegen diesen [...]", also den Empfänger ausschließt.[171]

---

[168] Berger, Der Ausschluss gesetzlicher Rückgewähransprüche bei der Erbringung unbestellter Leistungen nach § 241a BGB, JuS 2001, 649 - 654 (652).

[169] Ein Kaufvertrag ist grundsätzlich ausreichend für ein Recht zum Besitz. A hat aber nicht mit U, sondern nur mit V einen Kaufvertrag abgeschlossen. Damit hat A nur gegenüber V ein Recht zum Besitz. Der Kaufvertrag wirkt nur inter partes.

[170] Palandt, § 241a, Rn. 7.

[171] Link, Ungelöste Probleme bei Zusendung unbestellter Sachen - Auswirkungen im Dreipersonenverhältnis, NJW 2003, 2811 - 2813.

§ 5 UNBESTELLTE LEISTUNGEN, § 241A BGB

Verfügungsbefugnis aus § 241a BGB?

b) Für einen Anspruchsausschluss auch gegenüber einem Dritten könnte man allerdings anführen, dass es § 241a BGB, der die Unterbindung unlauterer Vertriebsmethoden bezweckt, gebietet, gleichermaßen Ansprüche gegen Dritte auszuschließen, um damit derartige Vertriebsmethoden für einen Unternehmer noch riskanter und damit noch unattraktiver zu machen. Denkbar ist es, insoweit § 241a BGB auch eine Verfügungsbefugnis zu entnehmen, sodass der Verbraucher nicht als Nichtberechtigter verfügen würde. Man könnte dafür anführen, dass derjenige, der eine Sache uneingeschränkt nutzen darf, auch über diese verfügen darf.[172] Zudem würden durch die erste Ansicht zumindest mittelbar Ansprüche gegen den Verbraucher entstehen, da der Dritte nach Herausgabe der Sache an den Unternehmer Regressansprüche gegen den Verbraucher erheben wird. Offen ist insoweit, ob sich etwas anderes ergibt, wenn der Dritte selbst ein Unternehmer ist.

116

Ausnahmecharakter des § 241a BGB spricht für h.M.

c) Andererseits schließt § 241a BGB nur Ansprüche des Unternehmers gegen den Verbraucher aus und nicht Ansprüche Dritter gegen den Verbraucher. Gerade der Ausnahmecharakter der Norm spricht dafür, sich eng am Wortlaut zu halten und damit der zweiten Ansicht nicht zu folgen.

117

Vertragsschluss durch Weiterveräußerung?

d) Schließlich wird in der Literatur noch ein dritter Ansatz vertreten. Danach kommt es auf die Bös- bzw. Gutgläubigkeit des Erwerbers nicht an, weil der veräußernde Verbraucher über die Sache als Berechtigter verfüge. Durch die Weiterveräußerung nehme er konkludent das in der Zusendung der Sache liegende Angebot des Unternehmers auf Abschluss eines Kaufvertrages und Übereignung der Sache an. Daher bestehe kein Herausgabeanspruch gegen den Dritten, sondern ein Anspruch auf Kaufpreiszahlung gegen den Verbraucher.[173]

118

e) Dieser Ansatz übergeht allerdings völlig die nunmehr allgemein anerkannte Ansicht, dass Gebrauchs- oder Zueignungshandlungen wie das Veräußern der Sache durch den Verbraucher nicht als konkludente Annahme des Angebots zum Abschluss eines Kaufvertrages, welcher die Übereignung bedingt, gewertet werden darf. Veräußert der Verbraucher die Sache weiter und behält den Erlös für sich, spricht dieses Verhalten dafür, dass er die ihm durch § 241a BGB verliehene Position ausnutzen und nicht etwa einen Kaufvertrag abschließen möchte.[174]

119

f) Somit bleibt festzuhalten, dass der Verbraucher als Nichtberechtigter über die Sache verfügt. Ist der Erwerber gutgläubig, kann er das Eigentum an der Sache gem. der §§ 932, 929 S.1 BGB erwerben. Herausgabeansprüche des Unternehmers gegen den Erwerber sind dann ausgeschlossen. Hat der Verbraucher die Sache allerdings an einen gutgläubigen Dritten verschenkt, so kann der Versender die Sache auch vom Dritten entsprechend § 816 I S.2 BGB zurückverlangen.[175] Würde man dagegen der zweiten Ansicht folgen, wäre auch i.R.d. § 816 I S.2 BGB ein Anspruch gegen den Dritten ausgeschlossen.

120

> **hemmer-Methode:** Sollten Sie in einer Klausur einer solchen Fallkonstellation begegnen, können Sie eigentlich nur gewinnen. Da diese Fragen noch nicht höchstrichterlich entschieden sind, können Sie hier so gut wie jedes Ergebnis vertreten, wenn Sie vorher nachvollziehbare Argumente vorbringen und Differenzierungen vornehmen.
> In diesem Fall bieten sich insbesondere Differenzierungen nach den Kriterien Gutgläubig-/Bösgläubigkeit des Dritten bzw. Verbraucher-/Unternehmereigenschaft des Dritten an.

---

[172] Vgl. Sosnitza, Wettbewerbsrechtliche Sanktionen im BGB: Die Reichweite des neuen § 241a BGB, BB 2000, 2317 - 2323 (2322).

[173] Casper, ZIP 2000, 1602 (1607, 1608).

[174] Link, Ungelöste Probleme bei Zusendung unbestellter Sachen - Auswirkungen im Dreipersonenverhältnis, NJW 2003, 2811 - 2813 (2811).

[175] Sosnitza, Wettbewerbsrechtliche Sanktionen im BGB: Die Reichweite des neuen § 241a BGB, BB 2000, 2317 - 2323 (2322).

2. Anspruch auf Herausgabe des Erlöses

Weiterhin ist umstritten, ob der Unternehmer vom Verbraucher die Herausgabe des Veräußerungserlöses verlangen kann.

a) Eine Ansicht geht davon aus, dass der Unternehmer den Erlös vom Verbraucher gem. § 816 I S.1 BGB oder gem. der §§ 687 II S.1, 681 S.2, 667 BGB herausverlangen kann. Hierfür wird vorgebracht, dass sich die Gesetzesmaterialien zu § 241a BGB nur mit dem Verhältnis zwischen Unternehmer und Verbraucher, also nicht mit Dritten, beschäftigen. Auch bestehe keine Verfügungsbefugnis des Verbrauchers.[176]

b) Nach der (vorzugswürdigeren) Gegenansicht sind Erlösherausgabeansprüche ausgeschlossen. Für diese Ansicht spricht, dass sie dem Sinn und Zweck des § 241a BGB am ehesten gerecht wird. Der Verbraucher wird nur hinreichend geschützt, wenn (auch mittelbare) Ansprüche des Unternehmers gegen den Verbraucher umfassend ausgeschlossen werden. Die überwiegende Ansicht stellt zu Recht fest, dass sich die Gesetzesmaterialien nicht mit dem Dritten befassen, allerdings geht es hier nur um das Verhältnis von Verbraucher und Unternehmer. Der Erlösherausgabeanspruch ist zwar nur ein mittelbarer Anspruch[177], der Wortlaut des Gesetzes differenziert hinsichtlich des Anspruchsanschlusses jedoch nicht zwischen unmittelbaren und mittelbaren Ansprüchen, sodass auch insoweit der Schutzzweck der Vorschrift eingreift.[178]

Daher ist § 241a BGB so auszulegen, dass auch mittelbare auf der Zusendung beruhende Ansprüche ausgeschlossen sind.

hemmer-Methode: Die Vorschrift des § 241a BGB wird erst so richtig interessant, wenn mehrere Personen beteiligt sind. Mehr-Personen-Verhältnisse sind aber gerade für den Klausurersteller reizvoll, da sie durch den gehobenen Schwierigkeitsgrad eine Notendifferenzierung ermöglichen. Deswegen müssen Sie damit rechnen, dass Ihnen auch § 241a BGB in Zusammenhang mit einem Mehr-Personen-Verhältnis begegnet.

3. Ansprüche Dritter gegen den Verbraucher

Bsp.: Der Unternehmer U erwirbt von dem Hersteller H DVDs unter Eigentumsvorbehalt. Eine dieser DVDs sendet U dem Verbraucher V ohne vorherige Bestellung zu. Als U den fälligen Kaufpreis an H nicht bezahlt, verlangt H von V die Herausgabe der DVD gem. § 985 BGB.

Auswirkungen eines Eigentumsvorbehalts

a) Ist ein Dritter Eigentümer der Sache – weil der Unternehmer wie hier die Sache unter Eigentumsvorbehalt erworben hatte – stellt sich die Frage, ob der Dritte vom Verbraucher die Herausgabe der Sache verlangen kann.

b) Zum Teil wird vertreten, dass der Anspruch des Dritten gegen den Verbraucher aus § 985 BGB durch § 241a BGB ausgeschlossen wird.

Umgehungsgefahr

Diese Auffassung wird damit begründet, dass es sonst dem Unternehmer ein Leichtes wäre, die Regelung durch Vorschieben eines anderen Unternehmers, der formal Eigentümer der Sache ist, auszuhöhlen.[179]

---

[176] Sosnitza, Wettbewerbsrechtliche Sanktionen im BGB: Die Reichweite des neuen § 241a BGB, BB 2000, 2317 - 2323 (2322).

[177] Mittelbar heißt in diesem Zusammenhang, dass es sich um einen gesetzlichen Anspruch handelt, der nicht auf der Zusendung der Ware beruht, sondern erst dadurch entsteht, dass der Empfänger die Ware weiterveräußert.

[178] Link, Ungelöste Probleme bei Zusendung unbestellter Sachen - Auswirkungen im Dreipersonenverhältnis, NJW 2003, 2811 - 2813 (2811).

[179] Krebs, in Dauner-Lieb/Heidel/Ring, AnwKomm, § 241a BGB, Rn. 32.

c) Nach der Gegenansicht wird der Anspruch des Dritten (H) aus § 985 BGB von § 241a BGB dagegen nicht ausgeschlossen.[180]

Der ersten Ansicht wird entgegengehalten, dass bei der Frage, ob die Ansprüche des Vorbehaltseigentümers von § 241a BGB erfasst sein sollen, zunächst von dem Fall auszugehen sei, dass tatsächlich ein (redlicher) Vorbehaltseigentümer betroffen ist. Allein mit dem Bestehen einer Missbrauchsmöglichkeit könne nicht begründet werden, dass auch die Ansprüche aller redlichen Vorbehaltseigentümer ausgeschlossen sein müssen. § 241a BGB könne nicht allein in Hinblick auf etwaige Missbrauchsmöglichkeiten ausgelegt werden.

Die Rechtsfolgen des § 241a BGB sollen wegen des Sanktionscharakters des § 241a BGB auf unlauter Handelnde beschränkt bleiben.[181]

Dieser Ansicht ist im Grunde zu folgen. Allerdings ist der ersten Ansicht zuzugestehen, dass die Gefahr eines Missbrauchs sehr naheliegend ist. Daher erscheint es nicht unangemessen, wenn man dem Vorbehaltseigentümer die Beweislast für ein Nichtvorliegen eines Missbrauchs auferlegt.

4. Ansprüche bei Beschädigung oder Zerstörung der Sache durch einen Dritten

a) Auch die Frage, ob Ansprüche des Verbrauchers oder des Unternehmers bestehen, wenn ein Dritter die unbestellt zugesandte Sache beschädigt oder zerstört, ist noch nicht eindeutig entschieden.

Kein Anspruch

b) Einerseits wird vertreten, dass weder dem Verbraucher noch dem Unternehmer ein Anspruch aus § 823 I BGB zustehe.[182]

Der bloße Besitz – ohne Recht zum Besitz – ist nach herrschender Meinung kein sonstiges Recht i.S.v. § 823 I BGB, sodass kein Schadensersatzanspruch des Verbrauchers bestehe. Lediglich bei verbotener Eigenmacht habe er einen Anspruch aus den §§ 823 II S.1, 858 I BGB. Dem Unternehmer, der Eigentümer der Sache und damit Inhaber einer von § 823 I BGB geschützten Rechtsposition ist, ist kein Schaden entstanden, da wegen des umfassenden Anspruchsausschlusses die Ware für ihn wertlos ist.[183]

Demnach wäre es für einen Dritten möglich, eine unbestellte Sache zivilrechtlich entschädigungsfrei zu beschädigen oder zu zerstören.

Neuer Fall der Drittschadensliquidation

c) Im Schrifttum wird eine weitere Ansicht vertreten, die derartige Fälle als eine neue Fallgruppe der Drittschadensliquidation[184] ansieht.[185]

Verbraucher hat kein Recht zum Besitz

Weitgehende Einigkeit besteht darüber, dass der Verbraucher kein Recht zum Besitz hat, da dem bloßen Anspruchsausschluss gem. § 241a BGB kein Besitzrecht i.S.d. § 986 BGB entnommen werden kann.[186] Folglich ist der Verbraucher lediglich Besitzer ohne Besitzrecht, sodass ihm unmittelbar kein Anspruch aus § 823 I BGB zusteht.

---

[180] Palandt, § 241a, Rn. 7; Berger, Der Ausschluss gesetzlicher Rückgewähransprüche bei der Erbringung unbestellter Leistungen nach § 241a BGB, JuS 2001, 649 - 654 (653 f.).

[181] Berger, Der Ausschluss gesetzlicher Rückgewähransprüche bei der Erbringung unbestellter Leistungen nach § 241a BGB, JuS 2001, 649 - 654 (653 f.).

[182] Schwarz, § 241a BGB als Störfall für die Zivilrechtsdogmatik, NJW 2001, 1449 - 1454 (1453); Wendehorst, Das neue Gesetz über Fernabsatzverträge und andere Fragen des Verbraucherrechts, DStR 2000, 1311 - 1318 (1317).

[183] Schwarz, § 241a BGB als Störfall für die Zivilrechtsdogmatik, NJW 2001, 1449 - 1454 (1453).

[184] Zur Drittschadensliquidation siehe **Hemmer/Wüst, Schadensersatzrecht III, Rn. 221 ff**.

[185] Link, Ungelöste Probleme bei Zusendung unbestellter Sachen - Auswirkungen im Dreipersonenverhältnis, NJW 2003, 2811 - 2813 (2812).

[186] Link, Ungelöste Probleme bei Zusendung unbestellter Sachen - Auswirkungen im Dreipersonenverhältnis, NJW 2003, 2811 - 2813 (2812); a.A. Sosnitza, Wettbewerbsrechtliche Sanktionen im BGB: Die Reichweite des neuen § 241a BGB, BB 2000, 2317 - 2323 (2323); Palandt, § 241a, Rn. 7.

Da der Verbraucher mit der Sache jedoch nach seinem Belieben verfahren darf, steht ihm insoweit eine vorteilhafte Vermögensposition zu, deren Verlust einen **Vermögensschaden** nach sich zieht. Des Weiteren ist unstrittig, dass dem Unternehmer kein ersatzfähiger Schaden durch die Beschädigung bzw. Zerstörung der Sache entsteht, weil die Sache aufgrund des umfassenden Anspruchsausschlusses für ihn wertlos ist.

Voraussetzungen der Drittschadensliquidation

Damit liegen die Voraussetzungen einer **Drittschadensliquidation** vor. Eine Drittschadensliquidation wird angenommen, wenn der Schaden typischerweise beim Anspruchsinhaber eintreten müsste, aufgrund einer zufälligen Schadensverlagerung jedoch bei einem Dritten eintritt, der selbst keinen Anspruch hat. Anspruch und Schaden müssen also aufgrund einer atypischen Fallkonstellation zufällig auseinanderfallen. Insoweit haben sich bestimmte Fallgruppen herausgebildet, welche jedoch nicht abschließend sind, sodass bei einer vergleichbaren Interessenlage das Vorliegen einer Drittschadensliquidation auch in anderen Fällen angenommen werden kann.

130

In der hier fraglichen Fallkonstellation hat der Geschädigte (Verbraucher) mangels einer Rechts- oder Rechtsgutsverletzung keinen Anspruch. Beim Anspruchsinhaber (Unternehmer als Eigentümer) fehlt es am Schaden, da die Sache für ihn aufgrund von § 241a BGB keinen wirtschaftlichen Wert mehr hat. Die Schadensverlagerung folgt unmittelbar aus der gesetzlichen Regelung des § 241a BGB. Diese Vorschrift soll aber nur das Verhältnis zwischen Unternehmer und Verbraucher regeln. Sie soll gerade nicht einen Dritten entlasten, der die Sache beschädigt. Die Schadensverlagerung beruht daher – ebenso wie im als Drittschadensliquidation anerkannten Fall der Gefahrtragungsregeln der §§ 447, 644 BGB – auf einer vom Gesetzgeber nicht vorgesehenen Folge einer Norm, die lediglich ein Zwei-Personen-Verhältnis regelt. Sie ist daher zufällig.

131

Anspruchsinhaber ist bei der Drittschadensliquidation derjenige, in dessen Rechtsposition eingegriffen wurde (hier der Unternehmer). Der Schaden (des Verbrauchers) wird zum Anspruch des Unternehmers „hinübergezogen".

Der Anspruchsinhaber kann dann den Schaden des Verbrauchers liquidieren. In der Regel muss der Anspruchsinhaber hierzu den Anspruch an den geschädigten Verbraucher analog § 285 I BGB abtreten. Dieses Ergebnis ist auch in den hier fraglichen Fallkonstellationen überzeugend. Da aufgrund des umfassenden Anspruchsausschlusses der Gesetzgeber den Nutzungswert der Sache dem Verbraucher zugewiesen hat, ist es angemessen, dem Verbraucher letztendlich den Anspruch zugutekommen zu lassen und den Schädiger aus der zufälligen Schadensverlagerung keinen Vorteil ziehen zu lassen.

> **hemmer-Methode:** Beachten Sie, dass die Grundsätze der Drittschadensliquidation nur herangezogen werden dürfen, wenn dem Verbraucher kein eigener Anspruch gegen den Dritten zusteht. Liegt etwa eine schuldrechtliche Beziehung (z.B. Leihverhältnis/Werkvertrag) vor, kann der Verbraucher vom Dritten gem. § 280 I BGB i.V.m. dem jeweiligen Schuldverhältnis den Schaden als Schadensersatz neben der Leistung ersetzt verlangen, weil insoweit die Verletzung eines absolut geschützten Rechtsguts nicht erforderlich ist.
> Entsprechendes gilt auch für Rechtsvorschriften, die das Vermögen und damit auch die vorteilhafte Vermögensposition des Verbrauchers hinsichtlich der unbestellten Ware schützen, z.B. § 826 BGB bzw. § 823 II BGB i.V.m. § 263 StGB.

§ 5 UNBESTELLTE LEISTUNGEN, § 241A BGB

Exkurs

E) Die strafrechtliche Relevanz des § 241a BGB

Da der Verbraucher die Sache ge- und verbrauchen kann und auch bei vorsätzlicher Zerstörung nicht gem. §§ 989, 990 BGB[187] haftbar ist, stellt sich die Frage, inwieweit sich der Verbraucher strafbar macht, wenn er die Sache vorsätzlich beschädigt oder zerstört bzw. sich zueignet.

132

> **hemmer-Methode:** Die Examensrelevanz der durch § 241a BGB im Strafrecht entstandenen Problematik ist nicht zu unterschätzen. V.a. für das Mündliche erscheint die Thematik geeignet, da sich strafrechtliche Grundstrukturen auf einem den meisten wohl unbekannten Gebiet abprüfen lassen. Hier sollen die Folgen des § 241a BGB für das Strafrecht und verschiedene Lösungsansätze kurz dargestellt werden, um Ihnen für das Examen eine Argumentationsgrundlage zu geben. Letztlich ist im Ergebnis vieles vertretbar, sodass es v.a. auf eine nachvollziehbare Argumentation und eine Auseinandersetzung mit den möglichen Ansätzen ankommt; s. hierzu ausführlicher Krämer, Life&Law 12/2002, 854 ff.; Matzky, NStZ 2002, 458 ff.

Im Strafrecht spielen die zivilrechtlichen Eigentumsverhältnisse bei einer Reihe von Tatbeständen, wie etwa § 246 StGB bzw. § 303 StGB, eine Rolle. Beiden Tatbeständen ist gemein, dass sie die Fremdheit der Sache voraussetzen. Die Fremdheit der Sache beurteilt sich nach der h.M. nach der zivilrechtlichen Eigentumslage. Das dauerhafte Auseinanderfallen von Eigentum und Besitz schafft insofern eine problematische Rechtslage.

Unterschlagung

Der Verbraucher würde beispielsweise durch entsprechende Gebrauchs- und Zueignungshandlungen den objektiven Tatbestand des § 246 I StGB erfüllen.

133

Sachbeschädigung

Durch eine vorsätzliche Beschädigung bzw. Zerstörung der Sache würde er den Tatbestand des § 303 I StGB verwirklichen.

134

Wertungswiderspruch

Bliebe es bei diesem Ergebnis, würde es zu einem Wertungswiderspruch kommen. Zivilrechtlich würde dann nämlich eine umfassende Schutzvorschrift für den Verbraucher bestehen, die es ihm erlaubt, mit der Sache nach seinem Belieben zu verfahren. Das Strafrecht würde ein solches Verhalten dagegen sanktionieren. Eine solche unterschiedliche Bewertung ein und desselben Sachverhalts widerspricht dem Prinzip der Einheit der Rechtsordnung. Insoweit würde das Strafrecht auch nicht als ultima ratio fungieren, sondern ein zivilrechtlich erlaubtes Verhalten unter Strafe stellen.

135

> **hemmer-Methode:** Der Unternehmer, der sich die Sache (gewaltsam) wiederbeschafft, macht sich im Übrigen nicht nach § 242 I StGB bzw. § 249 I StGB strafbar. Eine unbestellt zugesandte Sache ist aus seiner Sicht kein taugliches Tatobjekt, da sie nach wie vor in seinem Eigentum steht und für ihn nicht fremd ist. Zivilrechtlich stünde aber dem Verbraucher in einer solchen Situation ein Anspruch aus § 861 I BGB auf Wiedereinräumung des Besitzes zu, sodass ein derartiges Vorgehen nicht zielführend wäre.

---

[187] Die §§ 823 ff. BGB sind, soweit die Voraussetzungen des § 992 BGB nicht vorliegen, durch das EBV gesperrt. Dass der Herausgabeanspruch i.S.d. § 985 BGB gemäß § 241a BGB ausgeschlossen ist, darf nicht dazu führen, dass der Verbraucher insoweit schlechter gestellt wird als ein Unternehmer, der eine unbestellte Sache erhält.

I. Tatbestandskorrektur

Tatbestandsebene

Ein Lösungsansatz möchte das Problem auf der Tatbestandsebene lösen. Entgegen der h.M. soll das Tatbestandsmerkmal der Fremdheit nicht nach dem rein formalen Eigentumsbegriff des Zivilrechts bestimmt werden, sondern sich nach einer selbstständigen strafrechtlichen Bewertung richten. Statt des formalen zivilrechtlichen Eigentumsbegriffs soll auf die wirtschaftliche Eigentumsposition abgestellt werden. Die Sache sei für den Täter demnach nicht fremd, wenn ihm beispielsweise durch das Zivilrecht eine Rechtsposition zugewiesen wird, kraft derer er den Eigentümer von der Ausübung seiner Befugnisse ausschließen und die Sache auch gegen dessen Willen in beliebiger Weise verwenden oder verwerten kann.[188] Dem Verbraucher, dem eine unbestellte Sache zugesandt wird, stehe eine solche Rechtsposition aufgrund des § 241a BGB auch zu.

Gegen diesen Ansatz spricht, dass das Tatbestandsmerkmal der Fremdheit an Kontur verlieren und hierdurch Rechtsunsicherheit hinsichtlich der betroffenen Tatbestände entstehen würde. Eine Ausnahmevorschrift wie § 241a BGB kann nicht die Abkehr einer bislang absolut anerkannten und bewährten Bestimmung der Fremdheit nach dem formalen Eigentumsbegriff rechtfertigen.

II. § 241a BGB als Rechtfertigungsgrund

Rechtfertigungsebene

Ein weiterer Lösungsansatz geht davon aus, dass § 241a BGB, wie andere zivilrechtliche Vorschriften (z.B. §§ 228, 904 BGB) als Rechtfertigungsgrund herangezogen werden kann.

In Hinblick auf das Postulat der Einheit der Rechtsordnung müsse die zivilrechtlich verankerte Rücknahme einer rechtlichen Missbilligung auch im Strafrecht ihre Wirkung entfalten und dort als Rechtfertigungsgrund fungieren.[189]

Doch auch diese Lösung kann nicht vollends überzeugen. Es erscheint fraglich, wie einer anspruchsausschließenden Norm die Wirkung eines Erlaubnissatzes im Strafrecht beigemessen werden kann.

Schließlich hätte der Gesetzgeber, wie bei den §§ 228, 904 BGB, einen eindeutigen Rechtfertigungsgrund formulieren können.

> **hemmer-Methode:** Letztendlich kann keine Lösung vollends überzeugen, was größtenteils daran liegen mag, dass der Gesetzgeber diese Problematik im Vorhinein nicht erkannt hat.
> Andererseits ist auch klar, dass es i.E. kaum vertretbar ist, dem Verbraucher einerseits den Gebrauch einer unbestellten Sache gem. § 241a StGB zu gestatten und ihn dann wegen Unterschlagung gem. § 246 I StGB zu bestrafen. In einer Klausur sollten Sie daher die verschiedenen Lösungsansätze diskutieren und sich anschließend für einen entscheiden bzw. eine Strafbarkeit ablehnen und - soweit die Ansätze zu denselben Ergebnissen führen - den Streit offen lassen.

---

[188] Matzky, § 241a BGB - ein neuer Rechtfertigungsgrund im Strafrecht?, NStZ 2002, 458 - 464 (461).

[189] Berger, Der Ausschluss gesetzlicher Rückgewähransprüche bei der Erbringung unbestellter Leistungen nach § 241a BGB, JuS 2001, 649 - 654 (653); Matzky, § 241a BGB - ein neuer Rechtfertigungsgrund im Strafrecht?, NStZ 2002, 458 - 464 (463).; vgl. auch Satzger, Der Tatbestand der Sachbeschädigung (§ 303 StGB) nach der Reform durch das Graffiti-Bekämpfungsgesetz, Jura 2006, 428 - 436.

§ 6 ALLGEMEINE GESCHÄFTSBEDINGUNGEN[190]

hemmer-Methode: In der juristischen Ausbildung wird die Berücksichtigung der anwaltlichen Praxis immer mehr in den Vordergrund gestellt, zumal die meisten Studenten später als Anwalt tätig werden, vgl. § 5a III S.1 DRiG. Es ist daher zu erwarten, dass die juristischen Prüfungsämter vermehrt Klausuren stellen werden, die sich mit der Gestaltung eines Vertrages befassen. Klausuren, die sich mit Allgemeinen Geschäftsbedingungen (AGB) befassen, sind ganz besonders dazu geeignet, anwaltliche Fähigkeiten abzufragen. Vom Prüfungskandidaten wird in der Regel zunächst die Kontrolle bereits vorhandener AGB und, soweit Klauseln unwirksam sein sollten, die Formulierung einer wirksamen Klausel verlangt. Dieser Abschnitt soll dazu dienen, Ihnen das nötige Rüstzeug zu vermitteln, damit sie auch bei einer derartigen Klausur eine gute Lösung zustande bringen.

A) Einführung

Interessenlage

1. Die Schutzbedürftigkeit des Verbrauchers hinsichtlich Allgemeiner Geschäftsbedingungen ergibt sich daraus, dass bei einem Vertragsschluss nur der AGB-Verwender (Unternehmer) die „Inhaltsfreiheit" in Anspruch nehmen kann, dem Verbraucher verbleibt dagegen nur die „Abschlussfreiheit". Durch die Einbeziehung von AGB in den Vertrag wird das dispositive Gesetzesrecht durch Bestimmungen ersetzt, die den Bedürfnissen des Verwenders besser entsprechen. In vielen Fällen wird der Unternehmer versuchen, durch die Verwendung von AGB in einseitiger Interessenverfolgung seine überlegene Stellung gegenüber dem Verbraucher auszunutzen. Zwar sind solche Abreden auch in einem ausgehandelten Individualvertrag denkbar. Bei diesen werden sie aber von der anderen Vertragspartei regelmäßig bemerkt, wohingegen umfangreiche AGB von der anderen Vertragspartei oft nicht einmal durchgelesen und überdacht werden. Der Gegner des AGB-Verwenders muss also davor geschützt werden, dass ihm eine nicht sachgerechte, nachteilhafte Regelung gleichsam untergeschoben wird.[191]

Andererseits ist die Verwendung von AGB praktisch unentbehrlich, wenn das Gesetz für bestimmte Verträge keine oder nur ganz allgemeine Bestimmungen enthält (*Bsp.: Leasingverträge*). AGB können hier zu einer sachgerechten Regelung führen.[192]

AGBG von 1977 zur Wahrung der Vertragsfreiheit

2. Dem Zweck, auftretende Missstände zu beseitigen und das erforderliche Maß an Vertragsgerechtigkeit wiederherzustellen, diente früher das AGBG von 1977. Mit diesem Gesetz versuchte der Gesetzgeber, einen differenzierten Ausgleich zwischen den legitimen Interessen des Verwenders und dem Schutzbedürfnis des Vertragspartners zu erreichen.

Moderner Massenverkehr macht AGB erforderlich

Das AGBG war Produkt der geänderten gesellschaftlichen Verhältnisse, die der Massenverkehr mit sich brachte: Eine Seite setzt die Bedingungen, die nach dem Autonomiemodell, wie es das historische BGB als selbstverständlich voraussetzte, an sich von zwei Parteien vereinbart werden sollten. Dies ist ein Phänomen, welches nicht schlicht auf die Rechtsentwicklung zurückzuführen ist, sondern auf den modernen Produktions-, Leistungs- und Versorgungsstrukturen beruht.

---

[190] Siehe auch zu diesem Themenkreis auch die jährlich erscheinende Rechtsprechungsübersicht von Graf v. Westphalen, AGB-Recht im Jahr 2010, NJW 2011, 2098 - 2106; AGB-Recht im Jahr 2009, NJW 2010, 2254 - 2262; AGB-Recht im Jahr 2008, NJW 2009, 2355 - 2362; AGB-Recht im Jahr 2007, NJW 2008, 2234 - 2241; AGB-Recht im Jahr 2006, NJW 2007, 2228; AGB-Recht im Jahr 2005, NJW 2006, 2228 - 2235; AGB-Recht im Jahr 2004, NJW 2005, 1987 - 1993; AGB-Recht im Jahr 2003, NJW 2004, 1993 - 2001; AGB-Recht im Jahr 2002, NJW 2003, 1635 - 1641; AGB-Recht im Jahr 2002, NJW 2003, 1981 - 1989.

[191] Medicus, Schutzbedürfnisse (insbesondere der Verbraucherschutz) und das Privatrecht, JuS 1996, 761 - 767 (764).

[192] Medicus, Schutzbedürfnisse (insbesondere der Verbraucherschutz) und das Privatrecht, JuS 1996, 761 - 767 (764).

Bei der Vielzahl von Verträgen, die täglich in einem Kaufhaus abgeschlossen werden, wäre es illusorisch davon auszugehen, dass diese Masse an Verträgen gleichermaßen durch Individualvereinbarungen geregelt werden könnten, ohne dass die Transaktionskosten für die Durchführung eines Vertrages und damit letztendlich das vom Verbraucher zu zahlende Entgelt, derart ansteigen würde, dass der Massenwarenverkehr zusammenbrechen würde. Konfrontiert mit dieser Realität diente das AGBG dazu, die strukturelle Unterlegenheit des Kunden gegenüber dem AGB-Verwender auszugleichen, indem es verbindliche, materiell wirkende Maßstäbe für die Vertragsgestaltung vorgab. An die Seite des vom Prinzip der Vertragsfreiheit beherrschten BGB traten also inhaltlich zwingende Normen.

Schuldrechtsreform → Integration des AGBG in das BGB

3. Im Rahmen der Schuldrechtsreform wurde das AGBG in das BGB integriert. Mit der Regelung in den §§ 305 – 310 BGB hat das AGBG in Hinblick auf seine praktische Bedeutung einen herausgehobenen und angemessenen Standort erhalten.

hemmer-Methode: Die Übernahme des AGBG ins BGB erfolgte „en-bloc" und brachte nur wenige inhaltliche Änderungen mit sich. Soweit Neuerungen erfolgten, sind sie meist strukturell, d.h. gesetzessystematisch oder aber durch Änderungen in anderen Gebieten, die sich dann entsprechend auswirken (z.B. Mängelrecht), bedingt. Beachten Sie aber, dass die zitierte Rechtsprechung teilweise noch zu den alten Vorschriften erging. Eine Orientierung an dieser Rechtsprechung ist stets dort möglich, wo die Übernahme ins BGB keine inhaltliche Änderung der Vorschriften hervorbrachte. Die folgende Synopse soll Ihnen ermöglichen, die Rechtsprechung zu alten AGBG-Normen den BGB-Vorschriften zuzuordnen.

⇨ § 305 I BGB entspricht § 1 AGBG

⇨ § 305 II, III BGB entspricht § 2 AGBG

⇨ § 305a BGB entspricht § 23 II Nr.1 – 1b AGBG

⇨ § 305b BGB entspricht § 4 AGBG

⇨ § 305c I BGB entspricht § 3 AGBG

⇨ § 305c II BGB entspricht § 5 AGBG

⇨ § 306 BGB entspricht § 6 AGBG

⇨ § 306a BGB entspricht § 7 AGBG

⇨ § 307 I, II BGB entspricht § 9 AGBG

⇨ § 307 III BGB entspricht § 8 AGBG

⇨ § 308 BGB entspricht § 10 AGBG

⇨ § 309 BGB entspricht § 11 AGBG

⇨ § 310 I BGB entspricht § 24 AGBG

⇨ § 310 II BGB entspricht § 23 II Nr.2 – 6 AGBG

⇨ § 310 III BGB entspricht § 24a AGBG

⇨ § 310 IV BGB entspricht § 23 I AGBG

UKlaG

Die §§ 13 – 22a AGBG wurden ausgegliedert und sind im Gesetz über Unterlassungsklagen (UKlaG) geregelt.

§ 6 ALLGEMEINE GESCHÄFTSBEDINGUNGEN

> **hemmer-Methode:** Die Eingliederung des Rechts der Allgemeinen Geschäftsbedingungen in das Schuldrecht wurde z.T. heftig kritisiert, da es bei dieser Rechtsmaterie zumindest teilweise auch um Fragen des Allgemeinen Teils des BGB geht.[193] Der Gesetzgeber hat trotz dieser Kritik an seinem Vorhaben festgehalten, da andernfalls eine Zersplitterung des AGB-Rechts die Folge gewesen wäre.

B) Die verbraucherschutzrechtliche Relevanz der §§ 305 ff. BGB

Kein Verbraucherschutzrecht i.e.S.

In seiner am 01.04.77 in Kraft getretenen Erstfassung war das AGBG kein Verbraucherschutzgesetz im technischen Sinne. Es schützte nicht den Verbraucher im Verhältnis zum Unternehmer, sondern den Verwendungsgegner im Verhältnis zum AGB-Verwender. Wie § 310 I BGB zeigt, werden weiterhin neben Verbrauchern auch Unternehmer vor der Verwendung missbräuchlicher AGB geschützt. Umgekehrt kann Verwender auch ein Verbraucher sein. Der entscheidende Grund für die Einführung der Inhaltskontrolle war und ist, dass bei der Verwendung von AGB eine Vertragspartei das Recht zur Bestimmung des Vertragsinhalts unter Ausschluss des anderen Teils für sich allein in Anspruch nimmt.

147

Verbraucherschutz nunmehr eines der tragenden Schutzprinzipien

Seit der Umsetzung der EG-Richtlinie 93/13 ist der Verbraucherschutz zum zweiten tragenden Schutzprinzip des AGB-Rechts geworden. Durch § 310 III BGB soll der Verbraucher in Übereinstimmung mit der Richtlinie in einem noch größerem Umfange geschützt und damit ein hohes Niveau an Verbraucherschutz gewährt werden.

148

C) Rechtsfolge

I. Unwirksamkeit der Klausel

Unwirksamkeit

Die §§ 305 ff. BGB bezwecken in erster Linie die **Inhaltskontrolle** von Allgemeinen Geschäftsbedingungen. Die Vertragspartei soll vor unangemessenen Abweichungen vom dispositiven Recht bzw. vor anderen unangemessenen Klauseln geschützt werden. Dementsprechend hat ein Verstoß gegen die §§ 307, 308, 309 BGB zur Folge, dass die betreffende Klausel **unwirksam** ist.

149

II. Vorrangige Prüfung des zwingenden Gesetzesrechts

Vorrangige Prüfung zwingenden Gesetzesrechts

Aus der Formulierung in § 309 BGB („Auch soweit eine Abweichung von gesetzlichen Vorschriften zulässig ist ...") ergibt sich, dass Sie, bevor Sie eine Klausel der Prüfung am Maßstab der §§ 305 ff. BGB unterziehen, zunächst einmal prüfen müssen, ob die Klausel nicht schon wegen eines Verstoßes gegen speziellere Vorschriften des zwingenden Rechts unwirksam ist.

150

> *Bsp.: Bei einem Neuwagenkauf zwischen einem Verbraucher und einem Unternehmer verkürzt der Unternehmer durch eine AGB-Klausel die Frist für Gewährleistungsansprüche auf sechs Monate.*
>
> Die Klausel ist nach § 476 II BGB unwirksam, da bei einem Verbrauchsgüterkauf die Verkürzung der Verjährungsfrist auf weniger als zwei Jahre bei neu hergestellten Sachen gem. § 476 II BGB nicht möglich ist.[194] Ein Rückgriff auf § 309 Nr.8 b) ff) BGB ist nicht erforderlich.

---

[193] Vgl. M.w.N. Wolf/Pfeiffer, Der richtige Standort des AGB-Rechts innerhalb des BGB, ZRP 2001, 303; Ulmer, Das AGB-Gesetz: Ein eigenständiges Kodifikationswerk, JZ 2001, 491 - 497.

[194] Zur Europarechtswidrigkeit der Regelung bzgl. der Verkürzung der Verjährung bei gebrauchten Sachen vgl. Rn. 457 ff.

> **hemmer-Methode:** Zeigen Sie dem Korrektor, dass Sie die Systematik verstanden haben und prüfen Sie zumindest gedanklich, ob die Klausel nicht schon gegen zwingendes Gesetzesrecht verstößt, bevor Sie in die Prüfung der §§ 305 ff. BGB einsteigen. Oft wird der Klauselersteller nämlich zwei Klauseln einbauen, wobei eine der Klauseln etwa bereits gem. § 476 II BGB unwirksam ist und eine andere Klausel aufgrund von § 476 III BGB, der eine Beschränkung von Schadensersatzansprüchen grundsätzlich ermöglicht, nicht am zwingenden Gesetzesrecht scheitern wird. Nur wenn Sie vorher die Einhaltung des zwingenden Gesetzesrechts prüfen, werden Sie in Ihrer Falllösung die erwarteten Differenzierungen einbringen können.

III. Nichteinbeziehung in den Vertrag

Einbeziehungskontrolle

Die §§ 305 II, 305a BGB regeln die Einbeziehung von AGB in den Vertrag. Die Einbeziehungskontrolle soll verhindern, dass die AGB in ganzen oder in einzelnen Teilen Bestandteil des Vertrages werden, ohne dass die andere Vertragspartei die Möglichkeit hatte, die AGB wahrzunehmen. Soweit die von § 305 II BGB bzw. § 305a BGB gestellten Anforderungen nicht erfüllt werden, hat dies zur Folge, dass die Klauseln nicht Bestandteil des Vertrages werden. Damit wird gewährleistet, dass der Verbraucher eine faire Chance hatte, Kenntnis von den Vertragsbedingungen zu erhalten.

Dieselbe Rechtsfolge sieht § 305c I BGB hinsichtlich überraschender bzw. mehrdeutiger Klauseln vor.

IV. Folgen der Nichteinbeziehung bzw. Unwirksamkeit

Fehlerhafte AGB → § 306 BGB

1. Wird eine AGB-Klausel nicht in den Vertrag einbezogen oder ist sie gem. der §§ 307 ff. BGB unwirksam, richtet sich das weitere Schicksal des Vertrages nach § 306 BGB.

§ 139 BGB gilt nicht

Gem. § 306 I BGB führt die Unwirksamkeit oder Nichteinbeziehung einer AGB-Klausel entgegen der Regelung des § 139 BGB nicht zur Unwirksamkeit des gesamten Vertrages. Dies entspricht der Intention der Parteien, den Vertrag - wenn möglich - aufrecht zu erhalten. Der Vertrag ist regelmäßig ohne die Klausel wirksam zustande gekommen.

> **hemmer-Methode:** Eine Klausel, die beispielsweise einen Verstoß gegen § 307 I S.1 BGB darstellt, ist aufgrund von § 307 I S.1 BGB unwirksam und nicht etwa aufgrund von § 306 I BGB.

Ausnahme: Unwirksamkeit des ganzen Vertrages

Nur ausnahmsweise ergibt sich als Rechtsfolge die Unwirksamkeit des ganzen Vertrages, wenn nämlich die Wirksamkeit für eine Vertragspartei eine unzumutbare Härte darstellen würde, § 306 III BGB. Davon geht der BGH aus, wenn feststeht, dass der Verwender den Vertrag ohne die Klausel nicht geschlossen hätte.[195]

Dispositives Gesetzesrecht zur Lückenfüllung

2. Der Inhalt des Vertrages richtet sich in Hinblick auf die unwirksame Klausel dann nach dem dispositiven Gesetzesrecht, § 306 II BGB.

3. Fehlt eine entsprechende Vorschrift, ist die Lücke im Wege der ergänzenden Auslegung zu schließen.

---

[195] BGH, ZIP 2002, 1252 - 1253 = **juris**byhemmer.

§ 6 ALLGEMEINE GESCHÄFTSBEDINGUNGEN

Salvatorische Klauseln

Salvatorische Klauseln, die der Verwender für den Fall der Unwirksamkeit vorsieht und die den gleichen wirtschaftlichen Erfolg wie die weggefallenen Klauseln bezwecken, sind ebenso wie Ersatz-AGB wegen Verstoßes gegen § 306 II BGB nichtig.[196] So wäre etwa folgende Klausel in AGB unwirksam:

> „An die Stelle der unwirksamen Bestimmungen tritt rückwirkend eine inhaltlich möglichst gleiche Regelung, die dem Zweck der gewollten Regelung am nächsten kommt."

Verbot der geltungserhaltenden Reduktion

4. Bei unwirksamen AGB-Klauseln gilt nämlich das **Verbot der geltungserhaltenden Reduktion**, welches § 306 II BGB entnommen wird. Eine AGB, durch die etwa eine Haftung für grobe Fahrlässigkeit ausgeschlossen werden soll und die daher gem. § 309 Nr.7b BGB unwirksam ist, darf nicht so ausgelegt werden, dass mindestens leichte Fahrlässigkeit ausgeschlossen wäre. Vielmehr haftet der Verwender nun für jedes Verschulden nach § 276 BGB, es sei denn, es ist gesetzlich etwas anderes bestimmt (z.B. § 599 BGB). Das Verbot wird aber in Grenzbereichen ausgehöhlt.

157

> *Bsp.:*[197] Die betreffende Klausel sah vor, dass der Verkäufer den vereinbarten Kaufpreis an den zur Zeit der Auslieferung jeweils gültigen Listenpreis angleichen dürfe, wenn zwischen Bestellung und Lieferung des Kfz mehr als vier Monate vergangen waren. Der BGH hielt diese Klausel für unwirksam, weil sie gegen § 9 AGBG (jetzt § 307 BGB) verstößt. Gleichwohl kam er im Wege der ergänzenden Vertragsauslegung zu einem Erhöhungsrecht des Verkäufers, da es eine nach § 306 II BGB anwendbare Vorschrift des dispositiven Rechts, die in diesem Fall die Höhe des Kaufpreises festlegt, nicht gebe. Allerdings müsse dem Käufer als Ausgleich für die erhöhte Verpflichtung ein Rücktrittsrecht zugestanden werden, um einen gerechten Ausgleich zwischen den berechtigten Interessen beider Beteiligten herbeizuführen.[198]

Das Verbot der geltungserhaltenden Reduktion greift v.a. dann, wenn zahlenmäßige Angaben betroffen sind: Eine unangemessene kurze Frist von x Tagen wird beispielsweise nicht vom Gericht auf eine angemessene Frist von x+y Tagen verlängert.[199]

Ausnahme: Rotstifttest

Eine Ausnahme muss jedoch anerkanntermaßen dann gelten, wenn die Klausel neben der unwirksamen auch unbedenkliche Bestimmungen enthält und beide Regelungen sprachlich und inhaltlich teilbar sind. Dies gilt auch für den Fall, dass beide Bestimmungen denselben Sachkomplex betreffen. Das Verbot der geltungserhaltenden Reduktion erfasst also nicht die Fälle, in denen der „blue pencil"- bzw. Rotstifttest funktioniert. Danach bleibt der wirksame Teil einer Klausel erhalten, wenn sich der unwirksame Teil durch bloße Streichung entfernen lässt, ohne dass der Rest seinen Sinn verliert.[200]

158

§ 139 BGB

Der BGH hat auch hinsichtlich Individualvereinbarungen seine bisherige Rechtsprechung aufgegeben, wonach eine salvatorische Klausel im Vertrag stets als Abbedingung des § 139 BGB zu verstehen ist, sodass der restliche Vertrag auf jeden Fall aufrecht zu erhalten sei. Er geht nunmehr davon aus, dass § 139 BGB lediglich als eine Beweislastregel zu verstehen ist und eine salvatorische Klausel eine Beweislastumkehr bewirkt, sodass im Gegensatz zu § 139 BGB bei Teilnichtigkeit grundsätzlich nicht von der Gesamtnichtigkeit des Geschäfts auszugehen ist.

---

[196] Vgl. Palandt, § 306, Rn. 9.

[197] BGH, NJW 1984, 1177 - 1180 („Tagespreisklausel") = **juris**byhemmer. Für Klauseln, die sich auf Erhöhungen innerhalb von vier Monaten zwischen Bestellung und Lieferung beziehen, vgl. auch § 309 Nr.1 BGB. Im Übrigen gilt § 307 BGB, vgl. Palandt, § 309, Rn. 8 m.w.N.

[198] Ablehnend zu dieser Art der „geltungserhaltenden Reduktion" Rüßmann, Die "ergänzende Auslegung" Allgemeiner Geschäftsbedingungen, BB 1987, 843 - 848; Schmidt, Grundlagen und Grundzüge der Inzidentkontrolle allgemeiner Geschäftsbedingungen nach dem AGB-Gesetz, JuS 1987, 929 - 936 (935).

[199] Schlosser/Thewalt/Zirngibl, Übungsklausur Zivilrecht - Die AGB des Aufführungsveranstalters, Jura 2003, 118 - 123 (120, Fn. 11).

[200] Schlosser/Thewalt/Zirngibl, Übungsklausur Zivilrecht - Die AGB des Aufführungsveranstalters, Jura 2003, 118 - 123 (120).

D) Prüfungsreihenfolge

Prüfungsreihenfolge

Bei der Prüfung der Wirksamkeit von AGB ist folgendermaßen vorzugehen:

> 1. Begrifflicher Anwendungsbereich
>
> 2. Sachlicher Anwendungsbereich
>
> 3. Persönlicher Anwendungsbereich
>
> 4. AGB Vertragsbestandteil geworden
>
> 5. Auslegung
>
> 6. Inhaltskontrolle
>
>   a) § 309 BGB
>
>   b) § 308 BGB
>
>   c) § 307 BGB

hemmer-Methode: Dieses Prüfungsschema soll Ihnen Orientierungshilfe bieten. In einer Klausur dürfen Sie ein solches Schema nie einfach herunterbeten. Setzen Sie die richtigen Schwerpunkte und fassen Sie sich bei unproblematischen Teilen kurz. Geht z.B. bereits aus dem Sachverhalt hervor, dass es sich um AGB handelt, sollten Sie dies kurz in einem Satz feststellen und nicht etwa ausführlich den begrifflichen Anwendungsbereich der §§ 305 ff. BGB prüfen, weil das der erste Punkt des „Prüfungsschemas" ist und Sie sich an diesen noch am besten „erinnern" können.

E) Begrifflicher Anwendungsbereich

Vorab ist festzustellen, ob überhaupt AGB vorliegen und damit die §§ 305 ff. BGB anwendbar sind.

Legaldefinition: § 305 I BGB

Ausgangspunkt ist die Legaldefinition in § 305 I BGB. Danach sind AGB alle für eine Vielzahl von Verträgen vorformulierten Vertragsbedingungen, die eine Vertragspartei (der Verwender) der anderen Partei bei Abschluss eines Vertrages stellt. Die Legaldefinition enthält demnach vier Begriffsbestandteile.

I. Vertragsbedingungen

Vertragsbedingungen

Bei den AGB muss es sich um Bestandteile eines zwischen dem Verwender und dem anderen Teil abzuschließenden, nicht notwendig bereits zustande gekommenen Rechtsgeschäfts handeln (Vertragsbedingungen). Auf die Art des Vertrages kommt es dabei nicht an. Zwar bilden die gegenseitigen Schuldverträge den Hauptanwendungsbereich der AGB. Aber auch sachenrechtliche Verträge können mit AGB versehen werden.

1. Einzelerläuterungen

Rechtsgeschäftliche Vereinbarung

Die AGB müssen kraft rechtsgeschäftlicher Vereinbarung den Inhalt des Vertrages gestalten. Daran fehlt es bei solchen Klauseln, deren Geltung nicht auf der vertraglichen Einbeziehung, sondern auf ihrem Charakter als Rechtsnorm beruht.

§ 6 ALLGEMEINE GESCHÄFTSBEDINGUNGEN

Dies ist z.B. bei satzungsrechtlich ausgestalteten Benutzungsordnungen oder allgemeinen Beförderungsbedingungen für den Linienverkehr der Fall. Sofern das Benutzungsverhältnis aber als Vertrag und nicht als öffentlich-rechtliches Unterordnungsverhältnis ausgestaltet ist, kommt eine analoge Anwendung bestimmter, in den §§ 305 ff. BGB kodifizierter Grundsätze in Betracht.[201]

Demgegenüber ist das Vorliegen von AGB nicht dadurch ausgeschlossen, dass die vom Verwender vorformulierten AGB (Vertragsbedingungen) behördlich genehmigt sind oder der behördlichen Genehmigung bedürfen. Denn die behördliche Genehmigung von Vertrags- oder Geschäftsbedingungen lässt deren privatautonomen Ursprung unberührt. Insoweit beruht die Geltung der AGB nicht auf einer besonderen Rechtsnorm, sondern auf einer wirksamen Einbeziehung bei Abschluss des Rechtsgeschäfts.

2. Erweiterung auf bestimmte einseitige Rechtsgeschäfte

Wortlaut „Vertragsbedingungen"

Der Wortlaut des § 305 I BGB setzt eigentlich das Vorliegen eines zweiseitigen Rechtsgeschäfts voraus.

163

Auch bei einseitigem Rechtsgeschäft, wenn gleiche Situation, d.h. wenn vorformuliert

Nach der h.M.[202] ist hiervon jedoch eine Ausnahme zu machen für einseitige Rechtsgeschäfte des Kunden, die auf einer Vorformulierung des Verwenders beruhen. Denn der Schutz des Gesetzes darf nicht von der äußerlichen Gestaltung abhängen. Entscheidend ist, dass der Verwender bei einseitig von ihm vorformulierten „Kundenerklärungen" die rechtsgeschäftliche Gestaltungsfreiheit ebenso in Anspruch nimmt wie bei der Ausarbeitung eines Vertragstextes. Er greift sogar noch stärker in die rechtsgeschäftliche Gestaltungsfreiheit des Kunden ein und muss daher auch dessen Interessen berücksichtigen. Entsprechendes gilt für rechtsgeschäftsähnliche Erklärungen des Kunden, die auf einer Vorformulierung des anderen Teils beruhen, z.B. die Einwilligungserklärung in eine ärztliche Heilbehandlung.

> *Bsp.: U.a. Abfindungserklärungen, anwaltliche Honorarscheine, Ausgleichsquittungen, Bestellformulare, Bevollmächtigungen, Einziehungsermächtigungen, Überweisungsaufträge fallen ebenso wie zweiseitige Rechtsgeschäfte in den Anwendungsbereich der §§ 305 ff. BGB.*

> *Bsp.:[203] Anlässlich einer Kontoeröffnung lässt sich die Bank durch eine AGB-Klausel auch eine Vollmacht einräumen. Finden die §§ 305 ff. BGB Anwendung?*

Bei der Beurteilung der Frage ist die Einräumung der Vollmacht von dem zugrunde liegenden Girovertrag zu trennen. Die Erteilung der Vollmacht stellt eine einseitige rechtsgeschäftliche Erklärung des Kunden dar, die auf einer Vorformulierung des Verwenders beruht. Der BGH[204] führt aus: „Wenn eine Vertragspartei für die Vertragsabwicklung erhebliche, einseitige rechtsgeschäftliche Erklärungen der anderen Partei vorformuliert, müssen dafür nach dem Schutzzweck der §§ 305 ff. BGB die gleichen Einschränkungen gelten wie für zweiseitige Erklärungen."

II. Vorformulierung

Vorformulierung

Die Vertragsbedingungen müssen gem. § 305 I BGB für eine Vielzahl von Verträgen vorformuliert sein.

164

---

[201] Vgl. OLG München, Haftungsausschluss der Gemeinde in Benutzungsordnung einer öffentlichen Badeanstalt, BB 1980, 496.
[202] BGHZ 98, 24 - 31 (28) = **juris**byhemmer; BGH, NJW 1987, 2011 - 2012 = **juris**byhemmer; Berger, Die Einbeziehung von AGB in B2C-Verträge, ZGS 2004, 329 - 336.
[203] BGH, NJW 1987, 2011 - 2012 = **juris**byhemmer.
[204] BGH, NJW 1987, 2011 - 2012 = **juris**byhemmer.

Der Begriff des Vorformulierens als formales Element des § 305 I BGB setzt voraus, dass die betreffenden Teile des Vertragsangebots des Verwenders nicht ad hoc entworfen werden, sondern als Grundlage oder Rahmen für gleichartige Rechtsverhältnisse mit verschiedenen Kunden aufgestellt sind. Auf eine tatsächliche mehrfache Verwendung kommt es nicht an.

Zur Verallgemeinerung bestimmt

Dagegen ist das Aufstellen eines Vertragsentwurfs als Grundlage für einen Einzelvertrag keine Vorformulierung. Dies ergibt sich aus dem Schutzzweck der §§ 305 ff. BGB:

Der „Anbieter" der „AGB" steht beim erstmaligen, nicht zur Verallgemeinerung bestimmten Gebrauch des Vertragsangebots Änderungswünschen des anderen Teils in der Regel offener gegenüber – es besteht nicht das AGB-typische strukturelle Ungleichgewicht.

hemmer-Methode: Der hochtrabende Begriff „strukturelles Ungleichgewicht" ist Ihnen aus anderem Zusammenhang sicher wohl bekannt: „Friss oder stirb". Machen Sie in Grenzfällen damit die Nagelprobe!

III. Für eine Vielzahl von Verträgen

Für Vielzahl von Verträgen

1. Das Merkmal „Vielzahl" (i.d.R. dreimal) betont, ebenso wie die Vorformulierung, den am Massengeschäft, nicht an der individuellen Vertragsbeziehung ausgerichteten Charakter der AGB. Maßgeblich ist nicht, wie häufig eine Vorformulierung tatsächlich verwendet wurde. Abzustellen ist vielmehr auf den verfolgten Zweck, den Text für eine unbestimmte Anzahl künftiger Rechtsgeschäfte zu verwenden.[205] Das Gesetz gilt aber bereits im ersten Anwendungsfall!

Mehrfache Verwendung aber nicht notwendig

Bsp.: Bei der Aufstellung von Mustermietverträgen für einen Hausbesitzerverein ergibt sich der abstrakt-generelle Charakter der Bedingungen bereits aus der Zweckbestimmung des Aufstellers. Hier ist es nicht erforderlich, dass der Verwender des Formularmietvertrages selbst eine mehrfache Verwendung plant.

Sind die Vertragsbedingungen dagegen nur für einen Einzelfall erstellt worden, so werden sie nicht schon dadurch zu AGB, dass der Unternehmer sich auch bei späteren Angeboten hieran orientiert, solange dem Vorgehen nicht eine diesbezügliche Planmäßigkeit anhaftet.

2. Vertragsbedingungen i.S.d. § 305 I S.1 BGB sind für eine Vielzahl von Verträgen bereits dann vorformuliert, wenn ihre dreimalige Verwendung beabsichtigt ist.[206]

Mehrere Vertragspartner nicht erforderlich

3. Für eine Vielzahl von Verträgen vorformulierte Vertragsbedingungen können auch dann vorliegen, wenn die Bedingungen nicht gegenüber verschiedenen Vertragsparteien verwendet werden sollen. Eine einschränkende Auslegung des § 305 I S.1 BGB dergestalt, dass eine Verwendung gegenüber verschiedenen Vertragspartnern vorliegen müsse, lässt sich dem Wortlaut des § 305 I S.1 BGB nicht entnehmen. Er spricht im Zusammenhang mit der Vorformulierung nicht vom Vertragspartner des Verwenders, sondern von einer Vielzahl von Verträgen.

Bsp.:[207] A und B schließen drei Verträge. Alle Verträge enthalten dieselbe Klausel über einen Haftungsausschluss. Ansonsten soll die Klausel für keine weiteren Verträge verwendet werden.

---

[205] BGH, NJW 1981, 2344 - 2345 = **juris**byhemmer.
[206] BGH, **Life&Law 04/2004, 224 - 228** = ZIP 2004, 315 - 317 = **juris**byhemmer.
[207] BGH, **Life&Law 04/2004, 224 - 228** = ZIP 2004, 315 - 317 = **juris**byhemmer.

IV. Ausnahme: Verbraucherverträge

Ausnahme Verbraucherverträge

Bei Verträgen zwischen einem Unternehmer und einem Verbraucher (**Verbraucherverträge**) regelt § 310 III Nr.2 BGB, dass § 305c II BGB (Überraschende Klauseln), ebenso wie die §§ 306 (Rechtsfolgen der Unwirksamkeit/Nichteinbeziehung), 307 – 309 BGB (Inhaltskontrolle) **auch** dann zur Anwendung kommen, wenn sie nur zur **einmaligen** Verwendung bestimmt sind und der Verbraucher auf ihren Inhalt wegen der Vorformulierung keinen Einfluss nehmen kann.

167

Die h.M. geht im Übrigen davon aus, dass die Nichterwähnung der §§ 305 II und 305c I BGB in der Aufzählung der Vorschriften, die auf Einzelvertragsklauseln anzuwenden sind, durch eine richtlinienkonforme Auslegung des § 310 III Nr.2 BGB zu korrigieren ist.[208] Das Transparenzgebot muss auch für Einzelvertragsklauseln gelten, da der Schutz des Verbrauchers vor unverständlichen oder überraschenden Klauseln nicht davon abhängen darf, ob der gegen das Transparenzgebot verstoßende Vertragstext einmal oder dreimal verwendet werden soll.

168

V. Veranlassung der Einbeziehung durch den Verwender („Stellen")

„Stellen" der AGB→ Einziehungsangebot

1. Vierte und letzte Voraussetzung des § 305 I BGB ist, dass der Verwender die vorformulierte Vertragsbedingungen der anderen Vertragspartei bei Abschluss des Vertrages stellt. Das Merkmal des „Stellens" ist erfüllt, wenn eine Partei die Einbeziehung der vorformulierten Vertragsbedingungen verlangt, also ein konkretes Einbeziehungsangebot macht.

169

Änderung möglich

Entgegen einer verbreiteten Ansicht ist es aber nicht erforderlich, dass die Vertragsbedingungen dem anderen Teil auferlegt, d.h. einseitig durchgesetzt werden.

§ 305 I S.3 BGB

So entfällt das Stellen nicht schon dann, wenn der Formulartext die Aufforderung zur Änderung oder Streichung enthält.[209] Eine gegenteilige Auffassung würde dazu führen, dass § 305 I S.3 BGB[210] überflüssig würde. Die Aufnahme von § 305 I S.3 BGB in den Gesetzestext zeigt aber, dass in diesen Fällen nicht das Merkmal des „Stellens" entfallen soll, sondern die Anwendung der §§ 305 ff. BGB erst auf Grund der lex specialis ausscheidet.

Verwender können beide Teile sein

2. Verwender ist grundsätzlich derjenige, dem die Einbeziehung der AGB zuzurechnen ist. Im Regelfall wird der Verwender gleichzeitig das Vertragsangebot abgeben. Notwendig ist dies jedoch nicht. Vielmehr kann auch derjenige Verwender sein, der den anderen Teil (z.B. in einem vorgedruckten Bestellformular) veranlasst, in sein Angebot die Einbeziehung der AGB aufzunehmen. Eine rein formalistische Betrachtungsweise wäre hier mit dem Sinn und Zweck der Vorschriften nicht vereinbar. Nicht erforderlich ist, dass der Verwender wirtschaftlich überlegen ist. Die Bedingungen müssen aber von einer Vertragspartei gestellt werden. Verwender von AGB ist jedoch auch die Vertragspartei, die in der Regel Verträge unter Einbeziehung von bestimmten Allgemeinen Geschäftsbedingungen schließt, auch wenn der (andere) Vertragspartner in Erwartung der Verwendung für den konkreten Fall („vorauseilender Gehorsam") die AGB schon in sein Angebot aufnimmt.[211]

170

---

[208] Palandt, § 310, Rn. 18.
[209] BGH, NJW 1987, 2011 - 2012 = **juris**byhemmer.
[210] „AGB liegen nicht vor, soweit die Vertragsbedingungen zwischen den Vertragsparteien im Einzelnen ausgehandelt sind."
[211] BGH, **Life&Law 07/2006**, 449 - 450 = NJW-RR 2006, 740 - 741 = **juris**byhemmer; Palandt, § 305, Rn. 11.

VERBRAUCHERSCHUTZRECHT

Nicht aber einvernehmlich

Werden sie von einem unbeteiligten Dritten vorgeschlagen oder wird der Einbeziehungsvorschlag unabhängiger AGB einvernehmlich von beiden Seiten gemacht, ist § 305 I BGB jedoch nicht erfüllt.

3. Ausnahme Verbraucherverträge:

Drittklauseln bei Verbraucherverträgen

Bei **Verbraucherverträgen** gilt jedoch aufgrund der Ausnahmevorschrift des § 310 III Nr.1 BGB (sog. „Drittklauseln") etwas anderes. Demnach gelten alle vorformulierten Klauseln als vom Verwender gestellt, es sei denn, dieser tritt den Beweis an, dass sie durch Initiative des Verbrauchers einbezogen wurden.

171

Problem: Bauherrenmodell

4. Problematisch ist, wer bei so genannten Bauherrenmodellen AGB-Verwender ist. Hier liegen die Vertragsentwürfe der Initiatoren bereits vor, bevor mit dem Vertrieb, d.h. der Werbung der Bauherren für das Bauprojekt begonnen wird.

172

In den Verhandlungen haben weder die Treuhänder noch die Bauherren Einfluss auf den notwendigen einheitlichen Inhalt der einzelnen Verträge. Aus diesem Grund werden die Vertragsbedingungen im Zweifel von Initiatoren der Modelle gestellt. Anders kann es nur dann liegen, wenn der spätere Treuhänder bereits beim Ausformulieren der Verträge ein Mandat der Bauherren hatte.[212]

VI. Die Individualvereinbarung, § 305 I S.3 BGB

Individualabrede

Ausnahmsweise können AGB zu Individualabreden werden, wenn sie im Einzelnen zwischen den Parteien ausgehandelt wurden, § 305 I S.3 BGB.

173

Aushandeln

Wann ein solches Aushandeln zu bejahen ist, ist streitig. In jedem Fall nicht ausreichend ist die Aufforderung an den Kunden auf dem Formular, ihm nicht passende Klauseln zu streichen. Ebenso wenig reicht die Belehrung über Bedeutung und Tragweite der vorformulierten Klauseln aus.[213] Unerheblich ist schließlich auch eine vom Kunden besonders unterschriebene Erklärung, der Vertragsinhalt sei in allen Einzelheiten ausgehandelt worden.[214]

Reelle Einwirkungsmöglichkeit

Entscheidend ist, dass der Verwender den Inhalt seiner AGB ernsthaft zur Disposition stellt und dem Vertragspartner Gestaltungsfreiheit zur Wahrung der eigenen Interessen einräumt. Aushandeln bedeutet mehr als Verhandeln. Der Kunde muss die reale Möglichkeit erhalten, den Inhalt der Vertragsbedingungen zu beeinflussen. Leitlinie sollte sein, dass zwar keine Textänderung erfolgen muss, aber ein Aushandeln im Sinne einer Einzelerörterung des AGB-Textes erforderlich ist.

> *Bsp.:* B kauft über den Grundstücksmakler A ein Grundstück und schließt zu diesem Zweck mit A einen von diesem vorgelegten Formularvertrag ab. Der Vertrag enthält die Klausel, dass B im Falle eines Nichtabschlusses 80% der Maklerprovision als pauschalierten Schadensersatz zu zahlen hat. Von B auf die Höhe der Provision angesprochen, ersetzt A handschriftlich die 80% in der Provisionsklausel durch 70%. B unterschreibt den Vertrag.

174

Z.B. Provisionsregelung

Die Provisionsregelung könnte gegen § 309 Nr.5a BGB verstoßen. Hierzu müsste es sich um eine AGB handeln.

---

[212] Vgl. BGH, NJW 1985, 2477 - 2478 = **juris**byhemmer; Bartsch, Der Begriff des "Stellens" Allgemeiner Geschäftsbedingungen - Dargestellt an der AGB-Kontrolle im Bauherrenmodell, NJW 1986, 28 - 31; Palandt, § 305, Rn. 11.
[213] BGH, NJW 1984, 181.
[214] BGH, NJW 1977, 432 = **juris**byhemmer.

§ 6 ALLGEMEINE GESCHÄFTSBEDINGUNGEN

Der Formularvertrag ist eine vorformulierte Vertragsbedingung für eine Vielzahl von Verträgen i.S.v. § 305 I S.1 BGB. A hat auch ein konkretes Einbeziehungsangebot gemacht.

Er ist damit Verwender. Aus der Regelung des § 305 I S.2 BGB ergibt sich, dass durch die handschriftliche Änderung der Provisionshöhe der Bestimmung nicht der Charakter einer AGB genommen wurde.

Fraglich ist, ob ein Aushandeln i.S.v. § 305 I S.3 BGB und damit eine Individualvereinbarung vorliegt. Dafür könnte sprechen, dass B zunächst die 80% beanstandete und sich dann mit 70% einverstanden erklärte. Indes reicht dies für ein Aushandeln nicht aus. Wesensmerkmal des Aushandelns ist, dass der AGB-Steller den Inhalt der Klauseln zur Disposition stellt.

A hat aber B gegenüber zu erkennen gegeben, dass er nur zu einer geringfügigen Änderung bereit sei. Da es sich somit nicht um eine Individualvereinbarung, sondern um eine AGB handelt, sind die §§ 305 ff. BGB anwendbar. Die Vereinbarung eines pauschalierten Schadensersatzes i.H.v. 70% der Maklerprovision verstößt gegen § 309 Nr.5a BGB und ist deswegen nichtig. (Daneben liegt auch ein Verstoß gegen § 309 Nr.5b BGB vor – dazu sogleich mehr.)

hemmer-Methode: Die Wirksamkeit des Maklervertrages und damit der Vereinbarung hätte außerdem an § 311b I S.1 BGB geprüft werden müssen. Ein Maklervertrag, der bei Nichteinhaltung eine so hohe Pönalisierung[215] nach sich zieht, dass bereits eine beträchtliche Bindungswirkung gegeben ist, unterliegt ausnahmsweise der Formvorschrift des § 311b I S.1 BGB. Nach der ständigen Rechtsprechung des BGH[216] zum Schutzzweck des § 311b I BGB darf es insoweit keinen Unterschied machen, ob eine Person zum Kauf/Verkauf eines Grundstücks durch Kaufvertrag oder (faktisch) durch den Maklervertrag verpflichtet wird. Bei Nichteinhaltung der Form ist der Vertrag demnach gem. § 125 S.1 BGB nichtig.
Problematisch ist jedoch, was passiert, wenn eine Klausel, die eine derartige Bindungswirkung begründet wie im vorherigen Beispielsfall, bereits aufgrund der §§ 307 ff. BGB unwirksam ist. Nach § 306 I BGB bleibt der restliche Maklervertrag grundsätzlich wirksam, sodass sich die Frage stellt, ob er nach § 125 S.1 BGB i.V.m. § 311b I S.1 BGB unwirksam ist. Hiergegen spricht, dass aufgrund der Nichtigkeit der Klausel der Kunde (obj.) nicht befürchten muss, den pauschalierten Schadensersatz an den Makler leisten zu müssen. Die Klausel, die die unangemessene Bindungswirkung und damit den Formzwang begründen würde, ist gerade weggefallen. Der BGH hat diese Frage noch nicht entschieden. Allerdings lässt sich aus BGH, NJW-RR 1992, 818 entnehmen, dass er davon ausgeht, dass § 311b I BGB auch dann anwendbar ist, wenn die besagte Klausel bereits nach den §§ 307 ff. BGB unwirksam ist. Dies würde sich wohl damit begründen lassen, dass sich der Kunde, dem die Nichtigkeit der Klausel i.d.R. nicht bekannt sein dürfte, durch die (nichtige) Klausel faktisch ebenfalls einem unangemessenen Druck zum Verkauf oder Erwerb eines Grundstücks ausgesetzt sieht und daher der Schutzzweck des § 311b I S.1 BGB ebenfalls einschlägig ist. Darüber hinaus würde sich der Makler widersprüchlich verhalten, wenn er sich auf die Unwirksamkeit der eigenen „Strafklausel" berufen würde, um damit die Formbedürftigkeit nach § 311b I S.1 BGB des Vertrages zu vermeiden.

Beweislast trägt bzgl. des Aushandelns der Verwender

Die Beweislast für das Stattfinden eines tatsächlichen Aushandelns trifft im Übrigen den Verwender der AGB (Erkennbar ist dies an der Formulierung des § 305 I S.3 BGB als Ausnahmevorschrift: „... nicht vor, soweit ..."). Hieran stellt die Rechtsprechung strenge Anforderungen.

175

---

[215] Zu den in diesem Zusammenhang stehenden Rechtsinstituten der Vertragsstrafenregelung (§§ 336 ff. BGB, sog. unselbstständiges Strafversprechen) und des selbstständigen Strafversprechens, siehe **Hemmer/Wüst, BGB AT I, Rn. 317**.

[216] BGH, NJW 1987, 1628 = **juris**byhemmer (auch zur Heilungsmöglichkeit nach § 311b I S.2 BGB); BGH, NJW 1987, 1634 - 1636 = **juris**byhemmer; BGH, NJW 1987, 54 - 55 = **juris**byhemmer.

F) Sachlicher Anwendungsbereich

Sachlicher Anwendungsbereich

1. Der sachliche Anwendungsbereich der §§ 305 ff. BGB ist in § 310 BGB geregelt. Er wird negativ abgegrenzt. Soweit keine Regelung vorliegt, die bestimmte Verträge ausdrücklich vom Anwendungsbereich ausschließt, sind die §§ 305 ff. BGB sachlich anwendbar.

2. Gem. § 310 IV BGB sind Verträge auf dem Gebiet des Familien-, Erb- und Gesellschaftsrechts von der Anwendung der §§ 305 ff. BGB vollständig ausgenommen.

3. § 310 II BGB schließt die Anwendbarkeit der §§ 308 und 309 BGB für den Bereich der Versorgungswirtschaft aus.[217]

Jetzt auch für Arbeitsrecht

4. Anders als nach der bis zum 31.12.2001 geltenden Rechtslage, sind nach § 310 IV S.1 BGB auch AGB im Bereich des Arbeitsrechts an den §§ 305 ff. BGB zu messen. Allerdings ist bei der Anwendung dieser Vorschriften im Einzelfall den „Besonderheiten des Arbeitsrechts" Rechnung zu tragen, § 310 IV S.2 BGB.

„Besonderheiten des Arbeitsrechts", § 310 IV S.2 BGB

Dies stellt einen unbestimmten Rechtsbegriff dar, der durch die arbeitsgerichtliche Rechtsprechung ausgefüllt wird. So wurde bereits durch das BAG geklärt, dass die im Arbeitsrecht geltenden Besonderheiten dazu führen, dass Vertragsstrafen im Rahmen von Arbeitsverhältnissen zulässig sind, obwohl diese im sonstigen Zivilrecht nach § 309 Nr.6 BGB unzulässig sind.[218]

Im Gesellschaftsrecht ggf. §§ 305 ff. BGB analog

5. Auf dem Gebiet des Gesellschaftsrechts besteht vielfach bei den so genannten Publikumsgesellschaften ein Bedürfnis zur Inhaltskontrolle. Auch hier können die einzelnen Gesellschafter keinen Einfluss auf den Inhalt des Gesellschaftsvertrages nehmen. Als Rechtsgrundlage für die zur Wahrung der Vertragsgerechtigkeit erforderlichen Inhaltskontrolle dienen die §§ 242, 315 BGB, wobei in diesem Rahmen die Wertentscheidungen der §§ 305 ff. BGB zu berücksichtigen sind.[219]

G) Persönlicher Anwendungsbereich

Bei Unternehmen eingeschränkte Anwendbarkeit

Eingeschränkte Anwendung finden die §§ 305 ff. BGB gem. § 310 I S.1 BGB gegenüber **Unternehmern**, § 14 BGB.

Juristische Personen des öffentlichen Rechts

Ebenfalls von § 310 I S.1 BGB erfasst werden juristische Personen des öffentlichen Rechts (Körperschaften, Anstalten, Stiftungen) und öffentlich-rechtliche Sondervermögen (Bundeseisenbahnvermögen).

> **hemmer-Methode:** Lesen Sie die Vorschriften immer genau: § 310 I S.1 BGB schließt die Anwendung der §§ 305 ff. BGB keineswegs vollständig aus, sondern beschränkt den Anwendungsbereich nur. Bei der verbleibenden Inhaltskontrolle gem. § 307 I, II BGB fließen die Wertungen der nicht anwendbaren §§ 308, 309 BGB mit ein (siehe § 310 I S.2 BGB – lesen!).[220]

---

[217] Die Norm dürfte aufgrund ihres „exotischen" Regelungsbereichs kaum examensrelevant sein.

[218] BAG, **Life&Law 10/2004, 671 - 680** = BAGE 110, 8 - 27; ArbG Duisburg, ZGS 2002, 378 - 380; a.A. ArbG Bochum, ZGS 2002, 338 - 340: **alle** Entscheidungen = **juris**byhemmer.

[219] BGHZ 64, 328 - 245 (241) = **juris**byhemmer.

[220] Siehe Rn. 239 ff.

H) Verbraucherverträge[221]

Verbraucherverträge

1. In Umsetzung der EG-Richtlinie über missbräuchliche Klauseln in Verbraucherverträgen wurde 1996 § 24a in das AGBG eingefügt.[222] Nun findet sich diese Regelung in § 310 III BGB. § 310 III BGB enthält nunmehr eine Legaldefinition für Verbraucherverträge.

Legaldefinition

Unter einem Verbrauchervertrag in diesem Sinne versteht man einen Vertrag zwischen einem Unternehmer und einem Verbraucher, § 310 III BGB.

Drittbedingungen/Einzelvertragsklauseln

2. Gem. § 310 III BGB unterliegen auch Drittbedingungen (§ 310 III Nr.1 BGB) und Einzelvertragsklauseln (§ 310 III Nr.2 BGB) einer Inhaltskontrolle, sofern sie in einem Verbrauchervertrag enthalten sind.

Gesetzliche Vermutung bzgl. des „Stellens"

a) AGB in solchen Verträgen gelten gem. § 310 III Nr.1 BGB immer dann als vom Unternehmer gestellt, wenn sie nicht vom Verbraucher in den Vertrag eingeführt wurden. Die Schutzvorschriften der §§ 305 ff. BGB sind somit auch dann anwendbar, wenn die formularmäßigen Regelungen auf Vorschlag eines Dritten, i.d.R. eines Notars oder Maklers, Vertragsinhalt geworden sind.

Ein Rückgriff auf § 310 III Nr.1 BGB ist aber nur dann erforderlich, wenn aus dem Sachverhalt nicht ohnehin zweifelsfrei hervorgeht, dass der Unternehmer die AGB-Klauseln gestellt hat. Die Vermutung des § 310 III Nr.1 BGB ist insoweit entbehrlich, sodass allenfalls kurz auf § 310 III Nr.1 BGB als „Überdies-Argument" verwiesen werden sollte.

b) Weiterhin finden nach § 310 III Nr.2 BGB die wesentlichen Schutzvorschriften der §§ 305 ff. BGB auch dann Anwendung, wenn die vorformulierten Vertragsbedingungen nur zur einmaligen Verwendung bestimmt sind.

Berücksichtigung auch von konkret individuellen Umständen

3. Schließlich bestimmt § 310 III Nr.3 BGB, dass zusätzlich zu der üblichen Betrachtungsweise – abzuwägen sind die Interessen des Unternehmers gegenüber denjenigen der typischerweise beteiligten Verbraucher – konkret-individuelle Umstände zu berücksichtigen sind. Dabei kann für die Unwirksamkeit einer Klausel z.B. die Ausnutzung einer Überrumpelungssituation oder die geschäftliche Unerfahrenheit sprechen.

I) Einbeziehung

I. Grundsatz

Einbeziehung

AGB werden nur dann Vertragsbestandteil, wenn sie in den Vertrag einbezogen wurden, § 305 II BGB. Die Norm ist eine Sondervorschrift zu den §§ 145 ff. BGB.

Nur wenn die Förmlichkeiten des § 305 II BGB eingehalten wurden, liegt eine wirksame Einbeziehung vor.[223] Die erhöhten Voraussetzungen des § 305 II BGB gelten aber nur für die Einbeziehung vorformulierter Bestimmungen, nicht auch für damit in Zusammenhang stehende Individualvereinbarungen. Kommt es zwischen den Beteiligten wegen § 305 II BGB lediglich zu einer Willensübereinstimmung bzgl. der nicht vorformulierten Teile des Vertragsangebots, so wird der Vertrag im Zweifel nach § 306 I, II BGB ohne AGB wirksam.

---

[221] Vgl. zum Ganzen Berger, Die Einbeziehung von AGB in B2C-Verträge, ZGS 2004, 329 - 336; Heinrichs, Das Gesetz zur Änderung des AGB-Gesetzes, NJW 1996, 2190 - 2197.

[222] Heinrichs, Das Gesetz zur Änderung des AGB-Gesetzes, NJW 1996, 2190 - 2197.

[223] BGH, NJW-RR 1987, 112 - 114 (113) = **juris**byhemmer.

Zur Einbeziehung müssen kumulativ folgende Voraussetzungen vorliegen:

⇨ ein deutlicher Hinweis des Verwenders auf seine AGB, § 305 II Nr.1 BGB,

⇨ die Möglichkeit für die andere Vertragspartei, vom Inhalt der AGB Kenntnis zu nehmen, § 305 II Nr.2 BGB,

⇨ eine Einverständniserklärung der anderen Vertragspartei, § 305 II BGB a.E.

II. Der Hinweis des Verwenders, 305 II Nr.1 BGB

Ausdrücklicher Hinweis d. Verwenders notwendig

1. Der Verwender muss den Kunden schriftlich oder mündlich, in jedem Fall aber **ausdrücklich** darauf hinweisen, dass der Vertrag unter Einbeziehung seiner AGB abgeschlossen werden soll. Ein Hinweis in einem Vertragsformular, einem Angebotsschreiben oder in einem vom Kunden verwendeten Bestellschein muss so gefasst sein, dass er einem so genannten Durchschnittskunden ins Auge fällt.[224]

Bsp.: Der AGB-Verwender A sendet dem B ein Vertragsangebot zu. Dem Schreiben legt er seine AGB bei.

Das bloße Beilegen der AGB ist für einen ausdrücklichen Hinweis nicht ausreichend. Der AGB-Verwender muss bei seinem Vertragsangebot ausdrücklich darauf hinweisen, dass die AGB Bestandteil des Vertrages werden sollen.

Ggf. deutlicher Aushang

2. In vielen Fällen wird der ausdrückliche Hinweis auf die AGB nach der Art des Vertragsschlusses nur unter verhältnismäßig großen Schwierigkeiten möglich sein (z.B. bei der Benutzung eines Parkhauses, beim Einschließen von Wertgegenständen in automatisierten Schließfächern, Besuch von Sportveranstaltungen). In diesen Fällen reicht gem. § 305 II Nr.1 Alt.2 BGB ein deutlich sichtbarer Aushang am Ort des Vertragsschlusses.

Exkurs: Onlinehandel/Online-Auktionen

Hinweis des Verwenders durch einen Link im Internet

Diese Grundsätze können auch auf den elektronischen Geschäftsverkehr übertragen werden. So reicht es grundsätzlich aus, dass auf der Internetseite eines Online-Händlers die AGB durch einen Link erreichbar sind.[225]

Einbeziehung der AGB bei Auktionsportalen (eBay)?

Umstritten ist die Einbeziehung der AGB eines Betreibers einer Plattform von Internetauktionen (insbesondere eBay) hinsichtlich des Kaufvertrages zwischen den Nutzern der Plattform.

H.M.:

Nach der herrschenden Meinung werden die AGB des Online-Auktionshauses nicht unmittelbar Vertragsinhalt des Kaufvertrages, vielmehr sind sie bei der Auslegung der Erklärungen von Verkäufer und Käufer zu berücksichtigen (Auslegungslösung).[226]

---

[224] Palandt, § 305, Rn. 29.
[225] Siehe dazu die Klausurlösung in Koch/Schimmel, Ersatzteile im Online-Versandhandel, JA 2006, 190 - 196 (193).
[226] BGH, ZIP 2002, 39 - 43; BGH, ZIP 2004, 2334 - 2337; zuletzt ausdrücklich BGH, **Life&Law 10/2011, 704 - 708** = NJW 2011, 2643 - 2644; bestätigt durch BGH, **Life&Law 07/2012, 469 ff.** = **juris**byhemmer.

a.A.:	In der Literatur wird teilweise vorgeschlagen, dass der Vertrag zwischen den Nutzern und dem Anbieter eines Online-Auktionshauses als Rahmenvertrag für die einzelnen Kaufverträge der Nutzer untereinander dient[227] oder aber der Vertrag zwischen Nutzer und Anbieter des Auktionshauses als Vertrag zugunsten Dritter hinsichtlich der Wirkung der AGB anzusehen ist[228] oder aber der Nutzer sich die AGB zumindest als „Quasiverwender" zurechnen lassen muss (Einbeziehungslösung).[229]
Stellungnahme	Gegen diese Literaturansichten spricht vor allem, dass der Parteiwille der Beteiligten solchen Konstruktionen entgegensteht. Weder die Nutzer, noch die Anbieter sind daran interessiert eine einheitliche rahmenvertragliche Marktordnung zu schaffen, in der ja auch der Haftungsanteil der Auktionsanbieter einen höheren Stellenwert haben müsste.
	Ein Vertrag zugunsten Dritter ist abzulehnen, da eine Drittwirkung von AGB eine überraschende Klausel gem. § 305c I BGB[230] darstellen würde, und auch eine Zuordnung der AGB scheitert daran, dass man nicht klären könnte, ob nun der Verkäufer oder Käufer als Verwender der AGB auftritt. Somit findet sich die dogmatisch sauberste Lösung bei der herrschenden Meinung. Vom objektiven Empfängerhorizont aus gesehen (§§ 133, 157 BGB) sind die einzelnen Vertragserklärungen so auszulegen, dass sich der Erklärende entsprechend den AGB des Auktionshauses, die Bestandteil seines eigenen Nutzungsvertrages sind, verhalten möchte.[231]

Exkurs Ende

Bei Vertragsschluss	**3.** Der Hinweis muss bei Vertragsschluss erfolgt sein. Handlungen nach Vertragsschluss, z.B. ein Hinweis auf die AGB in einer Rechnung, auf einer Eintrittskarte oder einem Fahrschein bleiben ohne Bedeutung. Eine nachträgliche Einbeziehung durch gesonderte Vereinbarung ist aber möglich.	192

III. Möglichkeit der Kenntnisnahme, § 305 II Nr.2 BGB

	1. Nach § 305 II Nr.2 BGB muss der Verwender der anderen Partei die Möglichkeit verschaffen, den Inhalt der AGB zur Kenntnis zu nehmen. Zu unterscheiden ist hier zwischen dem Vertragsschluss unter Anwesenden und dem Vertragsschluss unter Abwesenden.	193
Bei Anwesenden grds. Vorlage	**a)** Beim Vertragsschluss unter Anwesenden ist grundsätzlich die Vorlage der AGB erforderlich. Problematisch hierbei ist die Einhaltung des § 305 II Nr.2 BGB nur bei einem fernmündlichen Vertragsschluss. Das Angebot des Verwenders, die AGB zu übersenden, genügt den gesetzlichen Anforderungen nicht, da die Möglichkeit der Kenntnisnahme hierbei ja erst nach Vertragsschluss (vgl. § 147 I S.2 BGB) möglich wäre. Hier bleibt nur die Möglichkeit, dass der Kunde durch Individualvereinbarung auf die Einhaltung des § 305 II Nr.2 BGB verzichtet.	194

> **hemmer-Methode:** Dieses Ergebnis entspricht den Erfordernissen des Rechts- und Wirtschaftsverkehrs. Die Alternative, nämlich die Verlesung der AGB an Telefon, wäre unpraktikabel. Die Möglichkeit des Verzichts ergibt sich zum einen aus dem Normzweck: Der Verbraucher muss auf den ihm gewährten Schutz auch verzichten können. Zum anderen lässt sich dieses Ergebnis auch aus § 305 II Nr.2 BGB selbst gewinnen.

---

[227] Spindler, Vertragsabschluss und Inhaltskontrolle bei Internet-Auktionen, ZIP 2001, 809.

[228] Koch, Geltungsbereich von Internet-Auktionsbedingungen, CR 2005, 502 - 510.

[229] Lettl, Versteigerung im Internet - BGH, NJW 2002, 363, JuS 2002, 219 - 224.

[230] Siehe dazu Rn. 213 ff.

[231] So auch Heiderhoff, Die Wirkung der AGB des Internetauktionators auf die Kaufverträge zwischen den Nutzern, ZIP 2006, 793 - 798.

> Danach reicht die Möglichkeit der Kenntnisnahme. Nicht erforderlich ist, dass der Vertragspartner von dieser Möglichkeit tatsächlich Gebrauch macht.
> Verzichtet der Kunde jedoch nicht auf die Möglichkeit, vom Inhalt der AGB Kenntnis zu nehmen, so bleibt im jeweiligen Einzelfall noch die Möglichkeit, dass die Parteien einen Vertrag unter der aufschiebenden Bedingung der Billigung der dem Kunden zu übermittelnden AGB schließen.

Vertragsschluss unter Abwesenden

b) Beim Vertragsschluss unter Abwesenden kann § 305 II Nr.2 BGB in der Regel nur durch das Übersenden der AGB genügt werden. Die Aufforderung, die AGB beim Verwender einzusehen, reicht nicht aus, da insoweit der Kunde über das zumutbare Maß hinaus belastet würde. In diesem Fall kommt allerdings im Einzelfall ebenfalls ein Vertragsschluss unter der aufschiebenden Bedingung der Billigung der dem Kunden zu übermittelnden AGB in Betracht.

2. Mit der Obliegenheit des Verwenders, dem Kunden die Möglichkeit zur Kenntnisnahme zu verschaffen, korrespondiert das Gebot der Verständlichkeit. Klauseln, die in ihrem Kernbereich unklar sind, sind unwirksam, § 307 I S.2 BGB.

Wohl noch h.M.:

Daraus resultiert nach der wohl noch herrschenden Meinung aber keine Pflicht zur Übersetzung der AGB (z.B. im Rechtsverkehr mit Ausländern), solange sie in der Verhandlungssprache abgefasst sind.[232]

A.A.:

Eine im Vordringen befindliche Literaturansicht[233] sieht jedoch eine Vergleichbarkeit zwischen einer körperlichen Behinderung und der fehlenden Sprachkundigkeit, sodass der Rechtsgedanke des § 310 II Nr.2 BGB a.E. (s. Rn. 197) zumindest für Verträge mit erheblicher wirtschaftlicher Bedeutung und Tragweite entsprechend herangezogen werden kann und dem sprachunkundigen Ausländer eine Übersetzung zur Verfügung gestellt werden muss.

Die h.M. gleicht das durch die Sprachbarriere bestehende Ungleichgewicht der Vertragsparteien dadurch aus, dass sie dem AGB-Verwender eine Aufklärungspflicht gegenüber dem Sprachunkundigen auferlegt. Die Verletzung dieser Pflicht kann dann zu Schadensersatzansprüchen aus § 311 II Nr.1 BGB führen. Die Gegenansicht sieht eine Kombination dieser beiden Rechtsfolgen für geboten an.

Stellungnahme

Für die Gegenansicht spricht vor allem das europarechtliche Transparenzgebot aus Art. 4 II und 5 der Klausel-RL (93/13/EWG). Dort wird klargestellt, dass eine Klausel stets für den Empfänger klar und verständlich abgefasst sein muss. Im Wege der richtlinienkonformen Auslegung des § 307 I S.2 BGB spricht also einiges für eine fehlende Einbeziehung der AGB, wenn ein sprachunkundiger Ausländer einen Vertrag mit hoher wirtschaftlicher Bedeutung abschließt. Bei Geschäften des täglichen Lebens kann jedoch der auch im Europarecht verankerte Verhältnismäßigkeitsgrundsatz herangezogen werden, um der Notwendigkeit der Abwicklungsgeschwindigkeit von Massengeschäften Rechnung zu tragen und somit eine Einbeziehung der Vertragsbedingungen zu ermöglichen.

Kenntnisverschaffung für körperlich Behinderte

3. Seit der Schuldrechtsreform muss der Verwender von AGB auf eine für ihn erkennbare körperliche Behinderung (v.a. Sehbehinderung) seines Vertragspartners angemessen Rücksicht nehmen, § 305 II Nr.2 BGB a.E.

---

[232] BGHZ 87, 112 - 121 (114) = **juris**byhemmer; siehe auch Falllösung Koch/Schimmel, JA 2006, 190 - 196 (194).
[233] Berger, Die Einbeziehung von AGB in B2C-Verträge, ZGS 2004, 329 - 336 (335); Palandt, § 310, Rn. 26.

> **hemmer-Methode:** Hintergrund der Neuregelung ist, dass die von der Rechtsprechung zur Frage der zumutbaren Kenntnisverschaffung entwickelten allgemeinen Grundsätze bei Vertragspartnern, die in ihrer Wahrnehmungsfähigkeit eingeschränkt sind, regelmäßig nicht passen. Menschen mit einer Sehbehinderung werden trotz ausdrücklichen Hinweises auf die Geltung der Allgemeinen Geschäftsbedingungen und ihres Aushanges oder ihres Ausliegens in Papierform am Ort des Vertragsschlusses in aller Regel nicht die Möglichkeit haben, von deren Inhalt in zumutbarer Weise Kenntnis zu nehmen. Vielmehr bedürfen sie insoweit weiterer Hilfsmittel wie etwa der Übergabe der Allgemeinen Geschäftsbedingungen in einer Form, die ihnen die Kenntnisnahme vor Vertragsschluss ermöglicht. Dies kann im Einzelfall durch Übergabe in elektronischer oder akustischer Form oder auch in Blindenschrift erfolgen.

Letztendlich wird hier der objektive Maßstab für die Möglichkeit der Kenntnisnahme in Einzelfällen (Erkennbarkeit der Behinderung) versubjektiviert.

Rechtsfolge eines Verstoßes gegen § 305 II Nr.2 BGB a.E. ist, dass die Klauseln nicht Vertragsbestandteil werden.

4. Einbeziehung in besonderen Fällen, § 305a BGB:

Ausnahme § 305a BGB

a) § 305a BGB normiert für bestimmte Bereiche Ausnahmen von den engen Einbeziehungsvoraussetzungen des § 305 II Nr.1 und 2 BGB.

Personenbeförderung

aa) § 305a Nr.1 u. 2a BGB erfasst Verträge auf dem Gebiet der Personenbeförderung.

Telekommunikation

bb) Nach Maßgabe des § 305a Nr.2b BGB werden Vertragsschlüsse im so genannten Call-by-Call-Verfahren bzw. bei der Inanspruchnahme von Mehrwert- oder Informationsdiensten (0190/0900 Nummern) privilegiert. Beim Call-by-Call besteht die Dienstleistung lediglich darin, eine Leitung zur Verfügung zu stellen. Diese Leistung möchte der Kunde schnell und unkompliziert erhalten. Ebenso ist es dem Verwender nicht möglich, bei jeder Nutzung von Mehrwertdiensten (0190/0900) oder der Telefonauskunft die AGB zur Kenntnis zu geben. Die Ausnahme beschränkt sich aber auf die Fälle, in denen die Leistung vollständig durch die Aufrechterhaltung der Verbindung bzw. den Einsatz des Telekommunikationsmittels erbracht wird.[234]

b) Gemeinsam ist allen Fällen, dass sie einer Vorkontrolle durch amtliche Stellen (Regulierungsbehörden etc.) unterliegen.

c) Im Anwendungsbereich des § 305a BGB werden AGB zwar auch dann Vertragsbestandteil, wenn die Tatbestandsmerkmale des § 305 II BGB[235] nicht erfüllt sind, dennoch sind die §§ 305 ff. BGB im Übrigen anwendbar. M.a.W.: Die zunächst Vertragsbestandteil gewordenen Klauseln sind insbesondere der Inhaltskontrolle nach §§ 307 ff. BGB zu unterziehen.

Konsensualprinzip

d) In allen Fällen des § 305a BGB muss der Vertragspartner zudem mit der Geltung der AGB einverstanden sein. Damit wird das Konsensualprinzip gegenüber dem AGBG gestärkt.[236]

> **hemmer-Methode:** Die Examensrelevanz von § 305a BGB dürfte eher gering sein. Die Ausführungen sollten dazu dienen, dass Ihnen die Ausnahmen des § 305a BGB bewusst werden und Sie bei Problemen bei der Einbeziehung von AGB kurz an § 305a BGB denken.

---

[234] Artz, Schuldrechtsmodernisierung 2001/2002 - Integration der Nebengesetze in das BGB, JuS 2002, 528 - 535 (529).

[235] Ausweislich des Wortlauts von § 305a BGB muss aber das Einverständnis des Vertragspartners mit den Bedingungen vorliegen!

[236] Palandt, § 305a, Rn. 1.

IV. Einverständnis des Vertragspartners

Einverständnis des Vertragspartners

Die Geltung der AGB hängt nach § 305 II BGB schließlich auch vom Einverständnis des Vertragspartners ab. Hierbei ist eine Einigung über die Geltung jeder einzelnen Klausel nicht erforderlich. Vielmehr genügt die pauschale Vereinbarung über die Einbeziehung bestimmter AGB. Die Einverständniserklärung kann auch durch schlüssiges Verhalten erfolgen.

(P): stillschweigendes Einverständnis

Fraglich ist, ob die Benutzer von Garderoben, Spielplätzen und Trimm-dich-Pfaden durch die Benutzung der Anlagen ein stillschweigendes Einverständnis mit Haftungsausschlussklauseln zum Ausdruck bringen, die auf Schildern (*Bsp.: „Für Garderobe keine Haftung"*) an der Anlage erkennbar zum Ausdruck gebracht werden. Die h.M. geht davon aus, dass es sich bei derartigen Hinweisschildern um AGB i.S.v. § 305 I BGB handelt. Für ein Einverständnis spricht das Benutzen der Anlage trotz des deutlich sichtbaren Hinweises auf den Haftungsausschluss (Rechtsgedanke des venire contra factum proprium).

1. Rahmenvereinbarung

Rahmenvereinbarung

Nach § 305 III BGB können Vertragspartner, die in einer dauerhaften Beziehung stehen, auch die Einbeziehung bestimmter AGB im Voraus vereinbaren. Zum Zeitpunkt dieser Vereinbarung müssen dann aber alle Voraussetzungen von § 305 II BGB erfüllt sein. Dies ist beispielsweise nicht bei Online-Auktionen der Fall, da die Nutzer erst den Nutzungsvertrag mit dem Auktionshaus schließen und später mit anderen Vertragspartnern (anderen Nutzern) die (Kauf-)Verträge eingehen.

2. Das Problem sich widersprechender AGB

Sich widersprechende AGB

a) Mit der Einbeziehung der AGB in den Vertrag verwandt ist das in den §§ 305 ff. BGB nicht geregelte Problem der beiderseitigen Verwendung sich widersprechender AGB. Hauptsächlich im Verkehr unter Kaufleuten werden häufig beide Seiten versuchen, ihre AGB in den Vertrag einzuführen.

Bsp.: Beide Vertragsparteien verwenden AGB, bei denen jeweils in etwa folgende Klausel enthalten ist:

§ 1 AGB

„Unsere Verkaufsbedingungen gelten ausschließlich; entgegenstehende oder von unseren Verkaufsbedingungen abweichende Bedingungen des Bestellers erkennen wir nicht an, es sei denn, wir hätten ausdrücklich schriftlich ihrer Geltung zugestimmt. Unsere AGB gelten auch dann, wenn wir in Kenntnis entgegenstehender oder von unseren Verkaufsbedingungen abweichender Bedingungen der anderen Vertragspartei die Lieferung an die andere Vertragspartei vorbehaltlos ausführen."

b) Der Käufer bestellt demnach in derartigen Fällen „ausschließlich" zu seinen Einkaufsbedingungen, der Verkäufer liefert „ausschließlich" zu seinen Verkaufsbedingungen. Soweit die AGB inhaltlich nicht übereinstimmen, ist fraglich, ob überhaupt ein wirksamer Vertrag zustande gekommen ist und (wenn ja) mit welchem Inhalt.

Dissens (-), da Ausführung

aa) Zumindest das Zustandekommen eines wirksamen Vertrages lässt sich hier in der Regel bejahen. Die Annahme eines Dissenses würde hier zumindest dann an der Realität vorbeigehen, wenn die Parteien den Vertrag schon teilweise ausgeführt haben.

Denn mit der Ausführung des Vertrages zeigen beide, dass sie den Streit um die unterschiedlichen AGB nicht austragen wollen, sondern vielmehr vom Vorliegen einer Einigung ausgehen.

E.A.: Theorie d. letzten Wortes § 150 II BGB

bb) Fraglich ist aber, unter Zugrundelegung welcher AGB der Vertrag abzuwickeln ist. Früher arbeitete die Rechtsprechung[237] hier mit der aus § 150 II BGB abgeleiteten „Theorie des letzten Wortes". Demnach würden die Bedingungen desjenigen gelten, der zuletzt auf seine AGB verwiesen hat. Der andere Teil soll hierbei konkludent durch die Ausführung des Vertrages sein Einverständnis mit diesen AGB erklären. Diese Ansicht unterstellt der anderen Partei jedoch eine nicht abgegebene Einigungserklärung.[238] Zudem zwingt sie die Parteien zu ständig neuen Protesten gegen die AGB der anderen, obwohl letztlich beide einen wirksamen Vertrag wollen.

H.M.: § 306 I, II BGB

cc) Zutreffender ist die Gegenansicht[239], nach der bei einem nicht ausgetragenen Streit um einander widersprechende AGB diese jeweils nur insoweit gelten, als sie der anderen Partei günstig sind. Im Übrigen gilt das dispositive Gesetzesrecht (vgl. § 306 II BGB).

hemmer-Methode: Die h.M. folgt damit dem „Prinzip" von „Meine-Deine-Keine", d.h.: Meine AGB sollen gelten; Deine AGB sollen gelten; Also gelten keine AGB (soweit sie nicht miteinander übereinstimmen).

EV in AGB → § 320 BGB

c) Wichtig: Ein Eigentumsvorbehalt in den AGB des Verkäufers gilt auch dann, wenn ihn die AGB des anderen Teils nicht enthalten oder ablehnen, da er bei der Übergabe einseitig erklärt werden kann.[240] Allerdings findet der Eigentumsvorbehalt in den schuldrechtlichen Vertrag keinen Eingang, da es hier der Annahmeerklärung bedarf und somit die oben genannten Regeln gelten. Der Verkäufer erfüllt daher nicht, wenn er den Kaufgegenstand unter Eigentumsvorbehalt übergibt.

**hemmer-Methode: Dieses Ergebnis ergibt sich aus dem Abstraktionsprinzip. Die nachträgliche Einbeziehung eines Eigentumsvorbehalts stellt sich als teilweiser Widerruf der ursprünglich unbedingten Einigung über den Eigentumsübergang gem. § 929 S.1 BGB dar.
Die freie Widerruflichkeit der Einigung gem. § 929 S.1 BGB wird dem Wortlaut („Einigsein") der Vorschrift entnommen. Dies ergibt sich auch aus einem Umkehrschluss aus den §§ 873 II und 956 I S.2 BGB. Allerdings muss dem anderen Teil die Abkehr von der Einigung offen gelegt werden. Problematisch ist dies, wenn die nachträgliche Vereinbarung eines Eigentumsvorbehaltes durch AGB nur aus dem Lieferschein ersichtlich wird. In diesem Fall liegt nur dann ein für das Wirksamwerden des Widerrufs erforderlicher Zugang vor, wenn die Ware vom Vertragspartner selbst oder aber von einer anderen zur Entgegennahme von Willenserklärungen berechtigten Person in Empfang genommen wird.**

V. Überraschende Klauseln, § 305c I BGB

Überraschende Klauseln

1. Einzelne Klauseln werden trotz der Gesamteinbeziehung der AGB nicht Vertragsbestandteil, soweit sie so ungewöhnlich sind, dass der Vertragspartner mit ihnen nicht zu rechnen brauchte.

2. § 305c I BGB ist eine der umstrittensten Vorschriften im Recht der AGB, da sich der Anwendungsbereich der Norm mit dem der Inhaltskontrolle nach §§ 307 – 309 BGB überschneiden kann.

---

[237] BGHZ 18, 212 - 218 = **juris**byhemmer.
[238] K. Schmidt, Handelsrecht, § 18 III 5 c.
[239] Vgl. Flume, § 37, 3; Medicus, BR, Rn. 75; BGHZ 61, 282 - 289 = **juris**byhemmer; BGH, BB 1974, 1136 - 1137 (1137) = **juris**byhemmer.
[240] Vgl. BGH, NJW 1982, 1749 - 1750 = **juris**byhemmer; Palandt, § 305, Rn. 56.

Die Rechtsprechung wendet für die Inhaltskontrolle meist die §§ 307 ff. BGB an und braucht dann in der Regel nicht mehr zu entscheiden, ob ein Verstoß gegen § 305c I BGB vorliegt. In der Klausur ist jedoch eine genaue Prüfung erforderlich, wobei § 305c BGB vor den §§ 307 ff. BGB heranzuziehen ist.

Diese Prüfungsreihenfolge ist zwingend, weil gem. § 305c BGB die Klausel gar nicht erst Vertragsbestandteil wird, während sie gem. der §§ 307 ff. BGB zwar in den Vertrag einbezogen wird, aber nicht wirksam ist.

Die Unterscheidung ist auch wegen § 307 III BGB von Bedeutung, da dieser nur die Inhaltskontrolle verbietet. Eine Überprüfung an § 305c I BGB bleibt jedoch möglich.

Sachgerecht ist es nach dem Grundsatz der lex specialis, § 305c I BGB solchen Regelungen vorzubehalten, die formal, nach ihrem äußeren Erscheinungsbild ungewöhnlich sind, und ansonsten eine Prüfung anhand der §§ 307 ff. BGB vorzunehmen. Diese Lösung entspricht zudem der Klausurtaktik – Sie erschließen sich so zumindest einen weiteren Prüfungsschritt.

Überraschend = „überrumpelt"

3. Überraschend im Sinne von § 305c I BGB ist eine Klausel dann, wenn sie nach den Umständen so außergewöhnlich ist, dass der Kunde mit ihr keinesfalls zu rechnen brauchte. Sie muss den Kunden gewissermaßen überrumpeln oder übertölpeln.[241] Maßgebliche Umstände sind hierbei insbesondere die dem Vertragsschluss vorangegangenen Verhandlungen, das äußere Erscheinungsbild sowie die Unüblichkeit der Klausel für Verträge der betreffenden Art. Ob die Klausel dagegen unangemessen ist, ist nicht entscheidend. Dies ist dann Gegenstand der Inhaltskontrolle.

In der Regel fehlt das Überraschungsmoment, wenn die Klausel drucktechnisch so angeordnet ist, dass von einer Kenntnisnahme durch den Kunden auszugehen ist oder der Kunde die Klausel tatsächlich zur Kenntnis genommen hat.

Verständnismöglichkeit des Durchschnittskunden

4. Ob eine Klausel überraschend ist, bemisst sich nach den Verständnismöglichkeiten des regelmäßig zu erwartenden Durchschnittskunden. Eine gegenüber einer Hausfrau überraschende Klausel kann im Handelsverkehr unbedenklich sein.

> *Bsp.:* Überraschende Klauseln sind z.B. der Kauf einer Sache mit gleichzeitiger Verpflichtung zum Warenbezug (Bezug von Kaffee beim Kauf einer Kaffeemaschine); die Ausdehnung des Sicherungszwecks einer bestehenden Grundschuld auf weitere oder alle Forderungen des Sicherungsnehmers entgegen einer früher getroffenen Absprache; die Miete einer Sache mit gleichzeitiger Erwerbspflicht bei Beendigung der Mietzeit.[242]

J) Auslegung von AGB

I. Allgemeines

Auslegung vor Inhaltskontrolle

Vor der Inhaltskontrolle nach den §§ 307 – 309 BGB **muss** die im Streit befindliche, in den Vertrag einbezogene AGB-Klausel **ausgelegt** werden. Grundsätzlich gelten hierbei die allgemeinen Auslegungsregeln, §§ 133, 157 BGB. Da AGB aber keine Individualvereinbarung darstellen, haben Rechtsprechung und Lehre schon früh besondere Auslegungsregeln entwickelt, die in den §§ 305b und 305c II BGB in das BGB übernommen wurden.

---

[241] Palandt, § 305c, Rn. 4.
[242] Vgl. Palandt, § 305c, Rn. 5 ff.

> **hemmer-Methode:** Grundsätzlich finden die allgemeinen Auslegungsregeln Anwendung, allerdings gilt nach dem Schutzzweck der §§ 305 ff. BGB das Prinzip der kundengünstigsten Auslegung bzw. das Prinzip der kundenfeindlichen Auslegung.

II. Der Vorrang der Individualabrede, § 305b BGB

Vorrang d. Individualabrede

1. Gem. § 305b BGB haben individuelle Vertragsabreden Vorrang vor AGB. Die Vorschrift ist Ausdruck eines Rangverhältnisses: AGB als vorformulierte generelle Regelungen sollen das individuell Vereinbarte lediglich ergänzen, auch wenn sie andererseits dem dispositiven Gesetzesrecht vorgehen.

> *Bsp.: Ein AGB-Verwender verwendet folgende AGB-Klausel:*
>
> „Alle Vereinbarungen, die zwischen uns und dem Besteller zwecks Ausführung dieses Vertrages getroffen werden, sind in diesem Vertrag schriftlich niedergelegt."

Eine derartige Klausel hat keine Auswirkung, **wenn** eine anderweitige (mündliche) Abrede **tatsächlich vorliegt**. Es ist nicht möglich durch eine derartige Klausel die ausschließliche Geltung der AGB zu vereinbaren. Allerdings wird in fast allen AGB eine solche Klausel verwendet, da der AGB–Verwender aufgrund seines Verstoßes gegen § 305b BGB keine weitergehenden Sanktionen befürchten muss, zumal Verbraucherschutzverbände gem. § 1 UKlaG nur Unterlassung von Verstößen gegen die §§ 307 – 309 BGB und nicht auch von § 305b BGB verlangen können und der AGB–Verwender darauf spekuliert, dass der rechtlich unerfahrene Kunde von der Zulässigkeit einer solchen AGB ausgeht und ihre Unwirksamkeit nicht erkennt.

> **hemmer-Methode:** Denken Sie in solchen Fällen aber an eine Haftung aus § 280 I BGB. Die Verwendung einer unzulässigen AGB kann eine schuldhafte (vorvertragliche) Pflichtverletzung darstellen. Bislang wurde dies konkret für den vorliegenden Fall aber noch nicht entschieden.

Widerspruch i.S.v. § 305b BGB

2. Fraglich bleibt, wann ein nach § 305b BGB beachtlicher Widerspruch zwischen AGB und Individualvereinbarung vorliegt. Hierbei wird üblicherweise zwischen dem direktem und dem nur indirekten Widerspruch unterschieden. Ein direkter Widerspruch soll bei einer inhaltlichen Unvereinbarkeit zwischen AGB-Klausel und Individualabsprache vorliegen.

> *Bsp.: V gibt dem K beim Kauf eines Gebrauchtwagens eine Reparaturzusage, wonach innerhalb eines Monats auftretende Mängel kostenfrei beseitigt werden sollen. Die dem Vertrag zugrunde liegenden AGB enthalten einen Gewährleistungsausschluss.*

> *Bsp.: Der einem Makler erteilte Auftrag ist nach dem verwendeten Vertragsformular ein Alleinauftrag; der Kunde hatte die Erteilung eines Alleinauftrages bei Vertragsschluss aber gerade abgelehnt.*

In beiden Fällen greift § 305b BGB: Die Individualabrede hat Vorrang vor der Klausel, die insoweit nicht zur Anwendung kommt.

Handschriftliche Zusätze

3. Wichtig: Auch handschriftliche Zusätze sind als Individualvereinbarung im Sinne von § 305b BGB anzusehen.

Davon zu unterscheiden ist die Frage, ob ein Aushandeln im Sinne von § 305 I S.3 BGB vorliegt. Die handschriftliche Beifügung hat hier lediglich zur Folge, dass die gedruckte Klausel durch den Zusatz verändert wurde. Stellt dieser Zusatz aber weiterhin eine AGB dar, so ist eine Inhaltskontrolle nach den §§ 307 ff. BGB durchzuführen.

VERBRAUCHERSCHUTZRECHT

Mittelbarer Widerspruch

4. Bei einem indirekten Widerspruch werden die Rechtswirkungen, die sich aus der Individualabrede ergeben, im Ergebnis durch die AGB wieder aufgehoben oder eingeschränkt. Auch insoweit genießen die individuell getroffenen Vereinbarungen den Vorrang.

Bsp.: V sichert K beim Kauf eines Neuwagens das Vorliegen einer bestimmten Eigenschaft zu, während die AGB des V einen Gewährleistungsausschluss beinhalten. Hier wollte der V durch die Zusicherung der Eigenschaft (verschuldensunabhängig) für das Vorliegen der Eigenschaft einstehen; ein Gewährleistungsausschluss würde die sich hieraus ergebenden Rechtsfolgen aber wieder aufheben. Die Individualabrede genießt den Vorrang, § 309 Nr.8b BGB hat insoweit lediglich klarstellende Bedeutung.

hemmer-Methode: Dieses Ergebnis folgt letztlich aus dem allgemeinen Rechtsgedanken des Verbots des venire contra factum proprium. Was mit der einen Hand gegeben wird, darf nicht mit der anderen wieder genommen werden, § 242 BGB.

Schriftformklausel

Bsp.: A will einen Computerhandel eröffnen. Zu diesem Zweck führt er Vertragsverhandlungen mit dem Computergroßhändler X. Beide werden sich über den Kauf von zehn PCs zum Preis von je 2.500,- € einig. Da bei A die Finanzierung noch nicht abgesichert ist, will er den Kaufvertrag aber nur dann abschließen, wenn ihm seine Bank ein entsprechendes Darlehen bewilligt. Hiermit erklärt sich X mündlich einverstanden. Gleichzeitig fordert er A auf, den Vertrag bereits jetzt zu unterschreiben, damit er die Computer unmittelbar nach der Darlehensauszahlung erhalten könne.

A unterschreibt den Vertrag, in dem deutlich sichtbar vermerkt ist, dass mündliche Nebenabreden der schriftlichen Bestätigung bedürfen. Kann X den Kaufpreis verlangen, wenn A von der Bank kein Darlehen erhält?

1. X könnte gegen A einen Anspruch auf Zahlung des Kaufpreises gem. § 433 II BGB haben. Ein wirksamer Kaufvertrag ist mit der Unterzeichnung des Auftragsformulars zustande gekommen. Jedoch hat A die Auszahlung des Darlehens zur aufschiebenden Bedingung des Kaufvertrages gemacht (§ 158 I BGB), womit sich X auch einverstanden erklärte.

2. Die mündliche Absprache könnte jedoch wegen der gewillkürten Schriftform nach § 125 S.2, 127 BGB unwirksam sein. Fraglich ist die Wirksamkeit der Schriftformklausel. Da es sich bei dem Auftragsformular um eine für eine Vielzahl von Verträgen vorformulierte Erklärung handelt, beurteilt sich die Wirksamkeit nach den §§ 305 ff. BGB.

3. Die Einbeziehungsvoraussetzungen des § 305 II BGB wurden eingehalten. Eine Einbeziehung scheitert wegen der deutlichen Sichtbarkeit der Klausel auch nicht an § 305c I BGB.

Formlose Aufhebung möglich

4. Die Schriftformklausel könnte jedoch wegen des Vorrangs der Individualabrede nach § 305b BGB keine Geltung haben. Nach ganz h.M. gelten mündliche Nebenabreden auch dann, wenn die AGB eine Schriftformklausel enthalten. Dies ergibt sich aus dem Rangverhältnis zwischen Individualabsprachen und AGB. Im Übrigen kann ein gewillkürter Formzwang jederzeit einvernehmlich formlos (ggf. konkludent) wieder aufgehoben werden.[243] Hier wäre in der mündlichen Absprache eine einvernehmliche Aufhebung zu sehen.

5. Zwischen X und A ist folglich nur ein bedingter Kaufvertrag zustande gekommen, §§ 433 II, 158 I BGB. Da die Bedingung nicht eingetreten ist, kann X keine Zahlung nach § 433 II BGB verlangen.

Aufgrund von § 305b BGB ist es auch nicht möglich, durch AGB die Änderung der Schriftformklausel von der Einhaltung der Schriftform abhängig zu machen.

---

[243] Siehe hierzu **Hemmer/Wüst, BGB AT I, Rn. 166, 171.**

III. Die Unklarheitenregelung, § 305c II BGB

Bei unklaren AGB ist Auslegbarkeit Voraussetzung

Enthalten die AGB unklare oder mehrdeutige Klauseln, so geht dies gem. § 305c II BGB zu Lasten des AGB-Verwenders („In dubio contra proferentem").[244] Der Verwender muss sich klar und verständlich ausdrücken. § 305c II BGB kann allerdings nur angewendet werden, wenn auch bei Anwendung aller in Betracht kommender Auslegungsprinzipien ein nicht behebbarer Zweifel bleibt und wenigstens zwei Auslegungsmöglichkeiten vorhanden sind.

IV. Prüfungsrelevanz der Auslegung

Bei der AGB-Prüfung kann die Auslegung der AGB an verschiedenen Stellen relevant werden. Dabei ist darauf zu achten, dass die Auslegung auf den spezifischen Prüfungspunkt abgestimmt werden muss, um dem Sinn und Zweck des § 305c II BGB gerecht zu werden. Im Ergebnis kann dies dazu führen, dass eine Klausel je nach Prüfungspunkt unterschiedlich ausgelegt werden muss. Die unterschiedlichen Auslegungsergebnisse ergeben sich daraus, dass einerseits die kundenfeindlichste und anderseits die kundenfreundlichste Auslegungsmöglichkeit heranzuziehen ist.

1. Bei der Eröffnung der Inhaltskontrolle gem. § 307 III BGB

Gem. § 307 III S.1 BGB sind nur solche Regelungen hinsichtlich der Leistungsbeschreibung einer Inhaltskontrolle entzogen, ohne deren Vorliegen mangels Bestimmtheit oder Bestimmbarkeit des wesentlichen Vertragsinhalts ein wirksamer Vertrag nicht angenommen werden kann.[245]

Kundenfeindlichste Auslegung

Bestehen Zweifel darüber, ob eine AGB-Klausel i.S.v. § 307 III BGB von Rechtsvorschriften abweicht oder diese ergänzt, muss von den Auslegungsmöglichkeiten diejenige gewählt werden, die für den Kunden am ungünstigsten ist, sog. **kundenfeindlichste Auslegung**. Hierdurch erhöht sich die Wahrscheinlichkeit dafür, dass die Inhaltskontrolle gem. der §§ 307 ff. BGB eröffnet wird, sodass sich damit auch die Wahrscheinlichkeit dafür erhöht, dass die Klausel gem. der §§ 307 ff. BGB unwirksam ist. Die kundenfeindlichste Auslegung ist damit in dieser Hinsicht, die für den Kunden günstigere.

> *Bsp.:*[246] *Ein Veranstalter von Konzerten hat folgende Klausel in seine AGB aufgenommen:*
>
> *„Wir haften nicht für abgelegte Garderobe."*
>
> *Ist eine Inhaltskontrolle der Klausel anhand der §§ 307 ff. BGB möglich?*
>
> Fraglich ist, ob die Klausel überhaupt von einer gesetzlichen Regelung abweicht und damit die Inhaltskontrolle gem. § 307 III BGB eröffnet ist. Versteht man unter „abgelegter" Garderobe solche, die nicht an den dafür vorgesehenen Garderoben abgegeben wird, hat die Klausel nur einen deklaratorischen Charakter. Dass der Veranstalter nicht für Garderobe haftet, für die er nicht die Verantwortung übernommen hat, ist selbstverständlich.

---

[244] Vgl. BGHZ 62, 83 - 90 (89) = **juris**byhemmer; BGHZ 67, 359 - 367 (366) = **juris**byhemmer.

[245] BGH, **Life&Law 11/2011, 780 - 785** = NJW 2011, 3510 - 3513 = **juris**byhemmer.

[246] Schlosser/Thewald/Zirngibl, Übungsklausur Zivilrecht - Die AGB des Aufführungsveranstalters, Jura 2003, 118 - 123 (122).

Die Auslegung der Klausel führt jedoch nicht zwingend zu diesem Ergebnis. Vielmehr ist bei kundenfeindlicher Auslegung anzunehmen, dass unter die „abgelegte" Garderobe auch die „abgegebene" Garderobe fällt. Da der Veranstalter grundsätzlich für bei ihm abgegebene Garderobe vertraglich haftet, weicht die Klausel von der gesetzlichen Regelung ab, so dass die Inhaltskontrolle eröffnet ist.

> **hemmer-Methode:** Beachten Sie, dass Sie bei der Auslegung einer Klausel, zwar gem. der §§ 133, 157 BGB den wirklichen Willen des AGB-Verwenders ermitteln müssen, jedoch muss sich dieser Wille aus der Klausel selbst ergeben. Ergänzende Ausführungen des AGB-Verwenders, die nicht Bestandteil der AGB sind, dürfen von Ihnen insoweit nicht berücksichtigt werden. Es wäre ein grober Fehler ergänzende Anmerkungen des AGB-Verwenders bei der Auslegung heranzuziehen.

2. Bei der Inhaltskontrolle gem. der §§ 307 ff. BGB

Bevor eine Klausel nach den §§ 307 ff. BGB kontrolliert wird, muss sie ausgelegt werden. Dies ergibt sich aus der Überlegung, dass sowohl das Gesetz als auch Willenserklärungen ausgelegt werden müssen, bevor einen Maßstab an sie anlegt. Denn ein Maßstab kann nur an etwas angelegt werden, was auch inhaltlich bestimmt ist.[247]

Soweit die Unwirksamkeit der Klausel gem. der §§ 307 ff. BGB die Rechtsstellung des Kunden also verbessern würde, ist die Unklarheitenregel „umgekehrt" anzuwenden, d.h. es ist zu prüfen, ob die Klausel bei scheinbar **kundenfeindlichster Auslegung** wegen Verstoßes gegen ein Klauselverbot unwirksam ist.

> **Bsp.:**[248] Der Konzertveranstalter K legt seinen Verträgen folgende AGB-Klausel zugrunde:
>
> „Muss ein Konzert ausfallen, so erstattet der Veranstalter den Eintrittspreis zurück, wenn dies beim Veranstalter schriftlich und unter Einreichung der Eintrittskarte und Angabe einer Bankverbindung, auf die der rückzuzahlende Preis überwiesen werden soll, geltend gemacht wird."
>
> Liegt ein Verstoß gegen § 309 BGB vor?
>
> Die Klausel könnte gem. § 309 Nr.7b BGB unwirksam sein.
>
> Zwar schließt die Klausel das Recht des Zuschauers, Schadensersatz zu verlangen, nicht ausdrücklich aus. Aber sie erweckt den Eindruck, dass dem Zuschauer neben der Rückerstattung des Eintrittspreises bei Ausfall eines Konzertes keine weiteren Ansprüche zustehen. Bei Vertretenmüssen des K stehen dem Besucher aber Schadens- und/oder Aufwendungsersatzansprüche gem. der §§ 280 ff. BGB zu, die sich nicht in der Rückerstattung des Eintrittspreises erschöpfen müssen (z.B. frustrierte Anfahrts- und Übernachtungskosten).
>
> Diese Schadenspositionen werden von der Klausel nicht ausdrücklich erwähnt, sodass man sie so verstehen könnte, dass diese von der Klausel nicht berührt werden sollen.
>
> Andererseits könnte man davon ausgehen, dass die Klausel bei den Kunden den Eindruck erweckt, dass solche anderweitigen Ansprüche von ihnen gegenüber K nicht geltend gemacht werden könnten. Aufgrund des Gebots der kundenfeindlichsten Auslegung, § 305c II BGB, ist bei der Inhaltskontrolle jene Auslegung vorrangig heranzuziehen, die für die Kunden am ungünstigsten ist.

---

[247] Schlosser/Thewald/Zirngibl, Übungsklausur Zivilrecht - Die AGB des Aufführungsveranstalters, Jura 2003, 118 - 123 (119, Fn. 4).

[248] Schlosser/Thewald/Zirngibl, Übungsklausur Zivilrecht - Die AGB des Aufführungsveranstalters, Jura 2003, 118 - 123 (119 f.).

Dies ist die zweite Auslegungsmöglichkeit, da diese weitergehende Schadensersatzansprüche gegen K ausschließen würde. Durch diese Vorgehensweise erhöht sich bei Unklarheiten die Wahrscheinlichkeit dafür, dass die Klausel i.R.d. Inhaltskontrolle für unwirksam erklärt wird, was letztendlich für die Kunden vorteilhaft ist und damit dem Sinn und Zweck des § 305c II BGB entgegenkommt.

hemmer-Methode: Merken Sie sich, dass AGB letztendlich nichts anderes als Willenserklärungen sind und daher ausgelegt werden müssen. Aufgrund des Schutzzwecks der §§ 305 ff. BGB, welcher durch § 305c II BGB hinsichtlich der Auslegung konkretisiert wird, sind AGB-Klauseln im Zweifel immer zu Lasten des AGB-Verwenders auszulegen. Je nach Prüfungspunkt ist dann die kundenfeindlichste bzw. kundenfreundlichste Auslegungsmöglichkeit vorrangig heranzuziehen.

3. Bei der Auslegung einer wirksamen AGB-Klausel

Kundenfreundlichste Auslegung

Erst wenn sich die Klausel in den vorherigen Auslegungsschritten als wirksam erwiesen hat, ist die Unklarheitenregel „direkt" anzuwenden, d.h. soweit aufgrund mehrerer Auslegungsmöglichkeiten Zweifel bestehen, ist gem. § 305c II BGB die **kundenfreundlichste** Auslegungsmöglichkeit vorrangig heranzuziehen.

Enthalten die AGB z.B. eine Klausel, wonach die Haftung für „Mängel der Lieferung" ausgeschlossen sein soll, so bleibt auch nach der allgemeinen Auslegung unklar, ob lediglich die vertraglichen Mängelrechte ausgeschlossen sind oder auch die Haftung für deliktische Schäden entfallen soll. Diese Unklarheit geht zu Lasten des Verwenders: Die Klausel schließt lediglich die Mängelrechte aus.[249]

K) Die Inhaltskontrolle

Inhaltskontrolle

Die Inhaltskontrolle nach den §§ 307 – 309 BGB als letzter Prüfungsschritt steht regelmäßig im Mittelpunkt von AGB-Prüfungen. Hierbei bezieht sich die Inhaltskontrolle i.d.R. nur auf die objektive Angemessenheit der AGB. Keinesfalls ist auf das individuelle Schutzbedürfnis der einzelnen Kunden abzustellen.

Bei der Durchführung der Inhaltskontrolle ist die Gesetzessystematik zu beachten. Die kasuistische Regelung der §§ 308, 309 BGB, die einen umfangreichen Katalog unzulässiger Klauseln enthalten, wird durch die subsidiäre Generalklausel des § 307 I, II BGB ergänzt.

Hieraus ergibt sich folgende Prüfungsreihenfolge

1. Anwendbarkeit der §§ 307 – 309 BGB (§§ 307 III, 310 I, II BGB)

2. Prüfung der Klauselverbote ohne Wertungsmöglichkeit, § 309 BGB

3. Prüfung der Klauselverbote mit Wertungsmöglichkeit, § 308 BGB

4. Prüfung der Generalklausel, § 307 BGB (erst § 307 II BGB, dann § 307 I BGB)

---

[249] Vgl. BGHZ 67, 359 - 367 (366) = **juris**byhemmer.

I. Anwendbarkeit der Inhaltskontrolle nach den §§ 307 ff. BGB

Beschränkung

1. Eine Inhaltskontrolle findet gem. § 307 III BGB nur gegenüber Klauseln statt, die von einer gesetzlichen Regelung abweichen oder diese ergänzen.[250]

Preis- oder leistungsbestimmende Abreden

2. Dadurch sind der Prüfung insbesondere Leistungsbeschreibungen (Baubeschreibungen, Kataloge, Prospekte) und Preisvereinbarungen entzogen, soweit sie unmittelbar die Hauptleistungspflicht betreffen.[251]

Wegen der Privatautonomie findet sich im dispositiven Gesetzesrecht keine Vorschrift, die den Vertragsgegenstand oder die zu erbringende Gegenleistung festlegt. Uneingeschränkt kontrollfähig sind demgegenüber Klauseln über Änderungen und Erhöhungen des angegebenen Vertragspreises oder über das Wann und Wie der Zahlung (Preisnebenabreden).

§ 307 III S.2 BGB

3. Ausdrücklich regelt § 307 III S.2 BGB das Verhältnis zum Transparenzgebot.[252] Klargestellt wird hier, dass preis- und leistungsbestimmende Klauseln zwar keiner Inhaltskontrolle, sehr wohl aber einer Transparenzkontrolle zu unterziehen sind. M.a.W.: Nur dann, wenn die Preis- oder Leistungsbestimmung klar und unmissverständlich ist, kann sie vor § 307 I S.2 BGB bestehen.[253]

Deklaratorische Klauseln

4. Keiner Inhaltskontrolle unterliegen ferner Klauseln, die mit dem dispositiven Recht übereinstimmen und folglich nur deklaratorisch wirken.

> *Bsp.:*[254] Die Verordnung über die Allgemeinen Beförderungsbedingungen für den Straßenbahn und Omnibusverkehr sowie den Linienverkehr mit Kraftfahrzeugen vom 27.07.1970 ist als Rechtsverordnung auch Rechtsvorschrift im Sinne des § 307 III S.1 BGB. Die Allgemeinen Beförderungsbedingungen eines Unternehmens des öffentlichen Nahverkehrs, die mit dieser VO übereinstimmen unterliegen folglich keiner Inhaltskontrolle.

Bei Unternehmen: nicht §§ 308, 309 BGB

5. Zu beachten ist ferner, dass die §§ 305 ff. BGB auf einzelne Personengruppen nur beschränkt anwendbar sind.[255]

So gelten die speziellen Klauselverbote der §§ 308, 309 BGB gem. § 310 I S.1 BGB nicht gegenüber Unternehmern, wenn der Vertrag zum Betrieb ihres Unternehmens gehört, sowie nicht gegenüber juristischen Personen des öffentlichen Rechts und nicht gegenüber öffentlich-rechtlichem Sondervermögen. Bei diesen Personengruppen oder juristischen Personen erfolgt die Inhaltskontrolle allein nach der Generalklausel des § 307 BGB.

Aber: § 307 BGB

6. Wichtig: Die Klauselverbote der §§ 308, 309 BGB können aber gem. § 310 I S.2 BGB i.R.d. Interessenabwägung des § 307 BGB Bedeutung erlangen. Da Unternehmer im Rechtsverkehr als erfahrener gelten, kann eine Klausel, die gegenüber privaten Endverbrauchern unwirksam wäre, ihnen gegenüber nach den § 307 BGB wirksam sein.

---

[250] Die Allgemeinen Beförderungsbedingungen eines Nahverkehrsunternehmens werden daher nicht der Inhaltskontrolle unterzogen, soweit sie mit den Regelungen in der Verordnung über die Allgemeinen Beförderungsbedingungen für den Straßenbahn- und Omnibusverkehrs vom 27.07.1970 übereinstimmen, OLG Karlsruhe, ZGS 2005, 397 - 399 = **juris**byhemmer.

[251] Das gilt z.B. bei Restwertklauseln in Leasingverträgen. Hier kann lediglich die Einhaltung des Transparenzgebots überprüft werden, BGH, **Life&Law 09/2014, 645 ff.** = **juris**byhemmer. Ebenso stellen Bedingungen zu Prämien im Rahmen eines Kundenbindungsprogramms grundsätzlich nicht kontrollierbare Leistungsbestimmungen dar, BGH, **Life&Law 04/2015, 238 ff.** = **juris**byhemmer.

[252] Mit dieser Neuregelung griff der Gesetzgeber die Ansätze der bisherigen Rspr. auf; v.a. aber kam er (endlich) einer europarechtlichen Richtlinie (Klausel-Richtlinie: 93/13/EWG) nach.

[253] Siehe hierzu auch die Rechtsprechung zu Preisanpassungsklauseln in Reiseverträgen; BGH, NJW 2003, 507 - 510 = **juris**byhemmer; BGH; NJW 2003, 746 - 748 = **juris**byhemmer.

[254] OLG Karlsruhe, ZGS 2005, 397 - 399 = **juris**byhemmer.

[255] Vgl. persönlicher Anwendungsbereich Rn. 181 ff.

Indizwirkung

Ein Verstoß gegen § 308 BGB oder § 309 BGB ist jedoch auch gegenüber einem Unternehmer ein starkes Indiz für die Unzulässigkeit gem. § 307 BGB.

II. Klauselverbote ohne Wertungsmöglichkeit, § 309 BGB

§ 309 BGB

§ 309 BGB enthält einen festumrissenen Katalog von Klauseln, deren Verwendung in AGB **absolut unzulässig** ist. Ihre Unwirksamkeit tritt ein, ohne dass der Richter die Unangemessenheit im Einzelfall zu prüfen hätte. Bedeutsam sind v.a.:

1. § 309 Nr.1 BGB: Verbot kurzfristiger Preiserhöhungen

Nr.1: kurzfristige Preiserhöhungen

Kurzfristige Preiserhöhungen sind unzulässig, wenn die Leistung im Rahmen eines entgeltlichen Vertrages innerhalb von vier Monaten zu erbringen ist.

Ein fester Liefertermin im Sinne einer kalendermäßigen Bestimmung ist nicht erforderlich, soweit die Leistung in diesem Zeitraum erbracht werden soll. Keine Anwendung findet § 309 Nr.1 BGB allerdings auf Dauerschuldverhältnisse.

> *Bsp.: A bestellt beim Autohändler X einen Neuwagen. Die Lieferung soll innerhalb eines halben Jahres erfolgen. Dem Kaufabschluss liegen die AGB des X zugrunde. Darin befindet sich die Klausel: „Verkaufspreis ist der gültige Listenpreis zum Zeitpunkt der Lieferung". Hat X einen Anspruch auf Zahlung des Listenpreises am Auslieferungstermin?*
>
> 1. X könnte hier einen Anspruch auf Zahlung des Listenpreises gem. § 433 II BGB haben, wenn die Tagespreisklausel wirksamer Vertragsbestandteil geworden wäre.
>
> 2. Die Einbeziehungsvoraussetzungen des § 305 II BGB sind gegeben. Es handelt sich insbesondere auch nicht um eine überraschende Klausel im Sinne des § 305c I BGB.
>
> 3. Die Klausel könnte jedoch gem. § 309 Nr.1 BGB unwirksam sein. Dann müsste es sich um eine kontrollfähige Klausel im Sinne des § 307 III BGB handeln. Die Inhaltskontrolle würde ausscheiden, wenn die Klausel den Preis festlegen würde, die AGB also die Preisvereinbarung betreffen würden.
>
> Bei den sogenannten Tagespreisklauseln handelt es sich aber nach h.M. um kontrollfähige Preisnebenabreden;[256] sie betreffen nach dem Verständnis des durchschnittlichen Kunden nur Nebenpunkte.[257] Die Klausel unterliegt daher der Inhaltskontrolle der §§ 307 ff. BGB.
>
> Seinem Wortlaut nach verwehrt § 309 Nr.1 BGB nicht ein Offenhalten des Preises, wie es bei einer Tagespreisklausel typischerweise geschieht. Nach seinem Schutzzweck ist § 309 Nr.1 BGB jedoch auch auf diesen Fall anzuwenden.[258] Allerdings scheitert die Anwendung des § 309 Nr.1 BGB hier an der längeren Lieferzeit. Diese beträgt sechs Monate, die Vorschrift erfasst aber nur Lieferzeiten bis zu vier Monaten.
>
> d) Die Klausel könnte jedoch nach § 307 I, II BGB unwirksam sein. Hierzu müsste eine unangemessene Benachteiligung des A vorliegen. Eine solche unangemessene Benachteiligung wird von der h.M. bei Tagespreisklauseln bejaht.[259] Ausnahmen gelten nur dann, wenn sich die Preiserhöhung in den Grenzen billigen Ermessens hält und dem Kunden ein Rücktrittsrecht eingeräumt wurde. X hat folglich keinen Anspruch auf die Bezahlung des Tagespreises.

---

[256] BGHZ 82, 21 - 28 (22, 24) = **juris**byhemmer.
[257] Vgl. Palandt, § 307, Rn. 60.
[258] Vgl. BGHZ 82, 21 - 28 (22) = **juris**byhemmer.
[259] Palandt, § 309, Rn. 8.

> **hemmer-Methode:** Zweifel kann man aber haben, ob nicht diese vom BGH praktizierte Lösung gegen das Verbot der geltungserhaltenden Reduktion verstößt. Ohne den Rücktrittsvorbehalt wäre die Klausel gem. § 307 I, II BGB unwirksam, der BGH rettet die Klausel aber im Wege der ergänzenden Vertragsauslegung[260], indem er den Parteien einen normativen hypothetischen Willen unterstellt. Grundsätzlich sind aber Klauseln, wenn sie nicht einen auch sachlich teilbaren Inhalt haben, bei einem Verstoß gegen die §§ 307 ff. BGB immer insgesamt unwirksam.

2. § 309 Nr.5 BGB: Die Pauschalierung von Schadensersatzansprüchen

Nr.5: Schadenspauschalierung, nicht aber Vertragsstrafe

Die Schadenspauschalierung ist von der Vertragsstrafe im Sinne des § 309 Nr.6 BGB abzugrenzen. Während bei einer Vertragsstrafe die Erfüllung der Hauptverbindlichkeit gesichert werden soll, dient die Schadenspauschalierung der vereinfachten Durchsetzung eines als bestehend vorausgesetzten Anspruchs.[261] Schadenspauschalierungen betrachtet das Gesetz als grundsätzlich zulässig, legt aber gleichzeitig fest, dass die Klausel inhaltlich bestimmten Anforderungen genügen muss.

Schuldrechtsreform

Zur Schuldrechtsreform: § 309 Nr.5a BGB entspricht wortgetreu dem bisherigen § 11 Nr.5a AGBG. In Nummer 5b wird der bisherige Gesetzeswortlaut umgekehrt. Nunmehr setzt die Wirksamkeit einer Schadenspauschale in AGB voraus, dass dem anderen Vertragsteil ausdrücklich der Nachweis eines niedrigen Schadens gestattet wird. Aus der alten Negativ-Formulierung wird also eine Positiv-Formulierung; das Zugestehen muss jetzt ausdrücklich in den AGB erscheinen.

Wenn die Klausel eine verschuldensunabhängige Haftung begründet, ist sie außerdem wegen des Verstoßes gegen wesentliche Grundgedanken der gesetzlichen Regelung nach § 307 II Nr.1 BGB unwirksam.[262]

Abgrenzung zu § 308 Nr.7 BGB

Wichtig: § 308 Nr.7 BGB enthält eine ähnliche Regelung wie § 309 Nr.5 BGB. Während § 309 Nr.5 BGB alle Arten von Schadensersatzansprüchen betrifft (besonders bedeutsam: solche aus Schuldverhältnissen nach § 280 I BGB), regelt § 308 Nr.7 BGB die Rückabwicklung infolge Rücktritts oder Kündigung. Auf die Rückabwicklung oder Kündigung eines Vertrages ist demnach § 308 Nr.7 BGB anzuwenden, nicht aber, wenn die Kündigung oder der Rücktritt eine Schadensersatzpflicht begründen. Dann gilt als lex specialis § 309 Nr.5 BGB.[263]

3. § 309 Nr.6 BGB: Vertragsstrafen

Nr.6: Vertragsstrafe grds. unzulässig

Vertragsstrafen in AGB sind im Gegensatz zu Schadenspauschalierungen grundsätzlich unzulässig. Auf das selbstständige Strafgedinge, Verfallsklauseln und Reuegelder findet § 309 Nr.6 BGB nach der Rechtsprechung keine Anwendung.[264]

> **hemmer-Methode:** Zur Wiederholung: Grenzen Sie Reuegeld, Vertragsstrafe und selbstständiges Strafgedinge sorgfältig voneinander ab: Ein Reuegeld liegt vor, wenn der Vertrag einen Rücktrittsvorbehalt enthält, dessen Ausübung jedoch mit einer Geldzahlung sanktioniert wird.

---

[260] BGHZ 90, 69 - 85 = jurisbyhemmer.
[261] Palandt, § 276, Rn. 26.
[262] BGH, **Life&Law 06/2015, 391 ff.**
[263] Palandt, § 309, Rn. 25.
[264] Vgl. KG Berlin, NJW-RR 1989, 1075 - 1078 (1077); a.A. Palandt, § 309, Rn. 33.

§ 6 ALLGEMEINE GESCHÄFTSBEDINGUNGEN

> Eine Vertragsstrafe kann für den Fall vereinbart werden, dass eine der Vertragsparteien ihren Verpflichtungen aus dem Vertrag nicht nachkommt. Sie ist somit akzessorisch zum Vertrag, vgl. auch § 344 BGB. Im Gegensatz hierzu pönalisiert das selbstständige Strafgedinge eine Handlung oder Unterlassung, zu der keine Verpflichtung besteht.

Bsp.: Grundstückseigentümer E erteilt Makler M auf einem vorgedruckten Formular des M einen auf sechs Monate befristeten Alleinauftrag zur Vermittlung eines Käufers für sein Hausgrundstück. Nach dem Vertragstext soll E auch dann zur Zahlung der Provision verpflichtet sein, wenn er sein Grundstück während der Auftragszeit ohne Beteiligung des M verkauft.

Diese Vereinbarung einer Provisionszahlung für den Fall, dass der Auftraggeber vom Vertrag Abstand nimmt oder das Grundstück ohne Hinzuziehung eines Maklers verkauft, ist bei Vereinbarung der vollen Provision nicht als Aufwendungs- oder Schadensersatz, sondern als Vertragsstrafe im Sinne der §§ 339 ff. BGB anzusehen.[265]

Die hier getroffene Vereinbarung stellt also ein Vertragsstrafversprechen dar und ist nach § 309 Nr.6 BGB unwirksam.

4. Vorbemerkung zu den neuen § 309 Nr.7 – 10 BGB

Die im Zuge der Schuldrechtsreform im allgemeinen Leistungsstörungsrecht und im Kauf- und Werkvertragsrecht vorgenommen Änderungen zwangen dazu, die bisher in § 11 Nr.7 - 10 AGBG enthaltenen Klauselverbote anzupassen. Folge ist v.a. eine redaktionelle Umstrukturierung; doch finden sich auch kleinere inhaltliche Änderungen, die im Folgenden besonders gekennzeichnet werden.

5. § 309 Nr.7: Haftungsbeschränkung bei grobem Verschulden

a) § 309 Nr.7 BGB nimmt eine Aufteilung in Haftungsausschlüsse hinsichtlich Körperschäden (Buchstabe a) und hinsichtlich sonstiger Schäden (Buchstabe b) vor.

Körperschäden: Nr.7a

b) Buchstabe a zeigt, dass die Haftung für Körperschäden (einschließlich Schmerzensgeld) grundsätzlich auch nicht bei leichter Fahrlässigkeit einschränkbar ist.

Sonstige Schäden: Nr.7b

c) Für sonstige Schäden, also Schäden, die nicht Körperschäden (Sachschäden, Vermögensschäden, usw.) sind, gilt § 309 Nr.7b BGB: Die Haftung für Vorsatz und grobe Fahrlässigkeit auch eines Erfüllungsgehilfen kann nicht wirksam ausgeschlossen werden.

d) Hierbei ergibt sich der Ausschluss für vorsätzliches Verhalten des Verwenders bereits aus § 276 III BGB, während § 276 III BGB beim Erfüllungsgehilfen sonst wegen § 278 S.2 BGB gerade keine Anwendung findet. § 309 Nr.7 BGB umfasst vertragliche Schadensersatzansprüche (nach der Fundamentalnorm § 280 I BGB) sowie Ansprüche aus Delikt, die auf Vertragsverletzungen beruhen. Die Norm betrifft nicht nur den Haftungsausschluss, sondern auch die Begrenzung der Haftung im Hinblick auf die Höhe des Anspruchs oder bestimmte Schäden, sowie die Verkürzung der Verjährung.

e) Unberührt bleibt jedoch weiterhin das Verbot einer Freizeichnung von der Haftung für einfache Fahrlässigkeit bei der Verletzung von Kardinalpflichten gem. § 307 II Nr.2 BGB.

---

[265] BGH, NJW 1977, 624 - 626 (626) = **juris**byhemmer.

> **hemmer-Methode:** Merken Sie sich: Der in AGB vorgenommene Ausschluss der Haftung für eigenes vorsätzliches Verhalten ist also nicht erst gem. § 309 Nr.7b BGB unwirksam, die Nichtigkeit ergibt sich schon aus § 276 III BGB. Zeigen Sie in der Examensarbeit auf, dass nach beiden Bestimmungen der Ausschluss unwirksam ist.

Hohe Examensrelevanz hat § 309 Nr.7 BGB im Mängelrecht. Hier ist es nämlich üblich, die Schadensersatzhaftung auszuschließen. Geschieht dies durch AGB und werden die Schäden im Sinne des § 309 Nr.7 BGB nicht ausgeklammert, ist die gesamte Klausel unwirksam.

> *Bsp.:* Unternehmer U verkauft sein gebrauchtes Auto an Unternehmer X. Im Standardkaufvertrag befindet sich eine Klausel: „Für Mängel wird nicht gehaftet".

In diesem Fall findet § 309 Nr.7 BGB zwar wegen § 310 I S.1 BGB keine unmittelbare Anwendung. I.R.d. § 307 I BGB ist aber bei der Frage der unangemessenen Benachteiligung zu berücksichtigen, ob ein Verstoß gegen die Klauseltatbestände vorliegt. Der Verstoß indiziert dann die Unwirksamkeit, es sei denn die Klausel lässt sich mit Besonderheiten des Handelsverkehrs rechtfertigen, § 310 I BGB a.E. Da zum Mängelrecht auch der Ersatz von Mangelfolgeschäden über §§ 437 Nr.3, 280 I BGB gehört, würde ein pauschaler Ausschluss auch diese Schäden erfassen. Gerade das ist aber wegen § 309 Nr.7a BGB nicht möglich. Nach überzeugender Ansicht des BGH rechtfertigen auch Besonderheiten des Handelsverkehrs hier keine abweichende Beurteilung i.R.d. § 307 BGB, denn die aufgeführten Rechtsgüter eines Unternehmers sind nicht weniger schutzwürdig.[266]

Eine Klausel in AGB, nach der „vertragliche Ansprüche aus dem Arbeitsverhältnis" verfallen, sobald sie nicht innerhalb einer bestimmten Frist schriftlich geltend gemacht werden, bringt erkennbar zum Ausdruck, dass Ansprüche auf Schadensersatz nicht erfasst sein sollen. Die Klausel ist daher nicht nach § 309 Nr.7 BGB unwirksam.[267]

6. § 309 Nr.8 BGB: Sonstige Pflichtverletzung

Die Vorschrift enthält einen aus zahlreichen Einzelverboten bestehenden Katalog, der den Kunden vor einer Aushöhlung seiner gesetzlichen oder vertraglichen Rechte aus Pflichtverletzungen des AGB-Verwenders bewahren soll.

Buchstabe a: Rücktrittsrecht

b) Buchstabe a sichert dem Vertragspartner des Verwenders seine Rechte, sich wegen einer vom AGB-Verwender zu vertretenden Pflichtverletzung vom Vertrag zu lösen: Das Verbot gilt für alle Verträge, es tritt aber, soweit es sich um Mängel der Kaufsache oder des Werks handelt, hinter § 309 Nr.8b bb BGB zurück. Geschützt wird das Rücktrittsrecht aus den §§ 323, 324, 326 V BGB. § 309 Nr.8a BGB gilt aber nur, wenn der AGB-Verwender die Pflichtverletzung zu vertreten hätte.

Schließt der Verwender das Rücktrittsrecht (abstrakt) nur für eine nicht zu vertretende Pflichtverletzung aus, ist § 309 Nr.8a BGB nicht anwendbar; die Regelung kann aber gegen § 307 II Nr.1 BGB verstoßen.[268]

---

[266] BGH, **Life&Law 01/2008, 11 - 14** = NJW 2007, 3774 - 3776 = **juris**byhemmer.
[267] BAG, **Life&Law 12/2016, 843 ff.** = **juris**byhemmer.
[268] Palandt, § 309, Rn. 52.

Buchstabe b: Mängel

c) Bei Verträgen über die Lieferung neu hergestellter Sachen nennt § 309 Nr.8b BGB eine Vielzahl unzulässiger AGB-Klauseln. § 309 Nr.8b BGB hat jedoch in seinem unmittelbaren Anwendungsbereich einen erheblichen Bedeutungsverlust erlitten, da gem. der §§ 475 und 651 BGB die Vorschriften über die Mängelgewährleistung bei Verbrauchsgüterkaufverträgen, abgesehen von dem Anspruch auf Schadensersatz, § 475 III BGB, zwingend sind, § 309 BGB zwischen Unternehmern keine direkte Anwendung findet und zwischen Verbrauchern eher selten AGB verwendet werden. In der Praxis hat dies dazu geführt, dass Gebrauchtwagenhändler Autos zunehmend in fremdem Namen verkaufen, da die strengen Regeln des Verbrauchsgüterkaufs, etwa die Beweislastumkehr des § 476 BGB, für Geschäfte zwischen zwei Verbrauchern grundsätzlich nicht gelten.[269] Die h.M. sieht in diesen Agenturgeschäften jedoch eine Umgehung im Sinne des § 475 I S.2 BGB, sofern der vermittelnde Unternehmer das wirtschaftliche Risiko des Verkaufes trägt.[270]

Neuheit der Sache

d) Neu im Sinne der Vorschrift ist eine Sache, wenn sie noch nicht ihrem bestimmungsgemäßen Gebrauch zugeführt ist. So ist ein Wagen, mit dem eine Probefahrt durchgeführt wurde, noch nicht seinem bestimmungsgemäßen Gebrauch zugeführt und damit neu.

Demgegenüber kann ein Kfz, das nach der Herstellung ein Jahr im Freien stand, nicht mehr als neu im Sinne von § 309 Nr.8b BGB angesehen werden. Dies gilt insbesondere dann, wenn der Wagen aus einer Serie stammt, die heute nicht mehr produziert wird.

> *Bsp.:* Privatmann N verhandelt mit der Firma L über die Anschaffung einer kostspieligen Funkanlage. Man beschließt, dass die G-Bank eingeschaltet werden soll. N unterzeichnet daraufhin ein Vertragsformular der G. Darin finden sich u.a. folgende Bestimmungen:
>
> *1) Die G vermietet eine Funkanlage Typ H an N für die Dauer von 48 Monaten zum Mietpreis von 500,- € monatlich.*
>
> *2) Für Sach- und Rechtsmängel der Mietgegenstände leistet die Vermieterin in der Weise Gewähr, dass mit dem Abschluss des Mietvertrages sämtliche Gewährleistungsansprüche gegen L auf den Mieter übergehen. Weitergehende Ansprüche des Mieters gegen die Vermieterin nach den §§ 536 ff. BGB und wegen Verletzung sonstiger vertraglicher Pflichten (§ 280 I BGB) sind ausgeschlossen.*
>
> *Die G kauft daraufhin die Funkanlage bei L und lässt sie direkt an N ausliefern. Nach der Lieferung stellt N fest, dass die Anlage bei weitem nicht die versprochene Reichweite hat. G verlangt Zahlung. N möchte vom Kaufvertrag zurücktreten.*

Leasingvertrag

1. G könnte einen vertraglichen Zahlungsanspruch gegen N haben. Hier liegt ein Leasingvertrag vor, auf den nach der h.M. wegen der identischen Hauptleistungspflichten (Gebrauchsüberlassung auf Zeit, ratenweise zu zahlendes Entgelt) Mietvertragsregeln entsprechende Anwendung finden. Die abweichende Regelung der Gefahrtragungspflichten beim Leasing berührt nicht die wesentlichen Vertragspflichten.

§ 536 BGB abbedungen?

2. Der ratenweise zu erfüllende Zahlungsanspruch der G könnte jedoch gem. § 536 BGB entfallen sein. Fraglich ist, ob § 536 BGB hier wirksam durch die AGB der G abbedungen wurde.

Ausschluss möglich

3. Die §§ 305 ff. BGB sind uneingeschränkt anwendbar. Insbesondere ist N kein Unternehmer i.S.d. § 14 BGB. Der Ausschluss der Gewährleistungsrechte ist Vertragsinhalt; er ist auch nicht überraschend im Sinne von § 305c I BGB, weil er zu den gängigen Regelungen des Leasingrechts gehört.

---

[269] So schon prognostiziert von Artz, Schuldrechtsmodernisierung 2001/2002 - Integration der Nebengesetze in das BGB, JuS 2002, 528 - 535 (533).

[270] BGH, NJW 2005, 1039 - 1041 = **juris**byhemmer; Palandt, § 475, Rn. 6.

4. Der Ausschluss der Gewährleistungsansprüche könnte jedoch gegen § 309 Nr.8b BGB verstoßen. Ob die Vorschrift auf Leasingverträge anwendbar ist, ist umstritten. Erfasst werden nur die Lieferung „neu hergestellter Sachen und Leistungen". Dies wäre aber nur dann zu bejahen, wenn die Voraussetzungen eines verdeckten Abzahlungskaufes vorlägen, wenn der Vertrag also letztendlich auf einen Eigentumserwerb des N angelegt wäre. Aus dem Sachverhalt ergeben sich hierzu jedoch keine Anhaltspunkte.

Aber Wegfall der Geschäftsgrundlage

5. Demnach kann der Gewährleistungsausschluss nur an § 307 BGB gemessen werden. Fraglich ist, ob N hierdurch unangemessen benachteiligt wurde.

(1) In Hinblick auf die Sondervorschriften des Verbrauchsgüterkaufs könnte sich eine unangemessene Benachteiligung daraus ergeben, dass der Leasinggeber dem Leasingnehmer als Verbraucher i.R.d. Abtretungskonstruktion nicht diejenigen Sachmängelansprüche überträgt, die er bekäme, wenn er den Leasinggegenstand als Verbraucher bei einem Unternehmer kaufen würde.[271]

(2) Der BGH hat die Freizeichnung des Leasinggebers von seiner mietrechtlichen Sachmängelhaftung durch AGB stets unter der Voraussetzung gebilligt, dass der Leasingnehmer nicht rechtlos gestellt wird, sondern Sachmängelansprüche nach kaufrechtlichem Vorbild unmittelbar gegenüber dem Lieferanten des Leasinggebers geltend machen kann.[272]

hemmer-Methode: Lernen Sie, die Interessenlage zu verstehen: Zumeist ist das Verhältnis zwischen Leasingnehmer und Hersteller/Lieferanten sehr viel enger als zwischen Leasingnehmer und Leasinggeber. Der Leasingnehmer sucht sich im Zweifel den Hersteller aus und schaltet erst dann die Bank zur Finanzierung ein. Deshalb ist es dem Leasingnehmer auch grundsätzlich zuzumuten, dass er allein auf den von ihm eigentlich ursprünglich als Vertragspartner gewollten Hersteller verwiesen wird.

(3) Durch die Neugestaltung des Kaufrechts, insbesondere durch den Verbrauchsgüterkauf, haben sich die Rahmenbedingungen der Abtretungskonstruktion geändert. Der Leasinggeber, der die Leasingsache regelmäßig als Unternehmer einkauft, erlangt keine Verbraucherrechte, insb. §§ 474 ff. BGB, die er auf den Leasingnehmer (Verbraucher) übertragen kann, sondern nur die ggü. den §§ 474 ff. BGB schwächeren allgemeinen Gewährleistungsrechte. Infolgedessen wird der Leasingnehmer als Verbraucher faktisch vom Schutz der Vorschriften des Verbrauchsgüterkaufs ausgeschlossen. Seine Rechtsposition ist schwächer, als sie wäre, wenn er den Leasinggegenstand – statt zu leasen – selbst vom Lieferanten gekauft hätte.

(4) Die Kardinalfrage lautet folglich: Werden die Interessen des Verbrauchers/Leasingnehmers angemessen gewahrt, obwohl ihm der Leasinggeber die Rechte aus dem Verbrauchsgüterkauf nicht verschafft?

(5) Auf der einen Seite ist zu berücksichtigen, dass die mietrechtliche Sachmängelhaftung im Gegensatz zur kaufrechtlichen im Zuge der Schuldrechtsreform nicht grundsätzlich verändert wurde. Von daher scheint eine Besserstellung des Verbrauchers/Leasingnehmers nicht unbedingt notwendig zu sein.

Er würde nicht rechtlos gestellt, da ihm die vom Leasinggeber abgeleiteten Sachmängelrechte „eines Unternehmers" verbleiben, die den früheren Gewährleistungsansprüchen qualitativ durchaus entsprechen.

(6) Auf der anderen Seite hat der Leasinggeber dem Leasingnehmer als Ausgleich für den Ausschluss der mietrechtlichen Haftung sämtliche Sachmängelansprüche aus dem Kaufvertrag zu verschaffen.

---

[271] Zur Frage, ob der Verbraucher gegen den Leasinggeber einen Anspruch darauf hat, dass ihm der Leasinggeber diejenigen Sachmängelansprüche überträgt, die er bekäme, wenn er den Leasinggegenstand als Verbraucher bei einem Unternehmer kaufen würde, vgl. Reinking, Die Auswirkungen der Schuldrechtsreform auf das private Kraftfahrzeugleasing, DAR 2002, 145 ff. (146).

[272] BGH, NJW 1985, 129 - 131 (130) = **juris**byhemmer.

Misst man die Qualität dieser Ansprüche an der Verbrauchereigenschaft des Leasingnehmers so, als wäre er der Käufer der Sache, folgt daraus, dass der Leasingnehmer eigentlich durch die Abtretung der unternehmerspezifischen Sachmängelrechte keinen angemessenen Ausgleich für den Ausschluss der Vermieterhaftung bekommt. Untermauert wird dieses Ergebnis durch die Erkenntnis, dass die Sachmängelrechte des Käufers, namentlich die des Verbrauchers, im Zuge der Reform zwar wesentlich verstärkt wurden. Sie bleiben aber immer noch weit hinter den Ansprüchen zurück, die der Leasingnehmer als Mieter eigentlich zu beanspruchen hätte. Während der Verkäufer nur für die mangelfreie Beschaffenheit der Kaufsache im Zeitpunkt des Gefahrübergangs haftet, ist der Vermieter dem Mieter während der gesamten Mietzeit für die Mangelfreiheit der Mietsache verantwortlich.[273]

Gleichwohl ist nicht von einer unangemessenen Benachteiligung auszugehen. Die eingespielte Konstruktion des Leasing würde nicht mehr funktionieren, wenn die Abtretung der kaufrechtlichen Mängelrechte nicht mehr genügen würde, um dem Vorwurf der unangemessenen Benachteiligung zu entgehen.

hemmer-Methode: Der BGH hatte einen Fall zu entscheiden, in dem zwischen Leasinggeber und Verkäufer die Mängelrechte ausgeschlossen waren, so dass dem Leasingnehmer keine Rechte übertragen werden konnten (NJW 2006, 1066).[274] Dem BGH zufolge ist nicht erkennbar, dass der Gesetzgeber die eingespielte Praxis bei Leasingverträgen durch die Schuldrechtsreform abändern wollte. Der BGH spricht von einem halbwegs adäquaten Ausgleich, der Voraussetzung dafür ist, den Leasingnehmer nicht rechtlos zu stellen. In dieser Entscheidung wurde auch klargestellt, dass die Leasingverträge auch keine Umgehung der verbrauchsgüterkaufrechtlichen Vorschriften gem. § 476 I S.2 BGB darstellen, da für die Wahl der Vertragsgestaltung der Finanzierungszweck im Vordergrund steht und nicht die Gestaltung des Haftungsumfangs.

6. Damit ist eine unangemessene Benachteiligung abzulehnen. N wird durch die Abtretung der Gewährleistungsansprüche gegen L nicht rechtlos gestellt. Mit dem durch N zu erklärenden Rücktritt gegenüber L hätte von vornherein die Geschäftsgrundlage des Leasingvertrages gefehlt. Der Leasingnehmer wird dann ex tunc von seiner Verpflichtung zur Zahlung der Leasingraten gegenüber dem Leasinggeber frei.[275]

7. § 309 Nr.13 BGB: Form von Anzeigen und Erklärungen

Mit Wirkung zum 01.10.2016 verbietet der neugefasste § 309 Nr.13 BGB für mit Verbrauchern geschlossene Verträge eine strengere Form für Erklärungen als die Textform. Die Neufassung löst damit die zuvor zulässige Vorgabe der Schriftform (§ 126 BGB) ab.[276]

259a

Hintergrund: Ein juristisch nicht versierter Vertragspartner wird unter Schriftform nur eine Abgrenzung zu mündlich verstehen, so dass er auch andere Formen als die „juristische" Schriftform als ausreichend ansehen wird.

Relevanz im Arbeitsrecht

Relevanz hat die Regelung insbesondere im Arbeitsrecht im Rahmen von Ausschlussfristen. Dabei ist strikt danach zu differenzieren, ob sich die Ausschlussfrist in einem Tarifvertrag befindet oder in einem Individualarbeitsvertrag. Da ein Tarifvertrag nicht der AGB-Kontrolle unterliegt, § 310 IV S.1 BGB, spielt § 309 Nr.13 BGB hier keine Rolle.

---

[273] Reinking, Auswirkungen der geänderten Sachmängelhaftung auf den Leasingvertrag, ZGS 2002, 229 - 235 (231); s. auch Rn. 397.

[274] Vgl. Sie dazu die sehr lehrreiche Anmerkung von Emmerich in JuS 2006, 654.

[275] Vgl. BGHZ 94, 180 - 194 (186) = **juris**byhemmer. In prozessualer Hinsicht ist jedoch zu beachten, dass der LN zunächst gegen den Verkäufer auf Rückzahlung des Kaufpreises an den Leasinggeber zu klagen hat. In diesem Prozess wird die Mangelhaftigkeit geklärt. Der LG wäre in einem Folgeprozess, den der LN gegen ihn aufgrund von § 313 BGB führt, gem. § 242 BGB an diese Prozessergebnisse gebunden, sofern ihn der LN von dem Prozess gegen den Verkäufer informiert hatte, vgl. dazu BGH, **Life&Law 10/2010, 663 ff.** = **juris**byhemmer.

[276] Das gilt für AGB, die ab 01.10.2016 eingesetzt werden, vgl. Art. 229 § 37 EGBGB.

In Individualarbeitsverträgen darf der Arbeitgeber demgegenüber nicht mehr verlangen, dass zur Wahrung der Ausschlussfrist eine Geltendmachung unter Wahrung der Schriftform erforderlich ist.[277]

III. Klauselverbote mit Wertungsmöglichkeit, § 308 BGB

Richterlicher Ermessensspielraum

Die in § 308 BGB ausgesprochenen Klauselverbote sind unbestimmter, weil sie Begriffe enthalten, die einer Wertung bedürfen. Insoweit spricht man von Klauselverboten mit Wertungsmöglichkeit. Dies bedeutet, dass es für die Beurteilung der Verwirklichung des Tatbestandes einer Bewertung aller Umstände des konkreten Falles erfolgen muss. Hier gerät man also bereits in die Nähe der Generalklausel des § 307 BGB.

Als wertende Begriffe verwendet das Gesetz insbesondere:

⇨ „unangemessen" und „angemessen" (Nr.1, 2, 5, 7)

⇨ „ohne sachlich gerechtfertigten Grund" (Nr.3)

⇨ „zumutbar" (Nr.4) und

⇨ „besondere Bedeutung" (Nr.6)

So ist beispielsweise gem. § 308 Nr. 3 BGB die Vereinbarung eines Rechts des Verwenders unwirksam, sich ohne sachlich gerechtfertigten und im Vertrag angegebenen Grund von seiner Leistungspflicht zu lösen. Dabei ist der Begriff des „Lösungsrechts" in § 308 Nr. 3 BGB entsprechend dem Zweck, die Vertragsbindung des Verwenders zu sichern, umfassend zu verstehen. Erfasst sind demnach nicht nur Gestaltungsrechte oder Ansprüche auf Vertragsaufhebung, sondern auch auflösende Bedingungen.[278] Nicht erfasst ist jedoch der Abschluss eines Vertrages unter einer aufschiebenden Bedingung, da die Leistungspflicht von vornherein vom Eintritt einer Bedingung abhängig gemacht worden ist; eine (bestehende) Leistungspflicht, an die der Verwender gebunden werden soll, besteht in diesem Falle gerade nicht.[279]

IV. Generalklausel, § 307 I, II BGB

Grds. subsidiär

1. Die Generalklausel des § 307 BGB, die erst am Ende jeder AGB-Prüfung zu stehen hat, war vom Gesetzgeber ursprünglich als Auffangtatbestand gedacht.

Indes hat sich die Norm in der Rechtsprechung zur Zentralvorschrift der Prüfung von AGB herausgebildet. Die Folge ist eine fast unüberschaubare Kasuistik.[280] Die überragende Bedeutung von § 307 BGB lässt sich nicht zuletzt aber auch darauf zurückführen, dass die AGB gegenüber Unternehmern ausschließlich an dieser Vorschrift geprüft werden, vgl. § 310 I S.2 BGB.

Unangemessene Benachteiligung

2. § 307 I BGB fordert eine unangemessene Benachteiligung, die den Geboten von Treu und Glauben widerspricht. Eine Benachteiligung liegt insbesondere vor, wenn die Interessen des Vertragspartners gegenüber denen des Verwenders so zurückgedrängt sind, dass kein vollständiger Interessenausgleich stattgefunden hat.[281]

---

[277] Zu den Folgen eines Verstoßes und weiteren Details vgl. Tyroller, **Life&Law 12/2016, 889 ff.**
[278] Bamberger/Roth/Becker, BGB, 2. Aufl., § 308 Nr. 2 Rn. 3
[279] BGH, NJW 2011, 1215 - 1217 = **juris**byhemmer.
[280] Natürlich teilweise auch noch zu § 9 AGBG ergangen.
[281] BGH, NJW 1980, 2518 - 2519 (2519) = **juris**byhemmer.

Unangemessen ist die Benachteiligung, wenn der Verwender mit der Klausel nur seine eigenen Interessen verfolgt und keine Rücksicht auf die Interessen seines Vertragspartners nimmt.[282] Daher ist zuerst zu prüfen, ob die Klausel überhaupt einem sachlich berechtigten Interesse des Verwenders dient. Wenn dies zu bejahen ist, ist zu prüfen, ob die Interessen des Vertragspartners ausreichend berücksichtigt worden sind. Grundsätzlich ist bei der Inhaltskontrolle von einem generellen über-individuellen Prüfungsmaßstab auszugehen, abzuwägen sind die Interessen des Unternehmers gegenüber denjenigen der typischerweise beteiligten Kunden.

Bsp.: Ein Vertrag über die private Erteilung von Gruppenunterricht für Schulkinder enthält die Klausel, dass die Vertragsdauer mindestens elf Monate und die Kündigungsfrist sechs Monate beträgt. Im ersten Prüfungsschritt werden hier die Interessen des Verwenders festgestellt. Die Klausel dient einem berechtigten Interesse, da sich der Kursleiter organisatorisch auf die zu betreuenden Kinderzahl einrichten muss. Im zweiten Prüfungsschritt gilt es, das Interesse der Kunden zu ermitteln. Sie wollen den Vertrag möglichst umgehend beenden können, sofern sich die schulischen Leistungen ihrer Kinder verbessert haben. Als dritter Schritt sind beide Interessen abzuwägen, was im vorliegenden Beispiel die Unangemessenheit der vom Verwender gewählten Fristen ergeben würde.

hemmer-Methode: Eine solche unangemessene Behandlung kann im Einzelfall auch sittenwidrig sein und damit gegen § 138 BGB verstoßen. Fraglich ist dann das Verhältnis zwischen § 307 BGB und § 138 BGB. Nach der h.M. verdrängen die §§ 307 ff. BGB als leges speciales den § 138 BGB.
Eine Anwendung des § 138 BGB ist nur in Fällen denkbar, in denen Klauseln nicht wegen Benachteiligung des Kunden, sondern aus anderen Gründen sittenwidrig sind oder wenn eine Individualvereinbarung sittenwidrig ist.

3. Bei Verbraucherverträgen wird dieser Prüfungsmaßstab aber durch die Berücksichtigung konkret-individueller Umstände ergänzt. Die Berücksichtigung konkret-individueller Umstände kann sich für den Verbraucher positiv aber auch negativ auswirken. Sie kann Bedenken gegen die Klausel so verstärken, dass diese der Inhaltskontrolle nicht standhält; sie kann Bedenken aber auch so abschwächen, dass eine Anwendung des § 307 BGB entfällt.

Für die Unwirksamkeit kann die Ausnutzung einer Überrumpelungssituation oder die geschäftliche Unerfahrenheit des Verbrauchers sprechen.

Gegen eine Unwirksamkeit gem. § 307 BGB kann das Fehlen der „rollenspezifischen Unterlegenheit", etwa bei einem geschäftserfahrenen Kunden (z.B. Anwalt), angeführt werden.[283]

Regelbeispiele (§ 307 II BGB):
⇨ *widerlegbare Vermutung*

4. § 307 II BGB konkretisiert die Unangemessenheit anhand von Regelbeispielen, die widerlegbare Vermutungen begründen („im Zweifel"). Die Unangemessenheit entfällt, wenn eine Gesamtwürdigung aller Umstände ergibt, dass die Klausel den Kunden nicht unangemessen benachteiligt. Eine unangemessene Benachteiligung liegt danach im Zweifel vor, wenn die Bestimmung mit dem Grundgedanken der gesetzlichen Regelung, von der abgewichen wurde, nicht zu vereinbaren ist (Nr.1) oder wesentliche Rechte oder Pflichten, die sich aus der Natur des Vertrages ergeben so einschränkt, dass die Erreichung des Vertragszweckes gefährdet ist (Nr.2).

---

[282] BGHZ 74, 383 - 393 (390) = **juris**byhemmer.
[283] Palandt, § 310, Rn. 19 ff.

Ein Beispiel für Nr.1 wäre eine formularmäßige Verlängerung der Verjährungsfrist des § 548 I BGB für die dort genannten Ansprüche des Vermieters gegen den Mieter. Grundgedanke der gesetzlichen Regelung ist die schnelle Klärung von bestehenden Ansprüchen nach Rückgabe der Mietsache. Eine derartige Klausel ist auch dann unwirksam, wenn die Verjährung auch für die Ansprüche des Mieters (§ 548 II BGB) verlängert wird.[284]

Würde demgegenüber die Kündigungsfrist für den Ausspruch einer arbeitsrechtlichen ordentlichen Kündigung für beide Seiten verlängert, stünde dies im Einklang mit der gesetzlichen Regelung des § 622 VI BGB. Eine indizierte unangemessene Benachteiligung i.S.d. § 307 II Nr.1 BGB scheidet daher aus. Allerdings schließt dies im Einzelfall nicht aus, dass die entsprechende Klausel gleichwohl an § 307 I S.1 BGB scheitert![285]

Haftungsausschluss f. Verletzung von Kardinalpflichten nicht möglich

5. Aus § 307 II Nr.2 BGB ergibt sich nach allgemeiner Ansicht der Grundsatz, dass bei der Verletzung so genannter „Kardinalpflichten" die Haftung des Schuldners für einfache Fahrlässigkeit in der Regel nicht ausgeschlossen werden kann.[286] Unvereinbar mit § 307 II Nr.2 BGB sollen insbesondere Klauseln sein, die vertragstypische vorhersehbare Schäden von der Haftung ausnehmen.[287] Demnach ist gem. § 307 II Nr.2 BGB die formularmäßige Aushöhlung von Kardinalpflichten unzulässig. Zunächst ist festzustellen, ob überhaupt eine entsprechende vertragliche Pflicht besteht. In einem zweiten Schritt muss geklärt werden, ob es sich um eine Kardinalpflicht handelt.[288]

Bsp.: Der Bauunternehmer B schließt in seinen AGB die Haftung für alle bereits in der Bauphase erkennbaren Mängel, die aufgrund einfacher Fahrlässigkeit unentdeckt bleiben, aus.

Die Erfassung und Beseitigung aller während der Bauphase schon erkennbaren Mängel am Bau sind Kardinalpflichten. B kann sich von den Folgen ihrer Verletzung nicht freizeichnen, insoweit liegt ein Verstoß gegen § 307 II Nr.2 BGB vor.

§ 307 II BGB vor § 307 I BGB

hemmer-Methode: „Zwei vor eins": In der Klausur sind zunächst die Regelbeispiele des § 307 II BGB und dann erst § 307 I BGB zu prüfen. Im Übrigen sind die bei der Prüfung anhand der unbestimmten Rechtsbegriffe des § 307 BGB gefundenen Ergebnisse besonders sorgfältig zu begründen!

Bsp.: Ein Maklervertrag enthält eine Klausel, wonach ein Provisionsanspruch unabhängig vom wirksamen Zustandekommen eines Kaufvertrages bestehen soll.

Eine solche Klausel verstößt gegen § 307 II Nr.1 BGB, da sie nicht dem in § 652 BGB vorgegebenen Leitbild des Maklervertrages entspricht, wonach der Maklerlohn nur geschuldet wird, wenn die Tätigkeit des Maklers für das Zustandekommen eines Vertrages ursächlich war.

Sonderfall: Schönheitsreparaturen bei Miete

Demgegenüber wird die Abwälzung der Kosten für **Schönheitsreparaturen**[289] in einem Formularmietvertrag auf den Mieter trotz des Abweichens vom Grundgedanken des § 535 I S.2 BGB grundsätzlich für zulässig gehalten.

---

[284] BGH, **Life&Law 03/2018, 159 ff.** = juris*by*hemmer.
[285] BAG, **Life&Law 06/2018, 371 ff.** = juris*by*hemmer.
[286] BGHZ 93, 29 - 63 (48) = **juris***by*hemmer.
[287] BGH, NJW-RR 2001, 342 - 343 = **juris***by*hemmer.
[288] Schlosser/Thewald/Zirngibl, Übungsklausur Zivilrecht - Die AGB des Aufführungsveranstalters, Jura 2003, 118 - 123 (122).
[289] Einen zusammenfassenden Überblick über die Rechtsprechung des BGH finden Sie bei Tyroller, **Life&Law 01/2019, 56 ff.**

Begründet wird dies zum einen mit dem Hinweis, dass diese Abwälzung auf den Mieter bei der Mietkalkulation berücksichtigt wird. Zum anderen sind derartige Klauseln bereits Verkehrssitte geworden.[290] Eine unangemessene Benachteiligung ist aber dann gegeben, wenn die Schönheitsreparaturen unabhängig vom Zeitpunkt der letzten Schönheitsreparaturen durchgeführt werden müssen.[291]

Selbst bei sog. flexiblen Fristenplänen liegt jedoch eine unangemessene Benachteiligung vor, wenn es um die Überlassung unrenovierten Wohnraums geht. Hier wäre der Mieter ggfs. gehalten, nicht verursachte Abnutzungserscheinungen beseitigen zu müssen.[292]

Die Verpflichtung darf nicht erfassen das Abziehen und Wiederherstellen von Parkettversiegelungen. Dies betrifft nicht den für Schönheitsreparaturen typischen Bereich der Beseitigung von Gebrauchsspuren.[293]

Farbvorgaben während der Mietzeit sind unzulässig.[294] Der Vermieter hat bei Auszug allerdings ein schutzwürdiges Interesse daran, dass helle Farben verwendet werden, welche eine Neuvermietung nicht unnötig erschweren. Das Fixieren auf „weiß" als Farbe kann den Mieter aber wiederum unzulässig benachteiligen.[295]

Unwirksam ist auch eine Klausel in Wohnraummietverhältnissen, durch die dem Mieter pauschal das Halten von „Hunden und Katzen" untersagt wird.[296]

Ausschluss von Schäden in einer Waschstraße

Unwirksam nach § 307 I BGB ist auch die Freizeichnung eines Waschanlagenbetreibers von Schäden, die an den außen an der Karosserie angebrachten Teilen entstehen, auch wenn eine Haftung aus grobem Verschulden davon ausgenommen ist.[297]

6. § 307 I S.2 BGB:

Transparenzgebot

a) Gem. § 307 I S.2 BGB wirkt eine Klausel in AGB im Zweifel auch dann unangemessen benachteiligend, wenn sie nicht klar und verständlich formuliert ist.[298]

b) Die Formulierung „klar und verständlich" ist dem Richtlinientext entnommen und entspricht der bisherigen Rechtsprechung, dass AGB die Rechte und Pflichten des Vertragspartners durch eine entsprechende Ausgestaltung und geeignete Formulierung der Vertragsbedingungen durchschaubar, richtig, bestimmt und möglichst klar darstellen müssen.

c) Abgestellt wird hierbei regelmäßig auf den rechtlich nicht vorgebildeten Durchschnittskunden, der also nicht weiß, welche Rechte ihm zustehen, sodass der Verwender gehalten ist, die Rechtsposition des Vertragspartners klar und verständlich zu regeln.

---

[290] BGHZ 92, 363 - 373 = **juris**byhemmer.

[291] Siehe dazu den Überblick über die aktuelle Rechtsprechung in **Life&Law 07/2005, 494 - 500**; BGH, **Life&Law 02/2007, 94 - 97** = NJW 2006, 3778 - 3781 = **juris**byhemmer; OLG Hamm, NJW 1981, 1249.

[292] BGH, **Life&Law 08/2015, 567 ff.** Dem kann der Vermieter entgehen, indem er dem Mieter einen angemessenen Ausgleich gewährt (z.B. Verzicht auf eine Monatsmiete). An der Betrachtung ändert sich nichts dadurch, dass der Neumieter mit dem Altmieter die Pflicht zur Durchführung der Schönheitsreparaturen übernommen hat, BGH, **Life&Law 11/2018, 728 ff.** = **juris**byhemmer.

[293] BGH, NJW 2010, 674 - 675 = **juris**byhemmer. Ebenfalls nicht überwälzbar auf den Mieter ist das Streichen einer Loggia, BGH, **Life&Law 04/2009, 280 ff.** = NJW 2009, 1408 - 1410 = **juris**byhemmer.

[294] BGH, **Life&Law 02/2010, 136 f.** = NJW 2009, 3716 - 3717 = **juris**byhemmer.

[295] Vgl. die Urteilsbesprechungen in **Life&Law 04/2011, 233 - 239** zu LG Kassel, NJW 2010, 3666 - 3668; AG Berlin Schöneberg, NJW 2010, 3523 - 3524; BGH, NJW 2011, 514: **alle Entscheidungen** = **juris**byhemmer.

[296] BGH, **Life&Law 07/2013, 488 ff.** = **juris**byhemmer.

[297] BGH, **Life&Law 04/2005, 217 - 221** = NJW 2005, 422 - 425 = **juris**byhemmer.

[298] Exemplarisch BGH, **Life&Law 09/2015, 654 ff.** = **juris**byhemmer; BGH, **Life&Law 02/2018, 94 f.** und **05/2018, 310 ff.** = **juris**byhemmer.

Der rechtsunkundige Durchschnittskunde muss also in die Lage versetzt werden, die ihn benachteiligende Wirkung einer Klausel ohne Einholung von Rechtsrat zu erkennen. Bei der Anwendung von § 307 I S.2 BGB ist darauf zu achten, dass nicht jede Intransparenz die Unwirksamkeit der Klausel begründet, sondern der Vertragspartner tatsächlich hierdurch unangemessen benachteiligt werden muss. Eine unangemessene Benachteiligung ist nur dann zu bejahen, wenn die materielle Rechtslage des Kunden durch den intransparenten Klauselinhalt verschlechtert wird.[299]

Für die Unwirksamkeit einer Klausel wegen Verstoßes gegen das Transparenzgebot ist es dagegen nicht erforderlich, dass die Klausel auch inhaltlich unangemessen ist. Es kommt nur darauf an, dass der Kunde aufgrund der Intransparenz nicht erkennen kann, dass die Klausel für ihn materiell-rechtlich nachteilhaft ist.

hemmer-Methode: Falls Sie sich einmal die AGB eines von Ihnen abgeschlossenen Vertrages anschauen, werden Sie vermutlich feststellen, dass Sie einen Großteil der Klauseln für nicht klar verständlich halten. Dies liegt u.a. auch daran, dass die Rechtsprechung die Anforderungen an die Transparenz nicht allzu hoch angesetzt hat. Sie sollten daher nicht in jeder Unklarheit eine unangemessene Benachteiligung des Vertragspartners sehen.

d) Nach § 307 III S.2 BGB sind an diesem Transparenzgebot auch solche Klauseln in AGB zu messen, die inhaltlich nicht von gesetzlichen Regelungen abweichen.

273

e) Im Zusammenhang mit dem Transparenzgebot kann sich eine unangemessene Benachteiligung einer Vertragspartei – und damit eine Unwirksamkeit der Gesamtregelung – aus dem Zusammenwirken zweier Formularklauseln auch dann ergeben, wenn eine dieser Klauseln schon für sich gesehen unwirksam ist.[300]

274

Bsp.: Ein Mietvertrag enthält folgende AGB:

§ 1 AGB: Der Mieter muss in regelmäßigen Abständen Schönheitsreparaturen durchführen. (Umfang wird ausgeführt...)

§ 4 AGB: Bei einem Auszug ist der Mieter unabhängig von der letzten Schönheitsreparatur zu einer Gesamtrenovierung verpflichtet.

1. § 4 AGB ist unwirksam, da der Mieter unangemessen benachteiligt wird, wenn er unabhängig von den letzten Schönheitsreparaturen eine Gesamtrenovierung bei einem Auszug durchführen muss.

2. Fraglich ist, ob § 1 AGB wirksam ist. Eine unangemessene Benachteiligung kann darin gesehen werden, dass der Mieter zu regelmäßigen Schönheitsreparaturen verpflichtet ist, obwohl er gem. § 4 AGB bei einem Auszug ohnehin zu einer Gesamtrenovierung verpflichtet sein sollte. Wie gezeigt, ist § 4 AGB jedoch unwirksam, sodass der Mieter nicht zu einer Gesamtrenovierung verpflichtet ist.

Grundsätzlich hat die Unwirksamkeit einer Klausel (§ 4 AGB) auch nicht die Unwirksamkeit weiterer Klauseln (§ 1 AGB) zur Folge. In diesem Fall stehen § 1 AGB und § 4 AGB jedoch in einem untrennbaren Zusammenhang, weil sich erst aus beiden zusammen ergibt, in welchem Umfang tatsächlich nach dem Willen des Vermieters die Schönheitsreparaturen auf den Mieter abgewälzt werden sollten.

3. In solchen Fällen ist seit langem anerkannt, dass der AGB-Verwender sich nicht zu seinen Gunsten darauf berufen kann, dass ein Teil der Klauseln unwirksam ist, um den Rest zu retten. Dies wäre ein klarer Verstoß gegen das Transparenzgebot, § 307 I S.2 BGB, nach dem sich eine unangemessene Benachteiligung des anderen Teils auch daraus ergeben kann, dass die Bestimmung nicht klar und verständlich ist.

---

[299] Von Westphalen, NJW 2002, 12 - 24 (17).
[300] BGH, **Life&Law 10/2003, 681 - 684** = NJW 2003, 2234 - 2235 = **juris**byhemmer.

Aus dem Transparenzgebot ergibt sich damit die Unwirksamkeit aller unmittelbar zusammenhängenden Klauseln.

L) Hinweise zur Formulierung eigener AGB

1. In einer Klausur kann im Bearbeitervermerk auch gefordert werden, dass Sie eigene AGB-Klauseln formulieren sollen, etwa für den Fall, dass Sie eine vorgegebene Klausel für unwirksam halten sollten. In der Regel müssen Sie hier auf der Seite des AGB-Verwenders tätig werden, da in der anwaltlichen Praxis üblicherweise der AGB-Verwender die Formulierung entsprechender AGB-Klauseln in Auftrag geben wird.

Ziele und Interessen

2. Zunächst gilt es, die Interessen und Ziele des AGB-Verwenders zu ermitteln. Hierzu müssen Sie gegebenenfalls in einem ersten Schritt die entsprechenden Hinweise und Andeutungen aus dem Sachverhalt herausfiltern.

Bestehende Rechtslage

3. In einem nächsten Schritt müssen Sie feststellen, inwieweit diese Ziele bereits mit vorhandenen gesetzlichen Regelungen erreicht werden können, sodass eine AGB-Klausel insoweit überflüssig ist.

Dispositives Recht

4. Besteht keine entsprechende gesetzliche Regelung, ist danach zu fragen ob das Gesetzesrecht insoweit abänderbar (dispositiv) ist, dass man das Ziel durch eine entsprechende AGB-Klausel erreichen kann.

Alternativen

5. Für den Fall, dass das angestrebte Ziel nicht durch eine AGB-Klausel erreicht werden kann, da das Gesetzesrecht in dieser Hinsicht zwingend ist (indispositiv), sollten Sie mögliche Alternativen in Betracht ziehen, die zumindest der Verwirklichung des Zieles förderlich sind.

Ist etwa ein bestimmter Haftungsvorbehalt unwirksam, bedeutet dies noch lange nicht, dass sich nicht ein geringerer Haftungsvorbehalt regeln ließe. Ziel der Klausur wird es in der Regel sein, nicht nur eine beliebige Klausel zu entwerfen, sondern die Interessen des AGB-Verwenders weitestmöglich zu wahren. Bevor Sie die Klausel ausformulieren, müssen Sie folglich Überlegungen darüber anstellen, welches Ziel sich noch auf wirksame Weise erreichen lässt und diese darlegen, damit der Korrektor Ihren Gedankengang nachvollziehen kann.

6. In einem Vertrag setzen die Parteien vergleichbar mit einem Gesetzgeber untereinander Recht. Genau wie der Gesetzgeber müssen die Parteien darauf achten, möglichst genaue Formulierungen zu wählen. Dies gilt ganz besonders für den AGB-Verwender, da im Zweifel Unklarheiten gem. § 305c II BGB zu seinen Lasten gehen. Deshalb wird ein Korrektor neben der inhaltlichen Richtigkeit auch das Bemühen um Bestimmtheit in den Begriffen positiv bewerten.[301]

7. Soweit Sie bei der Formulierung auf den Gesetzestext zurückgreifen, müssen Sie daran denken, dass insoweit gleichermaßen der Maßstab der §§ 305 ff. BGB heranzuziehen ist, an welchen der Gesetzgeber selbst nicht gebunden ist. Dies kann zur Konsequenz haben, dass trotz wörtlicher Übernahme des Gesetzestextes die Klausel gegen das Transparenzgebot verstößt oder wegen Mehrdeutigkeit zum Nachteil des AGB-Verwenders ausgelegt werden muss. Des Weiteren sollten Sie klarstellen, ob durch die Klausel das Gesetz in seiner jeweiligen Fassung in den Vertrag miteinbezogen werden soll oder in seiner bei Vertragsschluss geltenden Fassung für die Zukunft veränderungsresistent gelten soll.[302]

---

[301] Schlosser/Thewald/Zirngibl, Übungsklausur Zivilrecht - Die AGB des Aufführungsveranstalters, Jura 2003, 118 - 123 (120, Fn. 13).

[302] Kappus, Inhaltskontrolle gesetzesrezitierender Klauseln, NJW 2003, 322 - 324.

§ 7 WIDERRUFSRECHT BEI VERBRAUCHERVERTRÄGEN

A) Einführung

Das Widerrufs- und Rückgaberecht bei Verbraucherverträgen war ursprünglich Bestandteil einzelner Verbraucherschutzgesetze. Diese Teile sind aus den einzelnen Verbraucherschutzgesetzen, die in das BGB integriert wurden, herausgelöst und in den Vorschriften der §§ 355 – 357d BGB – weitgehend vereinheitlicht – nunmehr zentral geregelt. Das vorher ebenfalls verstreut geregelte Widerrufsrecht über verbundene Verträge ist jetzt in den §§ 358–360 BGB normiert.

Die Ausübung des Widerrufsrechts ist dem freien Willen des Verbrauchers überlassen. Es kommt nicht darauf an, aus welchen Gründen er sich vom Vertrag lösen möchte. Ein Ausschluss gem. § 242 BGB kommt nur dann in Betracht, wenn der Widerruf schikanös eingesetzt wird.[303]

Zweck des Widerrufsrechts

Das Widerrufsrecht soll vor vertraglichen Bindungen schützen, die der Verbraucher möglicherweise übereilt, ohne gründliche Abwägung des Für und Wider eingegangen ist. Grund für die Durchbrechung des Grundsatzes „pacta sunt servanda" ist manchmal die Situation, in welcher der Vertrag zustande gekommen ist (außerhalb von Geschäftsräumen geschlossener Vertrag/Fernabsatzvertrag), manchmal aber auch der schwierig zu durchschauende Vertragsgegenstand (Verbraucherdarlehensvertrag/Teilzeitwohnrechtevertrag).[304]

Mit Wirkung zum 13.06.2014 trat das Gesetz zur Umsetzung der Verbraucherrechterichtlinie (VerbRRL[305]) und zur Änderung des Gesetzes zur Regelung der Wohnungsvermittlung[306] in Kraft. Ziel des Gesetzes ist die Umstellung des deutschen Verbraucherschutzrechts vom europäischen Minimalstandard hin zu einer Vollharmonisierung[307] im Geltungsbereich der Richtlinie. Dementsprechend tief greifen die mit diesem Gesetz vorgenommenen Modifikationen des BGB, sodass das Umsetzungsgesetz den wohl stärksten Eingriff in das BGB seit der Schuldrechtsreform 2002 darstellt.[308]

Änderungen im Überblick[309]

⇨ §§ 312 ff. BGB, §§ 355 ff. BGB und Art. 246 ff. EGBGB wurden komplett neu gefasst.[310]

⇨ Ein „Verbrauchervertragsrecht AT" in §§ 312, 312a BGB, welches für alle Verträge gilt, die eine „entgeltliche Leistung" zum Gegenstand haben.[311]

⇨ Das „Haustürgeschäft" wurde durch den weitergehenden Begriff des „außerhalb von Geschäftsräumen geschlossenen Vertrages (AGV)" gem. § 312b BGB ersetzt.[312]

⇨ Die Informationspflichten des Unternehmers gegenüber dem Verbraucher wurden in §§ 312d, 312e, 312j BGB neu gestaltet.[313]

---

[303] BGH, **Life&Law 07/2016, 468 ff.** = juris*byhemmer*.

[304] Palandt, § 355, Rn. 2.

[305] Richtlinie 2011/83/EU, welche die Vorgängerrichtlinien zum Verbraucherschutz aufgehoben oder zumindest weitgehend abgeändert hat.

[306] Vom 20. September 2013; BGBl. I, S. 3642 ff.

[307] Palandt, Vorb v § 312, Rn. 3; Schärtl, JuS 2014, 577.

[308] Tonner, VuR [*Verbraucher und Recht, Nomos Verlag*] 2013, 443. Eine gute und straffe Übersicht bietet Staudinger-Gsell, Eckpfeiler des Zivilrechts, L. Verbraucherschutz, Rn. 40 ff.

[309] Eine umfassend kommentierte Synopse finden Sie in der **Life&Law 04/2014, 296 - 307** und **06/2014, 452 - 464**.

[310] Möller, BB 2014, 1411.

[311] Ehmann/Forster, GWR 2014, 163.

[312] Möller, BB 2014, 1411.

[313] Tamm, VuR 2014, 9.

- ⇨ Für die außerhalb von Geschäftsräumen geschlossenen Verträge gem. § 312b BGB und Fernabsatzverträge gem. § 312c BGB gilt nun ein einheitliches Widerrufsrecht gem. §§ 312g, 355, 356 BGB.[314]

- ⇨ Die Normen zum Widerrufsrecht gem. §§ 355 ff. BGB folgen nun auch einer Art AT/BT-Struktur.[315]

- ⇨ Kompletter Wegfall des Rückgaberechts gem. § 356 BGB a.F.[316]

- ⇨ Keine Verweisung mehr auf die Rechtsfolgen des Rücktritts, sondern eigenständige Bestimmung der Rechtsfolgen in §§ 357 ff. BGB.

- ⇨ Gem. § 357 VI BGB trägt der Verbraucher nun im Regelfall die Kosten der Rücksendung.[317]

- ⇨ Der Widerruf muss nun gem. § 355 I S.2, 3 BGB ausdrücklich erklärt werden, wofür es jetzt ein EU-weit einheitliches Musterformular gibt.[318]

- ⇨ Dafür kann der Widerruf nun formlos erklärt werden.[319]

- ⇨ Die Widerrufsfrist wurde EU-weit harmonisiert und beträgt nun einheitlich 14 Tage, im Falle unzureichender Information beträgt die Höchstdauer zwölf Monate und 14 Tage.[320] Ein quasi „ewiges" Widerrufsrecht besteht somit – außer bei Verträgen über Finanzdienstleistungen – nicht mehr.[321]

Übergangsregelung

Gemäß Art. 229 § 32 I EGBGB richten sich vor dem 13.06.2014 entstandene Schuldverhältnisse grundsätzlich nach dem alten Recht.[322] Ausnahmen regeln insoweit Art. 229 § 32 II–IV EGBGB.[323]

Mit Wirkung zum 01.01.2018 wurde für den Verbraucherbauvertrag in § 650l BGB ein eigenes Widerrufsrecht geschaffen.

B) Rechtsfolge

Primäranspruch ex nunc unwirksam

Durch die einseitig rechtsgestaltende Widerrufserklärung wird die Bindungswirkung der vertragsbegründenden Willenserklärung des Verbrauchers beseitigt, § 355 I S.1 BGB. Der vorher geschlossene und wirksame Vertrag wird dadurch – ex nunc – in ein Rückgewährschuldverhältnis umgestaltet.[324] Die Rückabwicklung findet – wie beim Rücktritt – daher nicht nach den §§ 812 ff. BGB statt!

Macht der Verbraucher innerhalb der vorgesehenen Frist keinen Gebrauch von seinem Widerrufsrecht, bleibt der Vertrag endgültig wirksam. Während der „Schwebezeit" bestehen die Erfüllungsansprüche für beide Parteien. Der Unternehmer kann aber in seinen AGB bestimmen, dass er erst nach Ablauf der Widerrufsfrist zu leisten braucht, § 308 Nr.1 BGB.[325]

---

[314] Schmidt/Brönneke, VuR 2013, 448.
[315] Hilbig-Lugani, ZJS 2013, 441 (442).
[316] Hohlweger/Ehmann, GWR 2014, 211.
[317] Wendehorst, NJW 2014, 577 (582).
[318] Hohlweger/Ehmann, GWR 2014, 211 (213).
[319] Möller, BB 2014, 1411 (1412).
[320] Hohlweger/Ehmann, GWR 2014, 211 f.
[321] Möller, BB 2014, 1411 (1412).
[322] Palandt, Vorb v § 312, Rn. 4.
[323] Zur alten Rechtslage vgl. die 3. Auflage dieses Skriptes.
[324] Palandt, § 355, Rn. 4, 12.
[325] Palandt, § 355, Rn. 3.

I. Gegenseitige Rückgewähr, §§ 355 III; 357 I–V BGB

Unverzüglich

Die empfangenen Leistungen sind gemäß § 355 III S.1 BGB unverzüglich, also gem. § 121 I S.1 BGB ohne schuldhaftes Zögern, zurückzugewähren.[326] § 357 I BGB konkretisiert diese Pflicht in den Fällen des Widerrufs nach § 312g I BGB dahingehend, dass die Rückgewähr spätestens nach 14 Tagen zu erfolgen hat. Dies betrifft sowohl die Pflicht des Verbrauchers, die Ware zurückzugeben, als auch die Pflicht des Unternehmers, den geleisteten Kaufpreis zurückzuzahlen.[327]

hemmer-Methode: Die Ausgestaltung als Höchstfrist ist nicht so zu verstehen, dass sich die Vertragsparteien 14 Tage Zeit lassen können, sondern stellt vielmehr eine Konkretisierung des Begriffs „unverzüglich" für Fälle des Verbraucherwiderrufs dar.

Die Frist beginnt wie bislang für den Unternehmer mit dem Zugang und für den Verbraucher mit der Abgabe der Widerrufserklärung, § 355 III S.2 BGB. Ein Verbraucher wahrt die Frist durch rechtzeitige Absendung der Waren, § 355 III S.3 BGB. Hat der Unternehmer angeboten, die Waren abzuholen, muss der Verbraucher diese nicht zurücksenden, sondern lediglich bereitstellen, § 357 V BGB.[328]

Formen der Rückgewähr

⇨ Waren sind in Natur zurückzugewähren.[329]

⇨ Der Verbraucher hat an ihn geleistete Sachen in einer geeigneten Verpackung zurückzuliefern.[330]

⇨ Kann der Verbraucher den Beitritt zu einer Gesellschaft widerrufen (geschlossener Immobilienfonds), so gelten für seine Ansprüche gegen den Unternehmer die Grundsätze der fehlerhaften Gesellschaft (Auseinandersetzungsanspruch).[331]

⇨ Der Unternehmer muss dem Verbraucher geleistete Zahlungen für die Lieferung der Ware erstatten, § 357 II S.1 BGB. Nach S.2 sind Kosten für die Warenlieferung jedoch nicht zu erstatten, soweit sie die Kosten für die vom Unternehmer angebotene günstigste Standardlieferung überschreiten, z.B. dann, wenn der Verbraucher eine Expresslieferung ausgewählt hat.[332]

Zurückbehaltungsrecht

Gemäß § 357 IV S.1 BGB hat der Unternehmer bei einem Verbrauchsgüterkauf ein Zurückbehaltungsrecht[333], bis er die Waren zurückerhalten hat oder der Verbraucher den Nachweis erbracht hat, dass er die Waren abgesandt hat. Die Vorschrift gilt nicht, wenn der Unternehmer angeboten hat, die Waren abzuholen, § 357 IV S.2 BGB.

Erfüllungsort für die Rückgewährpflicht ist der Ort, an dem sich die Sache vertragsgemäß befindet.[334]

---

[326] Palandt, § 355, Rn. 15; Hohlweger/Ehmann, GWR 2014, 211 (213); a.A. Hilbig-Lugani, ZJS 2013, 545 (548), welche für eine unionsautonome Auslegung des Wortlauts plädiert und die 14 Tage wohl als Frist ansieht.
[327] Leier, VuR 2013, 457 f.
[328] Leier, VuR 2013, 457 f.
[329] Palandt, § 355, Rn. 12.
[330] Palandt, § 355, Rn. 13.
[331] Palandt, § 355, Rn. 14.
[332] Leier, VuR 2013, 457 (458).
[333] Palandt, § 357, Rn. 5.
[334] Palandt, § 269, Rn. 16.

II. Kostentragung, § 357 VI BGB

Kosten für Hin- und Rücksendung trägt grds. Verbraucher

Der Verbraucher trägt grundsätzlich die Kosten der Rücksendung, § 357 VI S.1 BGB.[335] Voraussetzung hierfür ist jedoch eine ordnungsgemäße Belehrung hierüber gem. Art. 246a § 1 II S.1 Nr.2 EGBGB.[336] Ferner kann sich der Unternehmer bereit erklären, die Kosten zu tragen.

Bsp.: G möchte eine Feier ausrichten. Als er bei den Vorbereitungen bemerkt, dass sein alter Sonnenschirm defekt ist, es aber sehr sonnig werden soll, bestellt er bei Internetversandhändler F einen Sonnenschirm.

Um diesen noch rechtzeitig zu erhalten, wählt er statt des Standardpaketversands (Kosten: ca. 6 €) die Express-Variante, die Kosten in Höhe von 75 € verursacht. Als der Sonnenschirm am Abend vor der Feier geliefert wird, ist G jedoch von dessen Aussehen nicht überzeugt. Er widerruft den Vertrag form- und fristgerecht. Den Sonnenschirm sendet er noch am selben Tag per Paket mit Rückschein zurück (Kosten: 8 €). Kann G von der F-GmbH die Erstattung der Hin- und Rücksendekosten verlangen? Es ist davon auszugehen, dass die F-GmbH nach Art. 246a § 1 II S.1 Nr.2 EGBGB unterrichtet hat.

I. Hinsendekosten gem. §§ 357 II, I; 355 III S.1, I; 312g I; 312c; 356 BGB

(1) Bestehen eines Widerrufsrechts, §§ 312g I; 312c BGB

(a) Der Kaufvertrag müsste dem Anwendungsbereich der §§ 312–312h BGB unterfallen. Es handelt sich unproblematisch um einen auf eine „entgeltliche Leistung" des Unternehmers gerichteten Verbrauchervertrag i.S.d. § 310 III BGB, für welchen keine der in § 312 BGB genannten Bereichsausnahmen greift.

(b) Fraglich ist, ob G ein Widerrufsrecht nach § 312g I; 312c BGB hat. Ein Widerrufsausschluss nach § 312g II, III BGB ist nicht ersichtlich. G bestellte unter ausschließlicher Verwendung des Internet als Fernkommunikationsmittel i.S.d. § 312c II BGB. Da F ein „für den Fernabsatz organisiertes Vertriebs- oder Dienstleistungssystem" hat, ist der fragliche Kauf als Fernabsatzvertrag i.S.d. § 312c I BGB zu qualifizieren. Anhaltspunkte für ein Erlöschen des Widerrufsrechts nach § 356 IV, V BGB sind nicht ersichtlich. G hat somit ein verbraucherschützendes Widerrufsrecht nach §§ 312g I; 312c I BGB. G hat innerhalb der Widerrufsfrist form- und fristgerecht widerrufen.

(2) Kein Leistungsverweigerungsrecht des F

Zwar handelt es sich bei dem Kauf des Sonnenschirms, einer beweglichen Sache, um einen Verbrauchsgüterkauf i.S.d. § 474 I S.1 BGB. G hat den Schirm aber per Paket mit Rückschein zurückgesandt, sodass er nachweisen kann, dass er die Ware abgesandt hat. Gem. § 357 IV S.1 BGB entfällt daher das grundsätzlich bestehende, sich auf sämtliche Rückzahlungsansprüche und damit auch auf die Erstattung der Hinsendekosten erstreckende Leistungsverweigerungsrecht des F.

Andere Lieferungsarten als Standard-Angebot

(3) Rechtsfolgen des wirksamen Verbraucherwiderrufs, insbesondere Höhe des Erstattungsanspruchs des G

Fraglich ist, in welcher Höhe G die Erstattung der Hinsendekosten verlangen kann. Laut § 357 II S.1 BGB muss der Unternehmer „auch etwaige Zahlungen des Verbrauchers für die Lieferung zurückgewähren", allerdings erstreckt sich dieser Rückzahlungsanspruch gem. § 357 II S.2 BGB nicht auf „zusätzliche Kosten", die daraus entstanden sind, dass der Verbraucher eine andere Lieferungsart „als die vom Unternehmer angebotene günstigste Standardlieferung" gewählt hat. Die Standardlieferkosten betragen 6 €, während G sich für die Express-Variante (Kosten: 75 €) entschieden hat.

---

[335] Palandt, § 357, Rn. 7.
[336] Leier, VuR 2013, 457 (458).

Da der Anspruchsausschluss nach § 357 II S.2 BGB nur auf die überschießenden Mehrkosten zielt („soweit"), mithin also nur den Differenzbetrag (hier: 69 €) zwischen fiktiven Standardlieferkosten und den tatsächlich auf Grund des besonderen Versandwunsches des Verbrauchers angefallenen Kosten erfasst, kann G von F die Erstattung von 6 € verlangen.

Rücksendekosten

II. Rücksendekosten

Der Verbraucher trägt gem. § 357 VI S.1 BGB die „unmittelbaren Kosten der Rücksendung", soweit er diesbezüglich gem. Art. 246a § 1 II S.1 Nr.2 EGBGB ordnungsgemäß belehrt wurde. Ausnahmen regeln insoweit § 357 VI S.2 BGB (freiwillige Kostentragung) und § 357 VI S.3 BGB (Ware nicht postversandfähig). G wurde laut Sachverhalt ordnungsgemäß über seine Pflicht zur Tragung der Rücksendekosten belehrt. Anhaltspunkte für eine freiwillige Kostenübernahme des F sind nicht ersichtlich. Dementsprechend muss G gem. § 357 VI S.1 BGB selbst die Kosten der Rücksendung tragen. Ein Anspruch des G gegen F auf Erstattung der Rücksendekosten besteht daher nicht.

III. Wertersatz, § 357 VII–IX BGB

290

Wenn der Verbraucher die empfangene Leistung nicht, nicht rückstandslos oder nur in verschlechterter Form zurückgeben kann, hat der Unternehmer einen Anspruch auf Wertersatz für einen Wertverlust der Ware. Abs. 7 betrifft Warenlieferungsverträge, Abs. 8 Verträge über Dienstleistungen sowie Energielieferungen, und Abs. 9 betrifft Verträge über nicht auf einem körperlichen Datenträger befindliche digitale Inhalte i.S.d. § 312f III BGB.[337]

Wertverlust

Unter einem Wertverlust i.S.d. § 357 VII BGB versteht man sowohl die normale Abnutzung infolge der bestimmungsgemäßen Ingebrauchnahme und des weiteren Gebrauchs der Ware als auch darüber hinausgehende Verschlechterungen wie beispielsweise eine Beschädigung der Ware infolge unsachgemäßer Handhabung oder übermäßiger Ingebrauchnahme. Erfasst sein kann auch der vollständige Wertverlust oder Untergang der Sache durch unsachgemäßen Gebrauch[338].

Prüfungsrecht

In jedem Fall hat der Verbraucher aber ein Prüfungsrecht, weshalb Verschlechterungen, die allein auf eine sachgemäße Prüfung der Ware zurückzuführen sind, keine Wertersatzpflicht auslöst.[339]

Ob und inwieweit zur einer Prüfung der Ware während der Widerrufsfrist auch eine Ingebrauchnahme oder ein Öffnen der Verpackung gehört, richtet sich nach der Verkehrsanschauung im Einzelfall.[340]

Bei der Beurteilung, was im Einzelfall vom Tatbestandsmerkmal der Prüfung der Funktionsweise und der Eigenschaften der Ware umfasst ist, wird man sich in der Praxis daran orientieren können, was ein Verbraucher beim Testen und Ausprobieren der gleichen Ware in einem Ladengeschäft typischerweise auch hätte tun können. Dem Verbraucher muss dabei die Möglichkeit eingeräumt werden, die Ware eingehend auf ihre Eigenschaften und ihre Funktionsweise zu untersuchen.

Nicht umfasst ist jedoch die intensive, nicht zur Prüfung notwendige Nutzung. So darf etwa eine Fotokamera nicht in den Urlaub mitgenommen werden.

---

[337] Leier, VuR 2013, 457 (459).
[338] Bittner, ZVertriebsR 2014, 3 (10).
[339] Palandt, § 357, Rn. 9.
[340] Bittner, ZVertriebsR 2014, 3 (10), weitere Beispiele bei Palandt, § 357 n.F., Rn. 9.

Ein Kleidungsstück sollte der Verbraucher nur anprobieren, jedoch nicht über eine längere Zeit tragen dürfen. Regelmäßig zulässig dürfte es jedoch sein, wenn der Verbraucher das Kleidungsstück innerhalb der Widerrufsfrist zu Hause mehrfach anprobiert.[341]

Gegenstände, bei denen eine Prüfung durch bestimmungsgemäße Ingebrauchnahme oder ein Öffnen der Verpackung nach der Verkehrssitte nicht üblich ist, sollen weder im Ladengeschäft noch zu Hause auf diese Art und Weise geprüft werden dürfen.

Belehrung notwendig

Der Wertersatzanspruch setzt weiterhin eine ordnungsgemäße Belehrung gem. Art. 246a § 1 II S.1 Nr.1 EGBGB voraus.

Bei Verträgen nach Abs. 8 (klausurrelevant sind – wenn überhaupt – Dienstleistungen[342]) muss der Verbraucher zusätzlich zur Belehrung von dem Unternehmer ausdrücklich (§ 357 VIII S.1 BGB) und im Direktvertrieb darüber hinaus auf einem dauerhaften Datenträger (§ 357 VIII S.3 BGB) verlangt haben, dass dieser mit der Leistung vor Ablauf der Widerrufsfrist beginnt.

„Wasserbett-Fall"

Bsp.:[343] *A bestellt bei dem auf Wasserbetten spezialisierten Internetversandhändler B ein Wasserbett für 2.000 €. Dieses wird einschließlich aller gesetzlich geforderten Informationen geliefert. Noch am gleichen Tag baut A das Wasserbett ordnungsgemäß auf und befüllt es mit Wasser. Allerdings wacht A nachts immer auf und schläft unruhig in dem Wasserbett. A wiederrief daher fristgerecht den Vertrag und schickt das Wasserbett zurück. B verlangt von A Zahlung von 1.000 €, da bereits befüllte Wasserbetten – sachlich zutreffend – nicht weiterverkauft werden können und er daher lediglich einzelne Teile wiederverwerten kann. Zu Recht?*

Ein Anspruch ergäbe sich aus §§ 357 VII; 355 I; 312g I; 312c; 356 BGB, wenn eine wirksame Widerrufserklärung vorliegt. Erforderlich ist hierfür nicht nur das Bestehen eines Widerrufsrechts, sondern auch dessen wirksame und fristgerechte Ausübung.

(1) Bestehen eines verbraucherschützenden Widerrufsrechts, §§ 312g I; 312 c I BGB

(a) Zunächst muss der Anwendungsbereich der §§ 312–312h BGB eröffnet sein. Der fragliche Wasserbettkauf ist ein Verbrauchervertrag i.S.d. § 310 III BGB und auf eine „entgeltliche" Leistung gerichtet (§ 312 I BGB), da A sich als Entgelt zur Zahlung von 2.000 € verpflichtet hatte. Eine Bereichsausnahme gem. § 312 II, III BGB ist nicht ersichtlich. Tatbestandlich ist der Anwendungsbereich der §§ 312–312h BGB deshalb eröffnet.

(b) Fraglich ist, A den Kaufvertrag nach §§ 312g I, 312c I BGB widerrufen kann. Anhaltspunkte für einen Widerrufsausschluss gem. § 312g II, III BGB sind nicht ersichtlich. A bestellte unter ausschließlicher Verwendung des Internet als Fernkommunikationsmittel i.S.d. § 312c II BGB. Auch handelt es sich um einen Fernabsatzvertrag i.S.d. § 312c I BGB.

(2) Wirksame Widerrufserklärung A

Die Widerrufserklärung ist eine einseitige, empfangsbedürftige Gestaltungserklärung, welche den „Entschluss des Verbrauchers zum Widerruf des Vertrags eindeutig" zum Ausdruck bringt (§ 355 I S.3 BGB), jedoch keine gesonderte Begründung enthalten (§ 355 I S.4 BGB) und keine gesonderten Formerfordernisse beachten muss.

(3) Widerrufsfrist

Die Frist ist laut Sachverhalt gewahrt.

---

[341] BT-Drucksache 17/5097.

[342] Der Begriff erfasst auch Werkleistungen!

[343] Vgl. BGH, **Life&Law 02/2011, 73 ff.** = **juris**byhemmer.

(4) Rechtsfolgen des Widerrufs

(a) Gemäß § 357 VII BGB muss der Verbraucher „Wertersatz für einen Wertverlust der Ware" leisten, sofern er diesbezüglich ordnungsgemäß nach Art. 246a § 1 II S.1 Nr.1 EGBGB belehrt wurde und der Wertverlust „auf einen Umgang mit der Ware zurückzuführen ist, der zur Prüfung der Beschaffenheit, der Eigenschaften und der Funktionsweise der Waren nicht notwendig war".[344] Der Verbraucher soll die Ware frei und ohne Druck und negative Kostenfolgen prüfen können, wozu regelmäßig eine Ingebrauchnahme der Kaufsache erforderlich ist. Aber auch der Verkäufer ist schutzwürdig. Es besteht die Gefahr, dass der Verbraucher die Sache während der Widerrufsfrist auf Kosten des Unternehmers uneingeschränkt nutzt. Zur Begrenzung der vom Verbraucher ausnahmsweise zu tragenden Wertverluste stellt § 357 VII Nr.1 BGB deshalb darauf ab, dass diese „auf einen zur Prüfung der Beschaffenheit, Eigenschaften und Funktionsweise der Waren nicht notwendigen Umgang mit der Ware zurückzuführen" sind.

Prüfungsrecht bei Wasserbett

(b) Fraglich ist, ob - ordnungsgemäße Unterrichtung unterstellt - A zum Wertersatz verpflichtet ist: So könnte bereits daran gezweifelt werden, ob A überhaupt das Wasserbett befüllen durfte, da originalverpackte Waren in einem Ladengeschäft grundsätzlich nicht selbstständig und ohne Rückfrage beim Unternehmer aufgebaut werden können. Dafür spricht allerdings, dass bei Fernabsatzgeschäften keine gleichwertigen Prüfalternativen zur Verfügung stehen, so dass die Funktions- und Gebrauchsfähigkeit der Ware allein durch deren Aufbau und Probenutzung geprüft werden kann.

(c) Fraglich ist jedoch, ob daraus auch das Recht auf ein mehr als eine Woche dauerndes „Ausprobieren" abgeleitet werden kann oder ob damit automatisch eine über das „Ausprobieren" der Ware hinausgehende Nutzung einhergeht. Letztere dürfte wohl – trotz der bei neuen Betten typischerweise notwendigen Gewöhnungsphase – jedenfalls bei mehrtägiger Nutzung zu bejahen sein, so dass A jedenfalls im Grundsatz zum Wertersatzpflicht verpflichtet sein wird.

(d) Konsequenz für die Wertersatzpflicht: Hauptsächlich beruht der Wertverlust des gebrauchten Wasserbettes nicht erst auf dem mehrtägigen Ausprobieren, sondern bereits auf dem erstmaligen Befüllen des Betts mit Wasser. Dieses ist jedoch denknotwendig Teil des „Prüfens"; ein Anspruch entfällt daher.

Anders hat der BGH in einem Fall entschieden, in dem ein Katalysator vom Verbraucher eingebaut, getestet, sodann wieder ausgebaut und zurückgeschickt wurde. Hier gehe die Prüfung weit über das hinaus, was im stationären Handel möglich gewesen wäre. Während Probeliegen auf Wasserbetten in einem Kaufhaus also noch typisch ist, ist der Einbau eines Katalysators aber nichts, was man als Kunde erwarten könnte.[345]

> **hemmer-Methode: Man sieht an diesen Entscheidungen, dass es sicher immer eine Wertung im Einzelfall ist, was zu der Prüfung gehört, bei der der Verbraucher bei Verschlechterungen noch keinen Wertersatz zu leisten hat. Wichtig ist in der Klausur, dass Sie Ihre Argumentation daran ausrichten, was Intention der Norm ist. Das Widerrufsrecht ist ein Ausgleich dafür, dass man die Waren nicht in Augenschein nehmen kann. Also muss der Verbraucher das sanktionslos zu Hause prüfen können, was er auch im Laden (bei einem Ausstellungsstück) hätte prüfen können.**

IV. Abschließende Regelung, Benachteiligungsverbot, § 361 BGB

Abschließende Regelung

§ 361 I BGB stellt klar, dass die §§ 355 ff. BGB die Ansprüche des Unternehmers abschließend regeln und insbesondere kein Rückgriff auf die §§ 346 ff. BGB mehr stattfindet.

---

[344] Die Entscheidung erging zu § 357 III BGB a.F. Dort wurde formuliert, „soweit die Verschlechterung auf einen Umgang mit der Sache zurückzuführen ist, der über die Prüfung der Eigenschaften und der Funktionsweise hinausgeht." Eine inhaltliche Änderung ist damit allerdings nicht verbunden.

[345] BGH, **Life&Law 02/2017, 73 ff.** = jurisbyhemmer. Hier nimmt der BGH auch Stellung zu der Bemessung der Höhe des geschuldeten Wertersatzes. Ebenfalls interessant ist der Abgleich mit Fällen, in denen der Rücktritt vom Vertrag infolge Mangelhaftigkeit erklärt wird. Hier hätte der Käufer die durch den Einbau verursachte Werteinbuße gem. § 346 II S.1 Nr.3 HS 2 BGB nicht zu tragen gehabt!

Ausnahmen für den Unternehmer	Unberührt bleiben Ansprüche des Unternehmers, die sich unabhängig vom Widerrufsrecht aus der Verletzung einer Schutzpflicht ergeben (SchE, c.i.c., Delikt).[346]
Ausnahmen für den Verbraucher	Dem Verbraucher bleiben darüber hinaus Ansprüche, die sich aus dem Verhalten des Unternehmers bei Vertragsschluss und dessen Durchführung ergeben (u.a. Verletzung der Pflichten aus §§ 312d–312f; 312i; 312j BGB).
	Ähnlich wie § 312k I BGB statuiert § 361 II BGB ein Umgehungsverbot.

Exkurs

(P): Präklusion b. Vollstreckungsgegenklage	Der Widerruf ist ein Gestaltungsrecht, welches zu einer rechtvernichtenden Einwendung führt. Bei der Anwendung des § 767 II ZPO stellt sich nunmehr beim Widerruf dieselbe Streitfrage wie bei anderen Gestaltungsrechten. Umstritten ist insoweit nämlich, welcher der maßgebliche Zeitpunkt für die Präklusionswirkung i.S.v. § 767 II ZPO ist. Bei anderen Gestaltungsrechten wie Aufrechnung oder Anfechtung stellt sich die Rechtslage wie folgt dar:
Rspr.: objektiv frühest möglicher Zeitpunkt	Nach ständiger Rechtsprechung und einem Teil der Literatur kommt es bei gesetzlichen Gestaltungsrechten grds. allein auf die objektive Möglichkeit der Ausübung des Gestaltungsrechts vor Schluss der mündlichen Verhandlung an.[347] Dabei wird der größtmögliche **Schutz der Rechtskraft** und der **Vollstreckbarkeit des Titels** in den Vordergrund gestellt.
	Der Schuldner (Verbraucher) soll im Interesse der Rechtsklarheit gezwungen werden, möglichst früh von seinen Gestaltungsrechten Gebrauch zu machen. Verzögerungen der Vollstreckung sollen vermieden werden.
	Eine Ausnahme gilt nur für vertraglich eingeräumte Gestaltungsrechte wie Options- oder Rücktrittsrechte, da insoweit den privatautonomen Motiven für die Einräumung eines Gestaltungsrechts der Vorrang gewährt wird.[348]
Auch keine „dolo agit"-Einrede	Darüber hinaus geht die Rechtsprechung davon aus, dass der Schuldner auch keine Einwendung gem. § 242 BGB („dolo agit, qui petit, quod statim redditurus est") i.V.m. dem Rückgewähranspruch nach den §§ 812 ff. BGB geltend machen kann (im Falle der Anfechtung), da auch der Rückgewähranspruch von der Rechtskraft des Leistungsurteils gegen den Verbraucher erfasst sein soll.[349]
Lit.: Ausübung des Gestaltungsrechts selbst maßgeblich	Die Literatur stellt z.T. darauf ab, dass die Rechtsänderung nicht bereits dann eintritt, wenn die Möglichkeit der Gestaltungserklärung besteht, sondern erst **mit der Ausübung des Gestaltungsrechts**. Erfolgt diese erst nach der mündlichen Verhandlung, soll der Einwand nicht gem. § 767 II ZPO präkludiert sein.[350] Das ist grundsätzlich aber nicht überzeugend, weil § 767 II ZPO auf die „Gründe" abstellt, nicht auf die Erklärung selbst.

---

[346] Str., vgl. Palandt, § 361, Rn. 1 m.w.N. Sehr lesenswert dazu: Singbartl/Zintl, Schadensersatzhaftung des Verbrauchers bei nicht erfolgter oder fehlerhafter Widerrufsbelehrung, NJW 2016, 1848 ff.

[347] BGHZ 100, 222 - 228 (224) = **juris**byhemmer; Lorenz, NJW 1995, 2258-2263; Thomas/Putzo, § 767 ZPO, Rn. 22 ff.

[348] Vgl. BGH, NJW 1994, 1225, 1226.

[349] BGHZ 131, 82 - 90 (84 ff.) = **juris**byhemmer.

[350] Musielak, § 767 ZPO, Rn. 37; jetzt auch Zöller, § 767 ZPO, Rn. 14; nun auch MüKo, § 767 ZPO, Rn. 82; a.A. Thomas/Putzo, § 767 ZPO, Rn. 22 ff. m.w.N.

Umstritten ist nun, ob die (grds. überzeugende) Rechtsprechung des BGH auch auf das verbraucherschützende Widerrufsrecht übertragen werden kann. Denn bei diesem kommt es auf „Gründe" gerade nicht an. Insoweit handelt es sich um ein reines Optionsrecht.

Nach bisheriger Rechtslage kam als Argument gegen eine Präklusion stets noch hinzu, dass andernfalls die Widerrufsfrist faktisch stark verkürzt werden würde. Faktisch kommt das Problem nämlich nur dann in Betracht, wenn nicht ordnungsgemäß belehrt wurde. Andernfalls wäre im Zeitpunkt der Rechtskraft ohnehin keine Widerrufsmöglichkeit mehr gegeben, weil die Frist bei ordnungsgemäßer Belehrung lange verstrichen wäre. Da im Falle der unterbliebenen Belehrung bislang gar keine Frist lief, wurde z.T. vertreten, dass § 767 II ZPO nicht einschlägig sei. Nach jetziger Rechtslage ist aber jedenfalls bei den wichtigen Fällen des Fernabsatzwiderrufs sowie beim Widerruf von außerhalb von Geschäftsräumen geschlossenen Verträgen spätestens nach 1 Jahr und 14 Tagen die Widerrufsfrist abgelaufen, § 356 III S.2 BGB. In aller Regel wird bis zu diesem Zeitpunkt ohnehin kein rechtskräftiges Urteil vorliegen, so dass sich das Problem praktisch eher selten stellen wird.

In der Klausur sollten Sie das Problem diskutieren und sich dann für eine Meinung entscheiden. Der BGH hat den Fall bislang nicht entschieden, so dass man mit guten Argumenten auch der Literatur folgen kann. Für den Ansatz des BGH zu anderen Gestaltungsrechten spricht aber, dass auch bei Widerrufsrechten ein Bedürfnis nach Rechtssicherheit besteht. Der Schutz der Rechtskraft sollte daher dem Verbraucherschutz vorgehen.

Exkurs Ende

C) Gesetzesstruktur des Verbraucherwiderrufs

Gesetzesstruktur

Die Gesetzesstruktur lässt sich wie folgt zusammenfassen:

⇨ In den §§ 312g, 485, 495 I, 510 II 650l BGB finden sich gesetzliche Tatbestände, bei deren Vorliegen ein Widerrufsrecht besteht.

⇨ Diese Normen verweisen auf § 355 BGB, der die Art und Weise der Ausübung des Widerrufs näher bestimmt. §§ 356–356e BGB enthalten spezielle Vorschriften in Bezug auf den Verbraucherwiderruf, insbesondere wichtige Ausschlussfristen.

⇨ In §§ 357–357d BGB werden die Rechtsfolgen des Widerrufs abschließend normiert, wobei für bestimmte Vertragstypen – parallel zu §§ 356a–356e BGB – besondere Widerrufsfolgen normiert sind.

Abweichende Widerrufsvorschriften bei besonderen Vertriebsformen werden zentral in den §§ 356a–356e; 357a–357d BGB geregelt, was die Übersichtlichkeit erhöht.

Widerruf bei Verbraucherverträgen

	§§ 312b ff.	§§ 481 ff.	§§ 491 ff.	§§ 510 ff.	§ 650l
Widerrufs-recht	§§ 355; 356	§§ 355; 356a	§§ 355; 356b	§§ 355; 356c	§§ 355, 356e
Rechts-folge	§ 357	§ 357b	§ 357a III	§ 357c	§ 357d

§ 7 WIDERRUFSRECHT BEI VERBRAUCHERVERTRÄGEN

Zum Verständnis der Regelungstechnik der §§ 312–312k BGB ist es unerlässlich, sich einen Überblick über die Systematik zu verschaffen:

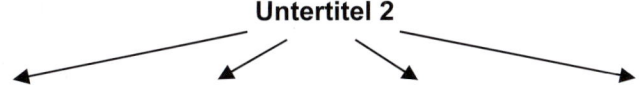

Systematik der §§ 312 ff. BGB

Kapitel 1	Kapitel 2	Kapitel 3	Kapitel 4
Verbraucher-vertragsrecht AT"	Besondere Vertriebsformen bei Verbraucher-verträgen	Verträge im elektronischen Geschäfts-verkehr	Abweichende Vereinbarun-gen und Beweislast
§ 312 Anwendungsbereich Kap. 1 & 2	§ 312b Außergeschäfts-raumverträge[351]	§ 312i Allgemeine Pflichten	§ 312k Benachteili-gungsverbot und Beweislastregel
§ 312a allg. Pflichten	§ 312c Fernabsatzverträge	§ 312j Ergänzende Pflichten bei Beteiligung von Verbrauchern	
	§§ 312d; 312e Informationspflichten		
	§ 312f Abschrift/Bestätigung		
	§ 312g Widerrufsrecht		
	§ 312h Kündigung Dauer-schuldverhältnisse		

§ 312i BGB für sämtliche Verträge im elektronischen Geschäftsverkehr

hemmer-Methode: Beachten Sie, dass der Regelungsgegenstand des § 312i BGB nicht nur Verbraucherverträge, sondern <u>sämtliche</u> Verträge im elektronischen Geschäftsverkehr erfasst! Für Verbraucherverträge hält § 312j BGB ergänzende Schutzvorschriften bereit. Kapitel 3 ist also von den Kapiteln 1 und 2 unabhängig und daneben anwendbar. Kapitel 4 (§ 312k BGB) gilt für den gesamten Untertitel 2.

D) Voraussetzungen

Voraussetzungen Widerrufsrecht

1. Widerrufsrecht
2. Widerrufserklärung
   a) Form
   b) Frist

---

[351] Verkürzte Bezeichnung u.a. nach Hilbig-Lugani, ZJS 2013, 441 (448) m.w.N.

VERBRAUCHERSCHUTZRECHT

I. Widerrufsrecht

Existenz eines Widerrufsrechts

Erste Voraussetzung des Verbraucherwiderrufs ist die Existenz eines Widerrufsrechts i.S.v. § 355 I S.1 BGB.

Dafür kommen folgende Normen in Betracht:

⇨ Außerhalb von Geschäftsräumen geschlossene Verträge, §§ 312b, 312g I Alt.1 BGB

⇨ Fernabsatzverträge, §§ 312c, 312g I Alt.2 BGB

⇨ Teilzeit-Wohnrechteverträge, § 485 BGB

⇨ Verbraucherdarlehensverträge, § 495 I BGB

⇨ Zahlungsaufschub und sonstige Finanzierungshilfen, §§ 506 i.V.m. § 495 I BGB

⇨ Ratenlieferungsverträge, § 510 II BGB

⇨ Verbraucherbauvertrag, § 650l BGB

1. Außerhalb von Geschäftsräumen geschlossene Verträge, §§ 312b; 312g BGB[352]

Die §§ 312–312k BGB dienen der Umsetzung der Richtlinie 2011/83/EU und sind daher richtlinienkonform auszulegen.

Schutzzweck

Das Widerrufsrecht bei Außergeschäftsraumverträgen dient dem Schutz des Verbrauchers vor situativer Überrumpelung durch einen Unternehmer: Außerhalb von Geschäftsräumen muss ein Verbraucher nämlich regelmäßig nicht mit einem Vertragsschluss rechnen. Daher soll er vor übereilten Vertragsschlüssen geschützt werden.

Prüfungsschema: §§ 312b; 312g; 355 BGB

Prüfungsschema

I. Rechtsfolgen:

§ 355 I BGB ⇨ rechtsvernichtende Einwendung

§§ 357–357c BGB: Entstehen eines RückgewährSV (nur relevant bei AustauschV), u.U. Wertersatzpflicht des Verbrauchers

II. Bestehen eines Widerrufsrechtes nach § 312b; 312g BGB

1. Verbrauchervertrag i.S.v. § 310 III BGB
2. Entgeltliche Leistung, § 312 I BGB
3. keine Bereichsausnahme gem. § 312 II, V, VI BGB
4. Außergeschäftsraum-Situation gem. § 312b I Nr. 1–4 BGB
5. kein Ausschluss des Widerrufsrechts gem. § 312g II BGB
6. keine Subsidiarität gem. § 312g III BGB
7. kein Erlöschen des Widerrufsrechts gem. § 356 IV, V BGB

---

[352] Einen Musterfall finden Sie in **Life&Law 04/2015, 231 ff.**

> **III. Frist- und formgerechter Widerruf:**
>
> 1. 14 Tage ab Vertragsschluss gem. § 355 II BGB bei Belehrung, abweichender Fristbeginn gem. §§ 356 II, III BGB. Ohne Belehrung erlischt das Widerrufsrecht nach 12 Monaten und 14 Tagen gem. § 356 III BGB
>
> 2. Ausdrückliche[353] Widerrufserklärung, § 355 I S.3 BGB, ggf. unter Verwendung der Musterwiderrufserklärung gem. § 356 I BGB

a) Persönlicher Anwendungsbereich

Persönlicher Anwendungsbereich

Laut § 312 I BGB sind die §§ 312–312h BGB nur auf Verbraucherverträge i.S.d. § 310 III BGB anzuwenden. Voraussetzung ist daher die Beteiligung eines Verbrauchers, § 13 BGB, und eines Unternehmers, § 14 BGB.

302

Sachlicher Anwendungsbereich

b) Sachlicher Anwendungsbereich

aa) Entgeltliche Leistung[354]

Entgeltliche Leistung

§§ 312–312h BGB sind nur auf Verträge anzuwenden, die eine entgeltliche Leistung des Unternehmers zum Gegenstand haben. Es werden also alle Verträge umfasst, in denen sich der Verbraucher zu einer Gegenleistung verpflichtet[355], die Bezeichnung des Entgelts ist dabei gleichgültig (Preis, Lohn, Honorar, Vergütung, Gebühr, usw.) und richtlinienkonform weit auszulegen.[356]

303

Darunter fällt auch der Maklervertrag, selbst wenn es nicht um einen Maklerdienstvertrag geht, d.h. auch dann, wenn der Makler – nach dem gesetzlichen Leitbild – nicht zur Tätigkeit verpflichtet ist.[357]

Ebenso stellt der Anwaltsvertrag einen entgeltlichen Vertrag i.S.d. Normen dar.[358]

bb) Keine Bereichsausnahme gem. § 312 II, V, VI BGB

Bereichsausnahmen, § 312 BGB

§ 312 II–VI BGB beschränken den sachlichen Anwendungsbereich der §§ 312–312h BGB durch Ausnahmetatbestände. Grund hierfür ist meist, dass in den genannten Fällen der Verbraucherschutz durch speziellere Normen ausreichend verwirklicht wird. Das Widerrufsrecht entfällt jedoch nur in den Fällen des § 312 II und VI BGB sowie bei Folgeverträgen bei Finanzdienstleistungen mit mehreren aufeinander folgenden Verträgen.

304

> **hemmer-Methode:** Lesen (und, falls zulässig, kommentieren) Sie bei § 312 BGB genau, welche verbraucherschützenden Vorschriften bei welchem Absatz des § 312 BGB nicht greifen. Beachten Sie darüber hinaus den Ausnahmekatalog des § 312g II BGB, welcher neben § 312 BGB anwendbar ist.

---

[353] Hohlweger/Ehmann, GWR 2014, 211.

[354] Hinsichtlich der in der Vorauflage unter Rn. 305 ff. ausführlich diskutierten Frage der Einordnung einer Bürgschaft als Vertrag über eine entgeltliche Leistung vgl. für das neue Recht Hilbig-Lugani, ZJS 2013, 444 ff.

[355] Brönneke/Schmidt, VuR 2014, 3.

[356] Palandt, § 312, Rn. 3.

[357] BGH, **Life&Law 08/2017, 534 ff.** = **juris**byhemmer.

[358] BGH, **Life&Law 04/2018, 219 ff.** = **juris**byhemmer.

Spezieller Verbraucherschutz vorrangig

Zu § 312 II BGB werden insbesondere solche Verträge aufgenommen, bei denen der Verbraucherschutz bereits durch speziellere Rechtsnormen hinreichend verwirklicht wird. Zum anderen soll in bestimmten Fällen die Wirtschaft nicht zu stark durch den Verbraucherschutz, insbesondere das Widerrufsrecht belastet werden.[359]

⇨ **Nr. 1: notariell beurkundete Verträge**

Diese Ausnahme bezieht sich zum einen auf Verträge über Finanzdienstleistungen die unter den Bedingungen des § 312b BGB zustande gekommen sind, sowie für Verträge über andere Leistungen, sofern die notarielle Form gesetzlich vorgeschrieben ist oder der Notar im Falle einer gewillkürten notariellen Form vorher über den Wegfall der Rechte aus §§ 312d; 312g BGB belehrt hat.[360] Grund für die Ausnahme sind die umfassenden Aufklärungs- und Beratungspflichten des Notars gem. § 17 BeurkG, die den standardisierten Informationspflichten vorgehen.[361]

hemmer-Methode: Jedoch entfällt bei einer gewillkürten notariellen Beurkundung das Widerrufsrecht gem. § 312g II Nr. 13 BGB auch dann, wenn der Notar keinen Hinweis erteilt hat.[362] Insoweit ist das Gesetz widersprüchlich!

⇨ **Nr. 2: Immobiliengeschäfte**

Zu beachten ist hier, dass, falls in demselben Vertrag eine Finanzdienstleistung geregelt ist (z.B. Kreditsicherungen), die Bereichsausnahme nicht greift.[363]

⇨ **Nr. 8: Lieferverträge über Gegenstände des täglichen Bedarfs**

Hier wird der Verbraucherschutz in erster Linie durch öffentlich-rechtliche Vorschriften gewahrt (LebensmittelR). Erfasst sind alle Gegenstände, die im Haushalt ge- und verbraucht werden (nicht nur verderbliche Waren!), sofern der Unternehmer die Auslieferung selbst vornimmt.[364]

Früher (§ 312b III Nr.5 BGB a.F.) gab es diese Ausnahme auch schon, allerdings beschränkt auf die Fernabsatzverträge. Durch die Benennung in § 312 II BGB ist nun auch kein Haustürwiderruf mehr gegeben. Dies erscheint bedenklich, wenn z.B. die „alte Oma" an der Haustür ein Abo für „Essen auf Rädern" aufgeschwatzt bekommt. Hier sollte man über eine teleologische Reduktion nachdenken.

⇨ **Nr. 9: Automatenverträge**

Weil diese Verträge in der Regel sofort erfüllt werden, wären Informationspflichten und Widerrufsrechte zweckfremd.[365]

⇨ **Nr. 12: Verträge mit geringem Gegenstandswert (Bagatellgrenze)**

Diese Norm entspricht dem § 312 III Nr.2 BGB a.F.; wegen der geringen wirtschaftlichen Gefährdung greift der umfassende Verbraucherschutz nicht.

Die weiteren Ausnahmetatbestände (Finanzdienstleistungen, V und Versicherungen, VI) lassen sich durch die Gesetzeslektüre erschließen bzw. haben nur geringe Examensrelevanz.[366]

---

[359] Brönneke/Schmidt, VuR 2014, 3 (5).
[360] Palandt, § 312, Rn. 9.
[361] Brönneke/Schmidt, VuR 2014, 3 (5); Wendehorst, NJW 2014, 577 (580); Hilbig-Lugani, ZJS 2013, 441 (451).
[362] Bittner, ZVertriebsR 2013, 3 (5).
[363] Wendehorst, NJW 2014, 577 (580).
[364] Palandt, § 312, Rn. 16.
[365] Palandt, § 312, Rn. 17.
[366] Vgl. im Einzelnen Ehmann/Forster, GWR 2014, 163 (164 ff.).

§ 7 WIDERRUFSRECHT BEI VERBRAUCHERVERTRÄGEN

> **hemmer-Methode:** Die in §§ 312 I–VI BGB genannten Ausnahmen sind enumerativ und lassen wegen der Vollharmonisierung der VerbRRL keine erweiternde Auslegung oder Analogie zu.[367] Allerdings verbietet § 312k I S.2 BGB Umgehungsgestaltungen zulasten des Verbrauchers, was bei der Prüfung der Ausnahmetatbestände zu bedenken ist (z.B. Aufteilung eines einheitlichen Geschäfts in mehrere für eine Gegenleistung à 40 €). Kommentieren Sie sich daher – sofern zulässig – den § 312k I S.2 BGB neben § 312 BGB!

Widerrufsrecht bei Wohnraummiete

Beachten Sie im Übrigen auch § 312 III, IV BGB, welche den Anwendungsbereich der §§ 312 – 312h BGB für soziale Dienstleistungen (Abs. 3) und Wohnraummietverträge i.S.v. §§ 549–577a BGB (Abs. 4) einschränkt, aber insbesondere die Anwendbarkeit des Widerrufsrechts bei Außergeschäftsraum- und Fernabsatzverträgen gem. § 312 IV, III Nr. 1, 6, 7 für anwendbar erklärt. Dies gilt gem. § 312 IV S.2 BGB jedoch dann nicht, wenn der Mieter die Wohnung zuvor besichtigt hat, weil dann eine Informationsasymmetrie oder eine Überrumpelungssituation zulasten des Mieters nicht gegeben ist.

> **hemmer-Methode:** Insoweit wurde – über die Anforderungen der VerbRRL hinausgehend – der Verbraucherschutz des Mieters gegenüber einem vermietenden <u>Unternehmer</u> i.S.d. § 14 BGB (§ 312 I BGB!!!) verdichtet. Wenn der vermietende Unternehmer nun mit einem wirksamen Mieterhöhungsverlangen <u>unangemeldet in der Wohnung</u> des Mieters erscheint und unter Ausnutzung eines Überrumpelungseffekts den Mieter zur Zustimmung veranlasst, steht dem Mieter nunmehr ein Widerrufsrecht nach § 312g BGB zu.[368] Allerdings soll dies für den Fall einer Mieterhöhung gem. §§ 558a, b BGB dann wiederum nicht gelten, wenn es um einen <u>Fernabsatzvertrag</u> geht. Hier nimmt der BGH eine teleologische Reduktion vor, da ein Übereilungsschutzbedürfnis gerade nicht besteht. Der Gesetzgeber hat an dieser Stelle die Richtlinie entgegen der Vollharmonisierungsidee auch auf Wohnraummietverhältnisse ausgedehnt, weil in Haustürsituationen ein Schutzbedürfnis besteht. Leider kommt diese Differenzierung im Wortlaut des § 312 IV BGB nicht zum Ausdruck, so dass sich der BGH „gezwungen" sah, eine einschränkende Betrachtung vorzunehmen.[369]

cc) Vorliegen eines Außergeschäftsraumvertrages[370]

Außerhalb von Geschäftsräumen geschlossener Vertrag (Außergeschäftsraumvertrag)

Damit ein Widerrufsrecht nach §§ 312b; 312g I BGB besteht, muss zunächst ein Außergeschäftsraumvertrag vorliegen. Dies ist der Fall, wenn…

⇨ der Vertrag bei gleichzeitiger körperlicher Anwesenheit des Verbrauchers und des Unternehmers an einem Ort geschlossen wird, der kein Geschäftsraum des Unternehmers ist, § 312b I Nr.1 BGB

⇨ der Verbraucher für einen Vertrag unter den in § 312b I Nr.1 BGB genannten Umständen ein Angebot abgegeben hat, § 312b I Nr.2 BGB

---

[367] Palandt, § 312, Rn. 8.
[368] Ehman/Forster, GWR 2014, 163 (164). BGH, **Life&Law 09/2017, 598 ff.** = jurisbyhemmer.
[369] BGH, **Life&Law 03/2019, 147 ff.**
[370] Die neue Diktion (früher „Haustürgeschäft") hat auch eine sprachliche Anpassung des § 29c ZPO erforderlich gemacht. Im Umkehrschluss zu § 29c III ZPO sind Vereinbarungen, in denen für Klagen eines Verbrauchers aus außerhalb von Geschäftsräumen geschlossenen Verträgen ein von § 29c I S.2 ZPO abweichender Gerichtsstand bestimmt wird, unzulässig, BGH, **Life&Law 02/2015, 96 ff.** = jurisbyhemmer.

⇨ der Vertrag in den Geschäftsräumen des Unternehmers oder durch Fernkommunikationsmittel geschlossen wird, bei denen der Verbraucher jedoch unmittelbar zuvor außerhalb der Geschäftsräume des Unternehmers bei gleichzeitiger körperlicher Anwesenheit des Verbrauchers und des Unternehmers persönlich und individuell angesprochen wurde, § 312b I Nr.3 BGB

> **hemmer-Methode:** Der Begriff der Unmittelbarkeit dürfte in der Praxis zu Problemen führen. Bislang war ein enger zeitlicher Zusammenhang zwischen den Verhandlungen „in der Haustürsituation" und dem späteren Vertragsschluss nicht erforderlich, sofern die Kausalität noch festgestellt werden konnte.[371] Heute wird man bei einem Abstand von 2-3 Wochen wohl kaum noch von einer Unmittelbarkeit ausgehen können, so dass zumindest nach dem Wortlaut eine Verschlechterung des Verbraucherschutzes zu verzeichnen wäre!

⇨ der Vertrag auf einem Ausflug geschlossen wird, der von dem Unternehmer oder mit seiner Hilfe organisiert wurde, um beim Verbraucher für den Verkauf von Waren oder die Erbringung von Dienstleistungen zu werben und mit ihm entsprechende Verträge abzuschließen, § 312b I Nr.4 BGB

(1) Vertragsschluss außerhalb von Geschäftsräumen, § 312b I Nr.1 BGB

Begriff des Geschäftsraums

Nr. 1

Geschäftsräume i.S.d. § 312b II BGB

Die negative Abgrenzung des § 312b I BGB (jeder Ort, der nicht Geschäftsraum des Unternehmers ist) geht deutlich über die bisherige positive Abgrenzung beim Haustürgeschäft hinaus (Arbeitsplatz des Verbrauchers oder Bereich einer Privatwohnung).[372]

Im Hinblick auf den Schutzzweck der Norm ist maßgeblich, ob der Verbraucher in der konkreten Situation mit dem Auftreten des Unternehmers rechnen muss, oder ob eine Überrumpelungssituation vorliegt.[373] Hervorzuheben ist, dass darunter auch bewegliche Gewerberäume fallen, in denen der Unternehmer seine Tätigkeit für gewöhnlich ausübt. Insbesondere der Verkauf an Markt- und Messeständen fällt somit nicht unter § 312b I BGB[374], sofern am jeweiligen Stand Waren verkauft werden, die für den Markt/die Messe typisch sind.[375]

Beispiele für Außergeschäftsräume

Als außerhalb von Geschäftsräumen sind insbesondere die Privatwohnung, der Arbeitsplatz[376] und allgemein zugängliche Verkehrsflächen anzusehen. Insoweit fallen auch Partyverkäufe in Privatwohnungen und Vertragsschlüsse in Hotels und Seniorenheimen unter § 312b I BGB. Ob der Besuch des Unternehmers durch den Verbraucher bestellt wurde, ist nach neuer Rechtslage nicht mehr entscheidend.[377]

Für eine situative Überrumpelung ist es erforderlich, dass der Unternehmer oder ein Gehilfe i.S.d. § 312b I Nr.1 BGB gleichzeitig körperlich anwesend ist.[378]

---

[371] BGH, NJW-RR 2009, 1275 ff. (1277).
[372] Möller, BB 2014, 1411 (1414).
[373] Palandt, § 312b, Rn. 2.
[374] Möller, BB 2014, 1411 (1415).
[375] Bittner, ZVertriebsR 2014, 3 (4).
[376] Bezogen auf den Arbeitsplatz kommt es aber darauf an, mit welchem „Unternehmer" der AN als Verbraucher einen Vertrag schließt. Geht es um arbeitsvertragliche Regelungen mit dem Arbeitgeber (insbesondere um den Abschluss eines Aufhebungsvertrages), erfolgt der Abschluss hier ja gerade innerhalb der Geschäftsräume des Arbeitgebers, so dass allein aus diesem Grund kein Widerrufsrecht besteht. Relevant ist der Arbeitsplatz daher nur für Fälle, in denen andere Unternehmer versuchen, Verträge mit den AN zu schließen („Drückerkolonnen").
[377] Palandt, § 312b, Rn. 4.
[378] Bittner, ZVertriebsR 2014, 3 (4).

(2) Angebotsabgabe außerhalb von Geschäftsräumen, § 312b I Nr.2 BGB

Nr.2

Nr.2 erweitert den Anwendungsbereich der Nr.1 auf Fälle, in denen nur der Verbraucher seine bindende Erklärung außerhalb von Geschäftsräumen abgibt, der Unternehmer den Antrag aber erst später (und möglicherweise in seinen Geschäftsräumen) annimmt. Voraussetzung ist allerdings die körperliche Anwesenheit des Unternehmers oder seines Gehilfen.[379]

(3) Werbemäßiges Ansprechen, § 312b I Nr.3 BGB

Nr.3

Von Nr.3 erfasst werden Verträge, bei denen der Verbraucher außerhalb der Geschäftsräume des Unternehmers persönlich und individuell angesprochen, der Vertrag allerdings in unmittelbarem Anschluss in den Geschäftsräumen des Unternehmers oder über Fernkommunikationsmittel geschlossen wird.[380] Allerdings greift Nr.3 nicht, wenn der Unternehmer in die Wohnung des Verbrauchers kommt, um für ein Angebot Werbematerial abzugeben, Maße zu nehmen oder eine Schätzung vorzunehmen und der Verbraucher erst nach einer Prüfungs- und Bedenkzeit sein Angebot abgibt.[381]

(4) Ausflugsveranstaltungen, § 312b I Nr.4 BGB

Nr.4

Nr.4 erfasst Fälle, bei denen anlässlich einer Ausflugsveranstaltung in den Geschäftsräumen des Unternehmers geschlossen werden.[382] Erfasst werden insbesondere Kaffee- und Butterfahrten.[383]

dd) Kein Ausschluss des Widerrufsrechts gem. § 312g II S.1 BGB

Kein Ausschluss, § 312g BGB

§ 312g II S.1 BGB enthält einen Katalog mit Ausnahmen zum Widerrufsrecht. Im Unterschied zu den Bereichsausnahmen in § 312 II–VI BGB, welche die Anwendbarkeit der Kapitel 1 & 2 grundsätzlich beschränken, bezieht sich § 312g II S.1 BGB nur auf das Widerrufsrecht.[384] Examensrelevant sind insbesondere die folgenden Ausnahmen. Die Darstellung erfasst auch Rechtsprechung zu den Fällen des Fernabsatzwiderrufs.

„made to order"

⇨ Nr.1: Waren nach Kundenspezifikation

z.B. bei Maßkleidung oder einen Gaming-PC. Nr.1 ist nicht anwendbar, wenn die zu liefernde Sache aus vorgefertigten Serienbauteilen zusammengefügt wird, die ohne Beeinträchtigung der Substanz mit geringem Aufwand wieder getrennt werden können.[385]

Bsp.:[386] M bestellt bei der Firma B-PC über deren Web-Shop ein Notebook in built-to-order Bauweise. Bei seiner Bestellung hatte er die Wahl zwischen verschiedenen Grundausstattungen, die er nach dem Baukastenprinzip mit unterschiedlichen Festplatten, Prozessoren, Hauptspeichermodulen und Softwareausstattung komplettierte.

---

[379] Palandt, § 312b, Rn. 5.
[380] Bittner, ZVertriebsR 2014, 3 (4).
[381] Palandt, § 312b, Rn. 6.
[382] Palandt, § 312b, Rn. 7.
[383] Möller, BB 2014, 1411 (1415).
[384] Schmidt/Brönneke, VuR 2013, 448; Hilbig-Lugani, ZJS 2013, 441 (448 f.).
[385] Hilbig-Lugani, ZJS 2013, 441 (451); Palandt, § 312g, Rn. 4.
[386] BGH, **Life&Law 08/2003, 534 - 540** (lesen!) = NJW 2003, 1665-1667 = **juris**byhemmer.

Als er den Computer erhielt, stellte er fest, dass dieser seinen Vorstellungen nicht entsprach. M möchte den Kaufvertrag nun nach den §§ 312c I, 312g I BGB widerrufen. Der Geschäftsführer G der B-PC wendet ein, ein Widerruf sei schon nach § 312g II BGB ausgeschlossen.

Wie ist die Rechtslage?

Ein Fernabsatzvertrag i.S.v. § 312c I BGB liegt vor – ein Vertragsschluss über das Internet erfüllt diese Bedingungen problemlos. Auch liegt ein Verbrauchervertrag gem. § 310 III BGB vor, M ist Verbraucher, § 13 BGB, die B-PC Unternehmer nach § 14 BGB.

(P) built-to-order

Das Widerrufsrecht nach §§ 312c I, 312g I BGB ist ausgeschlossen, wenn der Computer nach den besonderen Wünschen des M angefertigt wurde, § 312g II Nr.1 BGB. Dies ist im Hinblick auf die besondere Herstellungsweise (built-to-order = Baukastensystem) sehr problematisch. Entscheidend ist, ob B den PC nach einer Rückgabe im normalen Geschäftsbetrieb weiterverwenden kann oder nicht.

Eine Anfertigung nach Kundenspezifikationen liegt dann nicht vor, wenn die Ware lediglich aus Standardbauteilen zusammengesetzt wird, die sich mit verhältnismäßig geringem Aufwand wieder trennen lassen, ohne dass ihre Substanz oder Funktionsfähigkeit beeinträchtigt werden.

Da im vorliegenden Fall die Zusammenstellung der einzelnen Komponenten wieder zu trennen ist und diese wieder verbaut werden können, muss eine Anwendung von § 312g II Nr.1 BGB seinem Schutzzweck nach ausscheiden.

Im Übrigen liegt die Darlegungs- und Beweislast für den Ausschluss des Widerrufsrechts gem. § 312k II BGB bei der B-PC, die sich auf den Ausnahmetatbestand beruft.

M kann folglich gem. §§ 312c I, 312g I, 355 I BGB widerrufen.

§ 312g II Nr.1 BGB ist regelmäßig ebenfalls nicht anwendbar bei Werkverträgen i.S.d. § 631 BGB. Der Werkunternehmer ist hier über § 357 VIII BGB hinreichend geschützt. Würden Werkverträge dem § 312g II Nr.1 BGB unterfallen, käme es ja gar nicht zur Rückabwicklung, bei welcher dann § 357 VIII BGB greift.[387]

⇨ **Nr.2: Verderbliche Waren**

320

Hierunter fallen auch Strom und Gas, weil der sofortige Verbrauch eine Sonderform des Verderbs ist.[388]

⇨ **Nr.3: Versiegelte Ware**

Begriff der „Hygiene"

Dieser Ausschlusstatbestand ist neu. Z.T. gelang schon früher eine Subsumtion unter die verderbliche Ware. Der neue Tatbestand geht darüber hinaus, ist andererseits aber beschränkter, weil eine Versiegelung erforderlich ist. Problematisch dürfte hier insbesondere der Begriff der „Hygiene" sein. Unterfällt dem auch die Lieferung von Kleidungsstücken? Dann wäre ein sehr großer Anwendungsbereich des bisherigen Fernabsatzes für das Widerrufsrecht nicht mehr relevant. Im Übrigen ist schon begrifflich nicht klar, wie Gesundheitsschutz und Hygiene begrifflich voneinander getrennt werden sollen. Vom Sprachsinn her betrachtet gibt es hier sicherlich eine große Schnittmenge.

---

[387] BGH, **Life&Law 12/2018, 804 ff.** Achten Sie auf Folgendes: Handelt es sich bei dem Werkvertrag um einen Verbraucherbauvertrag, besteht gem. § 312 II Nr.3 BGB kein Widerrufsrecht nach § 312g I BGB, weil das Kapitel 2 der §§ 312b ff. BGB dann nicht anwendbar ist. § 650l BGB ist dann für das Widerrufsrecht des Verbrauchers maßgeblich.

[388] Palandt, § 312g, Rn. 5.

§ 7 WIDERRUFSRECHT BEI VERBRAUCHERVERTRÄGEN

Der BGH scheint zu einer engen Sichtweise zu tendieren. Sofern die Entfernung der Versiegelung endgültig dazu führt, dass die Ware nicht wieder verwendet werden kann, ist § 312g II Nr.3 BGB vom Sinn und Zweck her erfüllt. Was aber, wenn die Ware – ggfs. nach Reinigung und erneuter Versiegelung – wieder verwendet werden könnte? Der BGH hat diese Frage (in einem Fall des Fernabsatzes) dem EuGH vorgelegt in einem Fall, in dem eine versiegelte Matratze geliefert worden war.[389] Der EuGH hat entschieden, dass das Widerrufsrecht nicht ausgeschlossen ist. Die Matratze könne erneut veräußert werden, so dass keine Unbilligkeit zu Lasten des Verkäufers besteht. Der Schutz gegenüber dem Verbraucher beschränkt sich darauf, dass dieser ggfs. Wertersatz schuldet, wenn der Umgang mit der Ware zur Prüfung der Eigenschaften nicht notwendig war.[390]

„Versiegelung"

Im Übrigen darf man den Begriff der „Versiegelung" i.S.d. Nr.3 und Nr.6 wohl nicht gleichbedeutend verstehen. Gem. Nr.6 müsste dies eine Vorkehrung sein, die über die bloße Verpackung hinaus den ungehinderten Zugang versperrt. Das wird man gerade vor dem Hintergrund des Hygieneschutzes bei der Nr.3 nicht fordern dürfen, weil sich die Norm andernfalls selbst widerspräche. Auch hier muss eine Klärung abgewartet werden.

⇨ Nr.5: „Französische Weinklausel"

Die Nr.5 ist neu und klammert Spekulationskäufe bei der Lieferung alkoholischer Getränke aus. Das stellt faktisch eine französische Besonderheit dar, weil es hier häufig zu Käufen vor der Ernte kommt, mit denen die Käufer auf steigende Preise spekulieren.

Softwarelieferung

⇨ Nr.6: Lieferung von Software

321

Der Ausschluss greift, wenn die Software versiegelt ausgeliefert wurde und der Verbraucher das Siegel entfernt hat.[391]

Bsp.: Die Verbraucherin V bestellt bei dem Online-Unternehmen „E-Books R Us" ein Buch. Die Leistung des Unternehmens erfolgt dadurch, dass es der V ermöglicht, den Buchtext per Download auf ihre Festplatte zu speichern. Nachdem V den Anfang des Buches gelesen hat, stellt sie fest, dass es ihr doch nicht so gut gefällt und widerruft daher den Vertrag. Ist ein Widerruf nach § 312g II BGB ausgeschlossen?

322

Ein Widerruf wäre nach § 312g II BGB ausgeschlossen, wenn der **Vertrieb von E-Books** unter einen der Fälle des § 312g II Nr.1–13 BGB fallen würde.

Dieser Vertriebsweg, der bei allen digitalisierbaren Produkten – von Musik, Filmen, Bildern, Software über Bücher bis hin zu Zeitungen und Zeitschriften – zunehmend an Bedeutung gewinnt, fällt dem Wortlaut nach unter keine der Ausnahmen des § 312g II BGB. Insbesondere wurde das Buch nicht auf einem versiegelten Datenträger geliefert, § 312g II Nr.6 BGB.

Diskussion früher § 312g II BGB analog?

Nach alter Rechtslage wurde z.T. diskutiert, ob über eine Analogie auch im Falle der E-Book Bestellung ein Widerrufsrecht ausgeschlossen sein sollte.[392]

Der Ausschluss des Widerrufsrechts in den Nummern 6, 7, 12 folgt dem Gedanken, dass der Verbraucher ansonsten von der erhaltenen Leistung Gebrauch machen könnte (etwa eine CD kopieren (Nr.6), die Zeitung lesen (Nr.7) oder seine Chancen im Lotto abwarten (Nr.12)) und dennoch nach erfolgtem Widerruf nicht zur Gegenleistung verpflichtet wäre.

---

[389] BGH, **Life&Law 04/2018, 247 ff.** = **juris**byhemmer.
[390] EuGH, Urteil vom 27.03.2019, AZ C-681/17.
[391] Palandt, § 312g, Rn. 9.
[392] Vgl. dazu Dethloff, Jura 2003, 730-738 (735).

Der Gesetzgeber hat diese Diskussion aber nicht zum Anlass genommen, die Ausschlusstatbestände um diesen Fall zu erweitern. Auch ergibt sich im Umkehrschluss aus § 356 V BGB, dass § 312g II BGB nicht greifen kann. Denn der Erwerb von E-Books fällt unter § 356 V BGB. Ein Widerrufsrecht kann aber denknotwendig nur dann erlöschen, wenn es zuvor überhaupt bestanden hat.

V kann folglich widerrufen (auf die Voraussetzungen des § 356 V BGB soll an dieser Stelle nicht weiter eingegangen werden).

⇨ Nr.8: Preisschwankungen auf Finanzmärkten

Nicht darunter fällt die Bestellung von Heizöl. Denn hier entfällt der spekulative Charakter. Nur dieser würde aber den Ausschluss des Widerrufsrechts rechtfertigen.[393]

⇨ Nr.9: Bestimmte Dienstleistungen

Hierunter fallen z.B. Catering- oder Pizzaservices, Warentransport, Ticketservices. Bei den Beherbergungsleistungen ist die Rückausnahme nach Satz 2 für Verträge gem. § 651a BGB zu beachten, wenn diese in einer Situation des § 312b I BGB geschlossen wurden.[394]

⇨ Nr.10: Versteigerungen

Wie bereits gem. § 312d IV Nr.5 BGB a.F. besteht bei Versteigerungen im Rechtssinne (§ 156 BGB) kein Widerrufsrecht.

(P) Internetversteigerungen

Problematisch ist die Frage, ob ein Verbraucher einen Vertrag, der i.R.e. Internet-Versteigerung (eBay!) **mit einem Unternehmer** zustande kommt, gem. §§ 312c I; 312g I; 355 I BGB widerrufen kann.

Für das Widerrufsrecht ist entscheidend, ob in diesen Fällen die Voraussetzungen des § 156 BGB gegeben sind.

Nur Versteigerungen gem. § 156 BGB

Im Internet am weitesten verbreitet sind Versteigerungen, in denen Gegenstände mit individuellem Start- und Endtermin zum Verkauf angeboten werden, wobei der Vertrag mit demjenigen zustande kommt, der im Endzeitpunkt das höchste Gebot abgegeben hat, sog. Langzeitauktion. Die Tätigkeit des Betreibers der Internet-Plattform (dieser ist zu unterscheiden von dem späteren Vertragspartner) beschränkt sich im Wesentlichen auf die Bereitstellung der Präsentationsseite und Bestimmung des zum Versteigerungsende gegebenen Höchstgebots. Ein Auktionator i.S.d. § 156 BGB, der das Geschehen aktuell und aktiv beherrscht und durch seinen Zuschlag die Annahme des vom Bieter gemachten Angebots erklärt, ist nicht vorhanden. Der Vertragsschluss kommt durch Zeitablauf eher zufällig zustande und ist nicht das Ergebnis eines Preisfindungsmechanismus durch gegenseitiges Ausbieten. Eine Versteigerung i.S.v. § 156 BGB ist folglich nicht gegeben, sodass das Widerrufsrecht gem. § 312g II Nr.10 BGB nicht ausgeschlossen ist.[395]

hemmer-Methode: Dieser überzeugenden Ansicht hat sich auch die Rechtsprechung angeschlossen.[396] Beachten Sie, dass auf der Anbieterseite ein Unternehmer handeln muss. Soweit ein Verbraucher Waren zur Versteigerung anbietet, steht einem Erwerber kein Widerrufsrecht nach den §§ 312c, 312g, 355 BGB zu. Problematisch kann hierbei die Abgrenzung zwischen Unternehmer und Verbraucher werden, wenn eine Person des Öfteren Waren zur Versteigerung anbietet.

---

[393] BGH, **Life&Law 10/2015, 715 ff.** = **juris**byhemmer.
[394] Palandt, § 312g, Rn. 12.
[395] Palandt, § 312g, Rn. 13; Dethloff, Jura 2003, 730 (737); a.A. Bernhard, ZGS 2005, 226-232.
[396] BGH, **Life&Law 02/2005, 93 - 98** = ZGS 2005, 30-33; OLG Oldenburg, **Life&Law 12/2005, 795 - 800** = ZGS 2005, 359-360; LG Berlin, NJW 2004, 2831–2833: **alle Entscheidungen** = **juris**byhemmer.

Hier lassen sich keine festen Grenzen aufziehen, sodass Sie die Anhaltspunkte im jeweiligen Sachverhalt auswerten müssen. Insbesondere jedoch bei eBay-Powersellern ist grundsätzlich von einer Unternehmereigenschaft auszugehen (siehe oben Rn. 51b).

eBay und andere Onlineversteigerer haben in den letzten Jahren immer wieder für Arbeit an den Zivilgerichten gesorgt. Interessant in diesem Zusammenhang ist auch, dass sich aus §§ 280 I, 241 II BGB eine Verpflichtung zur Zustimmung der Löschung einer Bewertung ergibt, denn die wahrheitsgemäße Bewertung ist beim eBay-Kauf eine Nebenpflicht gem. § 241 II BGB[397]. Ferner ist mittlerweile auch entschieden, dass ein Kauf unter einem Mitgliedsnamen (Account) eines anderen zur Anwendbarkeit der §§ 164 ff. BGB führt sofern der Accountinhaber der Verwendung zugestimmt hat oder Rechtsscheingrundsätze über eine fehlende Zustimmung hinweghelfen. Es kommt dann ein Vertrag mit dem Accountinhaber zustande.[398] Etwas anderes würde sich wohl nur ergeben, wenn der Account gehackt wurde, oder aber die Zugangsdaten auf andere Weise ohne Kenntnis und Verschulden des Accountinhabers erlangt worden sind. Auch wegen des Praxisproblems der vorzeitigen Beendigung von Auktionen[399] und von Übertragungsproblemen wird zum Teil eine klarere Gestaltung der AGB von eBay gefordert, um den Marktplatz so funktionsfähig wie möglich zu gestalten.[400]

Reparaturen

⇨ Nr.11: Dringende Reparatur- und Instandhaltungsarbeiten

326

Hat ein Verbraucher einen Unternehmer aufgefordert, ihn aufzusuchen, um dringende Arbeiten vorzunehmen, besteht von vornherein kein Widerrufsrecht. Dringlichkeit ist nur dann gegeben, wenn die Arbeiten zur sofortigen Wiederherstellung der Funktionstauglichkeit erforderlich sind und der Verbraucher darauf angewiesen ist.[401]

Von der Ausnahme umfasst sind aber nur die dringenden Arbeiten, zu denen der Unternehmer auch angefordert wurde, nicht aber weitere Dienstleistungen und Waren.[402]

„Wasserrohrbruch-Fall"

Bsp.:[403] R beklagt einen Wasserrohrbruch. Der bestellte Unternehmer X überredet R im Rahmen der Reparaturarbeiten zum Einbau einer neuen Wasserenthärtungsanlage. R ist einverstanden. X baut die Anlage sogleich ein. R möchte wissen, ob er den Vertrag widerrufen kann?

327

R könnte ein Widerrufsrecht nach §§ 312g I; 312b I BGB zustehen. Dann müssten die §§ 312b ff. BGB anwendbar sein. Der Erwerb müsste als auf eine „entgeltliche Leistung" des Unternehmers gerichteter Verbrauchervertrag i.S.d. § 310 III BGB zu qualifizieren sein. Der Vertrag darf nicht gem. § 312 BGB vom Verbraucherschutz ausgeschlossen sein. Zusätzlich dürfte kein Ausschluss nach § 312g II, III BGB vorliegen.

I. Unproblematisch handelt es sich um einen Verbrauchervertrag i.S.d. § 310 III BGB.

II. Dieser war auch auf eine „entgeltliche Leistung" des Unternehmers gerichtet.

III. Ausschlusstatbestände i.S.d. § 312 BGB greifen nicht ein.

---

[397] AG Erlangen, ZGS 2004, 359-360.

[398] OLG München, NJW 2004, 1328-1329; differenzierend zu den Anforderungen an eine Rechtsscheinshaftung OLG Köln, NJW 2006, 1676-1677; so wie das OLG München hat der BGH entschieden, **Life&Law 09/2011, 615 - 622** = BGHZ 189, 346-356: **alle Entscheidungen = juris**byhemmer.

[399] Dazu BGH, **Life&Law 10/2011, 704 - 708** = NJW 2011, 2643 - 2644 = **juris**byhemmer; mit der Besonderheit, dass die Leistung vor Angebotsende unmöglich wurde, und der BGH einen Abbruch der Auktion für zulässig erachtet.

[400] Siehe dazu zusammenfassend Wackerbarth/van der Hoff, ZGS 2005, 216-222.

[401] Palandt, § 312g, Rn. 14.

[402] Schmidt/Brönneke, VuR 2013, 448 (450).

[403] Vgl. Schärtl, JuS-Extra 2014, 12 (20 ff.).

IV. Fraglich ist jedoch, ob § 312g II BGB eingreift. In Betracht kommt § 312g II S.1 Nr.11 BGB, wonach kein Widerrufsrecht besteht, wenn der Verbraucher den Unternehmer „ausdrücklich aufgefordert hat, ihn aufzusuchen, um dringende Reparatur- oder Instandhaltungsarbeiten vorzunehmen".

R hatte X wegen des Wasserrohrbruchs und damit zu einer dringenden Reparaturarbeit gerufen, so dass der Anwendungsbereich des § 312g II S.1 Nr.11 BGB gegeben zu sein scheint ist. Jedoch bleibt gem. § 312g II S.1 Nr.11 HS 2 BGB das Widerrufsrecht dann bestehen, wenn es um Dienstleistungen geht, die der Verbraucher „nicht ausdrücklich verlangt" hat, oder hinsichtlich solcher bei dem Besuch gelieferter Waren, die bei der Instandhaltung oder Reparatur nicht unbedingt als Ersatzteile benötigt" wurden. Dann liegt eine klassische „Haustürsituation" vor. Der Verbraucher ist dann trotz seiner Bestellung schutzwürdig. Der Unternehmer darf die Situation der Bestellung nicht dazu missbrauchen, dem Verbraucher zusätzliche, „zur sofortigen Wiederherstellung der Funktionstauglichkeit" des reparaturbedürftigen Gegenstandes nicht erforderliche Leistungen zu verkaufen. Da vorliegend kein innerer Zusammenhang zwischen dem Anlass zur Reparatur und dem Kaufgegenstand besteht, ist das Widerrufsrecht des R nicht ausgeschlossen.

Notarielle Beurkundung

⇨ Nr.13: Notarielle Beurkundung

328

Nr.13 erfasst nur notariell beurkundete Verträge, die von § 312 II Nr.1 BGB nicht erfasst sind, d.h. von diesem nicht bereits aus dem Anwendungsbereich des Verbraucherschutzes aussortiert worden sind. Dies sind zum einen Fernabsatzverträge über Finanzdienstleistungen, sofern der Notar die Einhaltung der Informationspflichten nach § 312d II BGB bestätigt hat. Zum anderen erfasst Nr.13 freiwillig beurkundete Verträge, die keine Finanzdienstleistungen betreffen, wenn der Notar die Belehrung gem. § 312 II Nr.1 lit. b) BGB nicht durchgeführt hat.[404]

Widerrufsrecht entfällt in jedem Fall

hemmer-Methode: Die Belehrungspflicht des Notars in § 312 II Nr. 1 BGB ist daher im Ergebnis ein stumpfes Schwert, da das Widerrufsrecht auch bei deren Missachtung entfällt.

ee) Keine Subsidiarität gem. § 312g III BGB

Subsidiaritätsklausel

§ 312g III BGB stellt klar, dass die dort genannten spezielleren Widerrufsrechte dem § 312g I BGB vorgehen.

329

ff) Kein Erlöschen des Widerrufsrechts gem. § 356 IV, V BGB

Erlöschenstatbestände

Zum Schutz des Unternehmers erlischt das Widerrufsrecht, wenn der Unternehmer die Dienstleistung vollständig erbracht hat.[405] Voraussetzung dafür ist, dass der Verbraucher vor Beginn der Erfüllung ausdrücklich seine Zustimmung zur Erbringung der Dienstleistung auch vor Ablauf der Widerrufsfrist erteilt, sowie seine Kenntnis vom dadurch bedingten potenziellen Wegfall seines Widerrufsrechts bestätigt hat.[406] Auf die Erbringung der Gegenleistung durch den Verbraucher kommt es nicht an.[407]

330

Gleiches gilt gem. § 356 V BGB bei der Lieferung von nicht auf einem körperlichen Datenträger befindlichen „digitalen Inhalten". Die hiermit korrespondierende Dokumentationspflicht normiert § 312f III BGB, welcher auch eine Legaldefinition der „digitalen Inhalte" bereitstellt (z.B. Ermöglichung eines Downloads oder Streamings[408]).

---

[404] Palandt, § 312g, Rn. 16.
[405] Palandt, § 356, Rn. 9.
[406] Schärtl, JuS 2014, 577 (580).
[407] Palandt, § 356, Rn. 9.
[408] Nach Schärtl, JuS 2014, 577 (580).

„Gartenzaun-Fall"

Bsp. zu § 356 IV BGB:[409] *H möchte seinen alten Gartenzaun erneuern lassen. Dazu beauftragt er telefonisch den im Internet mit einer eigenen Website auftretenden Bauunternehmer S, mit dem er sich auf einen Festpreis von 2000 € einigt. Dabei erfolgt eine ordnungsgemäße Unterrichtung gem. § 356 III S.1 BGB. Es wird ausdrücklich vereinbart, dass S die Arbeiten schon 2 Tage später ausführen soll. Zwar montiert S – wie vereinbart – die für den Gartenzaun notwendigen Ecksäulen. Mangels zureichender Verankerung im Erdreich werden diese jedoch bereits kurze Zeit später auf Grund der Last der daran befestigten Gartenzaunelemente ausgehebelt, so dass der Zaun in sich zusammenfällt. Kann H den Vertrag mit S wirksam widerrufen und die bereits an S gezahlten 2000 € zurückverlangen?*

Fraglich ist, ob H von S die Rückgewähr der für die Errichtung des Zaunes gezahlten 2000 € gem. §§ 355 III S.1, I, 357 I, 312g I, 312c, 356 BGB verlangen kann. Voraussetzung dafür ist ein wirksamer Widerruf des mit S geschlossenen Werkvertrags. Dazu müsste ein Widerrufsrecht bestehen, dieses müsste wirksam ausgeübt worden sein, wobei die einschlägige Widerrufsfrist zu beachten ist.

I. Bestehen eines verbraucherschützenden Widerrufsrechts

(a) Tatbestandlich setzt das Verbraucherwiderrufsrecht nach §§ 312g, 312c I BGB zunächst voraus, dass überhaupt der Anwendungsbereich vor allem der §§ 312 ff. BGB eröffnet ist. Ein Verbrauchervertrag i.S.d. § 310 III BGB ist zwischen dem gewerblich tätigen S und dem H zu bejahen. Aufgrund des versprochenen Werklohns i.S.d. § 631 I BGB i.H.v. 2000 € ist der Vertrag auch auf eine entgeltliche Leistung gerichtet. Anhaltspunkte für das Eingreifen einer der in § 312 BGB genannten Ausschlusstatbestände sind nicht ersichtlich. Insbesondere handelt es sich nicht um einen Verbraucherbauvertrag i.S.d. §§ 312 II Nr.3, 650i BGB.

(b) Fraglich ist jedoch, ob der Werkvertrag nach § 312g I BGB widerrufen werden kann.

Es müssten die Voraussetzungen eines Fernabsatzvertrags i.S.d. § 312c I BGB erfüllt sein. H und S haben ausschließlich über das Telefon, einem Fernkommunikationsmittel zwecks Vertragsschluss kommuniziert. Fraglich ist, ob S ein „für den Fernabsatz organisiertes Vertriebs- oder Dienstleistungssystem" bereithält.

Dazu genügt nicht allein eine Homepage mit Informationen zu den angebotenen Leistungen und Kontaktdaten des Unternehmers. Allerdings genügt es auch, wenn der Unternehmer nach außen seine Bereitschaft zu Vertragsverhandlungen bzw. -abschlüssen im Wege der Fernkommunikation erklärt.

Dem H steht somit grundsätzlich ein Widerrufsrecht zu. Fraglich ist, ob H's Widerrufsrecht auf Grund der (mangelhaften) Ausführung der versprochenen Werkleistung nach § 356 IV 1 BGB erloschen ist. Danach endet die Widerrufsmöglichkeit, wenn der Unternehmer seine geschuldete Dienstleistung „vollständig erbracht" und der Verbraucher ausdrücklich seine Zustimmung zu deren Durchführung vor Ablauf der Widerrufsfrist erteilt sowie die Kenntnis davon, dass das Widerrufsrecht bei vollständiger Erfüllung seitens des Unternehmers verloren geht, bestätigt hat.

„Werkleistung" = „Dienstleistung" im europarechtlichen Sinne

Unschädlich ist insoweit, dass es sich um einen Werkvertrag handelt. Die in § 356 IV BGB verwendete Diktion basiert auf den Vorgaben der umzusetzenden europäischen Richtlinie. Der Normgeber hatte dabei auch nicht die juristische Differenzierung im Sinne des deutschen Rechts vor Augen. Der Begriff „Dienstleistung" wird daher im europarechtlichen Sinne weit ausgelegt.

Vorliegend fehlt es jedenfalls an einer vollständigen Erfüllung seitens des S, da hierfür eine mangelfreie, ordnungsgemäße Leistungserbringung erforderlich ist. Selbst wenn daher H die Errichtung des Gartenzauns abgenommen haben sollte, genügen Mängelgewährleistungsrechte nach §§ 634, 633, 631, 640 BGB, um ein Erlöschen der Widerrufsfrist nach § 356 IV S.1 BGB zu verhindern. Mangels ordnungsgemäßer, insbesondere mangelfreier, vollständiger Erfüllung seitens des S ist deshalb weiterhin vom Bestehen des verbraucherschützenden Widerrufsrechts des H auszugehen

---

[409] Nach Schärtl, JuS-Extra 2014, 12 (29 f.).

c) Informationspflichten bei Außergeschäftsraumverträgen

aa) Allgemeine Pflichten und Grundsätze gem. § 312a BGB

Informationen nach § 312a BGB

Die in § 312a I, III–V BGB geregelten Informationspflichten gelten für alle Verbraucherverträge i.S.d. § 310 III BGB, während die in § 312a II BGB i.V.m. Art. 246 EGBGB statuierten Informationspflichten durch den spezielleren § 312d BGB i.V.m. Art. 246a EGBGB verdrängt werden.

Zu beachten ist allerdings, dass die Informationspflichten nach § 312a II BGB i.V.m. Art. 246 EGBGB auf alle sonstigen Verbraucherverträge, die wegen § 312 II BGB nicht unter §§ 312b; 312c BGB fallen, anwendbar sind.

Während § 312a III-V BGB unmittelbar zum Ausdruck bringen, welche Rechtsfolgen greifen, ist dies bei § 312a I, II BGB nicht der Fall. Daher gelten hier die Allgemeinen Regeln: Eine Verletzung der Informationspflichten stellt eine Pflichtverletzung dar, für die – da sie im vorvertraglichen Bereich liegt – eine Haftung aus §§ 280 I, 241 II, 311 II BGB in Betracht kommt. Wird z.B. nicht darauf hingewiesen, dass dem Käufer im Falle der Mangelhaftigkeit der Ware Mängelrechte zustehen, könnte dieser ggfs. Vertragsaufhebung verlangen, obwohl die Mängelrechte selbst ggfs. schon verjährt sind. Er müsste dahingehend vortragen, dass er bei entsprechender Information die Mängelrechte gekannt und von ihnen auch Gebrauch gemacht hätte, also z.B. zurückgetreten wäre. Erforderlich ist aber der plausible Vortrag, aufgrund der beschränkten Information gar nicht davon ausgegangen zu sein, Mängelrechte zu haben.

hemmer-Methode: Anders als im Rahmen des § 280 I BGB üblich, würde hier nicht nur das Vertretenmüssen vermutet. Gem. § 312k II BGB wird auch das Vorliegen einer Pflichtverletzung selbst vermutet!!! Die Kausalität muss allerdings der Verbraucher beweisen.

Die Pflichten und Grundsätze des § 312a III–V BGB werfen im Einzelnen keine Schwierigkeiten auf und lassen sich durch die Gesetzeslektüre gut erschließen.[410] Die Sanktion bei Nichtbeachtung ist in den Absätzen jeweils enthalten (Keine Einbeziehung in den Vertrag bzw. Unwirksamkeit der Vereinbarung).

Keine Auswirkung auf Widerrufsrecht

Auf das Widerrufsrecht bzw. die Widerrufsfrist wirkt sich eine Nichtbefolgung *dieser* Pflichten bzw. Grundsätze nicht aus[411], da die genannten Sanktionen nach Abs. 3–5 den Verbraucherschutz hinreichend gewährleisten. Dies bestätigt auch Abs. 6, laut welchem der Vertrag im Übrigen wirksam bleibt.[412]

bb) Besondere Informationspflichten gem. §§ 312d, 312e BGB

Informationen nach §§ 312d, 312e BGB

Gemäß § 312d I S.1 BGB ist der Unternehmer bei Verträgen gem. §§ 312b I, 312c I BGB verpflichtet, den Verbraucher nach Maßgabe des Art. 246a EGBGB zu informieren. Für Verträge über Finanzdienstleistungen gilt abweichend § 312d II BGB i.V.m. Art. 246b EGBGB.

---

[410] Vgl. im Einzelnen Ehmann/Forster, GWR 2014, 163 (166 f.).

[411] Palandt, § 356, Rn. 7; allerdings ist bei einem Verstoß gegen § 312d BGB die Folge für den Lauf der Widerrufsfrist gem. § 356 III S.1 BGB zu beachten!

[412] Palandt, § 312a, Rn. 7.

§ 7 WIDERRUFSRECHT BEI VERBRAUCHERVERTRÄGEN

Eigenschaften der Ware

Der Unternehmer hat gem. Art 246a § 1 I EGBGB über die wesentlichen Eigenschaften der Ware oder Dienstleistungen, über seine Identität, den Gesamtpreis und sonstige Kosten, Zahlungs-, Liefer- und Leistungsbedingungen, den Kundendienst, Garantien und Gewährleistungsrechte, die Laufzeit des Vertrags, die Kündigung, die ggf. vorhandene automatische Verlängerung, die Funktion, den Schutz und Interoperabilität digitaler Inhalte mit Hard- und Software zu unterrichten.

Kontaktdaten

Ferner trifft ihn die Pflicht, dem Verbraucher seine Anschrift, Telefonnummer, Fax- und E-Mailadresse zur Verfügung zu stellen, damit der Verbraucher schnell Kontakt zu ihm aufnehmen und effizient kommunizieren kann. Anzugeben sind ferner die Kosten für den Einsatz der für den Vertragsschluss genutzten Fernkommunikationstechnik, sofern dies nicht nach dem Grundtarif berechnet wird.

Informationen zum Unternehmer

Zu informieren ist darüber hinaus über das Bestehen und die Bedingungen des Kundendienstes und etwaige Kundendienstleistungen, bestehende Verhaltenskodizes, denen sich der Unternehmer unterworfen hat, die Mindestdauer der Verpflichtung, die der Verbraucher mit dem Vertrag eingeht, bzgl. der Tatsache, dass der Unternehmer vom Verbraucher ggf. die Stellung einer Kaution oder die Leistung einer finanziellen Sicherheit verlangen kann sowie deren Bedingungen und den Zugang zu einem außergerichtlichen Beschwerde- und Rechtsbehelfsverfahren, dem der Unternehmer unterworfen ist[413].

hemmer-Methode: Sie müssen an dieser Stelle nichts auswendig lernen, die einzelnen Informationspflichten lassen sich dem Art. 246a EGBGB ohne weiteres entnehmen. Schonen Sie Ihre „Ressourcen" für die wirklich anspruchsvollen Fragen!

Informationen über das Widerrufsrecht

In Art. 246a § 1 II EGBGB sind spezielle Informationspflichten in Bezug auf das Widerrufsrecht nach § 312g I BGB geregelt. Der Unternehmer hat dem Verbraucher nach neuer Regelung nicht nur über das Bestehen und Nichtbestehen des Widerrufsrechts, Einzelheiten der Ausführung und Rechtsfolgen des Widerrufs Auskunft zu geben. Er muss nun auch über das Bestehen des neuen Muster-Widerrufsformulars unterrichten sowie über die mögliche Kostentragungspflicht des Verbrauchers hinsichtlich der Rücksendung.[414]

334

Muster-Widerrufsbelehrung

Wie bislang auch, wird dem Unternehmer gem. Art. 246a § 1 II S. 2 EGBGB eine Muster-Widerrufsbelehrung zur Verfügung gestellt, deren Verwendung den Anforderungen an die Informationspflicht genügt.

335

Informationspflicht, dass kein Widerrufsrecht besteht

Neu ist in Art. 246a § 1 III EGBGB, dass der Unternehmer den Verbraucher auch darüber informieren muss, dass ihm in bestimmten Fällen kein Widerrufsrecht zusteht bzw. dieses vorzeitig entfallen kann.

cc) Form, § 312f I BGB, Art. 246a § 4 EGBGB

Form der Information

Art. 246a § 4 I EGBGB fordert, dass der Unternehmer dem Verbraucher die notwendigen Informationen, d. h. also die nach Art. 246a §§ 1–3 EGBGB, auf dem jeweiligen Medium rechtzeitig vor Abgabe von dessen Vertragserklärung zur Verfügung stellt, und zwar in klarer und verständlicher Weise. Im Weiteren wird eine wichtige Konkretisierung vorgenommen:

336

---

[413] Siehe dazu auch Tamm, VuR 2014, 9 (12 f.).
[414] Tamm, VuR 2014, 9 (13).

Bei Außergeschäftsraumverträgen, bei der die Verpflichtung zur rechtzeitigen Information des Verbrauchers in transparenter Form gänzlich neu ist, hat der Unternehmer dem Kunden die Informationen grundsätzlich auf Papier oder (bei Zustimmung des anderen Teils) auf einem dauerhaften Datenträger zu erteilen.[415]

Textform vor Vertragsschluss, danach schriftliche Abschrift oder Bestätigung

Sofern der Unternehmer bereits vor Vertragsschluss die Widerrufsbelehrung auf einem dauerhaften Datenträger zur Verfügung gestellt hat, muss die Abschrift oder Bestätigung die Widerrufsbelehrung nicht mehr enthalten. Sofern der Unternehmer das Musterformular verwendet, muss dieses dem Verbraucher in Textform, § 126b BGB, zugehen.[416]

dd) Folgen bei Verstoß gegen die Informationspflichten

Schadenersatz wegen Pflichtverletzung

Die Informationspflichten sind echte Rechtspflichten des Unternehmers, auf deren Erfüllung der Verbraucher einen Rechtsanspruch hat.[417] Daher hat dieser zunächst einen Anspruch auf Nachholung der Information durch den Unternehmer, falls diese noch nicht bei Vertragsanbahnung in der vom Gesetz vorgeschriebenen Form vorlag. Ansonsten kommen die Anfechtbarkeit gem. § 119 II BGB, ein Schadensersatzanspruch aus c.i.c., aber auch ein Anspruch auf Wiederherstellung des früheren Zustandes i.S.d. Naturalrestitution in Betracht.[418]

§ 312k II BGB bzgl. Beweislast

Bezüglich der Erfüllung der Informationspflichten trägt der Unternehmer die Beweislast, § 312k II BGB, so dass der Verbraucher nicht nur hinsichtlich des Vertretenmüssens gem. § 280 I S.2 BGB geschützt ist.

Präklusion hinsichtlich Kosten

Für den Fall einer unterlassenen oder unrichtigen Belehrung nach Art. 246a § 1 I S. 1 Nr. 4 EGBGB regelt § 312e BGB im Speziellen, dass der Unternehmer die dort genannten Kosten nicht verlangen kann.

Kein „ewiges Widerrufsrecht" mehr

Gemäß § 356 III S.2 BGB erlischt das Widerrufsrecht – auch bei fehlerhafter oder unterlassener Widerrufsbelehrung[419] – spätestens nach zwölf Monaten und 14 Tagen. Ein „ewiges Widerrufsrecht" gibt es somit nicht mehr (Ausnahme: § 356b BGB).

d) Abweichende Vereinbarungen

Die §§ 312b; 312g BGB sind zwingend und können gem. § 312k I S.1 BGB nicht durch abweichende Vereinbarungen zum Nachteil des Verbrauchers abgeändert werden. Gem. § 312k I S.2 BGB gilt zudem ein Umgehungsverbot.

2. Fernabsatzverträge, §§ 312c, 312g BGB[420]

Sinn und Zweck

Die §§ 312c, 312g BGB bezwecken, den Verbraucher vor irreführenden und aggressiven Verkaufsmethoden zu schützen, welche durch die besondere Situation im Fernabsatz begünstigt werden, die sich dadurch kennzeichnet, dass sich Anbieter und Verbraucher nicht physisch begegnen und der Verbraucher die Ware vor dem Vertragsschluss regelmäßig nicht in Augenschein nehmen kann.

---

[415] Tamm, VuR 2014, 9 (14).
[416] Palandt, Art. 246a EGBGB, Rn. 8.
[417] Palandt, Art. 246a EGBGB, Rn. 7.
[418] Tamm, VuR 2014, 9 (16 f.).
[419] Palandt, § 356, Rn. 8.
[420] Einen Musterfall dazu finden Sie in der **Life&Law 11/2014, 787 ff.**

Dem Verbraucher stehen nur verringerte Rückfragemöglichkeiten zu und er kann sich nur eingeschränkt ein Bild von der Seriosität seines Vertragspartners machen.[421] Den damit einhergehenden Gefahren soll mit den klassischen Instrumenten des Verbraucherprivatrechts, den qualifizierten Informationspflichten des Unternehmers und dem Widerrufsrecht des Verbrauchers entgegengetreten werden.

Prüfungsschema

Bestehen eines Widerrufsrechts nach §§ 312c, 312g BGB

340

1. Verbrauchervertrag i.S.v. § 310 III BGB

2. entgeltliche Leistung, § 312 I BGB (s.o.)

3. keine Bereichsausnahme gem. § 312 II, V, VI BGB (s.o.)

4. Fernabsatzvertrag, § 312c I BGB

5. kein Ausschluss des Widerrufsrechts gem. § 312g II BGB (s.o.)

6. keine Subsidiarität gem. § 312g III BGB (s.o.)

7. kein Erlöschen des Widerrufsrechts gem. § 356 IV, V BGB (s.o.)

a) Persönlicher Anwendungsbereich

Verbraucher – Unternehmer

Ebenso wie die Regelungen über Außergeschäftsraumverträge findet das Widerrufsrecht nur bei Verbraucherverträgen i.S.v. § 310 III BGB Anwendung.

341

b) Sachlicher Anwendungsbereich

aa) Fernabsatzvertrag, § 312c I BGB

Fernabsatzverträge

(1) Es muss sich um einen Fernabsatzvertrag handeln. Unter diesem Begriff versteht man „Verträge, bei denen der Unternehmer oder eine in seinem Namen oder Auftrag handelnde Person und der Verbraucher für die Vertragsverhandlungen und den Vertragsschluss ausschließlich Fernkommunikationsmittel verwenden, es sei denn, dass der Vertragsschluss nicht im Rahmen eines für den Fernabsatz organisierten Vertriebs- oder Dienstleistungssystems erfolgt." Maßgeblich ist, dass die Vertragsparteien nicht gleichzeitig körperlich (physisch) anwesend sind.

342

hemmer-Methode: Die Wendung „für die Vertragsverhandlungen und den Vertragsschluss" ist etwas problematisch. Die dem zugrunde liegende Erwägung ist die, dass ein Fernabsatzvertrag auch vorliegen soll, wenn man das Geschäft des Unternehmers nur zur Information aufsucht, die Verhandlungen und der Vertragsschluss dann aber später über Fernkommunikationsmittel erfolgt. Problematisch ist aber, dass nach dem Wortlaut daher kein Fernabsatzvertrag vorliegt, wenn in den Räumen des Unternehmers nicht nur informiert, sondern auch verhandelt wird, und dann später nur der (formale) Vertragsschluss über die Fernkommunikationsmittel erfolgt. Unabhängig davon, dass man im Einzelfall kaum wird plausibel trennen können zwischen reiner Information und Verhandlungen, scheint hier ein Streitpunkt vorprogrammiert zu sein.

---

[421] MüKo, vor § 312b BGB a.F., Rn. 4.

Fernkommunikationsmittel

(2) Der Begriff des Fernkommunikationsmittel ist in § 312c II BGB legaldefiniert (lesen!). Dort werden auch die typischen Medien genannt: Telefon, Briefe, Kataloge, E-Mail, Rundfunk, Tele- und Mediendienste. Dieser exemplarische Katalog zeigt, dass es auf eine Unterscheidung, ob es sich um Erklärungen unter Anwesenden (z.B. Telefonanrufe) oder Abwesenden (z.B. Briefe) handelt, nicht ankommt.

Für den Fernabsatz organisiertes Vertriebs- oder Dienstleistungssystem

(3) Die Voraussetzung des für den Fernabsatz organisierten Vertriebs- oder Dienstleistungssystems ist als Ausnahmetatbestand formuliert, sodass der Unternehmer die Beweislast für dessen Fehlen trägt. Aufwendige organisatorische Vorkehrungen sind nicht erforderlich.

Es genügt, wenn der Unternehmer planmäßig mit dem Angebot der Bestellung per Fernkommunikationsmittel und Zusendung der Ware wirbt und er seinen Betrieb so organisiert, dass Verträge im Fernabsatz geschlossen und abgewickelt werden können. Durch diese Vorschrift werden so z.B. Einzelhändler ausgenommen, die gelegentlich telefonische Bestellungen entgegennehmen.

Postident-2-Verfahren

(4) Der Annahme eines Fernabsatzvertrages steht es auch nicht entgegen, wenn ein Vertrag von einem Boten persönlich mit dem Verbraucher geschlossen wird, sofern der Bote, wie etwa im Postident-2-Verfahren, über den Vertragsinhalt und insbesondere über die Beschaffenheit der Vertragsleistung des Unternehmers keine näheren Auskünfte geben kann.[422]

hemmer-Methode: Wie auch bei den anderen in diesem Zusammenhang behandelten Verbraucherschutznormen hat der Gesetzgeber auch die Fernabsatzverträge sehr eingehend geregelt. Wichtig ist deshalb, dass Sie besonders hier hart am Gesetzeswortlaut arbeiten – umfangreiche Darlegungen hinsichtlich der Auslegung einer Norm sind nicht nur überflüssig, sondern falsch, wenn der Gesetzgeber den Begriff legaldefiniert hat!

bb) Informationspflichten bei Fernabsatzverträgen

Informationspflichten wie bei § 312b BGB

Die Informationspflichten für Fernabsatzverträge, die keine Verträge über Finanzdienstleistungen sind, entsprechen jenen für Außergeschäftsraumverträge, §§ 312a I; III–V; 312d; 312e BGB.[423]

Ausnahme: § 312f II BGB

Eine Abweichung findet sich insoweit bei § 312 f II BGB: Weil sich beim Fernabsatzvertrag Unternehmer und Verbraucher i.d.R. nicht persönlich begegnen, muss eine (erstmalige) Bestätigung des Vertrages inkl. der Informationen gem. Art. 246a EGBGB (§ 312f II S.2 BGB) dem Verbraucher in Textform zugehen. Allerdings gilt hier wiederum die Erleichterung, dass, sofern die Informationen bereits vor Vertragsschluss auf einem dauerhaften Datenträger zur Verfügung standen, die komplette Belehrung nicht wiederholt werden muss.

Bei Fernabsatzverträgen reicht daher stets die Zurverfügungstellung auf einem dauerhaften Datenträger, es ist hier für einen Teil der Informationen sogar eine Ausnahme i.S.e. bloßen Zugänglichmachens vorgesehen (vgl. Art. 246a § 4 III S. 2 EGBGB).[424]

hemmer-Methode: Auch im Bereich der Fernabsatzverträge gilt: Das Wesentliche ergibt sich aus dem Gesetz. Einzelheiten werden von Ihnen nicht verlangt. Wichtig ist, dass Sie über Grundkenntnisse der (möglicherweise) einschlägigen Normen verfügen, und dann mit Sachverhalt und Gesetz „spielerisch" umgehen.

---

[422] BGH, **Life&Law 02/2005, 98 - 102** = NJW 2004, 3699-3701 = **juris**byhemmer.
[423] Siehe Rn. 333.
[424] Tamm, VuR 2014, 9 (14 f.)

§ 7 WIDERRUFSRECHT BEI VERBRAUCHERVERTRÄGEN

c) Pflichten im elektronischen Geschäftsverkehr, §§ 312i f. BGB

E-Commerce

Der neu eingefügte § 312i BGB regelt – unabhängig davon, ob am Vertrag ein Verbraucher beteiligt ist – allgemeine Pflichten im elektronischen Geschäftsverkehr. Für Verbraucherverträge im e-Commerce-Bereich statuiert § 312j BGB zusätzliche Anforderungen.

348

aa) Allgemeine Pflichten im e-Commerce, § 312i BGB

(1) Persönlicher Anwendungsbereich des § 312i BGB

Kein Verbrauchervertrag erforderlich

§ 312i BGB setzt voraus, dass auf der Anbieterseite (Ware/Dienstleistung) ein Unternehmer, § 14 BGB, handelt. Hinsichtlich der Empfängerseite spricht das Gesetz „nur" von einem **Kunden**. Es wird also nicht vorausgesetzt, dass ein Verbraucher mit einem Unternehmer einen Vertrag schließt.

349

B2C/B2B

Damit fallen neben Verbraucherverträgen („Business to Consumer" = B2C-Verkehr) auch Verträge zwischen Unternehmern („Business to Business" = B2B-Verkehr)[425] unter § 312i BGB.

(2) Sachlicher Anwendungsbereich des § 312i BGB

Elektronischer Geschäftsverkehr

Die Vorschrift findet Anwendung auf Verträge, die im elektronischen Geschäftsverkehr abgeschlossen werden, was der Fall ist, wenn sich ein Unternehmer eines Tele- oder Mediendienstes bedient.[426] Damit sind solche elektronischen Dienste gemeint, die zur individuellen Abgabe einer Bestellung in Anspruch genommen werden können. Der hauptsächliche Anwendungsbereich wird daher in der Benutzung des Internets liegen. Unter den sachlichen Anwendungsbereich fallen dagegen nicht Verträge, die per Telefon, Brief, Hörfunk, Fernsehen oder Teletext zustande kommen. Notwendig ist, dass der Vertrag unter Nutzung elektronischer Kommunikationsmittel geschlossen wird.

350

Bestellung

Die Pflichten des Unternehmers beziehen sich sämtlich auf Bestellungen des Kunden. Die Bestellung des Kunden kann ein **Angebot**, eine **Annahme** oder eine **invitatio ad offerendum** darstellen. Der Begriff der Bestellung umfasst folglich jede angebotsbezogene Reaktion des Kunden, die er i.R.d. Online-Präsentation des Unternehmers in Richtung auf einen beabsichtigten Vertragsschluss abgibt.[427]

(3) Kein Ausschluss gem. § 312i II S. 1 BGB

Keine Anwendung bei Individualkommunikation

Die in § 312i I S. 1 Nr.1–3 BGB (nicht Nr.4 BGB) normierten Pflichten im elektronischen Geschäftsverkehr bestehen nicht, wenn der Vertrag ausschließlich durch individuelle Kommunikation, also beispielsweise per E-Mail, geschlossen wird, § 312i II S.1 BGB. Nur wenn die Bestellung des Kunden über ein Online-Bestellformular erfolgt, ist ihr Zugang durch den Anbieter zu bestätigen. Der Anwendungsbereich ist somit auf den vom Unternehmer vorgegebenen automatisierten Vertrieb beschränkt.

351

---

[425] Bei Verträgen zwischen Verbrauchern spricht man dementsprechend von „Consumer to Consumer", also C2C-Geschäften. Im C2C-Bereich findet § 312g BGB keine Anwendung, da auf Anbieterseite stets ein Unternehmer stehen muss.

[426] Das Gesetz verzichtet auf eine Definition. Nachdem das Teledienstgesetz (TDG) und der Staatsvertrag über die Mediendienste (MDStV) am 01.03.2007 außer Kraft getreten ist und durch das neue Telemediengesetz (TMG – Nr. 7 Beck-Texte 5598, TeleMediaR) ersetzt wurde, kann auch nicht mehr uneingeschränkt auf die damalige Definitionen des § 2 TDG und § 2 II Nr. 4 MDStV zurückgegriffen werden; Definitionsansätze finden sich aber in der E-Commerce-Richtlinie, leider nicht im neuen TMG, da dort der Begriff „kommerzielle Kommunikation" als weitere neue Begrifflichkeit eingeführt wird.

[427] Dethloff, Jura 2003, 730-738 (733).

Dies folgt daraus, dass die Automatisierung des Geschäftsablaufs besondere Gefahren in sich birgt, denen die § 312i I S.1 Nr.1–3 BGB begegnen sollen.[428]

(4) Räumlicher Anwendungsbereich

Deutsche Jurisdiktion

Infolge der Internationalität des Internets ist die Frage nach dem anwendbaren Recht für die Vorgänge des elektronischen Geschäftsverkehrs von zentraler Bedeutung. Nur wenn deutsches Sachrecht anwendbar ist, kann § 312i BGB herangezogen werden. Die Frage des räumlichen Anwendungsbereichs wird sich allerdings nur im Schwerpunktbereich IPR stellen.[429]

352

(5) Pflichtenkatalog

Pflichtenkatalog

Soweit der Anwendungsbereich des § 312i BGB eröffnet ist, stellt § 312i I S.1 Nr.1–4 BGB einen Pflichtenkatalog für den Unternehmer auf.

353

§ 312i I S.1 Nr.1–3 BGB bietet einen Ausgleich dafür, dass der Kunde beim automatisierten Vertrieb Ungewissheiten nicht durch Nachfrage beseitigen kann.

Hierdurch erhält der Kunde eine Art Beleg über die von ihm getätigte Bestellung und ist nicht ausschließlich auf die vorübergehende Anzeige auf der Webseite angewiesen.

hemmer-Methode: Lesen Sie sich § 312i I S.1 Nr.1 – 4 BGB einmal durch, damit Sie einen Überblick gewinnen. Die Regelungen sind aus sich heraus verständlich und dürften keine Schwierigkeiten bereiten. Zu § 312i I S.1 Nr.4 BGB sei jedoch angemerkt, dass diese Regelung nach herrschender Ansicht[430] hinsichtlich der Einbeziehung von AGB nichts an den Voraussetzungen des § 305 II BGB ändert.

(6) Abdingbarkeit

Abdingbarkeit, § 312i II BGB

Gem. § 312i II S.2 BGB ist § 312i BGB in B2B-Geschäften (Unternehmer–Unternehmer) abdingbar, sodass sich der anbietende Unternehmer vom Pflichtenkatalog des § 312i I S.1 Nr.1–3 BGB (**nicht** jedoch **Nr.4!**) sowie Satz 2 befreien kann.

354

bb) Verbraucherverträge und e-Commerce

(1) Anwendungsbereich des § 312j BGB

Verbraucher-E-Commerce

§ 312j BGB ergänzt § 312i BGB für Verbraucherverträge i.S.d. § 310 III BGB im elektronischen Geschäftsverkehr.

355

Zu beachten ist, dass in einem solchen Fall sowohl die §§ 312–312h BGB als auch die §§ 312i; 312j BGB **nebeneinander** anwendbar sind.

Ähnlich wie bei § 312i II S.1 BGB finden die Absätze II–IV keine Anwendung, wenn der Vertrag ausschließlich durch individuelle Kommunikation zustande kam. Darüber hinaus gilt § 312j BGB nicht für Verträge über Finanzdienstleistungen.

---

[428] Dethloff, Jura 2003, 730-738 (733).
[429] Vgl. hierzu von Hoffmann, IPR, § 10, Rn. 73a.
[430] Palandt, § 312i, Rn. 8; Riehm, Jura 2000, 505-513 (510).

(2) Regelungsgegenstand des § 312j BGB

Informationspflichten und Button-Lösung

⇨ § 312j I, II BGB enthalten Informationspflichten, welche sich durch die Gesetzeslektüre und das oben zu §§ 312b, 312c BGB Geschriebene problemlos erschließen lassen.[431]

⇨ § 312j III BGB kodifiziert die sog. „Button-Lösung" für Vertragsschlüsse nach Abs. 2. Ohne eine ausdrückliche Zahlungsbestätigung kommt der Vertrag nicht zustande, Abs. 4.[432]

cc) Rechtsfolgen bei einem Verstoß gegen §§ 312i; 312j BGB

Keine Nichtigkeit

(1) Der Vertrag ist **auch** dann **wirksam**, wenn der Unternehmer seine Verpflichtungen aus §§ 312i; 312j BGB **nicht einhält**.[433]

Schadensersatzpflicht

(2) In Betracht kommt allerdings ein Schadensersatzanspruch aus c.i.c. gem. §§ 280, 311 II, 241 II BGB sowie Unterlassungsansprüche gem. § 2 UKlaG bzw. § 8 UWG.[434]

Anfechtung

(3) Weiterhin kommt eine Anfechtung gem. § 119 I BGB durch den Kunden in Betracht, soweit bei diesem durch die Pflichtverletzung ein Erklärungs- bzw. Inhaltsirrtum entstanden ist.

Ein Erklärungsirrtum bzw. Inhaltsirrtum kann sich besonders daraus ergeben, dass der Unternehmer § 312i I S.1 Nr.1 BGB nicht beachtet hat und der Kunde deswegen einen Eingabefehler nicht erkannt hat.

Des Weiteren kommen Fälle in Betracht, bei denen der Kunde nicht erkennt, dass er überhaupt eine Willenserklärung abgibt. Nach der Rechtsprechung des BGH kommt es für das Vorliegen einer Willenserklärung insoweit nicht darauf an, ob der Kunde mit Erklärungsbewusstsein gehandelt hat. Entscheidend ist vielmehr, ob der Kunde bei sorgfältigem Verhalten den Anschein einer Willenserklärung hätte vermeiden können.[435] In einem derartigen Fall ist eine Anfechtung analog § 119 I BGB möglich. Konnte der Kunde den Anschein einer Willenserklärung nicht vermeiden, etwa weil bereits durch das Klicken des Felds „Informationen" eine Bestellung ausgelöst wird, liegt dagegen keine Willenserklärung vor, sodass eine Anfechtung entbehrlich ist.[436]

Kein Ersatz des Vertrauensschadens gem. § 122 I BGB

Der Unternehmer kann im Falle einer Anfechtung nicht den Ersatz seines Vertrauensschadens verlangen, da § 122 BGB aufgrund von § 242 BGB (widersprüchliches Verhalten) ausgeschlossen ist.[437] Zu diesem Ergebnis gelangt man auch, wenn man den Gedanken des § 122 II BGB heranzieht, wonach die Schadensersatzpflicht nicht eintritt, wenn der Anfechtungsgegner den Grund der Anfechtbarkeit kannte oder infolge von Fahrlässigkeit nicht kannte (kennen musste). Letztlich beruht § 122 BGB auf der Erwägung, dass der Mangel der Erklärung allein aus der Sphäre des Irrenden stammt. Denn grundsätzlich ist allein er es, der den Irrtum und damit gleichzeitig die Gefahr der Erweckung von Vertrauen, das durch die Anfechtung enttäuscht wird, beherrschen konnte.

---

[431] Vgl. im Einzelnen Tamm, VuR 2014, 9 (16).
[432] Palandt, § 312j, Rn. 8.
[433] Palandt, § 312i, Rn. 11; § 312j, Rn. 12.
[434] Tamm, VuR 2014, 9 (17); Palandt, § 312i, Rn. 11; § 312j, Rn. 12.
[435] BGHZ 109, 171-178 (177) = jurisbyhemmer. Man spricht dann von potentiellem Erklärungsbewusstsein bzw. Erklärungsfahrlässigkeit, vgl. **Hemmer/Wüst, BGB AT I, Rn. 60 ff.**
[436] Siehe hierzu **Hemmer/Wüst, BGB AT III, Rn. 322 ff.**, insb. Rn. 400.
[437] Schäfer, Das neue Schuldrecht, § 8, Rn. 46.

Eine Ersatzpflicht muss daher ausscheiden, wenn kein schützenswertes Vertrauen des Anfechtungsgegners vorliegt.[438]

dd) Vertragsschluss beim e-Commerce

hemmer-Methode: Der „e-Commerce" ist kein neues Rechtsgebiet, das sich selbsternannte „Gurus" erschlossen haben. Es gelten die gleichen Grundsätze wie bisher, die lediglich auf das neue Medium übertragen werden müssen. Bekommen Sie im Examen einen Sachverhalt mit „Internetbezug", so verzweifeln Sie nicht, weil Sie sich hier nicht fit gemacht haben. Es handelt sich in den meisten Fällen um BGB–AT oder eben um Fragen des Verbraucherschutzes.

Online-Präsentation i.d.R nur „invitatio ad offerendum"

aa) Die Präsentation von Waren und Dienstleistungen auf einer Website lässt sich mit der Ausstellung von Waren in Schaufenstern oder Katalogen vergleichen.

Der Unternehmer (Anbieter) will sich seine Dispositionsfreiheit erhalten. Vor dem Eingehen einer Bindung möchte er seine Lieferfähigkeit ebenso wie die Bonität des Kunden prüfen. Ihm fehlt es daher meist am Rechtsbindungswillen. Regelmäßig stellt die Online-Präsentation von Waren oder Dienstleistungen deshalb noch keinen Antrag i.S.v. § 145 BGB, sondern lediglich eine „invitatio ad offerendum" dar.[439]

bb) Eine Präsentation auf einer Webseite ist aber dann ein Antrag i.S.v. § 145 BGB, wenn unmissverständlich zum Ausdruck kommt, dass bereits mit der Präsentation auf der Webseite eine rechtsverbindliche Erklärung abgegeben werden soll[440], so etwa bei der „Sofort-Kaufen"-Option bei eBay.

Vereinzelt wird vertreten, dass dies bereits dann der Fall sein soll, wenn auf der Internetseite keinerlei Hinweis („Disclaimer") enthalten ist[441], dass mit der Online-Präsentation noch kein verbindliches Angebot abgegeben werden soll.[442]

Angebot

cc) In der Regel wird der Kunde das Angebot abgeben, indem er das Produkt durch Anklicken bestellt. Eine Willenserklärung kann nach allgemeiner Ansicht rechtswirksam auch online per Mausklick abgegeben werden.[443]

Zugangsbestätigung grds. keine Annahme

dd) Gem. § 312i I S.1 Nr.3 BGB ist der Internet-Anbieter dazu verpflichtet, dem Kunden eine Empfangsbestätigung zu schicken. Die Empfangsbestätigung wird in den meisten Fällen in einem automatisierten Verfahren erstellt und soll dem Kunden nur die Sicherheit geben, dass sein Angebot den Unternehmer auch zugegangen ist. Die bloße Bestätigung des Zugangs der Bestellung i.S.v. § 312i I S.1 Nr.3 BGB durch den Internet-Anbieter stellt allerdings grundsätzlich noch nicht die Annahme eines Vertragsangebotes des Kunden dar, da sie nur eine Wissenserklärung über den Zugang der Bestellung ist.[444]

Annahme

ee) Die Annahme erfolgt durch den Unternehmer meist durch die Bearbeitung der Bestellung, spätestens mit dem Versand der Ware.

---

[438] Dethloff, Jura 2003, 798-802 (801).
[439] Dethloff, Jura 2003, 730-738 (731 f.).
[440] BGH, NJW 2002, 363-365 = **juris**byhemmer; Lettl, JA 2003, 948-957 (950).
[441] Dies müsste allerdings ausdrücklich im Sachverhalt angegeben sein, da Sie das Fehlen eines Disclaimers nach der allgemeinen Lebenserfahrung gerade nicht unterstellen können.
[442] Kimmelmann/Winter, NJW-RR 2003, 54, JuS 2003, 532-536 (534); Muscheler/Schewe, Jura 2000, 565-570 (569).
[443] OLG Hamm, ZIP 2001, 291-296 (292) = **juris**byhemmer.
[444] Dethloff, Jura 2003, 730-738 (733).

Gem. § 151 S.1 BGB ist davon auszugehen, dass der Kunde auf den **Zugang der Annahmeerklärung** (zu unterscheiden von der Empfangsbestätigung und deren Zugang, s. sogleich) bzgl. seines Angebots verzichtet, da Bestellungen von Waren im Internet regelmäßig ohne weitere Korrespondenz an den Abnehmer geschickt werden.

Zugang

ff) § 312i I S.2 BGB trifft hinsichtlich der **Bestellung** und **Empfangsbestätigung** eine besondere Regelung für den Zugang. Sie gelten als zugegangen, wenn sie die Parteien unter gewöhnlichen Umständen abrufen können.[445] Bei Privatpersonen ist dies i.d.R. der nächste Tag (str.). Auf der Unternehmerseite kann der Zugang je nach Einzelfall (z.B. 24-Stunden-Online-Dienst) bereits am selben Tag (innerhalb weniger Minuten) erfolgen.[446] Letztlich macht die Fiktion allerdings wenig Sinn, weil das Abrufenkönnen unter gewöhnlichen Umständen problemlos unter den Zugangsbegriff des § 130 BGB subsumiert werden kann, so dass die Erklärung in dem Moment zugegangen *ist* und insoweit eine Fiktion überflüssig erscheint.

358f

Bsp.:[447] *K erwarb die Zeitschrift BUNTE über die Homepage der B, die mit dem Angebot von Abonnementverträgen im Internet warb. Hierzu veröffentlichte B die wesentlichen Abo-Bedingungen auf ihrer Homepage und bot Interessenten die Möglichkeit, die Zeitschrift mit Hilfe einer formalisierten E-Mail zu erwerben.*

359

Machte man von dieser Option Gebrauch, so erhielt man von B ein Schreiben, in dem sie dem Kunden den Beginn der Lieferung ankündigte und ihn über die Abonnementlaufzeit informierte. K hat mit der Klage (u.a.) die Nichtigkeit des Vertrages geltend gemacht. Wie ist die Rechtslage bezogen auf den Vertragsschluss?

1. Angebot

359a

Bei der Homepage der B, auf der sie anbietet, durch eine formalisierte E-Mail einen Abonnementvertrag über die Zeitschrift „Bunte" zu schließen, könnte es sich um einen Antrag i.S.v. § 145 BGB handeln. Da B sich aber, wie beim klassischen Prospekt- und Versandhandel durch die Warenpräsentation nicht rechtlich binden wollte, sondern sich eine Lieferung nach Überprüfung ihrer Lieferfähigkeit und der Bonität des K vorbehalten wollte, hatte sie keinen Rechtsbindungswillen. Daher liegt in dem Anbieten auf der Homepage lediglich eine sog. „invitatio ad offerendum".

Nach a.A.[448] liegt ein bereits rechtlich bindendes Angebot ad incertas personas vor, wenn bei der Präsentation kein entgegenlautender Zusatz erfolgt (Disclaimer).

Kein Angebot ad incertas personas

Dies ist jedoch abzulehnen. Für ein Angebot ad incertas personas muss der Zusatz so gestaltet ist, dass man von der sofortigen Lieferbereitschaft des Anbieters ausgehen kann.

Auch die sprachliche Fassung von § 312i I S.1 Nr.1, 3 BGB zeigt, dass der Gesetzgeber selbst von einem kundenseitigen Angebot ausgeht, welches der Unternehmer erst noch annehmen kann oder eben nicht.

Willenserklärung erst durch Mail

Ein Angebot lag also erst durch den Zugang der E-Mail des K an B vor. Diese E-Mail stellt eine Willenserklärung unter Abwesenden i.S.v. § 147 II BGB dar, deren Zugang dann vorliegt, wenn mit dem Abruf der Nachricht gerechnet werden kann, § 312i I S.2 BGB.

---

[445] Artz, JuS 2002, 528-535 (534).
[446] Dethloff, Jura 2003, 730-738 (734).
[447] OLG München, **Life&Law 06/2001, 386 - 391** = ZIP 2001, 520-523 = **juris**byhemmer.
[448] Mehrings, BB 1998, 2373-2380 (2375).

2. Annahme

Fraglich ist, wann B das Angebot gem. der §§ 147 ff. BGB angenommen hat.

Bei einer Online-Bestellung handelt es sich grundsätzlich um ein Erklärung unter Abwesenden gem. § 147 II BGB, da eine unmittelbare menschliche Kommunikation fehlt. Eine Erklärung unter Anwesenden wird nur dann anzunehmen sein, wenn Sender und Empfänger gleichzeitig am Rechner arbeiten.

Die Annahme erfolgt meist durch die Bearbeitung der Bestellung, spätestens mit dem Versand der Ware. Sie kann aber selbstverständlich auch gesondert erklärt werden.

Die Annahme lag hier folglich spätestens zu dem Zeitpunkt vor, in dem K von B ein Schreiben erhielt, in dem er vom Beginn der Lieferung und der Abonnementlaufzeit informiert wurde.

K und B haben damit einen Abonnementvertrag geschlossen.

3. Widerruf

Die Wirksamkeit des Vertrages könnte allerdings entfallen sein. Dies wäre dann der Fall, wenn K ein Widerrufsrecht nach den §§ 312c I, 312g I; 355 I BGB zusteht und er dieses wirksam ausgeübt hat.

Widerrufsrecht gem. §§ 312g, 312c BGB

Bei dem Abonnementvertrag könnte es sich um einen Fernabsatzvertrag i.S.v. § 312c I BGB handeln. Es liegt ein Vertrag über die Lieferung von Waren (Zeitschriften) vor, der von einem Verbraucher, § 13 BGB, und einem Unternehmer, § 14 BGB, unter ausschließlicher Verwendung des Internets, also einem Fernkommunikationsmittel i.S.v. § 312c II BGB, geschlossen worden ist. Anhaltspunkte dafür, dass der Vertragsschluss nicht im Rahmen eines für den Fernabsatz organisierten Vertriebssystems erfolgte, sind hier nicht ersichtlich. Der Abonnementvertrag ist folglich ein Fernabsatzvertrag.

Allerdings ist gem. § 312g II Nr.7 BGB das Widerrufsrecht aus §§ 312c I, 312g I BGB ausgeschlossen, da der Gegenstand des Vertrages in der Lieferung einer Illustrierten besteht. Unberührt bleiben hiervon allerdings die Informationspflichten nach §§ 312d I, 312j II BGB i.V.m. Art. 246a EGBGB und § 312i I S.1 Nr.2 BGB i.V.m. Art. 246c EGBGB (elektronischer Geschäftsverkehr!).

3. Verbraucherverträge über Finanzdienstleistungen

Legaldefinition, § 312 V S.1 BGB

Der Begriff der Finanzdienstleistungen ist in § 312 V S.1 BGB legaldefiniert. Demnach handelt es sich um Vertragsverhältnisse über Bankdienstleistungen sowie Dienstleistungen im Zusammenhang mit einer Kreditgewährung, Versicherung, Altersversorgung von Einzelpersonen, Geldanlage oder Zahlung. Hierunter fallen insbesondere auch Verbraucherdarlehensverträge.[449]

Vorrang spezieller Widerrufsrechte

hemmer-Methode: Allerdings gehen gem. § 312g III BGB die speziellen, im jeweiligen Sondervertragsrecht geregelten Widerrufsrechte (§§ 495, 506 BGB) dem § 312g I BGB vor, und zwar unabhängig von der Vertriebsform. Die Ausführungen zum Anwendungsbereich und Informationspflicht können daher knapp gehalten werden; interessant sind vielmehr die in § 357a BGB angeordneten abweichenden Rechtsfolgen, die auch für die speziell geregelten Widerrufsrechte gelten.

---

[449] Palandt, § 312, Rn. 26.

§ 7 WIDERRUFSRECHT BEI VERBRAUCHERVERTRÄGEN

VerbRRL betraf nicht Finanzdienstleistungen	Finanzdienstleistungen wurden aus dem Regelungsbereich der Verbraucherrechterichtlinie 2011/83/EU ausgeklammert, für sie gilt weiterhin die Fernabsatzfinanzdienstleistungsrichtlinie.[450]	361
Überschießende Umsetzung in Deutschland	In das Umsetzungsgesetz zur VerbRRL wurden Finanzdienstleistungen allerdings mit einbezogen, sodass sich auch in diesem Bereich einige – überwiegend normative – Änderungen ergeben.[451]	
Außergeschäftsraumverträge über Finanzdienstleistungen werden erfasst	Die materiell-rechtlich wichtigste Änderung ist, dass nun auch Finanzdienstleistungsverträge, die nicht im Fernabsatz, aber außerhalb von Geschäftsräumen geschlossen wurden, dem Regime der Fernabsatzfinanzdienstleistungsrichtlinie unterworfen werden. Durch dieses „Mehr" an Verbraucherschutz im nationalen Recht gleicht der deutsche Gesetzgeber das europäische Regelungsdefizit aus.[452]	
Voraussetzungen des § 312	**hemmer-Methode: Beachten Sie aber, dass die Voraussetzungen des § 312 I BGB erfüllt sein müssen: So muss der Finanzdienstleistungsvertrag neben der eigentlichen Finanzierungsleistung gleichzeitig eine Waren- oder Dienstleistung zum Gegenstand haben und nicht unter §§ 495; 506 BGB fallen.[453] Dies trifft insbesondere auf die in §§ 491 II, III; 506 IV BGB genannten Verträge zu (lesen!), auf welche die Vorschriften der §§ 491a ff. BGB nicht anwendbar sind.**	362

a) Anwendbarkeit des (subsidiären) Widerrufsrechts aus § 312g I BGB

Notarielle Beurkundung	Im Falle einer notariellen Beurkundung des Finanzdienstleistungsvertrages besteht grundsätzlich kein Widerrufsrecht des Verbrauchers	363
	Für Finanzdienstleistungsverträge, die außerhalb von Geschäftsräumen geschlossen wurden, ist dies in § 312 II Nr.1 lit. a) BGB geregelt, sodass auf solche Verträge ausschließlich die in § 312a I, III, IV und VI BGB geregelten Pflichten und Grundsätze Anwendung finden.	
	Für Fernabsatz-Finanzdienstleistungsverträge befindet sich die Ausnahme für notariell geschlossene Verträge unter § 312g II S.1 Nr.13 BGB, allerdings mit der Vorgabe, dass der Notar die Einhaltung der Informationspflichten nach § 312d II BGB in eigener Verantwortung bestätigt hat.[454]	
Mehrere Verträge	Sofern es im Vollzug des Finanzdienstleistungsvertrages zu aufeinander folgenden Vorgängen oder zu getrennten, aber zeitlich zusammenhängenden Vorgängen der gleichen Art kommt, gilt das Widerrufsrecht nur für den ersten Vorgang (z.B. Girovertrag, Depotvertrag).[455]	

b) Informationspflichten, § 312d II BGB

Informationspflichten gem. § 312d II BGB	Gemäß § 312d II BGB i.V.m. Art. 246b EGBGB besteht für Finanzdienstleistungsverträge in Außergeschäftsraumsituationen sowie im Fernabsatz eine spezielle, inhaltlich strengere Informationspflicht.	364
	Da die meisten examensrelevanten Finanzdienstleistungen eigene Informationspflichten regeln, wie z.B. §§ 491a ff. BGB i.V.m. Art. 247 EGBGB für den Verbraucherdarlehensvertrag, ist dem § 312d II BGB insoweit nur geringe Examensrelevanz beizumessen.	

---

[450] RL 2002/65/EG des Europäischen Parlaments und des Rates v. 23.9.2002 über den Fernabsatz von Finanzdienstleistungen an Verbraucher und zur Änderung der RL 90/619/EWG des Rates sowie der Richtlinien 97/7/ EG und 98/27/EG des Rates.
[451] von Loewenich, NJW 2014, 1409.
[452] Vgl. von Loewenich, NJW 2014, 1409.
[453] Leier, VuR 2013, 457 (460).
[454] Palandt, § 312g, Rn. 16.
[455] Palandt, § 312, Rn. 27.

c) Rechtsfolgen, §§ 355 III; 357a BGB

§ 357a BGB ergänzt § 355 BGB in Bezug auf die Rechtsfolgen eines Widerrufs bei Finanzdienstleistungsverträgen einschließlich jener nach §§ 491 ff.; 506 ff. BGB.[456]

⇨ Ergänzend zur Regelung der Rückgewährpflicht bzw. des Fristbeginns in § 355 III BGB legt § 357a I BGB die Leistungszeit auf höchstens 30 Tage fest.[457]

⇨ § 357a II S.1 BGB regelt die Wertersatzpflicht im Rahmen der Rückabwicklung von Finanzdienstleistungsverträgen. Der Verbraucher schuldet demnach Wertersatz für die bis zum Widerruf erbrachte Dienstleistung, sofern er auf diese Rechtsfolge hingewiesen worden ist und der Ausführung der Dienstleistung vor Ablauf der Widerrufsfrist ausdrücklich zugestimmt hat.[458]

⇨ Für Verbraucherdarlehen gem. §§ 491 ff. BGB regelt § 357a III BGB die Pflicht zur Zahlung des vereinbarten Zinses bis zur Rückzahlung der Darlehensvaluta nach Widerruf.[459] Ferner kann der Unternehmer nach S.5 z.B. Notarkosten ersetzt verlangen.[460]

hemmer-Methode: Die Rückzahlungspflicht für die Darlehensvaluta selbst ergibt sich bereits aus § 355 III BGB!

⇨ In Bezug auf entgeltliche Finanzierungshilfen i.S.d. § 506, die nicht unter die Ausnahmevorschriften der §§ 506 IV; 491 II, III BGB fallen, gilt Abs.2 entsprechend, wobei an die Stelle der Unterrichtung nach § 357a II S.1 BGB die Pflichtangaben nach Art. 247 § 12 I i.V.m. § 6 EGBGB treten.[461]

hemmer-Methode: Für Finanzdienstleistungsverträge, die unter die Ausnahmeregelung des § 495 II, III (i.V.m. § 506 IV) BGB fallen, ordnet § 357a II S.2 BGB die Anwendung der allgemeinen Vorschriften gem. § 357 V–VII BGB an. In diesen Fällen greift unter den unter Rn.300 dargelegten Voraussetzungen ggf. das Widerrufsrecht nach § 312g I BGB.

4. Teilzeit-Wohnrechteverträge, §§ 481 ff. BGB

Bei Verträgen über Teilzeit-Wohnrechte (§ 481 BGB) wird der Verbraucherschutz in Umsetzung der Time-Sharing-Richtlinie (RL 94/47/EG) durch weitreichende Informationspflichten (§§ 482 - 484 BGB) und die Widerrufbarkeit des Vertrages (§§ 485, 355 BGB) gewährleistet. Beides dient dem Schutz des Verbrauchers vor übereilter langfristiger Bindung an einen Vertrag mit einem besonders komplexen Gegenstand.[462] Durch die TeilzeitnutzungsR-RL 2009 wurde der Vorschriftenbereich weiter zugunsten des Verbrauchers modifiziert. Die Regelungen sind am 23.01.2011 in Kraft getreten.

---

[456] Palandt, § 357a, Rn. 1.
[457] Palandt, § 357a , Rn. 2
[458] Leier, VuR 2013, 457 (461).
[459] Leier, VuR 2013, 457 (462).
[460] Palandt, § 357a, Rn. 4.
[461] Leier, VuR 2013, 457 (462).
[462] Schäfer, Das neue Schuldrecht, § 8, Rn. 55.

a) Das Widerrufsrecht

aa) Persönlicher Anwendungsbereich

Unternehmer (Verkäufer) – Verbraucher (Käufer)

Die Vertragsparteien müssen auf der Verkäuferseite ein Unternehmer, § 14 BGB, auf Käuferseite ein Verbraucher, § 13 BGB, sein.

Ein Vertrag, durch den ein Unternehmer seinerseits ein Teilzeitwohnrecht erwirbt, um Dritten das Nutzungsrecht an diesem zu verschaffen, fällt nicht darunter, ebenso wenig ein Vertrag über die Weiter- und Wiederveräußerung unter Privatpersonen als Verbraucher. Insoweit ergeben sich keine Besonderheiten nach den §§ 481 ff. BGB.

bb) Sachlicher Anwendungsbereich

Begriffsdefinition

Die Begriffsdefinition des Teilzeit-Wohnrechtevertrag gibt § 481 I BGB: Es handelt sich demnach um Verträge, durch die ein Unternehmer einem Verbraucher das Recht verschafft oder zu verschaffen verspricht, für die Dauer von mehr als einem Jahr ein Wohngebäude jeweils für einen bestimmten oder zu bestimmenden Zeitraum des Jahres gegen Zahlung eines Gesamtpreises zu Übernachtungszwecken zu nutzen.

Sog. time-sharing Verträge

Konkret geht es hier um die Fälle, in denen dem Verbraucher von einer time-sharing-Agentur zum Kauf eines „eigenen Ferienappartements" verführt werden.

Durch die TeilzeitnutzungsR-RL 2009 wurde der Schutz auch auf bewegliche Übernachtungsunterkünfte ausgedehnt, vgl. § 481 III BGB. Damit unterfällt nun auch das Wohnmobil dem Regelungskomplex.

Ein Erholungszweck wie vor 2009 ist nicht mehr erforderlich. Die §§ 481a und 481b BGB dehnen den Anwendungsbereich auf weitere Vertragstypen aus.

cc) Widerrufsrecht nach §§ 485; 355 I BGB

Widerrufsrecht

⇨ Für das Widerrufsrecht verweist § 485 BGB auf §§ 355, 356a, 357b BGB. Die sich insoweit ergebenden Abweichungen der Rechtsfolge des Widerrufs sollten sich dem Leser bei der Lektüre selbst erschließen.

⇨ § 482 I BGB i.V.m. Art. 242 § 1 EGBGB verlangt bestimmte vorvertragliche Informationen, die klar und verständlich sein müssen und dem Verbraucher in Textform zur Verfügung zu stellen sind.

⇨ Bezüglich der Widerrufsbelehrung regelt § 482a BGB zum einen, dass der Unternehmer den Verbraucher vor Vertragsschluss in Textform auf das Widerrufsrecht einschließlich der Widerrufsfrist sowie auf das Anzahlungsverbot nach § 486 BGB hinzuweisen hat. Zum anderen ist der Erhalt der entsprechenden Vertragsbestimmungen vom Verbraucher schriftlich zu bestätigen.

⇨ § 483 BGB macht Vorgaben bzgl. der Vertragssprache sowie der Sprache der vorvertraglichen Informationen.

⇨ Schließlich verbietet § 486 BGB dem Unternehmer vor Ablauf der Widerrufsfrist das Fordern oder Annehmen von Zahlungen des Verbrauchers. Damit soll der Verbraucher davor bewahrt werden, dass er im Falle des Widerrufs auf die „freiwillige" Rückzahlung des Unternehmers angewiesen ist.

Sieht der Vertrag gleichwohl eine Klausel vor, nach der eine Anzahlung zu leisten ist, führt diese jedoch nicht zur Unwirksamkeit des gesamten Vertrages.[463] Für die Anwendung des § 134 BGB bedürfte es eines beiderseitigen Verstoßes, welcher hier aber nicht gegeben ist. Bei einer trotzdem erfolgten Zahlung stehen dem Verbraucher ggfs. Ansprüche aus § 823 II BGB bzw. §§ 311 II, 280 I, 241 II BGB zu.[464]

b) Sonderregelungen für Teilzeit-Wohnrechteverträge

Rechtsnatur

aa) Dem Erwerb eines Teilzeit-Wohnrechts liegt ein Rechtskauf zugrunde, sodass gem. § 453 BGB die §§ 433 ff. BGB gelten. Die §§ 481–487 BGB sind Sonderregelungen hierzu.

Informationspflichten

bb) § 482 BGB erlegt dem Unternehmer vorvertragliche **Informationspflichten auf**. Es handelt sich dabei um eine vorvertragliche Nebenpflicht i.S.v. §§ 311 II, 241 II, 280 I BGB. Zudem sanktioniert § 356a II BGB einen Verstoß gegen diese Pflichten.

Informations- und Vertragssprache

cc) Gem. § 483 III BGB sind Teilzeit-Wohnrechteverträge **nichtig**, wenn die Anforderungen des § 483 I, II BGB an die Informations- bzw. Vertragssprache nicht erfüllt werden.

Schriftform

dd) § 484 BGB stellt **besondere Formerfordernisse** auf. § 484 I S.1 BGB setzt zumindest die Einhaltung der **Schriftform** voraus. Nach § 484 II S.1 BGB werden die vorvertraglichen Informationen Bestandteil des Vertrages, wenn sie nicht vorher einzelvertraglich abgeändert wurden. Eine Änderung ist insoweit aber nur möglich, wenn sie auf höherer Gewalt beruhte, § 484 II S.2 BGB. Fehlen die nach § 482 BGB vorgeschriebenen Angaben oder die des Art. 242 § 1 Abs.2 EGBGB, greift nicht § 125 S.1 BGB ein, sondern es tritt die Sanktion des § 485a II BGB hinsichtlich der Widerrufsfrist ein.

Unabdingbarkeit/Umgehungsverbot

ee) § 487 BGB statuiert ein Umgehungsverbot und schließt ein Abweichen von den §§ 481 ff. BGB zu Lasten des Verbrauchers aus.

c) Räumlicher Anwendungsbereich

Da es in der Regel bei Teilzeit-Wohnrechteverträgen um Ferienappartements geht, die sich größtenteils außerhalb des Bundesgebietes befinden, kommt der Frage des räumlichen Anwendungsbereichs der §§ 481 ff. BGB eine besondere Bedeutung zu. Die Regelungen gelten unmittelbar für im Inland befindliche Unterkünfte. Um dem Verbraucher zumindest im Gebiet der EU einen hinreichenden Schutz zu gewähren, gelten im Übrigen Art 46b IV EG bzw. Rom I-VO 6.

> **hemmer-Methode:** Größere Klausurbedeutung dürften die §§ 481 ff. BGB nicht haben, sodass auf eine ausführliche Darstellung verzichtet werden kann. Dennoch sollten Sie sich einen kurzen Überblick über die einschlägigen Normen verschaffen und diese zumindest einmal gründlich lesen!

5. Verbraucherdarlehensverträge und ähnliche Finanzierungshilfen

§§ 488 ff. BGB

In den §§ 488 ff. BGB, die den schönen (langen) Titel „Darlehensvertrag; Finanzierungshilfen und Ratenlieferungsverträge zwischen einem Unternehmer und einem Verbraucher" führen, finden sich spezielle Widerrufsrechte für eben diese Vertragstypen.

---

[463] Palandt, § 486, Rn. 3 m.w.N.
[464] Palandt, § 486, Rn. 3.

§ 7 WIDERRUFSRECHT BEI VERBRAUCHERVERTRÄGEN

Damit hat der Gesetzgeber die §§ 1 ff. VerbrKrG a.F., welche auf der RL 87/102/EWG beruhen, in das BGB aufgenommen.

a) Wirtschaftliche Bedeutung des Widerrufsrechts

Der Widerruf eines Verbraucherdarlehens hat zur Folge, dass der Darlehensgeber (Unternehmer) dem Darlehensnehmer (Verbraucher) die bereits gezahlten Darlehensraten (einschließlich der vertraglich vereinbarten Zinsen) zurückgewähren muss, §§ 355 III; 357a III BGB.[465]

Verbundene Verträge

Bei **verbundenen Verträgen** hat der Widerruf des Verbraucherdarlehens allerdings den zusätzlichen wirtschaftlichen Vorteil, dass der Verbraucher sich auch von dem finanzierten Vertrag (z.B. Kaufvertrag) lösen kann, § 358 II BGB.

Soweit das Darlehen jedoch **zur Finanzierung eines Grundstücks** bzw. grundstückgleichen Rechts dienen sollte, ist auf § 358 III S.3 BGB zu achten. Aufgrund von § 358 III S.3 BGB (lesen!) wird ein Widerrufsrecht (nur) bezüglich des Verbraucherdarlehensvertrages in vielen Fällen dazu führen, dass der Verbraucher sich nicht über § 358 II S.1 BGB auch von dem Grundstückskaufvertrag lösen kann, s. hierzu Rn. 424.

Auch kann nach der Rechtsprechung des BGH in dem Widerruf des Kreditvertrages nicht ein konkludenter Widerruf der Sicherungsabrede gesehen werden.[466]

Allerdings stehen den Betroffenen eventuell Ansprüche aus §§ 280 I, 311 II, 241 II BGB (c.i.c.) zu. Erstens wegen einer möglichen Aufklärungspflichtverletzung des Darlehensnehmers hinsichtlich der mit der Kreditverwendung verbundenen Risiken und zweitens wegen einer Rechtspflichtverletzung wegen unterlassener Belehrung über den Widerruf.[467]

b) Widerrufsrechte

Widerrufsrechte

Die einzelnen Widerrufsrechte sind:

⇨ § 495 I BGB für den Verbraucherdarlehensvertrag

⇨ § 506 I BGB i.V.m. § 495 I BGB für verschiedene Formen der Finanzierungshilfen

⇨ § 510 II BGB für Ratenlieferungsverträge

Unterscheide: sachlicher und persönlicher Anwendungsbereich

Gerade im Rahmen dieses – auf den ersten Blick recht unübersichtlichen – Normenkomplexes ist es sinnvoll, zwischen sachlichem und persönlichem Anwendungsbereich sowie deren Ausnahmen zu unterscheiden.

aa) Persönlicher Anwendungsbereich

Verbraucher – Unternehmer

Wie bei anderen verbraucherschützenden Normen, ist auch für die Anwendbarkeit der §§ 491 ff. BGB entscheidend, dass ein Vertrag zwischen einem Unternehmer, § 14 BGB, und einem Verbraucher, § 13 BGB, zustande kommt.

---

[465] Vgl. oben Rn. 285 ff.
[466] BGH, ZGS 2007, 26-30 = **juris**byhemmer; a.A. Kulke, ZGS 2007, 10-14.
[467] Sehen Sie dazu Kulke, Besp. von BGH, Urt. v. 13.6.2007 - VIII ZR 236/06, ZGS 2007, 380-385; BGH, ZGS 2007, 34-38.

Dabei ist die Rollenverteilung hier fest vorgegeben: **Kreditgeber** ist immer der **Unternehmer**, **Kreditnehmer** immer der **Verbraucher**.

Erweiterter Anwendungsbereich: auch Existenzgründer

§ 513 BGB erweitert den Anwendungsbereich der §§ 491 ff. BGB auch auf **Existenzgründer**, soweit der Nettodarlehensbetrag nicht 75.000,- € übersteigt.

bb) Sachlicher Anwendungsbereich

(1) Verbraucherdarlehensvertrag, § 491 BGB

Begriffliche Differenzierungen

§ 491 I BGB differenziert zwischen Allgemein- und Immobiliar-Verbraucherdarlehensverträgen. Insoweit muss stets geschaut werden, ob die relevanten Normen diese Differenzierung aufgreifen (wie z.B. 492b II BGB), oder ob der „Oberbegriff" des Verbraucherdarlehensvertrages verwendet wird. Definiert werden die Begriffe sodann näher in den Absätzen 2 und 3 des § 491 BGB.

Bei Unentgeltlichkeit §§ 514, 515 BGB beachten

Ein Allgemein-Verbraucherdarlehensvertrag besteht zwischen dem Unternehmer als Kreditgeber und dem Verbraucher als Kreditnehmer. Es muss sich um einen entgeltlichen Darlehensvertrag i.S.d. § 488 BGB handeln, § 491 II S.1 BGB. Bei Unentgeltlichkeit finden gleichwohl die in § 514 I BGB genannten Vorschriften entsprechende Anwendung. Auch ein Widerrufsrecht besteht, §§ 514 II, 356d BGB.

Ausnahmen

Nicht erfasst werden etwa nach § 491 II S.2 BGB Verträge,

⇨ bei denen der Nettodarlehensbetrag weniger als 200 € beträgt (Nr.1),

⇨ bei denen sich die Haftung des Darlehensnehmer auf eine dem Darlehensgeber zum Pfand übergebene Sache beschränkt (Nr.2),

⇨ bei denen der Darlehensnehmer das Darlehen binnen drei Monaten zurückzuzahlen hat und nur geringe Kosten vereinbart sind (Nr.3),

⇨ die Arbeitgeber und Arbeitnehmer abschließen, wenn die Zinskonditionen unter den marktüblichen Sätzen liegen und anderen Personen nicht angeboten werden (Nr.4),

⇨ bei öffentlich-rechtlichen Fördermitteln unter den in Nr.5 bestimmten Voraussetzungen.

⇨ Nr.6 grenzt (noch einmal) zum Immobiliar-Verbraucherdarlehensvertrag ab. Dabei ist wichtig, zusätzlich die Voraussetzungen des § 491 III BGB zu prüfen.

hemmer-Methode: Lassen Sie sich nicht von den vielen Sondervorschriften abschrecken. Lesen Sie das Gesetz aufmerksam durch und versuchen Sie, das Regel-Ausnahme-Prinzip zu erfassen. Niemand verlangt von Ihnen auswendig gelerntes Spezialwissen! Anzumerken ist noch, dass das Sachdarlehen in eigenen Vorschriften, §§ 607 – 609 BGB, geregelt ist und nicht dem Schutz der Verbraucherdarlehensvorschriften unterliegt.

Vorvertragliche Informationspflichten

(a) Vorvertragliche Informationspflichten, § 491a BGB

Im neuen § 491a BGB (ähnelt dem § 312d BGB) sind für den Verbraucherdarlehensverträge bestimmte vorvertragliche Informationspflichten vorgesehen, die sich im Einzelnen aus Art. 247 EGBGB ergeben.

Abs. 2 räumt dem Verbraucher das Recht ein, einen Entwurf des Verbrauchervertrages zu verlangen. Nach Abs. 3 kann der Verbraucher vor Vertragsschluss angemessene Erläuterungen verlangen.

(b) Formerfordernis

§ 492 II BGB i.V.m. Art. 247 §§ 6–13 EGBGB stellt einen umfangreichen Katalog darüber auf, welche Angaben die vom Verbraucher (= Darlehensnehmer) zu unterzeichnende Erklärung enthalten muss:

> *Bsp.:* U.a. Nettodarlehensbetrag, Höhe von Tilgungsraten, Art und Weise der Rückzahlung, Zinssatz und sonstige Kosten, effektiver Jahreszins, Sicherheiten etc.

Aus § 492 III BGB ergibt sich das Recht des Verbrauchers, bei befristeten Darlehensverträgen einen Tilgungsplan nach Art. 247 § 14 EGBGB zu fordern.

Für Erklärungen des Darlehensnehmers nach Vertragsschluss verlangt der neue Abs. 5 die Einhaltung der Schriftform.

Vollmachterteilung muss auch Formerfordernis genügen

(bb) Weiter ist § 492 IV BGB zu beachten. Entgegen § 167 II BGB ist eine Vollmacht, die ein Verbraucher (!) zum Abschluss des Vertrages erteilt, formbedürftig.

Da dem Verbraucher i.d.R. die nach § 492 IV, I BGB erforderlichen Informationen nicht zur Verfügung stehen, ist eine Stellvertretung nunmehr nahezu ausgeschlossen. Ausnahmen vom Formerfordernis sind allein für notarielle Vollmachten und Prozessvollmachten vorgesehen, § 492 IV 2 BGB.[468]

Überziehungskredite

(cc) Die §§ 504 ff. BGB enthalten schließlich Formerleichterungen für Überziehungskredite.

Rechtsfolgen bei Nichteinhaltung der Schriftform

(dd) Bei Verstoß gegen die Schriftform (Blankounterschrift genügt nicht dem Schutzzweck des § 492 I BGB[469]) oder Unvollständigkeit der erforderlichen Angaben ist der Kreditvertrag nach § 494 I BGB **nichtig**. Dies erstreckt sich **auch** auf diesbezügliche **Vollmachten** des Verbrauchers. § 494 II–VI S.2, 3 BGB sehen die Möglichkeit der Heilung vor, jedoch mit Bedingungen, die für den Darlehensgeber nachteilig sind. Der Grenzwert bzgl. der Unbeachtlichkeit fehlender Angaben zu Sicherheiten wurde in Abs. 6 auf 75.000 Euro erhöht. Eine Neuerung sieht Abs. 6 S.1 vor, der dem Darlehensnehmer ein Kündigungsrecht einräumt, wenn im Vertrag Angaben zur Laufzeit (§ 492 II BGB i.V.m. Art. 247 § 6 I Nr.1; § 3 I Nr.6 EGBGB) oder zum Kündigungsrecht (§ 492 II BGB i.V.m. Art. 247 § 6 I Nr.5 EGBGB) fehlen.

(c) Sonderregelung für Kündigung

Sonderregelungen für die Kündigung eines Darlehensvertrages, der in Teilzahlungen zu tilgen ist, beinhalten §§ 498–500 BGB. Dabei müssen folgende Voraussetzungen kumulativ vorliegen:

⇨ Der Verbraucher als Darlehensnehmer muss mit mindestens zwei aufeinanderfolgenden Teilzahlungen ganz oder teilweise und mit mindestens zehn Prozent (bei Verträgen über drei Jahre mit mindestens fünf Prozent) des Darlehensnennbetrags oder Teilzahlungspreises in Verzug[470] sein **und**

---

[468] Palandt, § 492, Rn. 6.
[469] BGH, NJW-RR 2005, 1141 - 1142 = **juris**byhemmer; Palandt, § 492, Rn. 2.
[470] Zur Hemmungswirkung des Verzugs des Darlehensnehmers beim Verbraucherdarlehen: § 497 III S.3 BGB.

⇨ der Darlehensgeber muss dem Verbraucher erfolglos eine zweiwöchige Frist zur Zahlung des rückständigen Betrags mit der Erklärung setzen, dass er bei Nichtzahlung innerhalb der Frist die gesamte Restschuld verlange.

Dabei soll (⇨ keine Wirksamkeitsvoraussetzung für die Kündigung) der Darlehensgeber dem Verbraucher spätestens mit der Fristsetzung ein Gespräch zur einverständlichen Regelung anbieten, § 498 S.2 BGB.[471]

Teilrückzahlung

Anders als im Mietrecht (§§ 543 II S.2, 569 III Nr.2 BGB) kann hierbei jedoch der Verbraucher nicht den Kündigungsgrund entfallen lassen, indem er vor Ausspruch der Kündigung durch rechtzeitige Zahlung eines Teils der geschuldeten Summe, die Rückstandsquote unter die Grenzen des § 498 I S.1 Nr.1 BGB drückt.[472]

Ein einmaliger Rückstand über fünf bzw. zehn Prozent löst somit das Kündigungsrecht aus und kann nur durch die Zahlung des gesamten rückständigen Betrages beseitigt werden.

hemmer-Methode: Sollte es zwischen den Parteien zu einem solchen Verhandlungsgespräch kommen, ist § 203 BGB zu beachten, der eine Hemmung der Verjährung anordnet.

(d) Sonstiges

§ 496 BGB

§ 496 BGB schützt den Verbraucher vor einem Einwendungsverlust, vor der Pflicht eine Wechselverbindlichkeit einzugehen oder davor, einen Scheck als Sicherheit zu stellen.

(e) Sonderproblem: Schuldbeitritt

(P): Anwendbarkeit auf Schuldbeitritt

In Rechtsprechung und Literatur ist in jüngerer Zeit zunehmend die Frage diskutiert worden, ob und, wenn ja, unter welchen Voraussetzungen der Schuldbeitritt als Verbraucherdarlehen i.S.d. §§ 491 ff. BGB zu behandeln ist.[473]

Schuldbeitritt kein Verbraucherdarlehen, Finanzierungshilfe etc.

Dabei ist weitgehend unstreitig, dass der Schuldbeitritt selbst kein Verbraucherdarlehensvertrag ist. Der Schuldbeitretende übernimmt lediglich die Mithaftung für die Verpflichtungen des Kreditnehmers aus dessen Vertrag, ohne jedoch einen Anspruch gegen den Kreditgeber auf Auszahlung des Kredits zu erlangen.[474] Der Gläubiger (Sicherungsnehmer) erbringt gegenüber dem Sicherungsgeber keinerlei Gegenleistung. Der Schuldbeitritt ist also dem Sicherungsnehmer gegenüber eine unentgeltliche Leistung.

Aber: analoge Anwendung

Fraglich kann daher nur sein, ob eine analoge Anwendung der Vorschriften der §§ 491 ff. BGB geboten ist. Dies hat der BGH[475] hinsichtlich des Schuldbeitritts bejaht, da das Schutzbedürfnis des Beitretenden nicht geringer, sondern eher größer als das des Kreditnehmers ist: Der Beitretende erlangt – trotz voller Verpflichtung – selbst keine Rechte.

---

[471] Palandt, § 498, Rn. 5.
[472] BGH, **Life&Law 05/2005, 290 - 295** = NJW-RR 2005, 1410 - 1412 = **juris**byhemmer.
[473] Zu dieser Thematik besonders lesenswert: Palandt, § 491, Rn. 10.
[474] BGH, NJW 1996, 2156 - 2158 (2157) = **juris**byhemmer.
[475] BGH, NJW 1996, 2156 - 2158 = **juris**byhemmer.

Für eine analoge Anwendung muss Folgendes vorliegen:

⇨ Bei dem beizutretenden Vertrag muss der sachliche Anwendungsbereich für Verbraucherdarlehen dem Grunde nach eröffnet sein (es ist nicht erforderlich, dass es sich bei dem Darlehensnehmer um einen Verbraucher handelt!).

⇨ Der Beitretende selbst muss Verbraucher sein.

Dabei ist es ohne Belang, ob im Verhältnis Darlehensnehmer/Beitretender Verbraucherschutzvorschriften Anwendung finden oder nicht.[476]

hemmer-Methode: Lassen Sie sich nicht verwirren. Der Beitretende genießt immer dann Verbraucherschutz, wenn er im Falle eines eigenen Abschlusses des Darlehensvertrages Verbraucherschutz genießen würde. Aus diesem Grund spielt es auch keine Rolle, ob der Darlehensnehmer selbst Verbraucher ist. An dieser Rechtsprechung hält der BGH auch nach der Eingliederung der Vorschriften des VerbrKrG in das BGB fest.[477]
Gleichwohl stellt die Tatsache, dass der Gesetzgeber bei Eingliederung des VerbrKrG in das BGB hierzu keine ausdrückliche Regelung getroffen hat ein Argument für die Gegenmeinung dar. Doch auch im 1. Staatsexamen sollten Sie sich hierbei nicht allzu leicht gegen die ständige Rechtsprechung stellen.

Bsp.: Die K-GmbH, die einen Verlag betreibt, hat am 01.07.2018 von V ein verzinsliches Darlehen (150.000,- €) zur Anschaffung einer neuen Druckmaschine erhalten. G, der Geschäftsführer der K-GmbH, tritt dem Darlehensvertrag auf Seiten der GmbH noch am gleichen Tag unter Einhaltung der Schriftform bei. Über ein etwaiges Widerrufsrecht wird G jedoch nicht belehrt. Als am 01.10.2018 das Darlehen fällig wird und die K-GmbH nicht zahlt, wendet sich V an G. Dieser erklärt daraufhin, er widerrufe seine Schuldbeitrittserklärung. Zu Recht?

387

Ein Widerrufsrecht steht G zu, wenn § 495 BGB Anwendung findet. Bei dem zwischen der K-GmbH und V zustande gekommenen Vertrag handelt es sich um einen Darlehensvertrag nach § 488 BGB. Um ein Verbraucherdarlehen i.S.v. § 491 BGB handelt es sich indes nicht. Die K-GmbH ist nicht Verbraucherin i.S.d. §§ 13 BGB. Der Darlehensvertrag wurde von der K-GmbH im Zusammenhang mit ihrer ausgeübten gewerblichen Tätigkeit geschlossen.

Der zwischen G und V abgeschlossene Schuldbeitritt führt dagegen nach dem BGH zur entsprechenden Anwendung der Verbraucherschutzvorschriften, wenn G selbst Verbraucher ist. Auf die Verbrauchereigenschaft der K-GmbH kommt es dagegen nicht an.

Es ist allein danach zu fragen, ob ein solcher Darlehensvertrag zwischen G und V zur Anwendung der §§ 491 ff. BGB führen würde, also der sachliche Anwendungsbereich eröffnet ist.

Bei G als natürlicher Person handelt es sich um einen Verbraucher nach § 13 BGB. Seine Eigenschaft als Gesellschafter und Geschäftsführer der GmbH steht dem nicht entgegen: Das Halten eines GmbH-Anteils ist keine gewerbliche Tätigkeit, sondern Vermögensverwaltung. Die Geschäftsführung einer GmbH ist keine beruflich selbstständige, sondern eine solche im Angestelltenverhältnis.[478] Im Übrigen kann der Schuldbeitritt nicht der Geschäftsführertätigkeit des G zugerechnet werden. Dies würde nämlich voraussetzen, dass G den Schuldbeitritt als „Geschäftsführer", d.h. im Namen oder wenigstens für Rechnung der GmbH und nicht im eigenen Namen und für eigene Rechnung eingegangen ist. Der Hauptzweck des Schuldbeitritts (Bürgschaft) des Geschäftsführers liegt aber gerade darin, die Haftung mit seinem Privatvermögen zu begründen[479] (siehe dazu auch Rn. 37a).

---

[476] BGH, NJW 1996, 2156 - 2158 = **juris**byhemmer; **Hemmer/Wüst, Kreditsicherungsrecht, Rn. 88**.
[477] BGH, **Life&Law 03/2006, 149 - 159** = NJW 2006, 431 - 434 = **juris**byhemmer.
[478] BGH, NJW 1996, 2156 - 2158 = **juris**byhemmer.
[479] Riehm, JuS 2000, 138 - 144.

Da keine Belehrung über das Widerrufsrecht erfolgte, hat G sein Widerrufsrecht (§ 495 I BGB analog) nach § 356b BGB noch nicht eingebüßt. Insbesondere ist das Widerrufsrecht gem. § 356a BGB bei unterbliebener Belehrung zeitlich unbefristet.

V kann G daher nicht persönlich in Anspruch nehmen. V bleibt lediglich die K-GmbH als Schuldnerin.

388 Das Widerrufsrecht des Beitretenden ist grundsätzlich selbstständig und richtet sich vor allem in zeitlicher Hinsicht nicht nach dem Zustandekommen des eigentlichen Kreditvertrages.

Bsp.: Sachverhalt wie eben, G erklärt den Schuldbeitritt aber bereits Mitte Juni 2018, da sich V ansonsten nicht zum Abschluss des Darlehensvertrages bereitgefunden hätte. G wird über sein Widerrufsrecht ordnungsgemäß belehrt. Der Darlehensvertrag wird erst am 25.07.2018 abgeschlossen. Von V am 04.10.2018 auf die Zahlung der ersten Rate in Anspruch genommen, widerruft G den Schuldbeitritt formgerecht.

Hier steht G ein Widerrufsrecht nicht mehr zu. Der Zeitpunkt des Schuldbeitritts ist selbst dann für die Widerrufsfrist von zwei Wochen des § 355 II BGB maßgebend, wenn der eigentliche Kreditvertrag erst später abgeschlossen wird.[480] (Problematisch dürfte es hier jedoch für den Darlehensgeber sein, im Voraus die Informationspflichten nach § 492 BGB einzuhalten.)

389 Fraglich ist zudem, ob auch die Heilungsvorschrift des § 494 II BGB zur Anwendung kommen kann.

Bsp.: Sachverhalt wie oben. Die Schriftform nach § 492 BGB (analog) wurde aber nicht eingehalten. Von V in Anspruch genommen, macht G die Nichtigkeit des Schuldbeitritts geltend. V dagegen beruft sich auf § 494 II BGB analog.

Zunächst war der Schuldbeitritt sicher nichtig, § 494 I BGB analog. Fraglich ist aber, ob nach § 494 II BGB analog eine Heilung dadurch eingetreten ist, dass V das Darlehen an die K-GmbH ausbezahlt hat. Dies hat der BGH verneint.[481] Die Heilungsvorschrift könne im Verhältnis zum Beitretenden nicht angewandt werden, da ihm das Darlehen nicht zugutekomme.

Zusammenfassung:

Auf einen Schuldbeitritt zu einem Vertrag, der in den sachlichen Anwendungsbereich der §§ 491 ff. BGB fällt, sind ebenfalls die §§ 491 ff. BGB anzuwenden. Denn der Beitretende ist mindestens genauso schutzwürdig wie der ursprünglich Vertragschließende.

Anders als der Bürge ist er nicht bereits durch die Schriftform des § 766 BGB geschützt. Gleiches gilt für eine rechtsgeschäftliche Vertragsübernahme.[482]

(f) Anwendbarkeit der §§ 491 ff. BGB auf Bürgschaftsverträge:[483]

Bürgschaft kein VerbrDarl.-Vertrag

390 Umstritten ist die Frage, ob die §§ 491 ff. BGB bei einem Bürgschaftsvertrag anwendbar sind. Während die h.L. dem ablehnend gegenübersteht[484], hat sich die Rechtsprechung bisher einer eindeutigen Antwort enthalten.

---

[480] BGH, NJW 1996, 2865 - 2866 = **juris**byhemmer.
[481] BGH, **Life&Law 03/2006, 149 - 159** = NJW 2006, 431-434 = **juris**byhemmer; BGH, NJW 1997, 654-655 = **juris**byhemmer.
[482] Siehe hierzu auch BGH, **Life&Law 08/2002, 503 - 508 (505)** = NJW 2002, 2030-2031 = **juris**byhemmer.
[483] Vgl. dazu zusammenfassend Riehm, JuS 2000, 138-144.
[484] Palandt, § 765, Rn. 4; § 491, Rn. 11; Zahn, Besprechung BGH v. 10.1.2006 - XI ZR 169/05, ZIP 2006, 1069-1074 (1071); Weber, Kreditsicherheiten, S.60.

§ 7 WIDERRUFSRECHT BEI VERBRAUCHERVERTRÄGEN

Einig ist man sich darüber, dass der Bürgschaftsvertrag kein Verbraucherdarlehensvertrag i.S.d. § 491 I BGB ist, weil der Bürge regelmäßig keinen Kredit oder eine sonstige Finanzierungshilfe für seine Verpflichtung erhält. In Frage kommt nur eine analoge Anwendung.

Nach Rechtsprechung wohl auch keine analoge Anwendung

391 Für eine analoge Anwendbarkeit der §§ 491 ff. BGB müsste die Interessenlage des Bürgen der eines Hauptschuldners entsprechen. Dies ist von der Rechtsprechung teilweise verneint worden.[485] Der Bürge sei nicht in der Position des Vertragspartners des Verbraucherdarlehensvertrags.

Ihn interessieren nicht so sehr die wirtschaftlichen Bedingungen dieses Vertrags, sondern seine eventuelle Gesamtbelastung aus dem Bürgschaftsrisiko. Dafür reiche die Form des § 766 BGB aus. Demgegenüber hat der BGH auf den Charakter der Hauptschuld abgestellt.

Die §§ 491 ff. BGB seien jedenfalls nicht anwendbar für Bürgschaften die Kredite sichern, die nicht Verbraucherkredite sind.[486] Damit hat der BGH eine grundsätzliche Antwort vermieden.

Der EuGH hat zusätzlich klargestellt, dass der Bürgschaftsvertrag auch nicht unter die zugrunde liegende Verbraucherkreditrichtlinie fällt,[487] sodass auch eine richtlinienkonforme Auslegung hier nicht weiterhelfen kann.

A.A.

392 Letztlich ist der Ausgangspunkt des BGH angreifbar. Maßgeblich für eine analoge Anwendbarkeit der §§ 491 ff. BGB kann letztlich nur sein, ob der Bürge Verbraucher i.S.d. § 13 BGB ist und nicht, ob auch der Schuldner diese Eigenschaft aufweist.

Insofern muss ein Vergleich der Interessenlage das Ergebnis liefern. Für eine Anwendbarkeit spricht entgegen der obigen Argumentation, dass der Bürge auch für Verzugszinsen des Schuldners haftet (vgl. § 767 I S.2 BGB), sodass auch für ihn die Bedingungen des Hauptvertrages wichtig werden können.[488]

Des Weiteren ist gegen die Ansicht des BGH und der h.L. anzuführen, dass in der Praxis bei Bürgschaften die Schutzvorschriften der §§ 770, 771, 776 BGB in der Regel formularmäßig abbedungen werden und sich daher kaum Unterschiede zwischen Schuldbeitritt und Bürgschaft feststellen lassen.

Wenn die §§ 492 ff. BGB mit ihren strengeren Formvorschriften zwar auf den Schuldbeitritt, nicht aber auf die Bürgschaft Anwendung finden, ergibt sich die bizarre Rechtslage, dass das unterschiedliche Schutzniveau zwischen diesen beiden Personalsicherheiten – vom gesetzlichen Regelfall her ist der Bürge durch die §§ 766, 768 ff. BGB stärker geschützt als der Schuldbeitretende – durch die nur einseitige Anwendung auf den Schuldbeitritt in sein Gegenteil verkehrt würde.[489]

---

[485] Zunächst bejahend LG Neubrandenburg, NJW 1997, 2826 - 2827; dazu **Life&Law 01/1998, 15 ff.**; ablehnend OLG Stuttgart, NJW 1997, 3450 - 3451 = **juris**byhemmer; dazu **Life&Law 02/1998, 84 ff.**

[486] BGH, NJW 1998, 1939-1942 = **juris**byhemmer; vgl. auch **Life&Law 06/1998, 370 ff.**

[487] EuGH, NJW 2000, 1323-1324.

[488] Sölter, NJW 1998, 2192-2194 (2194). So auch das LG Magdeburg, NJW 1999, 3496-3497; das LG Potsdam hat diese Frage dem EuGH gemäß Art. 234 II EG vorgelegt, vgl. WM 1998, 1287-1289, der in EuGH, **Life&Law 07/2000, 445 - 451** = NJW 2000, 1323-1324 feststellte, dass die zugrunde liegende Richtlinie nicht auf den Bürgschaftsvertrag Anwendung finden kann (s.o.).

[489] Holznagel, Jura 2000, 578-582 (581).

> **hemmer-Methode:** Geht man nach dem allgemeinen Meinungsstand, muss man die Anwendbarkeit der §§ 491 ff. BGB eher ablehnen. Sollten Sie sich in der Klausur dennoch mit den hier dargestellten Argumenten für den Verbraucherschutz entscheiden, dann dürfen Sie zwei Voraussetzungen nicht vergessen: Wenigstens der Bürge muss Verbraucher sein und der gesicherte Vertrag muss ein Kreditvertrag sein.[490] Der Bürgschaftsvertrag ist nach h.M. nicht Kreditvertrag. Persönliche und sachliche Anwendungsvoraussetzungen der §§ 491 ff. BGB fallen hier also auseinander. Wegen der Akzessorietät der Bürgschaft sind die §§ 358 f. BGB auf keinen Fall anwendbar. Der Widerruf der Bürgschaft darf nämlich nicht dazu führen, dass hierdurch auch die Bindung an den hiervon gesicherten Kreditvertrag entfällt. Zudem schließt der Bürge mit dem Unternehmer nur einen Vertrag (Bürgschaftsvertrag) und nicht zwei Verträge, wie für die §§ 358 f. BGB erforderlich.
>
> **Anmerkung:** Im Zusammenhang mit der Frage nach der Anwendbarkeit von Verbraucherschutzvorschriften auf Bürgschaften bzw. Schuldbeitritte wird häufig auch auf den Problemkreis der Sittenwidrigkeit von Bürgschaftsverträgen (Schuldbeitritten) einzugehen sein. Siehe hierzu ausführlich Hemmer/Wüst, BGB–AT II, Rn. 134; Hemmer/Wüst, Schuldrecht BT II, Rn. 221; Hemmer/Wüst, Kreditsicherungsrecht, Rn. 24 ff.

(2) Sonstige Finanzierungshilfen, § 506 BGB

Durch § 506 I S.1 BGB wird der Anwendungsbereich der Verbraucherdarlehensverträge im dort beschriebenen Umfang auf sonstige entgeltliche Finanzierungshilfen erstreckt. Bei fehlender Entgeltlichkeit ist § 515 BGB zu beachten. Besonders wichtig ist § 507 BGB für Teilzahlungsverträge. § 506 II BGB betrifft insbesondere den Finanzierungsleasingvertrag. *393*

Aus der Verweisung des § 506 I BGB folgt, dass für all diese Verträge das Formerfordernis des § 492 IV BGB *für die Vollmacht* entfällt.

Gem. § 506 IV S.1 BGB sind die in § 491 II, III BGB bezeichneten Verträge vom Anwendungsbereich der §§ 506 ff. BGB ausgeschlossen.

(a) Teilzahlungsgeschäfte, §§ 506 III, 507 f. BGB

Sachlicher Anwendungsbereich

(1) Das Teilzahlungsgeschäft wird in § 506 III BGB legaldefiniert und ist demnach ein Vertrag, der die Lieferung einer Sache bzw. Leistung gegen Teilzahlungen zum Gegenstand hat. § 506 III BGB verweist dabei auf die besonderen Regelungen der §§ 507, 508 BGB. *394*

Die §§ 507 f. BGB regeln einige Besonderheiten:

Besondere Formerfordernisse

(2) Bezüglich der Formerfordernisse und den Vertragsinhalt verweist § 506 I BGB auf §§ 358 ff. (verbundene Verträge) und die §§ 491a bis 502 BGB (u.a. Schutzbestimmungen und Widerrufsrecht). Ausgenommen ist jedoch § 492 IV BGB (Formerfordernis für Vollmachten). Des Weiteren gelten über § 506 III die §§ 507, 508 BGB. Liegen Form- oder Inhaltsmängel vor, ergeben sich die Rechtsfolgen aus §§ 507 II; 494 IV, V, VI S.1 und 2 BGB. *395*

Rücktritt des Unternehmers

(3) Dem Unternehmer kann außer dem Kündigungsrecht nach §§ 506 I, 498 BGB auch ein Rücktrittsrecht, etwa gem. § 323 BGB, zustehen. In diesem Fall kann das Rücktrittsrecht aber ebenfalls nur unter den strengen Voraussetzungen des § 498 BGB ausgeübt werden, § 508 BGB. Des Weiteren hat der Verbraucher insoweit gem. § 508 S.3 BGB Aufwendungsersatz zu leisten. *396*

---

[490] Bülow, Sicherungsgeschäfte als Haustür- oder Verbraucherkreditgeschäfte, NJW 1996, 2889 - 2893.

Die Rücknahme der Sache durch den Unternehmer wird als Ausübung des **Rücktrittsrechts fingiert**, § 508 S.5 BGB. Der Verbraucher soll davor geschützt werden, den Besitz an der Sache zu verlieren und trotzdem das Entgelt weiterhin zu schulden.

Hinsichtlich verbundener Verträge ist § 508 S.6 BGB zu beachten, der auf § 358 III BGB verweist.

Vorzeitige Zahlung

(4) Gem. § 500 II BGB hat der Verbraucher die Möglichkeit zur vorzeitigen Erfüllung seiner Zahlungspflicht, um damit eine Verteuerung durch die Zinsen und laufzeitabhängige Kosten zu vermeiden.

(b) Finanzierungsleasingvertrag, § 506 II BGB

§ 506 II BGB soll Finanzierungshilfen von gewöhnlichen Überlassungsverträgen abgrenzen. Der wichtigste Fall ist der Finanzierungsleasingvertrag, der in unterschiedlichen Varianten praktiziert wird.

(aa) Sachlicher Anwendungsbereich

Zur Anwendbarkeit des § 506 BGB II muss ein echtes Finanzierungsleasing vorliegen und nicht etwa ein Operatingleasing. Die Verbraucherschutzvorschriften sollen nur auf solche Verträge Anwendung finden, die auch ein Finanzierungselement enthalten.

Der BGH definiert dies als ein Rechtsverhältnis, bei dem der Leasingnehmer dem Leasinggeber die Amortisation von dessen Anschaffungskosten schuldet.[491]

§ 491 II, III BGB gelten auch hier

Im Übrigen gelten hier ebenfalls die Ausschlusstatbestände des § 491 II, III BGB, vgl. § 506 IV BGB.

Exkurs

Finanzierungsleasing

Beim Finanzierungsleasing liegen die drei charakteristischen Merkmale eines Leasingvertrages vor:

Gebrauchsüberlassung

⇨ **Gebrauchsüberlassung:** Ein Vertragspartner (Leasinggeber) überlässt dem anderen (Leasingnehmer) eine Sache gegen ein Entgelt dauerhaft zum Gebrauch. Zwischen diesen beiden Parteien entsteht der Leasingvertrag. Die Sachmängelgewährleistung wird hier i.d.R. ausgeschlossen.

Leasingnehmer trägt Preis- und Sachgefahr

⇨ **Gefahrtragung:** Der Leasingnehmer trägt die Gefahr für Untergang und Beschädigung der Sache und haftet für die Instandhaltung (Sach- und Preisgefahr), der Gefahrübergang ist dabei i.d.R. wie im Kaufrecht ausgestaltet.[492]

Beteiligung eines Dritten durch einen Vertrag mit Leasinggeber

⇨ **Beteiligung eines Dritten:** Der Leasinggeber kauft die Sache einem Dritten (Hersteller oder Lieferanten) ab und tritt die Mängelrechte aus diesem Kaufvertrag an den Leasingnehmer ab. Gleichzeitig wird die mietrechtliche Mängelhaftung ausgeschlossen.

---

[491] BGH, NJW 1996, 2033 - 2035 = jurisbyhemmer.

[492] Reinicke/Tiedtke, Kaufrecht, Rn. 1572; Brox, Besonderes Schuldrecht, § 15, Rn. 4; Musielak, Grundkurs BGB, Rn. 663; zur Gefahrtragung beim Kfz-Leasingnehmer vgl. auch BGH, **Life&Law 02/1999, 81 - 85** = NJW 1998, 2284 - 2286 = jurisbyhemmer.

Ähnlich einem Abzahlungskauf

Das Finanzierungsleasing steht damit dem Abzahlungskauf nahe, ist aber nach seiner Rechtsnatur kein Kaufvertrag, sodass während der Laufzeit des Leasingvertrages die §§ 474 ff. BGB weder im Verhältnis Leasingnehmer zum Leasinggeber noch zum Dritten Anwendung finden können (siehe oben Rn. 259).[493] Es besteht eine längere, feste Grundmietzeit, in welcher der Leasingnehmer dem Leasinggeber durch die Leasingraten alle Kosten ersetzt, die diesem durch den Kauf entstanden sind (Kaufpreis, Zinsen, Finanzierungskosten).[494]

Der Unterschied zum Abzahlungskauf liegt jedoch darin, dass der Leasingnehmer grundsätzlich kein Eigentum erwerben will. Auch muss der Abzahlungskäufer nicht für die Vollamortisation einstehen.

Sonderproblem: Gewährleistung bei Kaufoption bzw. Andienungsrecht

Kaufoption/Andienungsrecht

Beim Finanzierungsleasing wird oft eine Kaufoption eingeräumt. Der Leasingnehmer erhält das Recht, das Leasingobjekt nach einer bestimmten Zeit unter Anrechnung des gezahlten Entgelts zu erwerben. Diese Variante stellt nach heutiger Rechtslage aber keinen Fall des Finanzierungsleasings dar, weil er sich unter keinen der Tatbestände des § 506 II Nr.1 bis 3 BGB subsumieren lässt.[495]

Durch Ausübung der Kaufoption kommt dann zwischen Leasingnehmer und Leasinggeber ein Kaufvertrag zustande.[496] Des Weiteren kann ein Andienungsrecht zugunsten des *Leasinggebers* vereinbart werden, aufgrund dessen der Leasinggeber die Möglichkeit hat, dem Leasingnehmer die Leasingsache am Vertragsende "aufzuzwingen", vgl. § 506 II Nr.1 bzw. 2 BGB.

Auch in diesem Fall kommt bei der Ausübung des Andienungsrechts im Anschluss an den auslaufenden Leasingvertrag ein Kaufvertrag zustande.[497]

hemmer-Methode: Abzugrenzen sind die Kaufoption und das Andienungsrecht vom verdeckten Kauf, s. Rn. 447, bei dem die Kaufrechtsvorschriften (insb. §§ 474 ff. BGB) von Anfang an anwendbar sind. (Vergleiche aber auch Rn. 259).

Ist der Leasingnehmer ein Verbraucher, fallen der Optionskauf und der Andienungskauf dann zwingend unter die Vorschriften des Verbrauchsgüterkaufs. Das bedeutet, dass der Leasinggeber seine Haftung für Sachmängel nicht (in den Grenzen von § 444 BGB) ausschließen kann.

In dieser Hinsicht steht nämlich § 476 I BGB einer Freizeichnung entgegen.

Daher stellt sich die Frage, ob der Leasinggeber dem Leasingnehmer nach Ablauf des Leasingvertrages ein zweites Mal dafür einstehen muss, dass das Leasingobjekt frei von Sachmängeln ist. Dies wird grundsätzlich bejaht. Dem Leasinggeber bleibt insoweit die Möglichkeit nachzuweisen, dass der Verbraucher den Mangel kannte bzw. aufgrund grober Fahrlässigkeit nicht kannte, § 442 BGB.[498]

---

[493] BGH, NJW 2006, 1066 - 1068 = **juris**byhemmer.
[494] Palandt, Einf. vor § 535, Rn. 39.
[495] MüKo, § 506, Rn. 29.
[496] Palandt, Einf. vor § 535, Rn. 37.
[497] Ohne Bedeutung ist hierbei, ob es sich bei der Vereinbarung des Andienungsrechts um ein Kaufangebot des Leasingnehmers handelt, welches der Leasinggeber am Vertragsende annehmen kann, oder ob die Parteien bereits einen aufschiebend bedingten Kaufvertrag geschlossen haben, bei dem die aufschiebende Bedingung in der Ausübung des Andienungsrechts gegenüber dem Leasingnehmer besteht, vgl. BGH, NJW 1996, 923-924 = **juris**byhemmer.
[498] Reinking, ZGS 2002, 229-235 (234).

Keine Übergabe mehr → kein Gefahrübergang

Im Unterschied zu einem gewöhnlichen Kaufvertrag wird der Kaufgegenstand bei einem Options- bzw. Andienungskauf jedoch nicht übergeben, weil er sich bereits seit Beginn des Leasingvertrages im alleinigen Besitz des Verbrauchers befindet. Bei einem Options- bzw. Andienungskauf kommt es dementsprechend auch nicht mehr zu einem Gefahrübergang durch Übergabe i.S.v. § 446 S.1 BGB.

Da es für die Sachmängelhaftung (als solche) und für deren Dauer nach § 434 I BGB jedoch entscheidend auf den Gefahrübergang und dessen Zeitpunkt ankommt, ist ein Sachmangel i.S.v. § 434 BGB zu verneinen, wenn der „Mangel" erst nach der Übergabe entstanden ist.

Soweit ein Sachmangel bereits vor der Übergabe vorgelegen hat und es zu einem Options- bzw. Andienungskauf kommt, ist von einem antizipierten Gefahrübergang im Zeitpunkt der Übergabe auszugehen, sodass in den meisten Fällen Sachmängelansprüche verjährt sein werden, § 438 BGB.

Die Annahme eines antizipierten Gefahrübergangs liegt nahe, da im Fall einer Übergabe der Sache vor Eintritt der Wirksamkeit eines aufschiebend bedingten Kaufvertrages eine Rückbeziehung gem. § 159 BGB als vereinbart anzusehen ist.[499]

Dieses Ergebnis ist insbesondere dadurch gerechtfertigt, dass der Leasinggeber das letzte Mal bei der Übergabe der Leasingsache auf diese einwirken konnte und deshalb nicht für die in der Zwischenzeit entstandenen Sachmängel haften müssen sollte.

Diese Lösung erscheint vor dem Hintergrund zwingender verbraucherschützender Erwägungen (§ 476 I S.2 BGB) indes problematisch. Denn faktisch führt diese Anknüpfung dazu, dass der Verbraucher überhaupt keine Mängelrechte hätte. Dem Leasinggeber bleibt insoweit die Möglichkeit nachzuweisen, dass der Verbraucher den Mangel kannte bzw. aufgrund grober Fahrlässigkeit nicht kannte, § 442 BGB.[500]

Operatingleasing

Operatingleasing: nur kurzfristige Gebrauchsüberlassung

Besonderheit des Operatingleasing ist die nur kurzfristige Gebrauchsüberlassung. Die Parteien vereinbaren entweder eine kurze Zeitspanne oder ein kurzfristiges Kündigungsrecht.[501]

Gefahrtragung i.d.R. wie bei Mietvertrag!

Die Gefahrtragung ist deshalb meist nicht abweichend vom Mietvertrag geregelt: Der Leasinggeber trägt die Gefahr für Untergang und Beschädigung und übernimmt die Wartung und Instandhaltung der Sache.

I.d.R. ist kein Dritter beteiligt

Der Leasinggeber kann die Sache einem Dritten abgekauft haben. Da er die Sache jedoch i.d.R. kurzfristig, dafür jedoch mehrmals und verschiedenen Personen überlässt, wird eine Übertragung der Ansprüche aus dem Kaufvertrag nicht stattfinden. Dies korrespondiert natürlich mit der Gefahrtragungsregelung: Wer die Gefahr trägt, soll (wenigstens) die Ansprüche aus dem Kaufvertrag haben.

Sinnvoll ist das Operatingleasing in den Fällen, in denen der Leasingnehmer nicht weiß, wie lange er die Sache nutzen will, ob er sie erwerben will, oder dann, wenn Sachen schnell veralten.

---

[499] Palandt, § 446, Rn. 11.
[500] Reinking, ZGS 2002, 229-235 (234).
[501] Palandt, Einf. vor § 535, Rn. 40.

Ganz h.M.: klassischer Mietvertrag

Das Operatingleasing ist nach ganz h.M. ein klassischer Mietvertrag.[502] Mangels abweichender Gefahrtragungsregelung enthält dieser keinen kaufvertraglichen Bezug. Mangels Abtretung von Ansprüchen entsteht auch keine Verknüpfung zwischen den beiden Verträgen, die der Leasinggeber abgeschlossen hat (Leasingvertrag mit Leasingnehmer und Kaufvertrag mit Drittem). Es handelt sich gerade nicht um einen Finanzierungsleasingvertrag, so dass § 506 II BGB nicht anwendbar ist.

Exkurs Ende

Teilamortisation ausreichend

In Abgrenzung zu anderen Leasingarten ist bedeutsam, dass ein Finanzierungsleasingvertrag nicht nur bei Voll-, sondern auch bei Teilamortisation vorliegt. Denn es kann keinen Unterschied machen, ob vom Leasinggeber allein durch die vom Leasingnehmer gezahlten Leasingraten, oder aber teils durch diese und teils durch den Ausgleich des kalkulierten Restwertes seitens des Leasingnehmers eine (nahezu) volle Amortisation erreicht wird.[503] Diese Sichtweise wird durch den Gesetzestext gestützt, vgl. § 506 II Nr.3 BGB, denn eine Einstandspflicht ergibt nur dann einen Sinn, wenn der LN nicht ohnehin bereits durch die Summe der Leasingraten den Wert ersetzt hat, der zur Vollamortisation führt.

405

(bb) Persönlicher Anwendungsbereich

Persönlicher Anwendungsbereich

Zu beachten ist, dass § 506 BGB nicht nur für Verbraucher i.S.v. § 13 BGB Anwendung findet, sondern über § 513 BGB unter den dort genannten Voraussetzungen auch für Existenzgründer.

406

(cc) Verweisungsumfang

Verweisung auf Vorschriften

§ 506 I BGB erklärt nur einige wenige Vorschriften für anwendbar. Wichtig ist die Verweisung auf den notwendigen Vertragsinhalt (§ 492 II, III BGB) und das Widerrufsrecht (§ 495 I BGB).

407

(dd) Verhältnis des Finanzierungsleasingvertrages zu verbundenen Geschäften

Verbundenes Geschäft?

Der Finanzierungsleasingvertrag war nach früherer h.M.[504] kein verbundenes Geschäft i.S.v. § 9 VerbrKrG a.F. Ein Einwendungsdurchgriff gem. § 9 III VerbrKrG a.F. kam nicht in Betracht. Denn der Leasingnehmer schließt als Verbraucher nur einen Vertrag ab, so dass es keinen weiteren Vertrag gibt, der mit dem Leasingvertrag verbunden sein könnte.

408

Der neue § 506 I BGB enthält eine grundsätzliche Verweisung auf die §§ 358–360 BGB und auf §§ 491a bis 502 BGB. Damit scheint auch der Leasingvertrag den Regelungen der verbundenen Verträge zu unterfallen. Der BGH löst diese Fälle jedoch über § 313 BGB (vgl. bereits oben Rn. 259 sowie MüKo, § 506, Rn. 38 m.w.N.).

409

---

[502] Reinicke/Tiedtke, Kaufrecht, Rn. 1504.
[503] BGH, NJW 1996, 2033 - 2035; das gilt nach BGH auch bei Kfz-Leasing mit sog. Kilometerabrechnung; vgl. hierzu BGH, **Life&Law 07/1998, 437 ff.** = NJW 1998, 1637 - 1639 = **juris**byhemmer.
[504] Vgl. Reinicke/Tiedtke, Kaufrecht, Rn. 1644 ff.

(ee) Ausübung des Widerrufs

Widerrufsrecht

Wenn der Leasingnehmer von seinem Widerrufsrecht nach den §§ 506, 495 BGB Gebrauch macht, ergeben sich die Rechtsfolgen aus §§ 355, 356b, 357a BGB.

> **hemmer-Methode:** Auch wenn § 508 S.6 BGB (eigentlich) nur für Teilzahlungsgeschäfte i.S.v. § 507 BGB gilt, entspricht es ständiger Rechtsprechung, dass der Leasinggeber die Sache nicht vorläufig zurückholen und gleichzeitig Zahlung der Leasingraten verlangen kann. Einem solchen Anspruch steht § 242 BGB entgegen.[505]
> Die Rücknahme der Sache durch den Leasinggeber löst daher die Rücktrittsvermutung des § 508 S.5 BGB aus. Besonderheiten in der Behandlung gegenüber anderen Teilzahlungsgeschäften ergeben sich nicht (a.A. vertretbar, vertiefend hierzu Staudinger-Kessal-Wulf, §§ 491–511 [2012] § 508, Rn. 27).

(c) Ratenlieferungsverträge, § 510 BGB

Sachlicher Anwendungsbereich

§ 510 I S.1 BGB kennt drei Arten von Ratenlieferungsverträgen:

⇨ Die in Teilen erfolgende Lieferung mehrerer als zusammengehörend verkaufter Sachen, wenn das Entgelt in Teilzahlungen zu entrichten ist, § 510 I S.1 Nr.1 BGB.

> *Bsp.:* Sachgesamtheit, deren Bestandteile nacheinander geliefert werden (mehrbändiges Lexikon).[506]

⇨ Die regelmäßige Lieferung von Sachen gleicher Art, insbesondere Zeitschriftenabonnements, § 510 I S.1 Nr.2 BGB.

⇨ Die Verpflichtung zum wiederkehrenden Erwerb oder Bezug von Sachen, § 510 I S.1 Nr.3 BGB.

§ 491 II, III BGB gilt auch hier

§ 510 III S. 1 BGB verweist auf § 491 II, III BGB, sodass die dort genannten Ausschlusstatbestände auch für Ratenlieferungsverträge gelten. In den übrigen Fällen besteht gem. § 510 II BGB das Widerrufsrecht nach § 355 I S.1 BGB. Zu beachten ist allerdings, dass das Widerrufsrecht nach § 510 II BGB – anders als z.B. § 495 I BGB – den §§ 312g i.V.m. 312b, 312c BGB nicht vorgeht, sondern Alternativität anordnet.

> **hemmer-Methode:** Gem. § 510 III S.1 BGB i.V.m. § 491 II Nr.1 BGB entfällt das Widerrufsrecht des Verbrauchers, wenn der Wert des Abonnements 200,- € nicht übersteigt.
> Dies ist der Fall, wenn alle vom Verbraucher bis zum frühestmöglichen Kündigungszeitpunkt geschuldeten Teilzahlungen in der Summe weniger als 200,- € betragen, § 510 I S.3 BGB.
> Da diese Wertgrenze sehr hoch ist, werden durch diese Neuregelung die Rechte des Verbrauchers außerhalb des Haustürgeschäfts erheblich verschlechtert. In den meisten Fällen entfällt das Widerrufsrecht. Nach der Rechtsprechung des BGH entfällt bei Unterschreitung der Wertgrenze nicht nur das Widerrufsrecht, sondern auch das Schriftformerfordernis gem. § 510 I S.1 BGB.[507]

---

[505] Staudinger-Kessal-Wulf, §§ 491 - 512 [2012], § 508, Rn. 27 m.w.N. aus der Rspr.
[506] Palandt, § 510, Rn. 2.
[507] BGH, ZGS 2004, 196 - 197 = **juris**byhemmer; so auch OLG Oldenburg, ZGS 2004, 158 - 160 = **juris**byhemmer.

Bsp.:[508] K schloss einen Abonnementvertrag mit dem Pay-TV-Sender Premiere (P). K erhielt auf telefonische Bestellung eine schriftliche Erklärung, dass der Vertrag geschlossen worden sei und einen – im Eigentum der P verbleibenden – Decoder, der es ermöglichte, das weit überwiegend verschlüsselt ausgestrahlte Fernsehprogramm des Senders auf dem Bildschirm wahrnehmbar zu machen, sowie eine monatlich erscheinende Programmzeitschrift. Die zumindest einjährige Laufzeit des Abonnements, das zur Zahlung eines monatlichen Entgelts verpflichtete, verlängerte sich um ein weiteres Jahr, wenn der Vertrag nicht zuvor mit einer Frist von sechs Wochen gekündigt wurde.

Kann K den Vertrag gem. der §§ 510 II, 495 I BGB widerrufen?

Keine direkte Anwendung

1. Eine unmittelbare Anwendung des § 510 I S.1 Nr.2 BGB scheidet aus, weil sich diese Vorschrift nur auf die Lieferung von Sachen gleicher Art bezieht.

Das Programmangebot des P hat aber Dienstleistungscharakter. P bietet Abonnenten die Möglichkeit, ihr Fernsehprogramm, das sie an eine breite Öffentlichkeit ausstrahlt, gegen ein nach Zeitabschnitten bemessenes Entgelt zu nutzen. Der zur Entschlüsselung der Programmsignale erforderliche Decoder wird mietweise zur Verfügung gestellt. Die regelmäßige Übersendung der Programmzeitschrift ist eine typische Nebenleistung, die an der Rechtsnatur des Abonnementvertrages insgesamt nichts ändert.

Evtl. Analogie?

2. Fraglich ist aber, ob § 510 I S.1 Nr.2 BGB auf Dienstleistungsverträge der vorliegenden Art analog anwendbar ist.

Eine Analogie ist nur zulässig, wenn das Gesetz eine planwidrige Regelungslücke enthält und der zu beurteilende Sachverhalt in rechtlicher Hinsicht in derartigem Umfang mit dem gesetzlichen Tatbestand vergleichbar ist, dass angenommen werden kann, der Gesetzgeber wäre – sofern er sich von den gleichen Grundsätzen hätte leiten lassen, wie beim Erlass der herangezogenen Gesetzesvorschrift – bei einer Interessenabwägung zum gleichen Ergebnis gekommen[509].

Nach h.L. und BGH ist die analoge Anwendung abzulehnen

Beide Voraussetzungen sind nach der h.L., der sich jetzt der BGH anschließt, nicht gegeben.[510]

Der Ausschluss von Verträgen über Dienstleistungen aus dem Regelungsbereich des § 510 BGB stellt keine planwidrige Regelungslücke des Gesetzes dar.

§ 510 BGB enthält abschließende Aufzählung

Die Vorschrift enthält eine abschließende enumerative Aufzählung der Tatbestände, bei denen eine Widerrufsbelehrung vorgeschrieben ist. Schon dies spricht gegen eine Annahme einer Regelungslücke.

Entstehungsgeschichte

Die Gesetzesgeschichte des § 510 BGB (zuvor § 2 VerbrKrG und davor § 1c AbzG) spricht ebenfalls gegen die Annahme, die Unanwendbarkeit der Vorschrift auf Dienstleistungsverträge stelle eine planwidrige Regelungslücke dar, zumal die Vorgängernormen (§ 2 VerbrKrG bzw. § 1c AbzG) auch nur auf Kaufverträge über die Lieferung beweglicher Sachen beschränkt waren. Das Risiko, dass ein Interessent den Werbemethoden geschulter Vertriebsberater unterliege und sich zu einem übereilten, ihn längerfristig bindenden Vertragsabschluss bereitfinde, bestehe im Geschäftsleben allgemein, ohne dass daraus – falls Zahlung in Teilbeträgen vereinbart sei – stets die Anwendung abzahlungsrechtlicher Bestimmungen hergeleitet werden könnte.

Eine auf Pay-TV-Abonnementverträge beschränkte analoge Anwendung des § 510 I S. 1 Nr.2 BGB kommt ebenso wenig in Betracht.[511]

---

[508] BGH, NJW 2003, 1932 - 1934 = **juris**byhemmer.

[509] BGHZ 149, 165 - 178 (174) = **juris**byhemmer; Larenz/Canaris, Methodenlehre der Rechtswissenschaft, 3. Auflage 1995, S.194 ff.; Canaris, Festschrift für Bydlinski, 2002, S.47, 82 ff.

[510] BGH, **Life&Law 09/2003, 603 - 609** = NJW 2003, 1932 - 1934 = **juris**byhemmer; Mankowski, VuR 2001, 112 [113 f]; Mankowski, K&R 2001, 365 - 367 (366 f.).

[511] So jetzt auch Bülow, Verbraucherkreditrecht, § 505 BGB, Rn. 40 seit der 6. Auflage; BGH, NJW 2003, 1932–1934 = **juris**byhemmer; a.A.: LG Koblenz, VuR 1998, 266-268; LG Hamburg, ZIP 2000, 974 - 976 = **juris**byhemmer.

Eine solche auf einen einzelnen Sachverhalt bezogene Analogie wäre bereits unter dem Gesichtspunkt der Rechtssicherheit nicht unbedenklich. Gerade wenn es – wie hier – um die Wirksamkeit von Verträgen geht, sind die betroffenen Unternehmen in besonderer Weise auf feste Rahmenbedingungen angewiesen.

Ergebnis: K hat daher kein Widerrufsrecht nach § 510 II BGB.

Beachten Sie jedoch, dass K ein Widerrufsrecht nach den §§ 355 I, 312g I, 312c BGB zusteht, weil es sich bei dem Pay-TV-Vertrag aufgrund der Art und Weise des Vertragsschlusses (Telefon) um einen Fernabsatzvertrag handelte. Mangels Widerrufsbelehrung würde die Widerrufsfrist gem. § 356 III S. 2 BGB aber spätestens zwölf Monate und 14 Tage nach Vertragsschluss ablaufen.

(3) Unabdingbarkeit, § 512 BGB

Die Verbraucherschutzvorschriften der §§ 491–511 BGB sind unabdingbar und auch nicht durch anderweitige Gestaltung umgehbar. Seit 01.07.2005 galt dies uneingeschränkt. Neuerdings sieht S.1 wieder eine Einschränkung vor, wonach ausnahmsweise Abweichungen zulässig sein können. Dies ist aber nur eine deklaratorische Bezugnahme auf andere Regelungen, welche Abweichungen zulassen. Das gilt einmal für die Unterrichtung bei Zinsanpassungen gem. § 493 III S.2 BGB (vgl. Art. 24 § 15 II EGBGB) und die abweichende Kündigungsfrist in § 500 I S.2 BGB.

413

(4) Zusammenfassender Überblick zu den §§ 491 ff. BGB

Im Rahmen der Verbraucherkredite ist letztlich entscheidend, dass Sie die einschlägigen Normen auffinden, sie richtig einordnen und dann den Sachverhalt ordentlich subsumieren. Haben Sie sich mit der Struktur der §§ 491 ff. BGB erst einmal vertraut gemacht, können Sie mit genauer Arbeit am Normtext kaum in der Klausur scheitern: Der Gesetzgeber hat die Materie ausführlich und detailliert geregelt, die zentralen Begriffe sind alle legaldefiniert.

414

Gesetzesstruktur

Machen Sie sich die Struktur noch einmal klar:

Der Primäranspruch könnte erloschen sein, weil:

⇨ Der Verbraucher ein ihm zustehendes Widerrufsrecht nach § 355 I BGB mit der Rechtsfolge des § 357a BGB ausgeübt hat.

⇨ Dieses Widerrufsrecht kann sich aus den §§ 495 I, 506 I, 510 II BGB ergeben.

⇨ Ob es tatsächlich vorliegt, untersuchen Sie nach dem Prinzip:

1. Persönlicher Anwendungsbereich

2. Sachlicher Anwendungsbereich

3. Ausnahmen

hemmer-Methode: Die §§ 506 ff. BGB erklären sich zusammen mit den bisherigen Ausführungen aus sich selbst heraus. Um in einer Klausur mit den §§ 491 ff. BGB zurecht zu kommen, ist es unerlässlich, dass Sie sich die Vorschriften der §§ 491 ff. BGB vorher durchlesen und sich so die Systematik erschließen.

(5) Darlehensvermittlungsvertrag, §§ 655a–e BGB[512]

(1) Im Zusammenhang mit Verbraucherdarlehensverträgen soll hier noch auf den Darlehensvermittlungsvertrag, §§ 655a–655e BGB, eingegangen werden.

§§ 655a – e BGB

Mit den Vorschriften über den Darlehensvermittlungsvertrag (§§ 655a–655e BGB) hat der Gesetzgeber auch die §§ 15–17 VerbrKrG in das BGB aufgenommen.

Inhalt

(2) Inhalt des Darlehensvermittlungsvertrages ist die entgeltliche Vermittlung von Verbraucherdarlehen (bzw. der Nachweis einer Gelegenheit zum Abschluss eines solchen) zwischen einem Unternehmer, § 14 BGB, und einem Verbraucher, § 13 BGB.[513]

Existenzgründer

Da auch die Vorschriften über das Verbraucherdarlehen für Existenzgründer Anwendung finden (vgl. § 513 BGB), gilt Entsprechendes für einen Darlehensvermittlungsvertrag zwischen einem Unternehmer und Existenzgründer, § 655e II BGB.

Form, § 655b BGB

(3) Der Darlehensvermittlungsvertrag bedarf der schriftlichen Form, § 655b I S.1 BGB. Bezüglich der Schriftform gilt grundsätzlich § 126 BGB. Es genügt aber auch die Einhaltung der elektronischen Form, §§ 126a, 126 II BGB, sowie die der notariellen Form, § 128 BGB. Nicht ausreichend ist dagegen die Textform, § 126b BGB.[514]

Trennung von Darlehensvertrag

Schließlich darf der Darlehensvermittlungsvertrag nicht mit dem Antrag auf Hingabe des Darlehens verbunden werden. Darlehensvermittlungsvertrag und Verbraucherdarlehensvertrag müssen mithin urkundlich getrennt bleiben, § 655b I S.2 BGB. Damit wird auch nach außen hin deutlich, dass die beiden Verträge rechtlich getrennt sind.[515]

Nichtigkeit, § 655b II BGB

(4) Werden diese Bestimmungen nicht eingehalten, so ordnet § 655b II BGB die Nichtigkeit des Vertrages an. Gleiches gilt, wenn die Pflichten aus Art. 247 § 13 II EGBGB nicht erfüllt sind.

Textform für Vertragsinhalt

Gem. § 655b I S.3 BGB hat der Darlehensvermittler dem Verbraucher den Vertragsinhalt in Textform (§ 126b BGB) mitzuteilen. Dies soll die Information des Verbrauchers sicherstellen (und entspricht damit § 492 III BGB). Dabei handelt es sich lediglich um eine vertragliche Nebenpflicht. Ein Verstoß führt hier nicht zur Nichtigkeit.

Vergütung

(5) Ein Vergütungsanspruch für den Darlehensvermittler entsteht gem. § 655c S.1 BGB nur, wenn infolge der Vermittlung oder des Nachweises das Darlehen an den Verbraucher geleistet wird und ein Widerruf des Verbrauchers nach § 355 BGB nicht mehr möglich ist.

> **hemmer-Methode:** Lassen Sie sich nicht verwirren. Wenn der Darlehensvermittler ein Verbraucherdarlehen (§§ 491 ff. BGB) vermittelt hat, so steht dem Verbraucher für dieses ein Widerrufsrecht gem. § 495 BGB zu. Bezüglich des Darlehensvermittlungsvertrages selbst besteht kein Widerrufsrecht!

Nur Erfolgsvergütung

Dem Maklerrecht entsprechend besteht ein Vergütungsanspruch nur bei erfolgreichem Vertragsabschluss. Dies legt § 655c S.1 BGB ausdrücklich fest. Es kann jedoch vereinbart werden, dass erforderliche Auslagen (erfolgsunabhängig) erstattet werden, § 655d S.2 BGB.

---

[512] Koch, MDR 2016, 1417 ff.
[513] Palandt, § 655a, Rn. 5 f.
[514] Palandt, § 655b, Rn. 2.
[515] Palandt, § 655b, Rn. 3.

Im Übrigen sind die Vorschriften der §§ 655a ff. BGB nicht zum Nachteil des Verbrauchers abzuändern oder zu umgehen, § 655e I BGB.

6. Erstreckung des Widerrufs auf verbundene Verträgen gem. § 358 BGB[516]

Finanzierungsgeschäfte

Bei einer größeren Anschaffung wird der Verbraucher den Kaufpreis oft nicht aus eigenen Mitteln aufbringen können. Zur Finanzierung bietet sich dann der Abschluss eines gesonderten Darlehensvertrages an. Grundsätzlich sind die beiden Verträge, mögen sie auch eine wirtschaftliche Einheit bilden, rechtlich getrennt zu bewerten, was sich aus dem Prinzip der Relativität der Schuldverhältnisse ergibt. Hiervon machen die §§ 358–360 BGB eine Ausnahme.

§ 358 BGB

Bei diesen verbundenen Geschäften kann der Widerruf des einen Vertrages auch den anderen Vertrag unwirksam werden lassen, § 358 BGB.

Einwendungsdurchgriff, § 359 BGB

Der in § 359 BGB geregelte **Einwendungsdurchgriff** gestattet dem Verbraucher, solche Einwendungen, die sich aus dem Liefer- oder dem Finanzierungsvertrag ergeben, auch dem Anspruch aus dem verbundenen Vertrag entgegenzuhalten.[517] Damit sind alle rechtshindernden, -vernichtenden und -hemmenden Einwendungen gemeint.

Die §§ 358, 359 BGB sollen so den Verbraucher vor Risiken schützen, die ihm durch die Aufspaltung eines wirtschaftlich einheitlichen Vertrages in ein Bargeschäft und einem damit verbundenen Kreditvertrag drohen.[518]

Bsp.: Hausfrau F hat im „Media-Markt" einen vollautomatischen Geschirrspülautomaten für 1.500,- € erworben. Da sie eine solche Summe nicht flüssig hat, nimmt sie auf Vorschlag des Verkäufers bei der rechtlich selbstständigen Hausbank des „Media-Marktes" einen Kredit in der entsprechenden Höhe auf.

Als bei F, wieder zu Hause, die Wirkungen des „Einkaufsrausches" nachlassen, wird ihr klar, dass sie sich finanziell übernommen hat. Sie möchte sich deshalb von beiden Verträgen lösen.

Bei den Fällen der §§ 358–360 BGB handelt es sich typischerweise um Drei-Personen-Verhältnisse. Die Vorschriften sind aber auch anwendbar, wenn der Leistungserbringer und der Kreditgeber identisch sind.[519]

a) Voraussetzungen

Legaldefinition für verbundene Verträge

Die Voraussetzungen des verbundenen Vertrages sind in § 358 III BGB geregelt.

Wirtschaftliche Einheit

Demnach sind ein Vertrag zur Erbringung einer anderen Leistung und ein Darlehensvertrag verbunden, wenn das Darlehen ganz oder teilweise der Finanzierung des anderen Vertrags dient und beide Verträge eine wirtschaftliche Einheit bilden.

---

[516] Vgl. Tyroller, **Life&Law 08/2011, 590 - 597** sowie Klocke, Grundfälle zu den verbundenen und zusammenhängenden Verträgen, JuS 2016, 875 ff., 975 ff.
[517] Palandt, § 358 n.F., Rn. 1.
[518] Palandt, § 358 n.F., Rn. 1.
[519] Schärtl, JuS 2014, 577 (582).

§ 358 III S.2 BGB

Nach § 358 III S.2 BGB ist eine wirtschaftliche Einheit insbesondere anzunehmen, wenn der Unternehmer selbst die Gegenleistung des Verbrauchers finanziert oder im Falle der Finanzierung durch einen Dritten, wenn sich der Darlehensgeber bei der Vorbereitung oder dem Abschluss des Darlehensvertrags der Mitwirkung des Unternehmers bedient.

> Im Fall standen der „Media-Markt" und die Hausbank in einer ständigen Geschäftsbeziehung, von der beide profitiert haben. Der Kauf über die Spülmaschine kam nur deshalb zustande, weil die Hausbank ihn finanzierte. Eine wirtschaftliche Einheit liegt damit vor. F kann den Darlehensvertrag gem. §§ 355 I; 495 I; 491 I BGB widerrufen. An den damit verbundenen Kaufvertrag ist sie dann gem. § 358 II BGB nicht mehr gebunden.

b) Ausnahme: Finanzierung von Grundstücken und grundstücksgleichen Rechten, § 358 III S.3 BGB[520]

> **hemmer-Methode:** Die folgenden Ausführungen sind nicht zum „Auswendiglernen" gedacht und übersteigen inhaltlich die Anforderungen, die an Sie in einer Klausur gestellt werden können.
> Sie sollen vielmehr dazu dienen, Ihnen die Ausnahme hinsichtlich der Finanzierung von Grundstückskaufverträgen bewusst zu machen und Ihnen ein Gespür für den Regelungsinhalt des § 358 III S.3 BGB zu vermitteln, damit Sie in einer Klausur, in der Sie nicht das „erste Mal" in ihrem Leben § 358 III S.3 BGB gelesen haben sollten, eine ungefähre Vorstellung haben, was etwa mit einer „einseitigen Begünstigung des Veräußerers" gemeint ist.

Finanzierung von Grundstücken

aa) Nach § 358 III S.3 BGB kann bei einem finanzierten Erwerb eines Grundstücks oder eines grundstücksgleichen Rechts eine wirtschaftliche Einheit nur angenommen werden, wenn der Darlehensgeber selbst das Grundstück oder das grundstücksgleiche Recht verschafft oder wenn er in sonstiger Weise – über die Zurverfügungstellung des Darlehens hinaus – mit dem verkaufenden Unternehmer zusammenwirkt. Eine wirtschaftliche Einheit darf nur angenommen werden, wenn die in § 358 III S.3 BGB umschriebenen Voraussetzungen vorliegen. Diese besonderen Voraussetzungen sind dadurch gerechtfertigt, dass bei einem Immobilienkauf auch der geschäftsunerfahrene Laie weiß, dass Darlehensgeber und Verkäufer verschiedene Personen sind.

Exkurs

Grundstücksgleiche Rechte

Grundstücksgleiche Rechte sind beschränkte dingliche Rechte an einem Grundstück, die kraft Gesetzes den Grundstücken weitgehend gleichgestellt sind. Dies sind das Erbbaurecht, § 11 ErbbauRG, das Bergwerkseigentum, § 9 I BBergG, sowie das **Wohnungseigentum nach WEG**.[521]

Exkurs Ende

bb) Der Darlehensgeber verschafft dem Verbraucher das Grundstück, wenn er ihm das Eigentum an dem Grundstück überträgt. Ein Verschaffen wird auch angenommen, wenn der Darlehensgeber als Vertreter des Veräußerers auftritt.[522]

cc) Die weitere, generalklauselartige Formulierung zeigt drei Anknüpfungspunkte, die zur Annahme einer wirtschaftlichen Einheit führen können.

---

[520] § 358 III S.3 BGB wurde durch das OLG-VertretungsänderungsG vom 23.07.2002 in das BGB eingeführt; Er ist eine Reaktion des Gesetzgebers auf die sog. Heininger-Rechtsprechung des EuGH und BGH zur alten Rechtslage; siehe hierzu BGH, („Heininger II"), **Life&Law 09/2002, 586 - 594** = NJW 2002, 1881 - 1884 = **juris**byhemmer.

[521] Eckert, Sachenrecht, Rn. 620.

[522] Ein Verschaffen i.d.S. liegt auch vor, wenn der Veräußerer eine Tochtergesellschaft des Darlehensgebers ist.

(1) Ein entsprechendes Zusammenwirken kann dadurch erfolgen, dass der Darlehensgeber sich die Veräußerungsinteressen des Unternehmers ganz oder teilweise zu Eigen macht. Dies wird angenommen, wenn der Kreditgeber als Makler des Veräußerers auftritt oder eine Provision erhält.

(2) Eine wirtschaftliche Einheit kann sich auch daraus ergeben, dass der Darlehensgeber bei der Planung, Werbung oder Durchführung des Projekts Funktionen des Veräußerers übernimmt. Entscheidend ist, wie sich die Zusammenarbeit von Darlehensgeber und Unternehmer aus der Sicht des Verbrauchers darstellt. Ein bloßer Hinweis auf eine Verkaufsmöglichkeit (Aushang im Schaukasten) durch den Darlehensgeber genügt aber nicht.

(3) Die dritte Anknüpfung für eine wirtschaftliche Einheit ist die einseitige Begünstigung des Veräußerers durch den Darlehensgeber. Sie ist z.B. gegeben, wenn der Darlehensgeber dem Erwerber zur Förderung der Interessen des Veräußerers ein objektiv falsches Gutachten über den Grundstückswert vorlegt oder bei einem Beratungsgespräch ihm bekannte wesentliche Mängel des Objekts verschweigt.[523]

Rückgriff auf allg. Grundsätze ausgeschlossen

(4) Ist der Einwendungsdurchgriff gem. § 358 III S.3 BGB ausgeschlossen, kommt (jedenfalls im Anwendungsbereich des § 491 BGB) ein Rückgriff auf die von der Rechtsprechung aus dem Abzahlungsgesetz und § 242 BGB abgeleiteten Grundsätze[524] nicht in Betracht, da § 358 III S.3 BGB eine speziellere und abschließende Regelung trifft.[525]

c) Widerruf des Kauf- bzw. Darlehensvertrages

§ 358 BGB regelt zwei verschiedene Fälle:

Widerruf des Leistungsvertrages	Widerruf des Darlehensvertrages
§ 358 I BGB	§ 358 II BGB
↓	↓
Bindung an den Darlehensvertrag entfällt	Bindung an den Leistungsvertrag entfällt

hemmer-Methode: Beide Alternativen sind in der Fallbearbeitung zu trennen.
Zu beachten sind bei Verbraucherdarlehen auch die Voraussetzungen der qualifizierten Belehrung gem. § 492 II BGB i.V.m. Art. 247 § 12 I S.2 Nr.2b EGBGB. Kommentieren Sie sich – sofern zulässig – diese Vorschrift an § 358 BGB!

---

[523] Zu § 358 III S.3 BGB vgl. Palandt, § 358, Rn. 18.

[524] Nach diesen allgemeinen Grundsätzen gilt, dass soweit ein wirtschaftlich einheitliches, inhaltlich zusammengehörendes Geschäft in zwei rechtlich selbstständige Verträge aufgespalten wird, es nach Treu und Glauben gerechtfertigt sein kann, die Trennung nicht zu beachten und den Einwendungsdurchgriff zuzulassen; BGH, **Life&Law 06/2004, 380 - 386 (383)** = NJW 2004, 1376–1379 = **juris**byhemmer.

[525] BGH, **Life&Law 06/2004, 380 - 386 (383)** = NJW 2004, 1376 - 1379 = **juris**byhemmer.

Differenzierte Rechtsfolgen	Der verbundene Vertrag ist wie der widerrufene Vertrag entsprechend §§ 355 ff. BGB rückabzuwickeln, wobei je nach Art des verbundenen Vertrages die §§ 357–357b BGB entsprechende Anwendung finden. Dies gilt unabhängig von der Vertriebsform, § 358 IV BGB.	431a
Nur ein Rechtsfolgenregime für beide Verträge!	Auch wenn also die Waren oder Dienstleistungen eines verbundenen Vertrags nicht im Fernabsatz oder außerhalb von Geschäftsräumen erworben werden, regelt sich die Rückabwicklung nach den Vorschriften über im Fernabsatz- oder außerhalb von Geschäftsräumen geschlossene Verträge. Im Einzelnen heißt das: Ist der verbundene (finanzierte) Vertrag ein Vertrag über Warenlieferungen oder die Erbringung von Dienstleistungen, findet auf die Rückabwicklung neben § 355 III BGB der § 357 BGB entsprechende Anwendung; handelt es sich um einen Vertrag über Finanzdienstleistungen, ist § 357a BGB entsprechend anwendbar, und liegt ein Teilzeitwohnrechtevertrag vor, gilt § 357b BGB entsprechend.	432
Außer: Ratenlieferungsvertrag	Bei einem Ratenlieferungsvertrag muss allerdings doch nach der Vertriebsform differenziert werden: Handelt es sich zugleich um einen im Fernabsatz- oder außerhalb von Geschäftsräumen geschlossenen Vertrag, findet § 357 BGB entsprechende Anwendung. Liegt nur ein einfacher Ratenlieferungsvertrag vor, kommt § 357c BGB entsprechend zur Anwendung.[526]	
	Eine Sonderregelung gilt ebenfalls für die Rückabwicklung eines Vertrages über die Lieferung von nicht auf einem körperlichen Datenträger befindlichen digitalen Inhalten. Bei einem Widerruf dieses Vertrages hat der Verbraucher gemäß § 357 IX BGB keinen Wertersatz zu leisten. Wenn der Verbraucher den Liefervertrag aber wegen § 356 V BGB nicht mehr widerrufen kann und stattdessen den verbundenen Darlehensvertrag widerruft, ist diese Rechtsfolge nicht sachgerecht, weshalb er dann gemäß § 358 IV S.2 BGB dennoch Wertersatz zu leisten hat.[527]	
Regress des Kreditgebers gg. Unternehmer	Der Rückgriff des Kreditgebers gegen den Unternehmer richtet sich, soweit eine vertragliche Abrede fehlt, nach Bereicherungsrecht.[528]	433

Beispielsfall: Der Existenzgründer E kauft für seinen neuen Betrieb ein Kfz von V. Da E im Moment nicht genügend Geld zur Verfügung hat, schließt der Verkäufer V im Namen der B-Bank einen Darlehensvertrag (35.000,- €) mit E zur Finanzierung des Kfz ab. V hat hierzu Vertretungsvollmacht und Darlehensformulare von der B-Bank erhalten. Das Darlehen wird direkt an V überwiesen. E soll dann die Darlehensraten (plus Zinsen) an die B-Bank zurückzahlen. Leider stellt sich nach zwei Jahren heraus, dass das Kfz einen Sachmangel hat. Als die B-Bank nach dieser Feststellung die erste fällige Darlehensrate verlangt, weigert sich E zu zahlen und erhebt die Mängeleinrede nach § 438 IV 2 BGB. E würde auch gerne den Rücktritt vom Kaufvertrag erklären, dies ist ihm jedoch verwehrt, da sein Rücktritt gem. § 218 I S.1 BGB unwirksam ist; dementsprechend kann er auch keine Nacherfüllung verlangen. Kann die B-Bank von E die Zahlung der Darlehensraten verlangen? Es ist davon auszugehen, dass sämtliche Formvorschriften und Informationspflichten eingehalten wurden.

I. Die B-Bank kann von E die Zahlung der Darlehensraten verlangen, wenn die Voraussetzungen des § 488 I S. 2 BGB vorliegen und dieser Anspruch nicht erloschen ist. Des Weiteren muss der Anspruch durchsetzbar sein.

1. Anspruch entstanden

E hat mit der B-Bank, vertreten durch V, einen Darlehensvertrag geschlossen. Es handelt sich insoweit um einen Verbraucherdarlehensvertrag, da das Darlehen gegen Entgelt (Zinsen!) gewährt wurde und einem Existenzgründer, der diesbezüglich einem Verbraucher gleichgestellt wird, § 513 BGB (Nettodarlehensbetrag unter 75.000,- €), von einem Unternehmer (B-Bank) gewährt wurde.

---

[526] Leier, VuR 2013, 457 (463).
[527] Palandt, § 358 n.F., Rn. 1.
[528] BGHZ 133, 254 - 264 = **juris**byhemmer.

§ 7 WIDERRUFSRECHT BEI VERBRAUCHERVERTRÄGEN

Die damit für die Wirksamkeit, § 494 BGB, des Vertrages einzuhaltenden Vorgaben, § 492 I BGB, sind laut Bearbeitervermerk allerdings gewahrt.

Ein Darlehensanspruch ist folglich wirksam entstanden.[529]

2. Anspruch erloschen

Der Darlehensanspruch könnte durch einen Widerruf gem. der §§ 355 I; 495 I; 491 I BGB erloschen sein.

Ein solcher Widerruf ist jedoch nicht innerhalb der Widerrufsfrist erfolgt. Selbst wenn es sich um einen verbundenen Vertrag i.S.v. § 358 BGB handeln würde, was sogleich zu prüfen ist, ist laut Bearbeitervermerk davon auszugehen, dass auch eine Belehrung i.S.v. § 492 II BGB i.V.m. Art. 247 § 12 I S.2 Nr.2b EGBGB erfolgte, sodass sich insoweit keine Verlängerung der Widerrufsfrist, § 356b II BGB ergibt.

3. Anspruch durchsetzbar

Der Rückzahlungsanspruch der B-Bank könnte aufgrund von Einwendungen des E undurchsetzbar sein.

Da Einwendungen aus dem Darlehensverhältnis nicht ersichtlich sind, ist zu prüfen, ob es für E eine Möglichkeit gibt, mittels Einwendungen aus dem Kaufvertrag die Durchsetzung des Darlehensanspruchs der B-Bank aus § 488 I S.2 BGB zu verhindern. Dies könnte sich über den Einwendungsdurchgriff gem. § 359 I S.1 BGB ergeben.

a) Anwendungsbereich des § 359 BGB

aa) Persönlicher Anwendungsbereich

§§ 358 ff. BGB bei Existenzgründer?

E ist kein Verbraucher i.S.v. § 13 BGB.[530] Allerdings wird E gem. § 513 BGB einem Verbraucher hinsichtlich des Darlehensvertrages gleichgestellt. Fraglich ist, ob der Einwendungsdurchgriff des § 359 BGB auch bei Existenzgründungsverträgen herangezogen werden kann.

Die Anwendbarkeit von § 359 BGB auf Existenzgründungsverträge ist zu bejahen. Zwar verweisen weder die §§ 358–360 BGB ausdrücklich auf § 513 BGB, noch enthält dieser eine unmittelbare Verweisung auf die §§ 358 – 360 BGB. Jedoch nimmt die Legaldefinition des verbundenen Geschäfts in § 358 II S.1 BGB ausdrücklich auf den Begriff des Verbraucherdarlehensvertrags Bezug, der wiederum in § 491 BGB definiert ist. Indem § 513 BGB mit seiner Verweisung auf § 491 BGB klarstellt, dass ein solcher Verbraucherdarlehensvertrag auch von Existenzgründern geschlossen werden kann, erweitert er damit mittelbar auch den Anwendungsbereich der §§ 358–360 BGB. Gesetzessystematisch handelt es sich nämlich bei den §§ 358–360 BGB um einen Teil der einheitlich überschriebenen §§ 355 ff. BGB; diese Regelungen betreffen aber gerade nicht die Voraussetzungen, sondern die Rechtsfolgen von Verbraucherverträgen.[531] Für die Voraussetzungen der Anwendbarkeit und damit auch für den maßgeblichen Verbraucherbegriff, kommt es stattdessen auf die §§ 491 ff. BGB bzw. §§ 495 ff. BGB an.

Auch die Ausnahmeregelung des § 491 III BGB, in der es gerade um die §§ 358–360 BGB geht, spricht für diese Lösung.

bb) Sachlicher Anwendungsbereich

Verbundenes Geschäft

Nach § 359 I S.1 BGB ist für die Anwendbarkeit erforderlich, dass es sich um ein sog. verbundenes Geschäft handelt.

---

[529] Diese Ausführungen sind bewusst kurz gehalten, um die Problematik verbundener Verträge hervorzuheben. In einer Klausur sollten Sie insbesondere darauf achten, den Gutachtenstil einzuhalten. Des Weiteren müssten Sie in einer Klausur die einzelnen Tatbestandsmerkmale genauer prüfen.

[530] Vgl. Rn. 29 ff.

[531] Lorenz/Riehm, Lehrbuch zum neuen Schuldrecht, Rn. 612.

Dieser Begriff ist in § 358 III BGB definiert. Danach liegt ein verbundenes Geschäft vor, wenn das Darlehen der Finanzierung des Kaufpreises dient und beide Verträge als eine wirtschaftliche Einheit anzusehen sind. Tatbestandsmerkmale des verbundenen Geschäfts sind also Darlehenszweck und wirtschaftliche Einheit.

Das Darlehen muss also zu dem Zweck gewährt werden, dass der Kaufpreis beglichen wird. Der Darlehensnehmer darf demnach über das Darlehen nicht frei verfügen können.

Nach der getroffenen Vereinbarung sollte die B-Bank die Darlehenssumme sofort an den Verkäufer V zum Zweck der Kaufpreistilgung zahlen. Damit war eine Verfügungsmöglichkeit des Darlehensnehmers ausgeschlossen und der erforderliche Darlehenszweck i.S.d. § 358 III BGB gegeben.

Weiterhin ist zwischen dem Kaufvertrag mit V und dem Darlehensvertrag mit der B-Bank auch eine wirtschaftliche Einheit notwendig. Nach der Legaldefinition des § 358 III S.2 BGB wird eine solche unwiderlegbar vermutet, wenn der Verkäufer bei Vorbereitung oder Abschluss des Darlehensvertrages im Auftrag oder wenigstens im Einvernehmen mit dem Darlehensgeber mitwirkt. Hierfür genügt es schon, dem Verbraucher den Darlehensvertrag in der Weise anzudienen, dass dieser sich an den Darlehensgeber zum Abschluss des Darlehensvertrages wendet.

Hier liegen diese Voraussetzungen vor, weil der Verkäufer Darlehensformulare der B-Bank vorrätig hatte und als deren Vertreter handelte.[532]

Somit liegen verbundene Verträge i.S.v. § 358 III BGB vor, womit E der Einwendungsdurchgriff gem. § 359 I S. 1 BGB grundsätzlich zur Verfügung steht, soweit ihm eine Einwendung aus dem Kaufvertrag zusteht.

b) Einwendungen aus dem Kaufvertrag

aa) Da E nicht wirksam vom Kaufvertrag zurücktreten konnte, steht ihm nicht die Einwendung des Rücktritts gem. der §§ 323 ff., 437 Nr.2, 346 ff. BGB zu.

bb) Fraglich ist aber, ob E sich nicht auch nach Verjährung des Nacherfüllungsanspruchs auf die Einrede des nichterfüllten Vertrages gem. § 320 BGB berufen kann. Als modifizierter Erfüllungsanspruch steht auch der Nacherfüllungsanspruch nach § 439 BGB im Synallagma mit dem Anspruch des Verkäufers auf Erhalt der Gegenleistung, sodass der Käufer dem Verkäufer die Einrede gem. § 320 BGB wegen nicht erfolgter Nacherfüllung entgegenhalten kann. Über § 215 BGB kann der Käufer sich im Grundsatz auch nach Verjährung seines Erfüllungsanspruchs auf die Einrede des § 320 BGB berufen.[533]

Eine Ausnahme gilt indes für Kaufpreisraten[534], die erst nach der Verjährung des Nacherfüllungsanspruchs fällig werden, vgl. § 215 BGB.[535] Vorliegend wurden die Darlehensraten - die insoweit Kaufpreisraten gleichgesetzt werden müssen - aber erst nach der Verjährung des Nacherfüllungsanspruchs fällig, sodass sich E insoweit nicht auf die Einrede aus den §§ 320; 215 BGB berufen kann.

cc) Laut Sachverhalt würde E jedoch gegenüber V die Mängeleinrede gem. § 438 IV S.2 BGB zustehen.

Würde es hier um einen Streit zwischen Verkäufer und Käufer gehen und hätte E den Kaufpreis noch nicht bezahlt, könnte er dementsprechend die Kaufpreiszahlung gem. § 438 IV S.2 BGB verweigern.

---

[532] Wenn versucht wird, die Anwendung des § 359 I S.1 BGB durch eine Trennungsklausel zu verhindern, so verstößt dies gegen § 511 BGB, vgl. Palandt, § 511, Rn. 2.

[533] Henssler/Dedek, Bürgerliches Recht: Probleme des reformierten Kaufrechts, JuS 2004, 497 - 502 (501); Huber, in: Huber/Faust Kap. 13, Rn. 149.

[534] Zu der Frage, ob eine derartige Einrede überhaupt bestehen kann, wenn der Kaufpreis bereits gezahlt wurde und es nunmehr um die Fälligkeit bzw. Zurückbehaltung der Darlehensraten geht, s. sogleich Rn. 433a, wo sich dasselbe Problem ergibt.

[535] Henssler/Dedek, Bürgerliches Recht: Probleme des reformierten Kaufrechts, JuS 2004, 497 - 502 (501); Huber, in: Huber/Faust, Kap. 13, Rn. 149.

Es stellt sich daher die Frage, ob diese Mängeleinrede gem. § 438 IV S.2 BGB als Einwendung i.S.d. § 359 BGB ausreicht.

Das Problem ergibt sich daraus, dass der Gesetzgeber das Verhältnis des Rücktrittsrechts zur Mängeleinrede des § 438 IV S.2 BGB so konzipiert hat, das letztere nur dann noch etwas nützt, wenn der Kaufpreis noch nicht an den Verkäufer bezahlt worden ist. Wurde schon bezahlt, bedarf es des Rückgewähranspruchs nach § 346 BGB, der nur über das Gestaltungsrecht (§§ 323; 437 Nr.2 BGB) herbeigeführt werden kann. Eine Rückforderung des bereits gezahlten Kaufpreises mittels Mängeleinrede des § 438 IV S.2 BGB kommt grundsätzlich nicht in Betracht.

Beim hier gegebenen verbundenen Geschäft liegt der Fall aber so, dass die B-Bank die entsprechende dem E als Darlehen gewährte Summe längst zur Befriedigung der Kaufpreisschuld des E unmittelbar an V ausgezahlt und die Forderung aus § 433 II BGB damit gem. der §§ 362 I, 267 BGB erfüllt hat.

Somit könnte sich E, betrachtet man Darlehens- und Kaufvertrag isoliert bzw. aus der Sicht des Verkäufers, nicht auf die Mängeleinrede gem. § 438 IV S.2 BGB berufen.

Nach zutreffender h.M.[536] ist die Mängeleinrede aber dennoch zur Begründung des Einwendungsdurchgriffs nach § 359 I S.1 BGB ausreichend:

Es ist auf die Sicht des Käufers und Darlehensnehmers abzustellen, und dieser selbst hat den Betrag noch nicht bezahlt; er hat sein „Opfer" noch nicht endgültig und vollständig erbracht. Dies ergibt sich aus dem Sinn und Zweck des § 359 I S.1 BGB: Bei einem wirtschaftlich einheitlichen Geschäft sind Darlehensgeber und Verkäufer, soweit es um die Verteidigung gegen Ansprüche des Darlehensgebers geht, wie eine Person zu behandeln. Der Käufer ist daher so zu stellen, als sei noch kein Geld an den Verkäufer geflossen. E wird also so behandelt, als ob noch keine Kaufpreiszahlung erfolgte und ihm daher noch die Einwendung des § 438 IV S.2 BGB gegen V zustehen würde, welche E gem. § 359 I S.1 BGB auch gegenüber der B-Bank vorbringen kann.

Exkurs

Umstritten (hier aber nicht gefragt) ist, ob der Darlehensnehmer von der Bank auch etwaige schon bezahlte Raten direkt zurückverlangen kann, oder ob er sich insoweit an den Verkäufer halten muss. Die wohl h.M. lehnt einen solchen Rückforderungsdurchgriff analog § 359 I S.1 BGB ab.[537] Ein solcher Rückforderungsdurchgriff kann auch nicht auf § 813 I S.1 BGB gestützt werden, da die Einwendungen aus dem Kaufvertrag in aller Regel ex nunc wirken, § 813 I S.1 BGB setzt jedoch eine bestehende Einrede im Zeitpunkt der Leistung voraus. Auch können die oben dargestellten Grundsätze zum Finanzierungsleasing, also ein Wegfall der Geschäftsgrundlage nicht zu einem Rückforderungsrecht bereits bezahlter Raten führen, da den Leasinggeber als Vermieter ganz andere Pflichten treffen als den Darlehensgeber, dem eine reine Finanzierungsfunktion zukommt. Nur die nach Umgestaltung des Kaufvertrages gezahlten Raten können gem. § 813 I S.1 BGB zurückgefordert werden.[538]

Exkurs Ende

Daher besteht ein Einwendungsdurchgriff i.S.d. § 359 I S.1 BGB.

II. Ergebnis: E kann dem Darlehensanspruch aus § 488 I S.2 BGB eine Einwendung nach §§ 438 IV S.2; 359 I S.1 BGB entgegenhalten und damit die Zahlung verweigern.

---

[536] Vgl. MüKo , § 359 BGB, Rn. 74.

[537] Palandt, § 359, Rn. 8; Canaris, ZIP 1993, 401 ff. (409); MüKo, § 359 BGB, Rn. 75.

[538] Zum Ganzen: MüKo, § 359 BGB, Rn. 75 ff.

7. Zusammenhängende Verträge

§ 360 BGB

Eine Neuregelung stellt § 360 BGB dar, der in der Sache allerdings nicht viel Neues bringt, sondern lediglich Regelungen, die nach altem Recht verstreut waren (§§ 312f, 359a I, II, 485 BGB a.F.), zusammenfassend regelt.

An einen mit einem Verbrauchervertrag zusammenhängenden Vertrag ist der Verbraucher nach Widerruf des Verbrauchervertrages nach § 360 I S.1 BGB nicht mehr gebunden. Die Rechtsfolge deckt sich also mit der bei verbundenen Verträgen.

Ein zusammenhängender Vertrag liegt gem. § 360 II BGB immer dann vor, wenn ein Vertrag zu einem widerrufenen Vertrag einen Bezug aufweist, und er eine Leistung betrifft, die von dem Unternehmer des widerrufenen Vertrages oder einem Dritten auf der Grundlage einer Vereinbarung zwischen dem Dritten und dem Unternehmer des widerrufenen Vertrages erbracht wird.

Bsp. nach Klocke, JuS 2016, 975 ff.: V ruft den Schlüsseldienst S, um die ins Schloss gefallene Tür zu öffnen. S bietet dem V in der Wohnung ein zusätzliches Schloss zur Verriegelung der Tür samt entsprechender Montage an.

8. Der Verbraucherbauvertrag, §§ 650i ff. BGB

Widerrufsrecht, § 650l BGB

Aufgrund der großen wirtschaftlichen Tragweite von Bauverträgen für Verbraucher – dies ist häufig die größte Investition im Leben – hat der Gesetzgeber mit Wirkung zum 01.01.2018 die Regelungen der §§ 650i ff. BGB geschaffen.

Es muss um den Bau eines neuen oder den erheblichen Umbau eines bestehenden Gebäudes gehen. In den Anwendungsbereich fallen solche Umbaumaßnahmen, die dem Bau eines neuen Gebäudes vergleichbar sind, z.B. Kernsanierungen, bei denen nur die „Hülle" des Altbaus erhalten bleibt. Anders als der „normale" Bauvertrag erfasst der § 650i BGB nicht etwaige Außenanlagen.

Textform

Der Vertrag muss der Textform genügen, § 650i II BGB. Das gilt auch für die gem. § 650j BGB zu gewährende Baubeschreibung.

Widerrufsrecht gem. § 650l BGB

§ 650l BGB gewährt ein Widerrufsrecht. Hinsichtlich Ausübung und Rechtsfolgen wird § 355 BGB durch §§ 356e, 357d BGB ergänzt.

II. Die Widerrufserklärung

Alle oben erläuterten Normen verweisen hinsichtlich der Ausübung des Widerrufs auf § 355 BGB.

III. Form

Einseitige WE

Der Widerruf wird durch eine einseitige, empfangsbedürftige Willenserklärung ausgeübt.

Gem. § 355 I S.2 BGB ist der Widerruf an keine Form gebunden. Eine Begründung ist nicht nötig. Allerdings muss der Entschluss des Verbrauchers zum Widerruf eindeutig hervorgehen, eine kommentarlose Rücksendung der Waren wird daher nicht mehr ausreichen.[539]

---

[539] BGH, **Life&Law 08/2017, 534 ff.** = jurisbyhemmer.

§ 7 WIDERRUFSRECHT BEI VERBRAUCHERVERTRÄGEN

Umgekehrt ist allerdings eine konkrete Verwendung des Wortes „Widerruf" nicht notwendig und die Erklärung laiengünstig auszulegen.[540]

Gemäß Art. 246a § 1 II Nr.1 EGBGB muss der Unternehmer zwingend dem Verbraucher ein Musterwiderrufsformular zur Verfügung stellen, das der Verbraucher verwenden kann, aber nicht muss.[541] § 356 I S.1 BGB ergänzt, dass der Unternehmer dem Verbraucher die Möglichkeit einräumen kann, dieses Formular oder eine andere eindeutige Widerrufserklärung auf der Webseite des Unternehmers auszufüllen und zu übermitteln.[542]

IV. Frist

Die grundsätzliche Regelung der Widerrufsfrist befindet sich in § 355 II BGB, wonach diese mit Vertragsschluss beginnt, soweit nichts anderes bestimmt ist.

436

Die §§ 356–356e BGB halten solche anderen Bestimmungen bereit, insbesondere für die Fälle, in denen keine ordnungsgemäße Unterrichtung bzw. Belehrung erfolgt ist.

Zwei Wochen ab ordnungsgemäßer Belehrung, § 355 II S.1 und 2 BGB

1. Fristbeginn

a) Bei einer **ordnungsgemäßen Belehrung** hat der Verbraucher gem. § 355 II S.1 BGB für den Widerruf eine Frist von **14 Tagen**, die mit dem Zeitpunkt des Vertragsschlusses beginnt.

437

b) Im Falle eines Widerrufsrechts aufgrund von § 312g I BGB gilt gemäß § 356 II Nr.1 BGB (lesen!) für bestimmte Formen des Verbrauchsgüterkaufs ein abweichender Fristbeginn. Hier beginnt die Widerrufsfrist grundsätzlich mit Erhalt der Ware.

c) Die §§ 356 III S.1, 356a II, III, 356b II, 356c I, 356d S.1, 356e S.1 BGB regeln für die jeweils dort genannten besonderen Verbraucherverträge, dass die Widerrufsfrist nicht zu laufen beginnt, bevor eine nach dem jeweiligen Sondervertrages vorgeschriebene, ordnungsgemäße Information und insbesondere Widerrufsbelehrung erfolgt sind.

d) §§ 356a I, 356b I, III BGB regeln für die jeweils dort genannten besonderen Verbraucherverträge, dass die Widerrufsfrist zudem erst mit Erhalt des Vertrages bzw. eines vertragsbestätigenden Dokuments beginnt.

hemmer-Methode: In der neuen Fassung der §§ 355–356c BGB sind die jeweils maßgeblichen Zeitpunkte für den Fristbeginn sowie auch eine u.U. abweichende Fristdauer sehr systematisch und vor allem abschließend geregelt. Einzelheiten sollten sich insoweit ohne weiteres aus der Gesetzeslektüre erschließen.

2. Fristdauer

a) Grundsätzlich beträgt die Fristdauer 14 Tage, § 355 II S. 1 BGB.

438

hemmer-Methode: Gemäß Erwägungsgrund 41 VerbRRL gilt für die Berechnung der Widerrufsfrist Art. 3 Verordnung (EWG, Euratom) Nr. 1182/71 des Rates vom 3. Juni 1971 zur Festlegung der Regeln für die Fristen, Daten und Termine.[543]

---

[540] Schmidt/Brönneke, VuR 2013, 448 (454).
[541] Möller, BB 2014, 1411 (1415).
[542] Möller, BB 2014, 1411 (1417).
[543] Hilbig-Lugani, ZJS 2013, 545 (546 f.); Schärtl, JuS-Extra 2014, 12 (15) [Fn. 27].

> Weil Art. 3 VO 1182/71 inhaltlich den §§ 187 ff. BGB entspricht, müssen Sie aber zumindest inhaltlich nichts Neues lernen!
> Als guter Bearbeiter sollten Sie in der Klausur aber auf die unmittelbare Geltung der Verordnung hinweisen. (Wenngleich Sie natürlich – quasi als „Nebenrechnung" – die Fristberechnung anhand der Ihnen bekannten §§ 187 ff. BGB vornehmen).

b) Für die besonderen Vertriebsformen gemäß §§ 312b, 312c BGB regelt § 356 III S.2 BGB, dass das Widerrufsrecht spätestens nach zwölf Monaten und 14 Tagen erlischt. Ein ewiges Widerrufsrecht gibt es somit für diese Verträge (mit der Ausnahme von Finanzdienstleistungsverträgen, vgl. § 356 III S.3 BGB, sowie für Verbraucherdarlehensverträge, § 356b BGB) nicht mehr.

c) Eine ähnliche Regelung findet sich in § 356a II S.2 BGB, wonach das Widerrufsrecht spätestens drei Monate und 14 Tage nach Fristbeginn erlischt.

d) Entsprechendes gilt auch gemäß § 356c II BGB für Ratenlieferungsverträge, bei denen das Widerrufsrecht ebenfalls spätestens zwölf Monate und 14 Tage nach Vertragsschluss erlischt, sowie für unentgeltliche Finanzierungen und Verbraucherbauverträge, vgl. §§ 356d S.2, 356e S.2 BGB.

e) § 356b II S.2 BGB verlängert die Widerrufsfrist bei fehlenden Pflichtangaben nach § 492 II BGB auf einen Monat.

> **hemmer-Methode:** Weil allerdings Finanzdienstleistungsverträge von der VerbRRL ausgenommen waren, bleibt es für die in § 356b BGB geregelten Verträge beim zeitlich unbegrenzten Widerrufsrecht, solange der Unternehmer die Pflichten nach Abs. 1 und Abs. 2 nicht erfüllt.

Bsp. 1:[544] *N bestellt am Dienstag, 17.7.2018, beim Computerversandhändler C ein neues 7.1-Surround-Gaming-Headset „Sannheimer 3D" zum Gesamtpreis von 250 €. Diese werden auf Grund von Lieferschwierigkeiten des Herstellers erst am Samstag, 4.8.2018, ausgeliefert. Da N jedoch am 3.8.2018 in den Sommerurlaub gefahren ist, kann er das Paket, dessen Abholbenachrichtigung am 4.8.2018 ordnungsgemäß in den Briefkasten des N geworfen wurde, erst am Montag, 13.8.2018, abholen. Kann der stark unter dem Gruppendruck der „Gaming community" leidende N den Kaufvertrag trotz ordnungsgemäßer Belehrung noch fristgerecht widerrufen, wenn er am Samstag, 25.8.2018, in einem Testmagazin erfährt, dass die „Sannheimer 3D" bei Spielern im Moment als „uncool" empfunden wird?*

Abwandlung:[545] *Wann enden die Widerrufsfristen, wenn N am 17.7.2018 statt bei C beim Versandhändler Qualle (Q) eingekauft und nicht nur das Headset, sondern zugleich auch eine neue Jeans bestellt hat, wobei der Paketbote das Headset am Freitag, 20.7.2018, die Jeans am Samstag, 28.7.2018, persönlich an N übergeben konnte?*

(1) Gemäß § 355 II S.1 BGB beträgt die Widerrufsfrist bei Verbraucherverträgen einheitlich 14 Tage. Diese beginnt – soweit keine Sonderregeln greifen – gem. § 355 II S.2 BGB grundsätzlich mit Vertragsschluss, hier also am 17.7.2018.

> **hemmer-Methode:** Diese „Regel" ist faktisch die „Ausnahme", da für die einzelnen Widerrufsrechte überwiegend Besonderheiten bestehen.

(2) Fristbeginn ist damit gem. EG 41 VerbRRL i.V.m. Art 3 I, II lit. b VO 1182/71 [entspricht § 187 I BGB] **am Mittwoch, 18.7.2018, 0:00 Uhr**, Fristende **am Dienstag, 31.7.2018, 24:00 Uhr**, Art. 3 II lit. b, III VO 1182/71 [entspricht § 188 I BGB]).

---

[544] Nach Schärtl, JuS-Extra 2014, 12 (32 f.).
[545] Nach Schärtl, JuS-Extra 2014, 12 (32 f.).

Auch wenn zur Fristwahrung gem. § 355 I S.5 BGB die rechtzeitige Absendung der Widerrufserklärung genügt, der Verkäufer also das Verzögerungsrisiko trägt, wäre ein Widerruf des N am Samstag, 25.8.2018, daher in jedem Fall verspätet.

(3) Es könnten jedoch **Sonderregeln** zum Fristbeginn greifen. Der ausschließlich per Internet getätigte Kauf des Headsets ist gem. § 474 I BGB als Verbrauchsgüterkauf zu qualifizieren, wobei dem N auf Grund des Fernabsatzcharakters gem. §§ 312g I; 312c BGB ein „Verbraucherwiderrufsrecht bei Fernabsatzverträgen" zusteht. Dementsprechend gelten für den Fristbeginn die Sonderregeln des § 356 II, III BGB, wobei N ordnungsgemäß entsprechend der Anforderungen des Art. 246a § 1 II S.1 Nr.1 EGBGB unterrichtet wurde.

Folgerichtig beginnt die Widerrufsfrist gem. § 356 II Nr.1 lit. a BGB, „sobald der Verbraucher ... die Waren erhalten hat". Unmittelbaren „physischen Besitz der Ware" (so Art. 9 II lit. b VerbRRL) hat N erst mit tatsächlicher Abholung des Pakets am Montag, 13.8.2018 erlangt. Allerdings wurde bereits am Samstag, 4.8.2018, die entsprechende Abholbenachrichtigung in den Briefkasten des N eingeworfen.

(4) Man könnte auf die Idee kommen, **§ 130 I S.1 BGB analog** auf den „Erhalt der Ware" anzuwenden. Eine hypothetische Willenserklärung wäre spätestens am Montag, 6.8.2018, als nächstmöglichem Abholtag zugegangen. Begonnen hätte die Widerrufsfrist dann gem. § 187 I BGB **am Dienstag, 7.8.2018, um 0:00 Uhr,** und hätte folglich **am Montag, 20.8.2018, um 24:00 Uhr** (§ 188 I BGB) geendet.

(5) Eine derartige Vorverlagerung der fristauslösenden Warenlieferung widerspricht jedoch – ebenso wie beispielsweise bei § 438 II BGB – dem Sinn und Zweck des Verbraucherschutzrechts: Der Verbraucher soll durch das Widerrufsrecht die Möglichkeit erhalten, die Ware zu testen und deren Geeignetheit für die mit ihr verfolgten Zwecke zu überprüfen. Dies setzt jedoch jeweils voraus, dass die Ware in die tatsächliche Verfügungsgewalt des Verbrauchers bzw. einer ihm zurechenbaren Hilfsperson gelangt ist. Letzteres ist erst mit tatsächlicher Abholung des Pakets beim Postamt am Montag, 13.8.2018, geschehen, so dass die Widerrufsfrist nach § 187 I BGB **am Dienstag, 14.8.2018, 0:00 Uhr,** begonnen hat und damit erst **am Montag, 27.8.2018, 24:00 Uhr** (§ 188 I BGB), endet.

Lösung Abwandlung:

Gem. § 356 II Nr.1 lit. b BGB kommt es für den Beginn der Widerrufsfrist grundsätzlich auf den Erhalt der letzten Ware an, also der Jeans am 28.7.2018. Folgerichtig ergibt sich: Fristbeginn: nach § 187 I BGB **am Sonntag, 29.7.2018, 0:00 Uhr,** Fristende: gem. §§ 188 I; 193 BGB **am Montag, 13.8.2018, 24:00 Uhr.**

Fraglich ist allerdings, ob wirklich eine einheitliche Bestellung vorliegt.

(3) Es könnten jeweils gesonderte Widerrufsfristen laufen, wenn die Auslegung der Willenserklärungs trotz des einheitlichen Bestellvorgangs zu dem Ergebnis führt, dass kein einheitlicher, sondern mehrere getrennte Kaufverträge vorliegen, weil es z.B. an einem erkennbaren Zusammenhang zwischen den verschiedenen Waren fehlt. Das träfe vorliegend zu.

(4) Aus formalen Gründen ist jedoch davon auszugehen, dass auf die Einheitlichkeit der Bestellung selbst abzustellen ist. Es würde zu immensen Rechtsunsicherheiten führen, würde man im Einzelfall den Zusammenhang verschiedener Waren diskutieren müssen.

(5) N hat am 17.7.2018 „zugleich" sowohl das Headset als auch die Jeans bestellt, so dass ein einheitlicher Bestellvorgang vorliegt. Dementsprechend löst erst der Erhalt der letzten Ware (hier: der Jeans am 28.7.2018) den Lauf der Widerrufsfrist aus, so dass diese sowohl für das Headset als auch die Jeans **einheitlich am Montag, 13.8.2018, 24:00 Uhr** endet.

(6) N kann deshalb durch Abschicken des Widerrufs (§ 355 I S.5 BGB) spätestens am Montag, 13.8.2018, 24:00 Uhr, fristgerecht sein Widerrufsrecht ausüben.

Bsp. 2:[546] *A bestellt beim Onlinebuchhändler Dubenhugel-GmbH am Freitag, 17.8.2018, ein Buch zum Listenpreis von 30 €, welches am Montag, 20.8.2018, geliefert wird. Allerdings fehlt eine entsprechende Widerrufsbelehrung nach Art. 246 a § 1 II S.1 Nr.1 EGBGB, was die D-GmbH am Montag, 27.8.2018, bemerkt. Noch am gleichen Tag ruft daher W, der Geschäftsführer der D-GmbH, bei A an und klärt sie über die Bedingungen, Fristen und das Verfahren für die Ausübung des Widerrufsrechts nach § 355 I BGB sowie die Möglichkeit der Nutzung eines auf der Homepage der L-GmbH individualisiert herunterladbaren Muster-Widerrufsformulars auf. Am Montag, 3.9.2018, erhält A sämtliche dieser Informationen nochmals per Brief. Ist ein Widerruf am Montag, 17.9.2018, noch fristgemäß?*

(1) Zu klären ist der Lauf der Widerrufsfrist. Diese beträgt gem. § 355 II S.1 BGB einheitlich 14 Tage, wobei ihr Lauf gem. § 355 II S.2 BGB grundsätzlich mit Vertragsschluss (hier: 15.8.2018) beginnt.

(2) Allerdings gelten für Fernabsatzverträge i.S.d. § 312c BGB, die als Verbrauchsgüterkauf (§ 474 I BGB) gelten, die Sonderregeln des § 356 II, III BGB, wonach die Widerrufsfrist frühestens mit Erhalt der Ware (hier: 20.8.2018) beginnt.

hemmer-Methode: Vorsicht Falle! Lassen Sie sich nicht durch die Geringwertigkeit der Ware in die Irre führen. Nur für Haustürgeschäfte ist hier gem. § 312 II Nr.12 BGB davon auszugehen, dass lediglich Informationspflichten bestehen, nicht aber ein Widerrufsrecht!

(3) Allerdings muss der Verbraucher ordnungsgemäß über sein Widerrufsrecht belehrt werden (§ 356 III S.1 BGB). Die notwendigen Informationen sind gem. § 312d I BGB; Art. 246a § 4 I EGBGB grundsätzlich „vor Abgabe von dessen Vertragserklärung in klarer und verständlicher Weise zur Verfügung zu stellen". Dabei gelten für Fernabsatzgeschäfte nicht nur die Erleichterungen des Art. 246a § 3 EGBGB. Vielmehr ist auch Art. 246a § 4 III EGBGB zu beachten, wonach es genügt, wenn der Unternehmer dem Verbraucher die notwendigen Informationen „in einer den benutzten Fernkommunikationsmitteln angepassten Weise zur Verfügung stellt".

(4) Zudem müssen dem Verbraucher nach § 312f II S.1, 2 BGB „innerhalb einer angemessenen Frist nach Vertragsschluss, spätestens jedoch bei der Lieferung der Ware" eine Vertrags-„bestätigung" einschließlich der nach Art. 246a EGBGB genannten Angaben erteilt werden, soweit diese nicht bereits vor Vertragsschluss auf einem dauerhaften Datenträger zur Verfügung gestellt wurden.

Die erforderlichen Informationen wurden von der D-GmbH unstreitig weder vor (§ 312d I BGB) noch unmittelbar nach Vertragsschluss, „spätestens jedoch bei der Lieferung der Ware" (§ 312f II S.1, 2 BGB) zur Verfügung gestellt.

(a) Zu klären ist daher, ob der Lauf der Widerrufsfrist durch die telefonische Belehrung am Montag, 27.8.2018, seitens des W in Gang gesetzt wurde. Grundsätzlich ist eine nachträgliche Widerrufsbelehrung zulässig. Diese kann aber nicht mündlich erfolgen. Die Verbraucherinformationen sollen eine freie Entscheidung ermöglichen, ob der Widerruf erklärt wird oder nicht. Dazu bedarf es einer Bereitstellung auf einem dauerhaften Datenträger.

(b) Hier wurden die notwendigen Informationen in der erforderlichen dauerhaft verkörperten Form erst durch den der A am 3.9.2018 zugegangenen Brief erteilt, weshalb die Widerrufsfrist gem. § 187 I BGB erst **am Dienstag, 4.9.2018, 0:00 Uhr**, begonnen hat. Sie endet daher nach § 188 I BGB **am Montag, 17.9.2018, 24:00 Uhr**, wobei zur Fristwahrung gem. § 355 I S.5 BGB die rechtzeitige Absendung der Widerrufserklärung genügt.

---

[546] Nach Schärtl, JuS-Extra 2014, 12 (32 ff.).

	Exkurs

Sonderproblem: Kauf auf Probe

Es ist fraglich, wann die Widerrufsfrist bei einem Kauf auf Probe, § 454 BGB, beginnt. Denn bei einem Kauf auf Probe erhält der Käufer den Kaufgegenstand zur Untersuchung, vgl. § 454 I S.2 BGB, bevor er den Kaufvertrag durch Billigung wirksam werden lassen kann. In Hinblick auf § 356 II Nr.1 BGB könnte man daran denken, dass insoweit die Widerrufsfrist bereits mit dem Erhalt der Ware beginnt.

Ansicht des BGH

Der BGH[547] hat einen Fall entschieden, der bei einem Kauf auf Probe ein Widerrufsrecht aus § 312d BGB a.F. (Fernabsatz, jetzt §§ 312g, 312c BGB) betraf. Nach Ansicht des BGH beginnt die Widerrufsfrist bei einem Kauf auf Probe **erst** mit dem Wirksamwerden des Vertrages durch Billigung des Käufers.[548]

Der BGH stellt entscheidend darauf ab, wann es zum Vertragsschluss kommt. Dies ist bei einem Kauf auf Probe erst mit der Billigung des Käufers der Fall. Auch wenn bereits mit der Vereinbarung eines Kaufs auf Probe von einem aufschiebend bedingten Kaufvertrag ausgegangen werden kann,[549] bedarf es noch einer weiteren Voraussetzung (Billigung) zum Vertragsschluss.

Des Weiteren ist für die Gefahr des zufälligen Untergangs und den Verlust der Gewährleistungsrechte nach § 442 BGB erst der Zeitpunkt der Billigung und nicht der Abschluss des aufschiebend bedingten Kaufvertrages maßgebend.

Folgen

Auch die mit der Billigungsfrist des § 455 BGB einerseits und des Widerrufsrechts nach § 312d BGB a.F. andererseits verfolgten unterschiedlichen Ziele stehen einem Parallellauf beider Fristen entgegen. Während mit der Übergabe der Sache beim Kauf auf Probe der mit der Billigungsfrist verfolgte Zweck in erster Linie darin besteht, dem Käufer Gelegenheit zur Prüfung der Tauglichkeit der Sache zu geben, will das Fernabsatzrecht vor den spezifischen Gefahren von Verträgen schützen, bei denen der Verbraucher regelmäßig die Ware oder Dienstleistung sowie die Person seines Geschäftspartners vor Vertragsschluss nicht zu sehen bekommt. Damit stehen aber der Regelungszweck des Fernabsatzrechts als Verbraucherschutzrecht und der mit dem Kauf auf Probe verfolgte Zweck nebeneinander.

Sind dem Käufer, der einen Kaufvertrag auf Probe abgeschlossen hat, sowohl die vertragliche Billigungsfrist des § 455 BGB wie das gesetzliche Widerrufsrecht gem. §§ 312g, 355 BGB eingeräumt worden, müssen ihm die genannten Fristen auch in vollem Umfang erhalten bleiben. Bei einem Kauf auf Probe beginnt die Widerrufsfrist des Verbrauchers nach § 312g BGB demnach nicht vor dem Zeitpunkt, in dem der Kaufvertrag durch Billigung für diesen bindend geworden ist.

Um ordnungsgemäß zu sein, **muss** die Widerrufsbelehrung des Unternehmers hierauf **hinweisen**! Ansonsten greift § 356 III BGB ein.

Da die Begründung des BGH die unterschiedlichen Zwecke von Verbraucherschutzrecht (hier Fernabsatzrecht) und dem Kauf auf Probe hervorgehoben hat, ist davon auszugehen, dass sich diese Rechtsprechung im Hinblick auf die Neufassung der Widerrufsrechte nicht ändern wird.

441

---

[547] BGH, ZIP 2004, 1157 - 1159 = **juris**byhemmer.

[548] So auch MüKo, § 312d BGB, Rn. 85.

[549] Vgl. RGZ 94, 285, 287; 137, 297, 298; Metzger in BGB-RGRK, § 495 BGB, Rn. 1; Staudinger, § 495 BGB, Rn. 2; a.A. Larenz, Lehrbuch des Schuldrechts, Bd. 2, 1. Halbband, 13. Aufl., S.144 f.

Das ergibt sich auch daraus, dass bereits die Grundregel des § 355 II S.2 BGB an den Vertragsschluss anknüpft und der Erhalt der Ware gem. § 356 II Nr.1 BGB ja nur als *zusätzliches* Kriterium aufgeführt wird.

Exkurs Ende

3. Fristwahrung

Fristwahrung

Gem. § 355 I S.5 BGB genügt die Absendung der Widerrufserklärung vor Fristablauf. Der Verbraucher trägt damit nicht das Risiko, dass der Widerruf nicht innerhalb der Frist übermittelt wird (**Verspätungsrisiko**). Die Widerrufserklärung wird aber als empfangsbedürftige Willenserklärung gem. § 130 I BGB nur und erst dann wirksam, wenn sie dem Unternehmer zugeht. Der Verbraucher trägt also immer noch das **Verlustrisiko**. Nur im Falle der Rücksendung wird der Widerruf wegen der Gefahrtragung des Unternehmers auch wirksam, wenn die Sache während des Transports verloren geht.[550]

442

hemmer-Methode: Bei unterlassener Belehrung und Information besteht ein Anspruch gegen den Vertragspartner aus den §§ 280 I, 311 II, 241 II BGB (c.i.c.) (vgl. bereits oben). Nach der Rechtsprechung des BGH handelte es sich bei der Belehrung im Hinblick auf ein Haustürgeschäft (!) bereits nach alter Rechtslage um eine Pflicht (und nicht um eine bloße Obliegenheit), die eine Haftung aus c.i.c ermöglichte.[551]

4. Beweislast

Beweislast trägt Unternehmer

Gemäß § 361 III BGB trägt der Unternehmer hinsichtlich des Beginns der Widerrufsfrist die Beweislast.

443

V. Abdingbarkeit

§ 361 II BGB

Die Vorschriften zum Widerruf von Verbraucherverträgen sind grundsätzlich nicht zu Lasten des Verbrauchers abdingbar, § 361 II BGB, sofern nichts anderes bestimmt ist.

444-445

---

[550] Palandt, § 355 n.F., Rn. 8.
[551] BGH, NJW 2007, 357 - 360 = **juris**byhemmer.

§ 8 VERBRAUCHSGÜTERKAUF[552]

A) Anwendungsbereich

Verbrauchsgüterkauf, § 474 I BGB

I. Kauft ein Verbraucher i.S.v. § 13 BGB von einem Unternehmer, § 14 BGB, eine bewegliche Sache, i.S.v. § 90 BGB[553], (sog. Verbrauchsgüterkauf, § 474 I S.1 BGB), wird das allgemeine Kaufrecht durch die §§ 474 ff. BGB modifiziert. Die §§ 474 ff. BGB dienen der Umsetzung der Verbrauchsgüterkaufrichtlinie (RL 1999/44/EG).

Um einen Verbrauchsgüterkauf handelt es sich auch, wenn zusätzlich (!) zum Verkauf eine Dienstleistung erbracht wird, § 474 I S.2 BGB, wobei der Begriff der Dienstleistung in diesem Sinne auch eine Werkleistung erfasst. Nach der Gesetzesbegründung sollen auch Fälle erfasst sein, in denen die Dienstleistung im Verhältnis zur Übereignung der Ware nicht nur untergeordnete Bedeutung hat. Dies wird deshalb angenommen, weil der Begriff des Verbrauchsgüterkaufs auch relevant ist für den Beginn der Widerrufsfrist, § 356 II BGB.[554]

> **hemmer-Methode:** Beachten Sie, dass für den Verbrauchsgüterkauf grundsätzlich alle Vorschriften des allgemeinen Kaufrechts gelten. Die §§ 474 ff. BGB sind daher in der Falllösung nur heranzuziehen, wenn es auf deren Modifikationen ankommt, § 474 II S.1 BGB!

Ausnahme

II. Nicht erfasst werden gebrauchte Sachen, die i.R.e. öffentlichen Versteigerung verkauft werden, an welcher der Verbraucher persönlich teilnehmen kann, § 474 II S.2 BGB. Für sog. Internet-Auktionen bedeutet dies im Umkehrschluss, dass sie einen Verbrauchsgüterkauf darstellen, wenn ein Verbraucher eine Sache von einem Unternehmer ersteigert. Denn der Begriff der Versteigerung orientiert sich an § 383 III S.1 BGB.[555]

> **hemmer-Methode:** Werden Sachen auf Grund eines Pfandrechts gem. § 1235 I BGB öffentlich versteigert (vgl. die Legaldefinition in § 383 III BGB), so regelt § 445 BGB den Ausschluss der Mängelrechte (beachte diesbzgl. aber § 475 III S.2 BGB). Für die Versteigerung i.R.d. Zwangsvollstreckung gilt dagegen § 806 ZPO.

Nur bewegliche Sachen

III. Ebenfalls nicht unter §§ 474 ff. BGB fallen Kaufverträge über unbewegliche Sachen oder Rechte.

Werklieferungsvertrag

> **hemmer-Methode:** Beachten Sie auch, dass die §§ 474 ff. BGB aufgrund von § 650 BGB, der auf das Kaufrecht mit einigen Modifizierungen verweist, auch beim Werklieferungsvertrag Anwendung finden.

---

[552] Der Begriff „Verbrauchsgut" ist irreführend. Gemeint ist im Umkehrschluss zu § 13 BGB, dass der Verbraucher die Sache nicht zu gewerblichen oder selbstständigen beruflichen Zwecken anschafft, sondern sie selbst und privat nutzt. Die Sache muss also nicht „verbraucht" bzw. „aufgebraucht" werden.

[553] Nach § 90 BGB muss es sich um einen körperlichen Gegenstand handeln. Unkörperliches kann grundsätzlich Gegenstand eines Kaufvertrages zwischen einem Unternehmer und einem Verbraucher sein. Computer-Software ist beispielsweise für sich genommen keine bewegliche Sache in diesem Sinne, sie wird jedoch, wenn sie auf einem Datenträger verkörpert ist, von der Rechtsprechung wie eine bewegliche Sache behandelt, BGHZ 102, 135 - 152 (141) = **juris**byhemmer; BGH, NJW 1990, 320 - 322 (321); Haas, in Haas/Medicus/Rolland/Schäfer/Wendtland, Das neue Schuldrecht, § 5, Rn. 431.

[554] Palandt erwähnt exemplarisch einen (widerrufbaren) Fernunterrichtsvertrag, bei dem auch Unterrichtsmaterial übereignet wird, § 474 Rn. 3.

[555] BGH, **Life&Law 04/2006, 224 - 228** = NJW 2006, 115 - 117 = **juris**byhemmer.

B) Regelungsinhalt der §§ 474 ff. BGB

Die Modifizierungen bei einem Verbrauchsgüterkauf betreffen vor allem die vertragliche Abänderbarkeit der kaufrechtlichen Vorschriften, eine Beweislastumkehr zugunsten des Verbrauchers, eingeschränkte Gefahrtragungsregeln und Sondervorschriften für Garantien.

I. Einschränkung abweichender Vereinbarungen, § 475 BGB

Zwingende Normen

Im Rahmen eines Verbrauchsgüterkaufs sind die kaufrechtlichen Vorschriften zugunsten des Verbrauchers weitgehend **zwingend**, § 475 BGB, d.h. Vereinbarungen, die zum Nachteil des Verbrauchers von den genannten gesetzlichen Bestimmungen abweichen, sind nicht möglich.

1. § 476 I BGB

Wesentliche Gewährleistungsvorschriften werden zwingendes Recht

a) § 476 I S.1 BGB bestimmt, dass sich der Verkäufer auf Vereinbarungen, die vor Mitteilung eines Mangels an den Unternehmer zu Lasten des Verbrauchers von den §§ 433 – 435, 437, 439 – 443 BGB abweichen, nicht berufen kann. Diese sonst abdingbaren Vorschriften erhalten also beim Verbrauchsgüterkauf den Status zwingenden Rechts.

> **hemmer-Methode:** Die Vereinbarung ist nicht etwa unwirksam, worauf bereits der Wortlaut hinweist („kann der Unternehmer sich nicht berufen").
> Nach der Ansicht von Palandt, § 476 BGB, Rn. 5 ist die Vereinbarung dagegen unwirksam und die Formulierung nur deshalb so gewählt, damit man „nicht in die Verlegenheit kommt", gem. § 139 BGB den gesamten Kaufvertrag als unwirksam anzusehen.
> Bei dieser „Streitfrage" handelt es sich eher um ein dogmatisches als ein praktisches Problem. Zeigen Sie dennoch in der Klausur, dass Sie diese Feinheiten kennen.

Maßgeblicher Zeitpunkt

b) Dies gilt jedoch nur, sofern die abweichende Vereinbarung **vor** Mitteilung des Mangels an den Unternehmer erfolgt ist. Danach getroffene Vereinbarungen können also zulässigerweise von den genannten Vorschriften zum Nachteil des Verbrauchers abweichen.

c) Aus § 476 BGB ergibt sich für den Verbraucher, dass ihm auf keinen Fall das Recht auf Nacherfüllung, Minderung oder Rücktritt wegen Sach- oder Rechtsmängeln genommen werden kann.

Es ist daher nicht mehr möglich, bei einem Verbrauchsgüterkauf im Voraus die Mängelrechte des Verbrauchers **individualvertraglich** oder durch **AGB** zum Nachteil des Verbrauchers zu modifizieren.

Dem Unternehmer ist daher zu raten, den Zustand des Kaufgegenstandes sehr detailliert zu beschreiben und eine entsprechende Beschaffenheitsvereinbarung i.S.v. § 434 I S.1 BGB zu treffen, die bereits das Vorliegen eines Mangels ausschließt.[556] Im Übrigen sind nach § 442 I S.1 BGB auch ohne besondere Beschaffenheitsvereinbarung die Rechte des Käufers wegen eines Mangels ausgeschlossen, wenn er bei Vertragsschluss den Mangel aufgrund der Beschreibung des Verkäufers kennt.[557]

> **hemmer-Methode:** Beachten Sie aber bitte nochmals, dass § 476 I BGB eine Regelung der Vertragsparteien nach Mitteilung eines Mangels zulässt. Dadurch sollen insbesondere Vergleiche zwischen den Parteien ermöglicht werden.

---

[556] Zu der damit verbundenen Umgehungsproblematik siehe Rn. 455.
[557] Zeller-Müller, Verbraucherschutz im BGB, **Life&Law** 08/2002, 565 - 570 (567).

Bsp.: Verbraucher V hat bei Unternehmer U eine Waschmaschine gekauft. Nach der Übergabe stellt sich heraus, dass sich die Tür der Maschine nur schwer öffnen lässt. Als V dies dem U mitteilt, vereinbaren sie auf Betreiben des U, dass das Rücktrittsrecht des V ausgeschlossen sein soll und er stattdessen 10 % des Kaufpreises zurückerhält. Kurz darauf stellt V fest, dass die Waschtrommel der Maschine stark angerostet ist und will vom Vertrag zurücktreten. U beruft sich auf den vereinbarten Ausschluss des Rücktrittsrechts.

Fraglich ist allein, ob V und U das Rücktrittsrecht des V wegen Mängeln der Kaufsache aus § 437 Nr.2 Alt.1 BGB i.V.m. § 326 V BGB bzw. § 323 I BGB wirksam ausgeschlossen haben. Aufgrund der Vertragsfreiheit der Kaufvertragsparteien ist dies grundsätzlich möglich.

Allerdings wird die Vertragsfreiheit durch § 476 I BGB beim Verbrauchsgüterkauf eingeschränkt, um für den Käufer nachteilige Abweichungen von den gesetzlichen Regelungen weitgehend zu vermeiden. Hier liegt eine Abweichung von § 437 BGB vor. Diese ist jedoch nur dann nach § 476 I S.1 BGB unbeachtlich, wenn sie „vor Mitteilung eines Mangels" erfolgt ist.

Die Beeinträchtigung der Funktion der Tür stellt einen Sachmangel i.S.d. § 434 I S.2 Nr.2 BGB dar; nach dessen Mitteilung an U wurde die Vereinbarung über den Ausschluss des Rücktrittsrechts getroffen.

Nach Sinn und Zweck des § 476 I S.1 BGB ist trotz des missverständlichen Wortlauts eine dem Käufer nachteilige abweichende Vereinbarung jedoch nur bezüglich desjenigen Mangels möglich, den der Käufer dem Verkäufer (= Unternehmer) i.S.d. § 476 I S.1 BGB mitgeteilt hat. Es wäre unsinnig, wenn nur irgendein Mangel mitgeteilt werden müsste, um § 476 I S.1 BGB auszuschließen. Daher kann V wegen der mangelhaften Tür nicht mehr zurücktreten; hinsichtlich der verrosteten Waschtrommel gilt jedoch § 476 I S.1 BGB, sodass er vom Vertrag (evtl. nach vorheriger Fristsetzung, § 323 I BGB) zurücktreten kann.

Keine Umgehung

d) § 476 I S.2 BGB stellt zudem sicher, dass die Rechte des Verbrauchers nicht durch eine **Umgehung** der Regelungen mittelbar außer Kraft gesetzt werden dürfen. Beachten Sie dabei, dass es nur darauf ankommt, dass die Schutzvorschriften objektiv umgangen werden. Eine Umgehungsabsicht ist nicht erforderlich.

**hemmer-Methode: Wann eine solche Umgehung vorliegt, ist äußerst umstritten. Nach dem 01.01.2002 wurden z.T. Kaufverträge abgeschlossen über „Bastlerfahrzeuge" oder „rollenden Schrott", obwohl es sich um junge Gebrauchte handelte.
Mit derartigen unbestimmten Klauseln dürfen die Verbraucherrechte natürlich nicht umgangen werden, wobei im Einzelfall immer geprüft werden muss, ob nicht doch „Schrott" verkauft wurde. Dann wäre die Klausel natürlich zulässig. Kauft aber jemand ein gebrauchtes Auto, um damit zu fahren, so liegt ein unzulässiger Umgehungsversuch i.S.d. § 476 I S.2 BGB vor.
Bei Gebrauchtwagenhändlern kam daher auch das sog. „Agenturmodell" wieder in Mode. Bei diesem tritt der Gebrauchtwagenhändler nur als Vermittler zwischen dem verkaufenden Voreigentümer (Verbraucher) und dem Käufer (Verbraucher) auf. In diesem Fall liegt vom Wortlaut her kein Verbrauchsgüterkauf vor, sodass § 476 I S.1 BGB nicht einschlägig ist. Für den Gebrauchtwagenhändler kann sich hier eine Haftung aus c.i.c. (§§ 241 II, 311 III, II BGB) wegen Inanspruchnahme besonderen Vertrauens ergeben (sog. Sachwalterhaftung).[558]**

---

[558] Die Frage, wie die Haftung des Händlers dogmatisch begründet werden kann, ist noch nicht endgültig geklärt. Neben dem hier erwähnten Ansatz wird z.T. einfach davon ausgegangen, dass sich die Mängelrechte im Falle eines Umgehungsgeschäftes gegen den Händler richten, vgl. Palandt, § 476, Rn. 8 (wohl unter Annahme der Fiktion eines Kaufvertrages). Der BGH hat bislang nur in einem obiter dictum entschieden, *dass* der Händler haftet (NJW 2007, 759 - 761 = **juris**byhemmer). Eine dogmatische Begründung steht noch aus. Denkbar wäre auch, die dem Händler erteilte Vollmacht an §§ 134, 476 I S.2 BGB scheitern zu lassen, um so die Haftung des Händlers gem. § 179 BGB zu begründen.

Der Fall kann sich auch so darstellen, dass das Agenturmodell missbräuchlich angewendet wurde, etwa weil der Gebrauchtwagenhändler nicht hinreichend deutlich gemacht hat, dass er nur als Vermittler auftreten möchte. In diesen Konstellationen ist nach der h.L. und Rechtsprechung des BGH § 476 I S.2 BGB einschlägig.[559]

Lesen Sie hierzu auch den Aufsatz von Müller, „Die Umgehung des Rechts des Verbrauchsgüterkaufs im Gebrauchtwagenhandel" in NJW 2003, 1975 ff.

Abdingbar: Schadensersatzanspruch → §§ 307 ff. BGB beachten

e) Jederzeit möglich ist jedoch ein Ausschluss oder die Beschränkung von **Schadensersatzansprüchen**, § 476 III BGB. Bei Verwendung von AGB sind allerdings die §§ 307 – 309 BGB und § 276 III BGB zu beachten.

hemmer-Methode: Die eingeschränkte Möglichkeit des Ausschlusses von Mängelrechten durch § 476 BGB hat sowohl in der Praxis als auch in der Klausur große Bedeutung: Die meisten Alltagsgeschäfte fallen unter § 474 I BGB und werden modifiziert!
Wichtig ist, dass die Sonderregeln der §§ 474 ff. BGB auch bei Verwendung von AGB zu beachten und vor den §§ 305 ff. BGB zu prüfen sind.

2. § 476 II BGB

Verkürzung der Gewährleistungsfrist nach § 438 BGB

a) Nicht in § 476 I BGB genannt ist § 438 BGB. Dem Verbraucher (= Käufer) nachteilige abweichende Vereinbarungen über die Fristverkürzung der Mängelrechte sind **nicht generell** nach § 475 I BGB **unzulässig**.

Grds. zulässig → § 202 BGB

Gem. **§ 202 BGB** sind Vereinbarungen bzgl. der Verjährung grundsätzlich zulässig.

Grenzen: § 475 II BGB

Sie sind jedoch nach § 476 II BGB **nur eingeschränkt möglich**. Hiervon ist allerdings wiederum die Verjährung von Schadensersatzansprüchen nach § 437 Nr.3 BGB ausgenommen, vgl. § 476 III BGB. Bei Verwendung von AGB sind jedoch die §§ 307 – 309 BGB, insbesondere § 309 Nr.8b) ff) BGB, zu beachten.

b) Es ist i.R.v. § 476 II BGB zwischen neuen und gebrauchten Sachen zu unterscheiden.

Neue Sachen: mind. zwei Jahre

Bei einem Kauf einer neuen Sache darf bei einem Verbrauchsgüterkauf durch eine vertragliche Vereinbarung im Voraus (= Vereinbarung vor Mitteilung des Mangels, s.o.) eine Verjährungsfrist von zwei Jahren nicht unterschritten werden.

Nach Mitteilung eines Mangels an den Unternehmer ist nach § 476 II BGB eine vertragliche Vereinbarung über eine kürzere Gewährleistungsfrist möglich.

Neuheit

Neu ist eine Sache, wenn sie noch nicht ihrem bestimmungsgemäßen Gebrauch zugeführt worden ist.

Gebrauchte Sachen

Beim Kauf einer gebrauchten Sache muss die Verjährungsfrist mindestens die Dauer eines Jahres ab dem gesetzlichen Verjährungsbeginn nach § 438 II BGB betragen.

---

[559] BGH, NJW 2005, 1039 - 1041; (Vorinstanz OLG Stuttgart, **Life&Law 11/2004, 723 - 728** = NJW 2004, 2169 - 2171); Palandt, § 476, Rn. 6; **Hemmer/Wüst, Schuldrecht BT I, Rn. 461 f.**; vgl. auch BGH, **Life&Law 05/2007, 291 - 296** = NJW 2007, 759 - 761: alle Entscheidungen = jurisbyhemmer.

§ 8 VERBRAUCHSGÜTERKAUF

Problem: Europarechtswidrigkeit

c) Zu beachten ist jedoch, dass diese Regelung nach Auffassung des EuGH europarechtswidrig ist, weil die Richtlinie lediglich die Möglichkeit vorsieht, bei gebrauchten Sachen die **sog. Haftungsdauer** auf ein Jahr zu verkürzen, Art. 5 I VGK-RL, nicht jedoch die Verjährungsfrist, Art. 7 I VGK-RL.[560] Der Begriff der Haftungsdauer wird allerdings im nationalen Recht nicht verwendet, so dass der deutsche Gesetzgeber wohl meinte, ihn einfach durch den Begriff der Verjährung ersetzen zu können.

Begriff der Haftungsdauer

Die Haftungsdauer beschreibt den Zeitraum, innerhalb dessen Mängel sich zeigen (und schon bei Gefahrübergang angelegt waren). Sofern sich ein Mangel innerhalb dieser Zeitspanne zeigt, verjähren die daraus resultierenden Ansprüche jedoch in 2 Jahren, weil die Verkürzung der Verjährung eben nicht zulässig ist. Nur wenn sich der Mangel also erst nach Ablauf eines Jahres zeigt, ist der Verkäufer „fein raus", wenn er die Haftungsdauer auf ein Jahr verkürzt hat.

Problem: Folge für Verjährungsverkürzungsklauseln?

Problematisch ist allerdings, dass ein Unternehmer den Begriff der Haftungsdauer nicht benutzen wird, da er im deutschen Recht nicht verwendet wird. Er wird sich vielmehr an der nationalen, aber eben europarechtswidrigen Regelung orientieren und einfach die Verjährung auf ein Jahr verkürzen. Fraglich ist, wie man damit umgehen muss. Dabei wird man differenzieren müssen zwischen Fällen, die vor und nach der Klärung durch den EuGH stattfinden.

> *Bsp.: Kfz-Händler H verwendet bei seinen Verkäufen vorgedruckte Formulare, in welchen er die Verjährungsfristen für Mängelansprüche in Geschäften mit Verbrauchern verkürzt. A kauft bei H am 02.05.2017 einen gebrauchten Pkw für den privaten Gebrauch. Nach 13 Monaten bemerkt A, dass der Keilriemen des Pkw verschlissen ist.*
>
> *Aus dem desolaten Zustand des Keilriemens ergibt sich, dass der Keilriemen schon bei Übergabe des Pkw mangelhaft war. Er verlangt daher von H, den Keilriemen auszutauschen. Dieser beruft sich jedoch auf seine AGB, wonach Nachbesserungsansprüche nach einem Jahr ab Übergabe des Pkws verjähren.*
>
> *Kann A von H den Austausch des Keilriemens verlangen?*

A macht einen Nacherfüllungsanspruch nach §§ 437 Nr.1, 439 I BGB geltend.

1. Der zum Zeitpunkt der Übergabe mangelhafte Keilriemen stellt einen Sachmangel i.S.v. § 434 I S.2 Nr.2 BGB dar.

Ein Käufer eines Gebrauchtwagens kann erwarten, dass sich der Keilriemen des Fahrzeugs bei der Übergabe in einem sonst üblichen Zustand befindet. Dies war hier nicht der Fall. Der Anspruch auf Nacherfüllung ist auch nicht nach § 275 BGB wegen Unmöglichkeit ausgeschlossen.

2. Fraglich ist, ob Anspruch noch durchsetzbar ist, nachdem H sich auf Verjährung berufen hat (§ 214 I BGB). Dann müsste der Anspruch auf Nacherfüllung schon verjährt sein. Dafür entscheidend ist, ob die Verkürzung der gesetzlichen Verjährungsfrist gem. § 438 I Nr.3 BGB durch die AGB des H wirksam ist.

Bei dem Kauf des Kfz handelt es sich um einen Verbrauchsgüterkauf gem. der §§ 474 ff. BGB. A handelte als Verbraucher, § 13 BGB, H als Unternehmer i.S.v. § 14 BGB.

Nach § 476 II BGB ist daher eine Verkürzung der Verjährung nur insoweit möglich, als dies bei gebrauchten Sachen nicht zu einer kürzeren Verjährungsfrist von weniger als einem Jahr ab der Übergabe der Sache führt. Demnach wären die Ansprüche des A verjährt.

---

[560] Urteil vom 13.07.2017, JZ 2018, 298 ff.

Problematisch ist allerdings, dass die Regelung des § 476 I S.2 BGB nicht den Vorgaben der Richtlinie standhält, da eine Verkürzung der Verjährungsfrist gerade unzulässig ist. Aufgrund des Anwendungsvorrangs des Europarechts muss § 476 II BGB a.E. daher bis zu einer richtlinienkonformen Anpassung des Gesetzestextes unangewendet bleiben. Man liest die Vorschrift daher quasi unter Ausklammerung des letzten Halbsatzes, sog. richtlinienkonforme Rechtsfortbildung durch teleologische Reduktion.

Demnach betrüge die Verjährungsfrist des Nacherfüllungsanspruchs doch zwei Jahre. Problematisch ist allerdings, dass H die Regelung in seinem Vertrag so im Vertrauen auf den Gesetzestext abgefasst hat. Da der EuGH seine Entscheidung auch erst nach Vertragsschluss getroffen hatte, konnte H nicht um die Europarechtswidrigkeit wissen. Fraglich ist daher, wie mit entsprechenden Altfällen umgegangen werden muss. Hier besteht ein Bedürfnis dafür, Vertrauensschutz zu gewähren, denn eine rückwirkende Verschärfung der Haftung wäre unverhältnismäßig.

Man kann insoweit hinterfragen, welche Regelung die Parteien getroffen hätten, wenn sie die Vorgaben des EuGH gekannt hätten. Dann wohl hätte man die Haftungsdauer auf ein Jahr verkürzt. Das lässt sich durch das Institut der ergänzenden Vertragsauslegung erreichen, d.h. die unwirksame Kürzung der Verjährung „reißt" eine Lücke in den Vertrag, die nach dem genannten Institut zu schließen ist.

Für den Fall bedeutet dies, dass A keine Mängelrechte mehr gehabt hätte, weil die Haftungsdauer von einem Jahr bereits verstrichen war, als er seine Rechte gegenüber H geltend machen wollte.[561]

II. Beweislastumkehr

Beweislastumkehr

1. Im Rahmen eines Verbrauchsgüterkaufs findet gem. § 477 BGB eine Beweislastumkehr zugunsten des Verbrauchers statt.

Ursprüngliche Rechtsprechung

Entgegen den allgemeinen Grundsätzen (vgl. § 363 BGB) muss der **Verkäufer** beweisen, dass der **Sach**mangel bei Gefahrübergang nicht vorlag, wenn der Sachmangel innerhalb der **ersten sechs Monate** ab Gefahrübergang auftritt. § 477 BGB spricht insofern eine gesetzliche Vermutung für das Vorliegen des Sachmangels bereits im Zeitpunkt des Gefahrübergangs aus. Den Käufer trifft aber weiterhin die Beweislast, dass überhaupt ein Mangel vorliegt.[562] Daraus hat der BGH geschlossen, dass die Beweislast hinsichtlich des Vorliegens eines Sachmangels sich auch auf die Ursache des innerhalb der sechs Monate auftretenden Mangels beziehe, also ein Grundmangel stets bewiesen werden müsse.

Kritik der Lehre

Unmittelbar nach der ersten BGH Entscheidung zu diesem Problemkreis war die Kritik an dieser Rechtsprechung äußerst intensiv. § 477 BGB liefe faktisch leer. Die Entscheidung sei nicht haltbar, verkenne sie doch, dass sich die Vermutung gerade auf die Ursachen des auftretenden Mangels beziehe. Der BGH stelle sich damit gegen den Wortlaut des Gesetzestextes.[563]

In der Folgezeit hatte der BGH seine Rechtsprechung trotz der Kritik bestätigt.[564]

---

[561] Ein sehr kompliziertes Problem. Vgl. Sie bei Interesse die Besprechung des Urteils des EuGH von Tyroller, **Life&Law 08/2018, 570 ff.**

[562] BGH, NJW 2006, 1195 - 1197; BGH, NJW 2006, 2250 - 2254; BGH, NJW 2004, 2299 - 2301: **alle Entscheidungen** = juris byhemmer; Palandt, § 477, Rn. 8.

[563] Statt vieler Lorenz, Sachmangel und Beweislastumkehr im Verbrauchsgüterkauf - Zur Reichweite der Vermutungsregelung in § 476 BGB (jetzt § 477 BGB), NJW 2004, 3020 - 3022.

[564] BGH, NJW 2006, 1195 - 1197; BGH, NJW 2006, 2250 - 2254; BGH, NJW 2004, 2299 - 2301; BGH, **Life&Law 09/2007, 579 - 584** = NJW 2007, 2621 - 2623: **alle Entscheidungen** = juris byhemmer; in diesem Fall war es indes so, dass der aufgetretene Mangel gar nicht durch einen Grundmangel verursacht werden konnte, weil es sich schon um den Grundmangel handelt. Dann greift § 477 BGB unproblematisch dahingehend ein, dass das Vorliegen dieses Grundmangels bezogen auf den Zeitpunkt des Gefahrübergangs vermutet wird.

§ 8 VERBRAUCHSGÜTERKAUF

Dann EuGH und nun auch BGH: Grundmangel wird auch vermutet

Der EuGH hatte sodann nach entsprechender Vorlage darüber zu befinden, ob die Verbrauchsgüterkaufrichtlinie danach verlange, den Käufer auch im Hinblick auf den Grundmangel zu schützen dergestalt, dass auch dessen Vorliegen vermutet wird. Wie zu erwarten war, hat der EuGH völlig überzeugend in diese Richtung entschieden.[565] Daraufhin hat sich auch der BGH von seiner verfehlten Rechtsprechung gelöst.[566] Damit hat sich dieser „Klassiker" erledigt.

Widerlegbare Vermutung

2. § 477 BGB berücksichtigt die grds. schlechtere Stellung des Verbrauchers hinsichtlich der Beweismöglichkeiten im Gegensatz zum Unternehmer. Der Verkäufer muss und kann die gesetzliche Vermutung widerlegen, § 292 ZPO.

466

3. Ist die Vermutung des § 477 BGB jedoch nicht mit der **Art der Sache** oder des Mangels vereinbar, bleibt es bei den allgemeinen Regeln der Beweislast, wonach der Käufer den Sachmangel als eine ihm günstige Tatsache zu beweisen hat.[567]

467

Sonderfall 1: Art der Sache: Gebrauchte Sachen und Frischwaren

Dies kann auf gebrauchte Sachen zutreffen, wobei die Vermutung generell auch für gebrauchte Sachen gilt. Es ist im Einzelfall aber denkbar, dass die Sache ein hohes Alter hat und der Mangel in typischen altersbedingten Verschleißerscheinungen liegt. Hier wäre es dann aber auch vertretbar, mit der Art des Mangels zu argumentieren.

468

Eine Ausnahme gilt auch bei sog. Frischwaren, wie z.B. Obst, Gemüse oder Milch. Es liegt in der Natur, dass diese mit der Zeit verderben.

Sonderfall 2: Art des Mangels: v.a. Tierkauf

4. Die Vermutung des § 477 BGB greift auch dann nicht ein, wenn diese mit der **Art des Mangels** unvereinbar ist. Dies betrifft insbesondere Krankheiten eines gekauften Tieres. Je nach Art der Krankheit ist zwischen Infektion und Ausbruch zu unterscheiden. Ist die Inkubationszeit kürzer als die seit Übergabe verstrichene Zeit, kann die Vermutung ausgeschlossen sein.

469

Wegen der Ungewissheit über den Zeitraum zwischen Infektion und Ausbruch der Krankheit bleibt oft unklar, ob eine Ansteckung schon vor oder erst nach Übergabe des Tieres erfolgt ist. Diese Unklarheit zu beseitigen, ist nicht Aufgabe des § 477 BGB. Gleichwohl kann § 477 BGB etwa bei einer Allergie, die sich nur saisonal zeigt durchaus anwendbar sein.[568]

5. Im Übrigen ist eine Einzelbetrachtung darüber vorzunehmen, ob es gerechtfertigt erscheint, die Vermutung des § 476 BGB eingreifen zu lassen. In der Klausur wird dies im Regelfall aber zu bejahen sein.

470

Bsp.: A kauft bei Fahrradhändler F ein neues Mountainbike der Marke Beiki. Nachdem A schon mehrere Fahrten, unter anderem auch im Gelände, unternommen hatte, bricht die vordere Gabel.

Da das Fahrrad nicht mehr zu reparieren ist, verlangt A daraufhin von F ein anderes Mountainbike der Marke Beiki.

Ein solcher Anspruch besteht nach den §§ 437 Nr.1, 439 I BGB, wenn das Fahrrad zum Zeitpunkt des Gefahrübergangs mangelhaft i.S.v. § 434 BGB war.

Der Gabelbruch selbst trat eindeutig erst nach dem Gefahrübergang ein. Für einen Sachmangel nach § 434 BGB genügt aber, wenn im Zeitpunkt des Gefahrübergangs eine Schadensanlage vorhanden ist, welche sich erst später zeigt.[569]

---

[565] EuGH, **Life&Law 08/2015, 551 ff.** = **juris**byhemmer.
[566] BGH, **Life&Law 01/2017, 1 ff.** = **juris**byhemmer.
[567] Vgl. hierzu **Hemmer/Wüst, ZPO I, Rn. 489 f.**
[568] BGH, **Life&Law 08/2006, 507 - 516** = ZGS 2006, 260 - 266 = **juris**byhemmer.
[569] Palandt, § 434, Rn. 8.

Für A ist es jedoch problematisch zu beweisen, dass die Ursache des Gabelbruchs schon bei Gefahrübergang vorhanden war und nicht auf seine Geländefahrten zurückzuführen ist.

Es liegt hier allerdings ein Verbrauchsgüterkauf i.S.d. § 474 I S.1 BGB vor, da A als Verbraucher (§ 13 BGB) und F als Unternehmer (§ 14 BGB) handelte.

Gem. § 477 BGB ist die gesetzliche Vermutung so anzuwenden, dass auch die Ursache des aufgetretenen Sachmangels ein Mangel ist und dieser schon im Zeitpunkt der Übergabe vorhanden war.

Damit trifft F nach § 477 BGB die Beweislast für die Mangelfreiheit bei Gefahrübergang. Kann er nicht beweisen, dass die Schadensanlage für den Gabelbruch erst nach Gefahrübergang aufgetreten ist, so muss er diesem ein anderes Mountainbike liefern.

> **hemmer-Methode:** Beweislastfragen spielen im ersten Staatsexamen keine große Rolle. Wenn allerdings der Sachverhalt nichts darüber aussagt, ob der Sachmangel bereits im Zeitpunkt des Gefahrübergangs vorlag oder wenn im Sachverhalt hieran ausdrücklich Zweifel geäußert werden, kann und muss beim Verbrauchsgüterkauf auf § 477 BGB zurückgegriffen werden.

III. Gefahrübergang

Modifikation des § 447 BGB

Gem. § 474 II S.2 BGB a.F. war bis zum 12.06.2014 im Rahmen eines Verbrauchsgüterkaufs § 447 BGB[570] nicht anzuwenden. Es blieb damit bei der Gefahrtragungsregel des § 446 BGB.

Zum 13.06.2014 hat sich der Gesetzgeber von der generellen Nichtanwendbarkeit der Norm getrennt. Gem. § 475 III S.2 BGB ist lediglich § 447 II BGB generell ausgeschlossen. § 447 I BGB soll zumindest dann anwendbar sein, wenn der Käufer die zur Versendung bestimmte Person selbst beauftragt hat, ohne vom Unternehmer zuvor auf diese Person verwiesen worden zu sein, § 475 II BGB.

Beim Verbrauchsgüterkauf gilt also (abgesehen von der seltenen Ausnahme des § 475 II BGB) unabhängig von der Art des Verkaufs und ohne Einfluss des Erfüllungsortes (= Leistungsort)[571] die Grundregel des § 446 BGB: Der Gefahrübergang tritt mit der Übergabe der Sache oder mit Annahmeverzug des Käufers ein. Durch diese Regelung ändert sich jedoch nichts an der Bestimmung des Leistungsortes nach den §§ 269 f. BGB oder dem Umstand, dass der Unternehmer bei einer Schickschuld nicht den Transport schuldet.[572]

Also auch beim Versendungskauf auf § 446 BGB zurückgreifen

§ 446 BGB gilt somit auch dann, wenn der Verkäufer die Sache an den Käufer versandt hat oder sie zu diesem Zweck einem Spediteur oder Frachtführer übergeben hat. In diesem Fall hat der Unternehmer als Verkäufer die Preisgefahr so lange zu tragen, bis der Verbraucher als Käufer den unmittelbaren Besitz i.S.v. § 854 BGB an der Sache erlangt hat oder in Annahmeverzug gerät (§ 446 S.3 BGB).

Wird die Sache vorher beschädigt, so bleiben dem Käufer seine Ansprüche erhalten, da im Zeitpunkt des Gefahrübergangs die Sache mangelhaft ist.

---

[570] Siehe hierzu **Hemmer/Wüst, Schuldrecht BT I, Rn. 69 ff**.

[571] Zur Terminologie siehe Palandt, § 269, Rn. 1.

[572] Siehe hierzu Lorenz, Leistungsgefahr, Gegenleistungsgefahr und Erfüllungsort beim Verbrauchsgüterkauf - BGH, NJW 2003, 3341, JuS 2004, 105 - 107; Wertenbruch, Gefahrtragung beim Versendungskauf nach neuem Schuldrecht, JuS 2003, 625 - 633 (632).

> **hemmer-Methode:** Bedeutung hat diese Sonderregelung bezüglich des Gefahrübergangs nicht nur im Mängelrecht, sondern auch im Unmöglichkeitsrecht:
> 1. Preisgefahr: Hat der Unternehmer die Ware i.S.v. § 447 BGB versendet und geht die Kaufsache auf dem Transport unter, so bleibt es beim Erlöschen der Kaufpreiszahlungspflicht gem. § 326 I S.1 HS 1 BGB[573], sofern kein Fall des § 326 II BGB vorliegt.
> 2. Leistungsgefahr: Andererseits tritt bei einer Gattungsschuld, soweit sie eine Schickschuld ist, auch im Anwendungsbereich der §§ 474 ff. BGB mit der Absendung eine Konkretisierung nach § 243 II BGB ein, sodass der Verkäufer seinerseits bei Verlust der Ware nach § 275 I BGB von seiner Leistungspflicht befreit wird.

IV. Sonderbestimmung für Garantien, § 479 BGB

Anforderungen an Garantie, § 479 BGB

1. Zum Schutz des Verbrauchers schreibt § 479 BGB für eine Garantieerklärung nach § 443 BGB bestimmte inhaltliche und formelle Anforderungen vor.

> **hemmer-Methode:** Hierbei geht es nicht um die Garantieübernahme im Rahmen von Eigenschaftszusicherungen! § 443 BGB und damit auch § 479 BGB betreffen vorrangig Haltbarkeitsgarantien, in denen das Bestehen von Garantieansprüchen für den Fall des nachträglichen Auftretens eines Mangels festgelegt wird. Soweit dadurch die gesetzlichen Mängelrechte modifiziert werden, spricht man von einer unselbstständigen Garantie, soweit eigenständige Garantieansprüche begründet werden, von einer selbstständigen Garantie.

2. So muss eine Garantieerklärung des Herstellers oder Verkäufers an den Verbraucher einfach und verständlich abgefasst sein. Sie muss zudem auf die gesetzlichen Rechte des Verbrauchers hinweisen und darauf, dass diese durch die Garantie nicht eingeschränkt werden. Es soll vielmehr ersichtlich werden, dass sich die Rechtsposition des Verbrauchers durch die Garantie verbessert.[574] Außerdem müssen der Inhalt der Garantie und alle wesentlichen Angaben zur Geltendmachung der Garantie enthalten sein, insbesondere die Dauer und der räumliche Geltungsbereich der Garantie sowie Name und Anschrift des Garantiegebers, vgl. § 479 I S.2 Nr.1 und 2 BGB.

3. Auf Verlangen muss die Garantieerklärung in Textform, § 126b BGB, mitgeteilt werden, § 479 II BGB.

Dies ist erfüllt, wenn die Garantieerklärung schriftlich in einer Urkunde oder auf andere zur dauerhaften Wiedergabe in Schriftzeichen geeigneten Weise abgefasst ist, also Brief, Fax oder E-Mail.[575] Des Weiteren muss die Person des Erklärenden angegeben werden. Eine Angabe auf der Homepage genügt dagegen nach der h.M. nicht, da diese ständig verändert werden kann und damit das Kriterium der „Dauerhaftigkeit" nicht erfüllt ist.

4. Erfüllt die Garantieerklärung nicht die Anforderungen des § 479 I BGB, so hat dies nach § 479 III BGB keineswegs die Nichtigkeit der Garantieerklärung zur Folge. Dies wäre eine Benachteiligung des Verbrauchers allein dadurch, dass der Unternehmer seinen Verpflichtungen nicht nachkommt.

---

[573] Siehe hierzu **Hemmer/Wüst, Schuldrecht BT I, Rn. 63 ff.**
[574] OLG Jena, NJW-RR 2018, 30 8 ff.
[575] Eine Übermittlung durch Fax oder E-Mail genügt aber nur dann für einen Zugang nach § 130 BGB, wenn der Empfänger durch Mitteilung seiner Fax-Nummer oder E-Mail-Adresse oder auf sonstige Weise zu erkennen gegeben hat, dass er mit einer telekommunikativen Übermittlung von rechterheblichen Erklärungen einverstanden ist, Palandt, § 126b, Rn. 3.

VERBRAUCHERSCHUTZRECHT

Bei Verletzung: Auslegung zugunsten des Verbrauchers

Vielmehr gehen Unklarheiten bei der Formulierung der Garantieerklärung zu Lasten des Unternehmers, vgl. § 305c II BGB analog, bzw. führen zu Beweisschwierigkeiten für den Unternehmer über den Inhalt der Garantie.

Weitere Ansprüche bei Verletzung

5. Darüber hinaus sind bei Verletzung von Aufklärungs- und Schutzpflichten i.S.v. § 241 II BGB Schadensersatzansprüche des Verbrauchers nach den §§ 280, 311 II BGB möglich. Diese können im Extremfall sogar zur Rückabwicklung des Vertrages führen, wenn die fehlerhafte Unterrichtung über die Garantie ursächlich für den Vertragsschluss war.

> **hemmer-Methode:** Zudem kommt ein Verstoß gegen das Gesetz gegen den unlauteren Wettbewerb in Betracht, insbesondere unter dem Aspekt irreführender Werbung, §§ 3 ff. UWG.[576] Daneben besteht bei einem Verstoß gegen § 479 BGB die Möglichkeit einer Unterlassungsklage nach § 2 UKlaG.

V. Nachlieferung[577] und Nutzungsersatz, § 475 III S.1 BGB

(P) Nutzungsersatz bei Nachlieferung

In der Praxis hat sich bereits kurze Zeit nach der Schuldrechtsreform das Problem ergeben, ob der Verbraucher einen Nutzungsersatz auch **bei der Nachlieferung** im Kaufrecht zu leisten hat. Dieses Problem ergibt sich daraus, dass i.R.d. Rückgewährschuldverhältnisses neben den empfangenen Leistungen gem. § 346 I BGB auch die gezogenen Nutzungen, § 100 BGB, insbesondere die Gebrauchsvorteile, herauszugeben sind. Soweit die Vermögensvorteile nicht mehr in Natur vorhanden sind, ist Wertersatz zu leisten. Nach dem Wortlaut des § 439 V BGB greift diese Regelung auch i.R.d. kaufvertraglichen Nacherfüllung.[578]

> *Bsp.: Der Verbraucher V kauft einen Fernseher für 799,- € von der M-GmbH. Nach anderthalb Jahren zeigt sich ein Sachmangel, aufgrund dessen V die Nachlieferung eines neuen Gerätes verlangt. Die M-GmbH ist zur Nachlieferung unter der Bedingung bereit, dass V Zug um Zug eine Nutzungsentschädigung von (angemessenen) 425,- € für den defekten Fernseher zahlt.*

Problem: *Richtlinie!*

Problematisch an einer entsprechenden Nutzungsersatzhaftung wäre, dass die Nacherfüllung nach der Verbrauchsgüterkaufrichtlinie kostenlos stattfinden soll.

Trotzdem hatte der BGH hierzu zunächst einen anderen Ansatzpunkt vertreten.[579] Im Fall wurde ein Herdset bei einem großen Versandhandelsunternehmen gekauft. Der Versandhändler forderte nach Nachlieferung eines neuen Gerätes von der Käuferin Nutzungsersatz für die Zeit der ungehinderten Nutzungsmöglichkeit des alten, ausgetauschten Herdes aus §§ 346 I Alt.2, II Nr.1, 439 V BGB. Für den BGH war fraglich, ob § 439 V BGB mit der Verbrauchsgüterkaufrichtlinie (1999/44/EG) vereinbar ist und legte dem EuGH im Wege der Vorabentscheidung gem. Art. 267 I, III AEUV die Frage vor, ob die Verbrauchsgüterkaufrichtlinie so auszulegen ist, dass sie einer Regelung entgegensteht, die einen Nutzungsersatz hinsichtlich des ausgetauschten Gerätes bei Nachlieferung vorsieht.

---

[576] Palandt, § 479, Rn. 14.

[577] Zur Reichweite des Nacherfüllungsanspruchs im Kontext des Verbrauchsgüterkaufs lesen Sie EuGH, **Life&Law 08/2011, 537 - 541** = NJW 2011, 2269 - 2274 = **juris**byhemmer und die entsprechende Umsetzung durch den BGH, **Life&Law 04/2012, 239 - 249** = NJW 2012, 1073 - 1080 = **juris**byhemmer.

[578] Schulze/Ebers, Streitfragen im neuen Schuldrecht, JuS 2004, 366 - 371 (369).

[579] BGH, **Life&Law 12/2006, 797 - 804** = NJW 2006, 3200 - 3202; vgl. dazu auch Musielak, Grundkurs BGB, Rn. 595 mit Fn. 37; Medicus, BR, Rn. 292 a.E.

Er sieht dabei die Grenzen der richtlinienkonformen Auslegung im entgegenstehenden Wortlaut des § 439 V BGB erreicht.[580] Der EuGH hat bestätigt, dass § 439 V nicht richtlinienkonform ist und daher kein Nutzungsersatz geschuldet ist.[581]

In der Folge hat der Gesetzgeber in § 475 III S.1 BGB klargestellt, dass diese Verpflichtung jedenfalls nicht im Verbrauchsgüterkauf gilt.

Beachten Sie jedoch, dass diese Rechtslage nur für den Fall der Nachlieferung gilt. Für den Fall des Rücktritts ist der Nutzungsersatz geschuldet, weil der Käufer hier nicht mehr die Vorteile aus dem Vertrag begehrt, wenn er dessen Rückabwicklung beabsichtigt.[582]

VI. Sonderbestimmungen für den Unternehmerregress, § 478 BGB

Rückgriff des Unternehmers

Nicht unmittelbar um eine Verbraucherschutzvorschrift handelt es sich bei § 478 BGB, welcher der Umsetzung des Art. 4 der Verbrauchsgüterkauf-Richtlinie dient. Der Regress in der Lieferkette ist seit 01.01.2018 in den §§ 445, 445a BGB geregelt.

480

Sinn und Zweck: Vermeidung der sog. Regressfalle

§ 478 BGB hat den Sinn und Zweck, den Letztverkäufer vor einer sog. „Regressfalle" zu schützen, wenn der letzte Vertrag in der Lieferkette ein Verbrauchsgüterkauf ist. Er selbst haftet mit der Belastung der Regelungen des Verbrauchsgüterkaufs, obwohl er selbst bei neuen Sachen den Mangel in der Regel nicht verursacht hat. Würde sich die Rechtsstellung des Letztverkäufers gegenüber seinem Lieferanten allein nach dem allgemeinen Kaufrecht richten, könnte die Ausübung der Mängelrechte durch den Verbraucher den Letztverkäufer selbst dann endgültig treffen, wenn der Mangel nicht in seinem Verantwortungsbereich, sondern auf einer früheren Stufe der Lieferkette entstanden ist.

481

Schutz gem. § 477 BGB

§ 478 BGB soll bestimmte Regelungen des Verbrauchsgüterkaufs dann zu Gunsten des Letztverkäufers auf diesen im Verhältnis zu seinem Lieferanten übertragen. Dies gilt nach § 478 I BGB für die Beweislastumkehr des § 477 BGB.

482

Haftungsbegrenzung nur eingeschränkt zulässig

Im Verhältnis des Verkäufers zu seinem Lieferanten liegt kein Verbrauchsgüterkauf vor. Daher wäre dort ein Haftungsausschluss (unter Wahrung der Grenzen des AGB-Rechts) grundsätzlich zulässig. Für den Fall des § 478 I BGB soll ein Haftungsausschluss daher nur statthaft sein, wenn dem Rückgriffgläubiger (= Verkäufer im Rahmen des Verbrauchsgüterkaufs) ein gleichwertiger Ausgleich eingeräumt wird, § 478 II BGB (etwa durch Stundungen, angemessene Preisnachlässe etc.).

483

Keine Durchgriffshaftung

Sofern der Regressgläubiger nicht beim Hersteller erworben hat, gelten die Regelungen in § 478 I, II BGB auch im Rahmen der vorherigen Vertragsverhältnisse, sofern der jeweilige Schuldner Unternehmer ist, § 478 III BGB.

484 - 499

---

[580] Kritisch zur Zulässigkeit der Vorlage: BGH, NJW 2006, 3200 - 3202 (3202) = **juris**byhemmer; mit Anm. von Lorenz, NJW 2006, 3202 - 3203.

[581] EuGH, **Life&Law 05/2008, 345 ff.** = NJW 2008, 1433 - 1435; bestätigt durch BGH, **Life&Law 02/2009, 142 - 143** = NJW 2009, 427 - 431 = **juris**byhemmer.

[582] BGH, **Life&Law 01/2010, 10 - 15** = NJW 2010, 148 - 149 = **juris**byhemmer.

VII. Fälligkeit der Leistung

Abweichung von § 271 BGB

Gem. § 475 I S.1 BGB kann der Gläubiger dann, wenn eine Leistungszeit nicht bestimmt oder den Umständen entnehmbar ist, die Leistung nicht „sofort", sondern nur „unverzüglich" verlangen. Die Regelung gilt aufgrund der Formulierung „Gläubiger" für beide Parteien des Vertrages. Der auf den ersten Blick nur sprachliche Unterschied besteht darin, dass bei „sofort" eine rein objektive Betrachtung des relevanten Zeitpunkts erfolgt. „Unverzüglich" stellt auf einen subjektiven Maßstab ab, vgl. § 121 BGB, so dass Zumutbarkeitserwägungen zugunsten des Verkäufers ins Feld geführt werden können. Faktisch wird durch diese Regelung die Rechtsposition des Unternehmers gestärkt.

Damit der *Verbraucher* nicht „endlos" warten muss, gilt aber jedenfalls eine 30-Tagesgrenze, § 475 I S.2 BGB. Freilich bleibt es den Parteien unbenommen, die Leistungen „sofort" zu bewirken, § 475 I S.3 BGB.

Die Regelung gilt nur für die vertragliche Primärpflicht. Für etwaige Sekundäransprüche gilt § 271 BGB, sofern nicht wiederum Besonderes (zulässig) geregelt ist.

§ 9 PAUSCHALREISEVERTRAG

A) Entwicklung des Pauschalreiserechts

Reisevertragsrecht erst 1979 in das Gesetz eingefügt

Das Reisevertragsrecht wurde 1979 in das Gesetz eingefügt, weil es mit der Zunahme von Pauschalreisen u.ä. immer deutlicher wurde, dass im BGB, zu dessen Entstehungszeitpunkt derartige Reisen noch unbekannt waren, keine interessengerechte Regelung enthalten war, insbesondere das Werkvertragsrecht nicht vollständig passt.

Drittes Gesetz zur Änderung reiserechtlicher Vorschriften

Am 25.11.2015 hat das Parlament der Europäischen Union die Richtlinie über Pauschal- und Bausteinreisen (Pauschalreise-RL) verabschiedet.[583] Diese Richtlinie wurde als **„Drittes Gesetz zur Änderung reiserechtlicher Vorschriften"** umgesetzt.[584]

Am 01.07.2018 in Kraft getreten

Dieses Gesetz ist am 01.07.2018 in Kraft getreten.[585] Für vor dem 01.07.2018 abgeschlossene (Buchungsdatum!) Reiseverträge bleibt es bei der bis zum 30.06.2018 geltenden Rechtslage gem. Art. 229 § 42 EGBGB.

Das Reisevertragsrecht, das bereits mit Wirkung zum 01.01.2018 durch das „Gesetz zur Änderung des Bauvertragsrechts"[586] als redaktionelle Folgeänderung zum Untertitel 4 wurde, wird in den §§ 651a bis 651y BGB n.F. grundlegend geändert. Die BGB-InfoV,[587] in welcher zuletzt nur noch Informations- und Nachweispflichten von Reiseveranstaltern geregelt waren, wird sinnvollerweise komplett aufgehoben und in § 651d BGB n.F. und die Art. 250 bis 253 EGBGB n.F. integriert.

Ziel des Reiserechts ist die Stärkung der Rechte des Reisenden

Das Reisevertragsrecht verfolgt demnach das Ziel, einen gerechten Ausgleich zwischen den Interessen des Reiseveranstalters und des Reisenden zu schaffen. In erster Linie sollen aber die Rechte des Reisenden gestärkt werden, was auch durch den zwingenden Charakter der Vorschriften zum Ausdruck kommt, § 651y BGB.

> **hemmer-Methode:** Mit § 651u BGB hat der Gesetzgeber eine Spezialregelung für Gastschulaufenthalte geschaffen, die nicht unter den Anwendungsbereich der Pauschalreise-RL fallen. Ein Gastschulaufenthalt erfüllt nicht die Kriterien einer Pauschalreise europäischen Rechts. Jedoch ist es dem Gesetzgeber unbenommen, sie auf nationaler Ebene als solche zu qualifizieren.
> Die Regelung, die einige Vorschriften des Pauschalreisevertragsrechts für entsprechend anwendbar erklärt, ist nach der Durcharbeit des Pauschalreisevertragsrechts aus sich heraus verständlich.

B) Anwendbare Vorschriften

§§ 651a bis 651y BGB

Auf den Pauschalreisevertrag, die Reisevermittlung und die Vermittlung verbundener Reiseleistungen sind die §§ 651a bis 651y BGB anwendbar.

Reisevertrag ist dem Werkvertrag ähnlich

Durch die Stellung als Untertitel 4 im Titel 9 des 8. Abschnitts ist klargestellt, dass es sich beim Reisevertrag um einen werkvertragsähnlichen Vertragstyp handelt.

---

[583] Richtlinie (EU) 2015/2302 vom 25.11.2015, ABl. 2015, L 326, Seite 1 ff.
[584] BGBl. I 2017, Nr. 48, Seite 2394 ff.
[585] Lesen Sie dazu auch die ausführliche 20 Seiten lange Kommentierung des reformierten Reiserechts von Tyroller, „Drittes Gesetz zur Änderung reiserechtlicher Vorschriften", **Life&Law 06/2018, 409 ff.**
[586] Vgl. dazu Tyroller, **Life&Law 06/2017, 423 ff.**
[587] Schönfelder, Ordnungsnummer 22.

Subsidiär anwendbar ist § 646 BGB für die Fälligkeit des Reisepreises

Daraus folgt, dass jedenfalls nur dann auf das Werkvertragsrecht zurückgegriffen werden darf, wenn eine Regelung im Reisevertragsrecht fehlt. Dies ist letztlich nur für die Fälligkeit des Reisepreises möglich. Aus dem subsidiär heranzuziehenden § 646 BGB ergibt sich, dass die Fälligkeit des Reisepreises grundsätzlich erst mit der Beendigung der Reise eintritt.

Allg. Vorschriften anwendbar

Im Übrigen sind selbstverständlich die Vorschriften des allgemeinen Schuldrechts anwendbar.

Reiserechtliches Mängelrecht (§§ 651i ff. BGB) verdrängt aber §§ 280 ff. BGB (sog. „Einheitslösung")

Diese sind aber im Hinblick auf Mängel der Reise durch die §§ 651i ff. BGB verdrängt. Wird bei einer Pauschalreise eine nach dem Vertrag geschuldete Leistung aus Gründen, die nicht allein in der Person des Reisenden liegen, ganz oder teilweise nicht erbracht, so handelt es sich grundsätzlich um einen Reisemangel, für den der Reiseveranstalter **allein** nach Maßgabe der §§ 651i ff. BGB haftet (sog. „Einheitslösung").[588]

Das gilt auch dann, wenn bereits die erste Reiseleistung ausfällt und damit die gesamte Reise vereitelt wird. Hierfür spricht nun auch eindeutig die Vorschrift des **§ 651i II S.3 BGB**.

> **hemmer-Methode:** Anders als im Kauf-, Miet- und Werkvertragsrecht gibt es beim Reisevertrag keinen Tag „X", bis zu welchem für Mängel nach SchuldR-AT gehaftet wird (im Kauf- und Werkvertragsrecht der Gefahrübergang, im Mietrecht die Überlassung der Mietsache an den Mieter) und ab welchem für Mängel die besonderen Gewährleistungsregeln des SchuldR-BT eingreifen.

C) Zustandekommen und Inhalt des Pauschalreisevertrages

Definition des Pauschalreisevertrags

Ein Pauschalreisevertrag kommt gem. § 651a I S.1 BGB zustande, wenn sich der Unternehmer (= Reiseveranstalter) gegen Zahlung eines Reisepreises verpflichtet, dem Reisenden eine Pauschalreise zu verschaffen.

I. Reiseveranstalter, Leistungsträger und Vermittler

Reiseveranstalter trifft eigene Verantwortung für Reiseleistungen

Durch die Formulierung **„verschaffen"** wird verdeutlicht, dass den Reiseveranstalter eine eigene Verantwortung für die – von ihm selbst oder Dritten – zu erbringenden Reiseleistungen trifft.

Reiseveranstalter ist, wer sich selbst verpflichtet, die Reiseleistungen zu erbringen (z.B. TUI, Neckermann, Kreutzer, Jahn-Reisen).

> **hemmer-Methode:** Nicht gewerblich tätige Reiseveranstalter, die nur gelegentlich Reisen veranstalten, sind von der Anwendbarkeit des Reiserechts vollständig ausgenommen. Dies stellt § 651a V Nr. 1 BGB klar, wonach die §§ 651a ff. BGB nicht anzuwenden sind, wenn ein Unternehmer Verträge über Reisen nur gelegentlich, nicht zum Zwecke der Gewinnerzielung und nur einem begrenzten Personenkreis anbietet.

Leistungserbringer sind Erfüllungsgehilfen i.S.v. § 278 BGB

Dies bedeutet nicht notwendig, dass der Reiseveranstalter selbst Flugzeuge, Hotels und Mietwagen besitzen muss. Er kann zur Erfüllung seiner Pflichten dritte Personen einbeziehen, mit denen er (und nicht der Reisende) Verträge abschließt. Diese dritten Personen nennt das Gesetz Leistungserbringer, § 651b I S.2 BGB.

---

[588] Vgl. dazu bereits BGH, NJW 1986, 1748 ff. = **juris**byhemmer.

§ 9 PAUSCHALREISEVERTRAG

> **hemmer-Methode:** Sie sind stets Erfüllungsgehilfen i.S.v. § 278 S.1 Alt.2 BGB, aber nicht notwendigerweise Verrichtungsgehilfen i.S.v. § 831 BGB.[589]

Abgrenzung zur Vermittlung

Die Verschaffung einer Pauschalreise durch einen Reiseveranstalter ist aber von der bloßen **Vermittlung** einer Pauschalreise oder einzelner Reiseleistungen durch z.B. ein Reisebüro abzugrenzen.

§ 651b BGB

Nach § 651b I S.1 BGB unterfällt die bloße Vermittlung von Einzelleistungen nicht den besonderen reiserechtlichen Regelungen, sondern den allgemeinen Vorschriften.

> **hemmer-Methode:** Die Reisevermittlung, d.h. die Vermittlung von Pauschalreisen, wird in §§ 651v, 651w BGB näher geregelt.
> § 651v I S.1 BGB definiert den Reisevermittler als Unternehmer, der einem Reisenden einen Pauschalreisevertrag vermittelt.
> Die umstrittene Rechtsnatur des Reisevermittlungsvertrages lässt das Gesetz aber nach wie vor offen. Nach h.M. soll es sich um einen Geschäftsbesorgungswerkvertrag handeln (§§ 675 I, 631 BGB). Nach a.A. soll es sich um einen Maklervertrag handeln. Teilweise wird das Vorliegen eines Vertrages sogar gänzlich verneint und als Schuldverhältnis für eine Haftung nach § 280 I BGB lediglich § 311 III S.2 BGB herangezogen (sog. „Sachwalterhaftung").[590]
> Nach § 651v III BGB haftet ein Reisevermittler subsidiär selbst als Reiseveranstalter, wenn er eine Pauschalreise eines Reiseveranstalters vermittelt, der seinen Sitz in einem Staat hat, der weder zur Europäischen Union noch zum Europäischen Wirtschaftsraum gehört. Diese „Quasi-Veranstalter"-Vorschrift ähnelt dem § 4 II ProdHaftG.

Welche Art von Tätigkeit vorliegt, hängt gem. § 651b I S.2 BGB entscheidend davon ab, wie das Reiseunternehmen aus der Sicht des Reisenden auftritt.

§ 651b I S.2 Nr.1 bis 3 BGB als Ausfluss des Verbots widersprüchlichen Verhaltens

§ 651b I S.2 BGB begrenzt die Möglichkeit der Vermittlung, indem bestimmte Situationen hiervon ausgenommen werden. Die Vorschrift regelt, dass bei einer in den Fällen der Nummern 1 bis 3 unbeachtlichen Berufung auf eine Vermittlung der Unternehmer kein Vermittler ist, sondern nach § 651b I S.3 BGB als Reiseveranstalter i.S.d. § 651a I S.1 BGB behandelt wird.

§ 651b I S.2 BGB soll also verhindern, dass sich der als Reiseveranstalter Auftretende (z.B. durch eine entsprechende Vertragsklausel) den Pflichten und insbesondere der Haftung eines Reiseveranstalters entziehen kann.

§ 651b I S.2 BGB stellt somit eine Ausprägung des auch bei der Auslegung von Verträgen nach §§ 133, 157, 242 BGB zu beachtenden rechtlichen Grundsatzes dar, dass widersprüchliches Verhalten unzulässig ist (venire contra factum proprium), wenn für den anderen Teil ein Vertrauenstatbestand geschaffen worden ist und er im Hinblick darauf bestimmte Dispositionen getroffen hat.

> **hemmer-Methode:** Es ist daher unschädlich, wenn der Unternehmer erklärt, dass er lediglich Reisen vermittle, wenn im Übrigen nach § 651b I S.2 Nr.1 bis 3 BGB der Anschein begründet wird, dass er die Reiseleistungen in eigener Verantwortung erbringt.[591]

---

[589] Palandt, § 651a BGB, Rn. 10; Larenz, II/1, § 53 V. b.
[590] Lesen Sie hierzu auch BGH, NJW 2006, 2321 ff. = **juris**byhemmer.
[591] Vgl. BGH, **Life&Law 07/2016, 451 ff.** = **juris**byhemmer.

Sonderfall: Verbundene Online-Buchungsverfahren, § 651c BGB ("Click-Through-Buchungen")	**§ 651c I BGB** regelt die sog. "Click-Through-Buchungen", bei denen der Reisende über Links von einem Unternehmer zum nächsten weitergeleitet wird. Die Qualifikation der "Click-Through-Buchung" im verbundenen Online-Buchungsverfahren stellt eine Pauschalreise dar. Danach ist ein Unternehmer unter folgenden Voraussetzungen als Reiseveranstalter einer Pauschalreise anzusehen:	506

Der Unternehmer schließt mit dem Reisenden mittels Online-Buchungsverfahrens einen Vertrag über eine Einzelreiseleistung (z.B. Flug) oder vermittelt diese (**Nr. 1**).

Im zweiten Schritt vermittelt er dem Reisenden für den Zweck derselben Reise einen Vertrag über eine weitere Reiseleistung (z.B. Hotelaufenthalt), indem er den Zugriff auf das Online-Buchungsverfahren eines anderen Unternehmers ermöglicht (etwa über einen Link). Dazu muss er den Namen, die Zahlungsdaten und die E-Mail-Adresse des Reisenden an den anderen Unternehmer übermitteln (**Nr. 2**) und der weitere Vertrag spätestens 24 Stunden nach der Bestätigung des Vertrages über die erste Reiseleistung geschlossen werden (**Nr. 3**).

Erster Unternehmer ist kraft Fiktion Reiseveranstalter

§ 651c II BGB fingiert in diesem Fall den ersten Unternehmer als Reiseveranstalter von Flug und Hotelleistung mit allen reisevertraglichen Pflichten. Diese Fiktion gilt aber nur vorbehaltlich der Ausnahmeregelung des § 651a IV BGB. Außerdem kann die Fiktion als Pauschalreise aufgrund der allgemeinen Vorschrift des § 651a V BGB ausgeschlossen sein, wobei für den Ausschluss der Fiktion die Höhe des Reisepreises einer Tagesreise i.S.d. § 651a V Nr.2 BGB keine Rolle spielt (vgl. § 651c III BGB).

II. Gesamtheit von mindestens zwei verschiedenen Arten von Reiseleistungen, § 651a II BGB

§ 651a II S.1 BGB ⇨ Gesamtheit von Reiseleistungen	§ 651a II S.1 BGB definiert die Pauschalreise als eine **"Gesamtheit von mindestens zwei verschiedenen Arten von Reiseleistungen für den Zweck derselben Reise"**. Damit ist nach wie vor das klassische Paket im Voraus zusammengestellt durch einen Reiseveranstalter **im Katalog oder online** auf seiner Website erfasst.	507

*Bei **Buchung einer Einzelleistung** gilt das Reisevertragsrecht nicht*

Auf Veranstaltungsverträge, die auf die **Bereitstellung einer Einzelleistung** (z.B. Ferienunterkunft) gerichtet sind, können die Vorschriften des Reisevertragsrechts nicht angewendet werden.

Nach bisheriger gefestigter Rechtsprechung des BGH galten die §§ 651a ff. BGB zwar analog, wenn z.B. ein Reiseveranstalter auf der Basis von Prospekten mit zahlreichen Ferienhäusern einen Vertrag über die Bereitstellung einer solchen Ferienunterkunft abschließt.[592]

Von der Normierung dieser Rechtsprechung hat der Gesetzgeber aber - auf Druck der Touristikverbände - abgesehen. Über einen Veranstalter gebuchte Ferienwohnungen und Hotelzimmer unterliegen daher künftig nur dem durch AGB abänderbaren Beherbergungsrecht (typengemischter Vertrag mit Schwerpunkt Mietrecht).

Auch Analogie nicht mehr möglich

Da künftig auch keine Regelungslücke mehr angenommen werden kann, entfällt eine richterliche Analogie.

---

[592] Vgl. BGH, **Life&Law 12/2014, 933 f.** = **juris**byhemmer; BGH, NJW 2013, 308 ff. = **juris**byhemmer; BGHZ 119 (152) = **juris**byhemmer.

> hemmer-Methode: Mit dieser schwerwiegenden Absenkung des bisherigen Verbraucherschutzniveaus höhlt das neue Recht ohne Begründung im Gesetzentwurf das Pauschalreiserecht weiter aus, als es die Richtlinie vorgibt, obwohl bei der Anhörung vor dem Rechtsausschuss des Bundestages sich alle geladenen Rechtsexperten dafür ausgesprochen haben, dass Ferienunterkünfte und Hotels aus dem Angebot von Reiseveranstaltern und Agenturen weiterhin unter den Schutz des Pauschalreiserechts fallen sollten.[593]

§ 651a II S.2 Nr.1 BGB regelt (nun) das „Dynamic Packaging"

In § 651a II S.2 Nr.1 BGB wird die Rechtsprechung des EuGH[594] und des BGH[595] zur dynamischen Bündelung (bzw. „neudeutsch" „Dynamic Packaging") gesetzlich normiert.

508

Danach liegt in Übereinstimmung mit der bisherigen Rechtsprechung eine Pauschalreise auch dann vor, wenn die Bündelung verschiedener Reiseleistungen (Bausteine) auf Wunsch des Reisenden oder entsprechend seiner Auswahl erst im Zeitpunkt des Vertragsschlusses elektronisch vorgenommen wird.

§ 651a II S.2 Nr.2 BGB („Reise-Geschenkbox")

In § 651a II S.2 Nr.2 BGB ist ein Sonderfall des „Dynamic Packaging", die sog. „Reise-Geschenkbox", geregelt. Der Reiseveranstalter kann dem Reisenden hierbei das Recht einräumen, die Auswahl der Reiseleistungen aus seinem Angebot *nach* Vertragsschluss zu treffen. Nach bisheriger Ansicht des BGH musste diese Bündelung der Reiseleistungen für die Bejahung eines Reisevertrages vor oder gleichzeitig mit dem Vertragsschluss erfolgen.

§ 651a III S.1 BGB definiert den Begriff der Reiseleistung

§ 651a III S.1 BGB definiert in den Nummern 1 bis 4 die einzelnen Reiseleistungen. Hierzu zählen die Personenbeförderung (Nr.1), die Beherbergung außer zu Wohnzwecken (Nr.2), die Fahrzeugvermietung von Pkw und Krafträdern (Nr.3) und jede andere touristische Leistung (Nr.4), die nicht wesensmäßig Bestandteil der anderen Reiseleistungen der Nr.1 bis 3 ist, vgl. § 651a III S.2 BGB.

> *Beispiele für „touristische Leistungen" i.S.d. Nr. 4:* Eintrittskarten für Konzerte, Sportveranstaltungen, Ausflüge oder Themenparks, Führungen, Skipässe, die Vermietung von Sportausrüstungen (etwa Skiausrüstungen) oder Wellnessbehandlungen.

§ 651a IV BGB stellt klar, dass es sich bei der „sonstigen touristischen Leistung i.S.d. § 651a III S.1 Nr.4 BGB" um keine vollwertige Reiseleistung handelt

§ 651a IV BGB enthält zwei Ausnahmeregelungen im Zusammenhang mit den touristischen Leistungen nach § 651a III S.1 Nr.4 BGB. Keine Pauschalreise liegt nach § 651a IV Nr.1 BGB vor, wenn die touristische Leistung keinen erheblichen Anteil am Gesamtwert der Zusammenstellung ausmacht (nach § 651a IV S.2 BGB: weniger als 25 %) und weder ein wesentliches Merkmal der Zusammenstellung darstellt, noch als solches beworben wird.

> hemmer-Methode: § 651a IV BGB stellt damit klar, dass es sich bei der „sonstigen touristischen Leistung i.S.d. § 651a III S.1 Nr.4 BGB" um keine vollwertige Reiseleistung handelt.

Bei der Pauschalreise werden sehr oft erst am Urlaubsort zusätzliche sonstige touristische Leistungen dazu gebucht (z.B. Ausflüge).

*Zusatzleistung erst vor Ort gebucht ⇨ kein Reisevertrag, wenn diese nur zu **einer** (Haupt)Reiseleistung nach § 651a III S.1 Nr.1 bis 3 BGB hinzugebucht wird*

§ 651a IV S.2 BGB stellt für diesen Fall klar, dass jedenfalls dann keine Pauschalreise vorliegt, wenn nur **einer** (Haupt)Reiseleistung nach § 651a III S.1 Nr.1 bis 3 BGB *nachträglich* sonstige touristische Leistungen i.S.d. Nr.4 hinzugefügt werden. Ob eine Pauschalreise vorliegt, soll für diese Konstellation also schon im Zeitpunkt des Vertragsabschlusses feststehen.

---

[593] Vgl. dazu Führich, Das neue Pauschalreiserecht, NJW 2017, 2945 (2946).
[594] EuGH, RRa 2002, 119 f. = **juris**byhemmer („Club-Tour-Urteil").
[595] BGH, NJW 2015, 1444 ff. = **juris**byhemmer.

> **Sound: Sonstige touristische Leistungen i.S.d. § 651a III S.1 Nr.4 BGB"
> sind also lediglich Reiseleistungen „zweiter Klasse"!**

Liegt hingegen bereits eine Pauschalreise aus zwei (Haupt)Reiseleistungen i.S.d. § 651a III S.1 Nr.1 bis 3 BGB vor (z.B. Flug gem. § 651a III S.1 Nr.1 BGB und Hotel gem. § 651a III S.1 Nr.2 BGB), so stellt sich hinsichtlich der Haftung für zusätzlich vor Ort gebuchte touristische Leistungen i.S.d. § 651a III S.1 Nr.4 BGB wiederum die Frage, ob diese **nachträglich in den Reisevertrag einbezogen** worden sind und deshalb zu den vom Reiseveranstalter vertraglich geschuldeten Reiseleistungen gehören, **oder** ob sie von ihm **nur als Fremdleistung vermittelt** worden sind.

Auch hier ist als Abgrenzung wieder die Vorschrift des § 651b I S.2 BGB heranzuziehen.

III. Informationspflichten und Vertragsinhalt, § 651d BGB

Vorvertragliche Informationspflichten des Reiseveranstalters

Nach § 651d I S.1 BGB ist der Reiseveranstalter verpflichtet, den Reisenden vorvertraglich nach Maßgabe des Art. 250 §§ 1 bis 3 EGBGB zu informieren. Hierbei geht es neben dem Zeitpunkt und der Art und Weise der vorvertraglichen Unterrichtung und etwaigen Änderungen der erteilten Informationen (§ 1) insbesondere auch darum, dass dem Reisenden das relevante Formblatt nach dem in der Anlage 11 zum EGBGB enthaltenen Muster zur Verfügung zu stellen ist (§ 2), sowie um detaillierte Informationen zu den wesentlichen Eigenschaften der Reiseleistungen (§ 3).

509

> **hemmer-Methode: § 651d I S.2 BGB betrifft Fälle, in denen der Reiseveranstalter die Pauschalreise über einen Reisevermittler vertreibt. Auch der Vermittler ist dann zur vorvertraglichen Unterrichtung des Reisenden verpflichtet (vgl. § 651v I BGB).**
> **§ 651d V BGB trifft eine Sonderregelung für verbundene Online-Buchungsverfahren („Click-Through-Buchungen") nach § 651c BGB.**

§ 651d II BGB bestimmt, dass dem Reisenden Mehrkosten (Steuern, Gebühren, sonstige Entgelte) nur dann zur Last fallen, wenn er vor Abgabe seiner Vertragserklärung gem. Art. 250 § 3 Nr.3 EGBGB informiert worden ist.

Nach § 651d III S.1 BGB werden die nach Art. 250 § 3 Nr.1, 3 – 5 und 7 EGBGB gemachten Angaben Inhalt des Pauschalreisevertrages. Dies kann z.B. i.R.d. Mangelbegriffs nach § 651i II S.2 BGB Bedeutung erlangen, da diese Angaben zur vereinbarten Beschaffenheit der Reise gehören. Es steht den Vertragsparteien aber offen, *ausdrücklich* etwas anderes zu vereinbaren.

Nach § 651d III S.2 BGB ist dem Reisenden eine Abschrift oder Bestätigung des Vertrages nach Maßgabe des Art. 250 § 6 EGBGB zur Verfügung zu stellen. Nach § 651d III S.3 BGB sind dem Reisenden rechtzeitig vor Reisebeginn die notwendigen Reiseunterlagen gem. Art. 250 § 7 EGBGB zu übermitteln.

IV. Änderungen des Vertragsinhalts

1. Einseitige Vertragsänderung durch den Veranstalter bei unerheblichen Änderungen

Änderungsvorbehalte, § 651f BGB

Der Reiseveranstalter hat gem. § 651f BGB unter gewissen Voraussetzungen das Recht, Vertragsbedingungen einseitig zu ändern, wenn diese Änderung **unerheblich** ist.

510

§ 9 PAUSCHALREISEVERTRAG

Unerhebliche Erhöhung des Reisepreises

Der Reiseveranstalter kann gem. § 651f I S.1 Nr.1 BGB den Reisepreis nur erhöhen, wenn er sich diese Möglichkeit vertraglich zur Anpassung an etwaige künftige Entwicklungen vorbehalten hat und der Vertrag einen Hinweis auf die - spiegelbildliche und derzeit nach dem BGB nicht vorgesehene - Verpflichtung des Reiseveranstalters zur Senkung des Reisepreises (vgl. § 651f IV BGB) sowie die Angabe enthält, wie die Änderungen des Reisepreises zu berechnen sind.

hemmer-Methode: Erhebliche Preisänderungen kann der Reiseveranstalter nicht einseitig vornehmen, § 651g I S.1 BGB!

Hinzutreten muss nach Nr.2, dass sich die Erhöhung nach Vertragsschluss unmittelbar aus den in den Buchstaben a) bis c) alternativ genannten Gründen ergibt (z.B. höhere Kosten für Treibstoff, Erhöhung der Steuern, Änderung der Wechselkurse).

Nach § 651f I S.2 und 3 BGB hat der Veranstalter den Reisenden auf einem dauerhaften Datenträger i.S.d. § 126b I S.2 BGB und nicht später als 20 Tage vor Reisebeginn (maßgeblich ist der Zugang beim Reisenden) klar und verständlich über die Preiserhöhung, deren Gründe und Berechnung zu unterrichten.

*Andere einseitige **unerhebliche** Änderungen*

Andere einseitige Änderungen - also solche, die nicht den Reisepreis betreffen (z.B. geänderte Flugzeiten) - sind nach § 651f II S.1 BGB nur möglich, wenn ein entsprechender Änderungsvorbehalt vertraglich vorgesehen ist und die Änderung unerheblich ist.

hemmer-Methode: Erhebliche Änderungen kann der Reiseveranstalter nicht einseitig vornehmen, § 651g I S.1 BGB!

Unterrichtungsobliegenheit

Der Reisende ist nach § 651f II S.2 BGB auf einem dauerhaften Datenträger klar, verständlich und in hervorgehobener Weise **vor** Reisebeginn über die Änderung zu unterrichten. Anderenfalls ist die Änderung nicht wirksam, § 651f II S.3 BGB.

§§ 308 Nr.4, 309 Nr.1 BGB sind unanwendbar

Werden die in § 651f I und II BGB enthaltenen Änderungsvorbehalte durch AGB vereinbart, werden die genannten Klauselverbote der **§§ 308 Nr.4, 309 Nr.1 BGB unanwendbar**, vgl. § 651f III BGB. Auf eine Zumutbarkeit der Änderung für den Reisenden i.S.d. § 308 Nr.4 BGB kommt es damit künftig nicht mehr an. Auch die in § 309 Nr.1 BGB enthaltene Vier-Monats-Grenze (lesen!) kommt nicht mehr zur Anwendung.

Preissenkungen

Nach § 651f IV BGB kann der Reisende eine Senkung des Reisepreises verlangen, wenn der Vertrag die Möglichkeit einer Erhöhung des Reisepreises zugunsten des Reiseveranstalters vorsieht und eine Änderung der Preise, Abgaben oder Wechselkurse nach Vertragsschluss und vor Reisebeginn zu niedrigeren Kosten für den Reiseveranstalter geführt hat.

Ein gegebenenfalls zu viel gezahlter Betrag ist dem Reisenden nach **§ 651f IV S.2 BGB** zu erstatten, wobei nach Satz 3 der Reiseveranstalter von dem zu erstattenden Betrag die ihm tatsächlich entstandenen Verwaltungsausgaben abziehen darf.

Auf Verlangen des Reisenden muss der Reiseveranstalter nach Satz 4 nachweisen, in welcher Höhe diese entstanden sind.

2. Erhebliche Vertragsänderungen

Erhebliche Vertragsänderungen, § 651g BGB

Erhebliche Vertragsänderungen kann der Reiseveranstalter gem. § 651g I S.1 und S.3 BGB nicht einseitig vornehmen.

Erhebliche Preiserhöhungen (über 8% des Reisepreises)

a) Erhebliche Preiserhöhungen über 8% des Reisepreises (vgl. § 651g I S.1 BGB) kann der Reiseveranstalter dem Reisenden nach § 651g I S.2 BGB anbieten und verlangen, dass der Reisende innerhalb einer angemessenen Frist entweder das Angebot zur Änderung annimmt (Nr.1) oder seinen Rücktritt vom Vertrag erklärt (Nr.2). Preiserhöhungen kann der Reiseveranstalter nicht später als *20 Tage vor* Reisebeginn und sonstige Änderungen *nicht mehr nach* Reisebeginn unterbreiten (Satz 4).

In seinem Angebot zu einer Preiserhöhung oder sonstigen Vertragsänderung kann der Reiseveranstalter dem Reisenden gem. § 651g II S.1 und 2 BGB wahlweise auch die Teilnahme an einer anderen Pauschalreise anbieten (sog. „Ersatzreise") und den Reisenden nach Art. 250 § 10 EGBGB informieren. Der Reisende kann aber die Teilnahme an einer mindestens gleichwertigen anderen Reise nicht verlangen. Es steht dem Reiseveranstalter vielmehr offen, ob er dem Reisenden ein solches Angebot unterbreitet.

Erhebliche sonstige Änderungen

b) Andere erhebliche Vertragsänderungen als Preiserhöhungen liegen vor, wenn der Reiseveranstalter die Pauschalreise aus einem nach Vertragsschluss eingetretenen Umstand nur unter erheblicher Änderung einer der wesentlichen Eigenschaften der Reiseleistungen (Artikel 250 § 3 Nr.1 EGBGB) oder nur unter Abweichung von besonderen Vorgaben des Reisenden, die Inhalt des Vertrages geworden sind, verschaffen kann.

Es muss sich also um eine Änderung handeln, durch welche sich die Qualität bzw. der Wert der Reiseleistungen verringert (vgl. Satz 3) und damit die Reise letztlich einen Reisemangel i.S.d. § 651i II BGB aufweist.

Die Erheblichkeitsschwelle für eine Kündigung nach § 651l BGB muss für das Vorliegen einer erheblichen Vertragsänderung nach § 651g I S.3 BGB aber nicht erreicht sein.

§ 651g I S.2 BGB gilt für derartige Vertragsänderungen entsprechend.

Fiktion der Annahme durch den Reisenden gem. § 651g II S.3 BGB

c) Nach § 651g II S.3 BGB gilt das Angebot zur Preiserhöhung oder sonstigen Vertragsänderung nach § 651g I BGB nach Ablauf der vom Reiseveranstalter bestimmten Frist als angenommen.

Im Hinblick auf eine eventuell angebotene Ersatzreise nach § 651g II BGB kommt im Umkehrschluss also nur eine *ausdrückliche* Annahme in Betracht.[596]

Rechtsfolgen bei Rücktritt des Reisenden, § 651g III BGB

d) § 651g III BGB regelt die Rechtsfolgen, wenn der Reisende nach § 651g I S.2 Nr.2 BGB vom Vertrag zurücktritt: Der Reiseveranstalter verliert nach § 651h I S.2 BGB den Anspruch auf den vereinbarten Reisepreis und hat den vollständigen Reisepreis unverzüglich, spätestens jedoch innerhalb von 14 Tagen nach Zugang der Rücktrittserklärung, zurückzuerstatten, § 651h V BGB.

Bei Annahme durch den Reisenden gilt § 651m BGB (Minderung) entsprechend

Nimmt der Reisende das Angebot zur Vertragsänderung oder zur Teilnahme an einer Ersatzreise hingegen an und ist die Pauschalreise im Vergleich zur ursprünglich geschuldeten nicht von mindestens gleichwertiger Beschaffenheit, so gilt nach § 651g III S.2 BGB die Vorschrift des § 651m BGB über die Minderung entsprechend.

---

[596] **Hinweis:** Da sich § 651g II S.3 BGB nur auf § 651g I BGB bezieht, wäre es verständlicher gewesen, wenn dieser auch dort platziert worden wäre.

V. Reisender und weitere Reiseteilnehmer

Reisender ist nur, wer Vertrag schließt

Reisender ist grundsätzlich nur, wer den Vertrag mit dem Reisevermittler abschließt. Selbst wenn ein Reisender eine Reise für zwei oder mehr Personen bucht, wird nur er Vertragspartner, wenn er nicht erkennbar als Vertreter der anderen Person(en) auftritt.

Für Mitreisenden Vertrag zugunsten Dritter (+)

Nach wohl h.M. handelt es sich dann jedoch um einen echten Vertrag zugunsten Dritter.

Der Dritte kann somit jedenfalls die Rechte geltend machen, die den Vertrag nicht in seinem Bestand betreffen.

> *Bsp.: Ehemann M bucht, um seine Frau F zum Hochzeitstag zu überraschen, bei dem Reisebüro R eine vom Reiseveranstalter V angebotene zweiwöchige Pauschalreise nach Kreta: Flug, Übernachtungen, Vollpension, Bustransfers und drei Ausflüge sind im Preis inbegriffen. Steht F ein selbstständiger Anspruch aus § 651a I S.1 BGB zu?*

F hätte einen Anspruch gegen V auf Verschaffung einer Pauschalreise, wenn M als ihr Vertreter aufgetreten wäre. Über § 164 I BGB wäre sie dann unmittelbar selbst berechtigt und verpflichtet.

M hat allerdings weder im Namen der F gehandelt, noch kann dem Sachverhalt eine Vollmachtserteilung entnommen werden. Über beides könnte allerdings § 1357 I BGB hinweghelfen[597], wenn ein Geschäft zur angemessenen Deckung des Lebensbedarfs vorläge.

Hierunter fallen nach allgemeiner Auffassung aber nur solche Geschäfte, vor deren Abschluss eine Verständigung unter den Ehegatten allgemein als nicht notwendig erachtet wird. Das kann bei einer zweiwöchigen Reise, die Dispositionen verschiedenster Art erfordert, aber nicht angenommen werden.

Ein eigener Anspruch der F könnte sich aber aus einem echten Vertrag zugunsten Dritter ergeben, § 328 I BGB.

Ob ein solcher vorliegt, ist eine Frage der Auslegung, § 328 II BGB: Dem Willen des Ehegatten M entspricht es regelmäßig, seiner Frau eine besonders starke Rechtsstellung, mithin einen eigenen Anspruch gegenüber dem Reiseveranstalter zu verschaffen. Dieser Umstand ist auch für den Vertragspartner erkennbar.

F hat daher gegenüber V einen eigenen Erfüllungsanspruch, § 651a I S.1 BGB i.V.m. § 328 I BGB.

hemmer-Methode: Sollten Sie einen eigenen Anspruch des Nichtauftretenden verneinen, wird regelmäßig aber ein Vertrag mit Schutzwirkung zugunsten Dritter zu bejahen sein, sodass dem Dritten wenigstens im Falle von Schutzpflichtverletzungen eigene vertragliche Ansprüche zustehen.[598] I.d.R. ist dies aber kaum interessengerecht, da es gerade darum geht, dem Dritten den Anspruch auf die Reiseleistungen zu verschaffen.

D) Hauptpflichten beim Reisevertrag

I. Hauptpflicht des Reiseveranstalters

Mangelfreie Verschaffung einer Reise, §§ 651a I S.1, 651i I BGB

Der Reiseveranstalter ist gem. § 651a I S.1 BGB dazu verpflichtet, dem Reisenden eine Pauschalreise zu verschaffen. Die vom Veranstalter verschaffte Pauschalreise muss dabei gem. § 651i I BGB frei von Reisemängeln sein.

---

[597] Vgl. zu § 1357 BGB, Hemmer/Wüst, Familienrecht, Rn. 95 ff.
[598] Palandt, § 328 BGB, Rn. 13.

Organisation geschuldet — Inhaltlich schuldet der Reiseveranstalter Planung, organisierte Durchführung des gesamten vereinbarten Programms und alles, was im Vertrag enthalten war. Er muss außerdem die Leistungsträger sorgfältig aussuchen und überwachen.

II. Hauptpflicht des Reisenden

Entrichtung des Reisepreises — Der Reisende ist gem. § 651a I S.2 BGB verpflichtet, dem Reiseveranstalter den vereinbarten Reisepreis zu zahlen. Die Vergütung ist grds. gemäß § 646 BGB analog bei Vollendung, d.h. bei Beendigung der Reise fällig.

Vorauszahlungen sind nach § 651t BGB zulässig — § 651t Nr.1 BGB sieht vor, dass der Reiseveranstalter **Vorauszahlungen** des Reisenden nur fordern oder annehmen darf, wenn er seiner Pflicht zur Insolvenzsicherung (vgl. § 651r BGB) nachgekommen ist.

Nach § 651r I S.1 BGB hat der Reiseveranstalter sicherzustellen, dass dem Reisenden der gezahlte Reisepreis erstattet wird, soweit im Fall der Zahlungsunfähigkeit des Reiseveranstalters Reiseleistungen ausfallen oder der Reisende im Hinblick auf erbrachte Reiseleistungen Zahlungsaufforderungen von Leistungserbringern nachkommt, deren Entgeltforderungen der Reiseveranstalter nicht erfüllt hat.

Reisender muss Anspruch gegen Kundengeldabsicherer erhalten ⇨ Nachweis durch Sicherungsschein — Zur Erfüllung seiner Verpflichtungen aus § 651r I BGB hat der Reiseveranstalter dem Reisenden gem. § 651r IV S.1 BGB einen unmittelbaren Anspruch gegen den Kundengeldabsicherer (entweder eine Versicherung oder ein Kreditinstitut, vgl. § 651r II S. 1 BGB) zu verschaffen und durch eine von diesem oder auf dessen Veranlassung gemäß Artikel 252 EGBGB ausgestellte Bestätigung (Sicherungsschein) nachzuweisen.

Mitteilung der Kontaktdaten und des Namens des Kundengeldabsicherers — Außerdem muss der Veranstalter nach § 651t Nr.2 BGB dem Reisenden klar, verständlich und in hervorgehobener Weise den Namen und die Kontaktdaten des Kundengeldabsicherers zur Verfügung gestellt haben.

hemmer-Methode: Nach Art. 250 §§ 2, 4 EGBGB i.V.m. Formblättern (Anlagen 11 bis 13 zu § 250 §§ 2, 4 EGBGB) ist der Reiseveranstalter verpflichtet, den Namen und die Kontaktdaten des Kundengeldabsicherers <u>auch in</u> den <u>vorvertraglichen</u> Informationen mitzuteilen.

Für die Vorfälligkeitszahlung kommt es aber nicht auf die Übergabe des Sicherungsscheins an. Art. 252 I S.1 EGBGB ordnet zwar an, dass der Reiseveranstalter den Sicherungsschein dem Reisenden in Textform zu übermitteln hat. Für die Vorfälligkeitszahlung kommt es aber nur darauf an, dass ein wirksamer Insolvenzschutz besteht (Nr.1) und der Reisende durch Mitteilung des Namens und der Kontaktdaten des Absicherers in die Lage versetzt wird, das Bestehen des Insolvenzschutzes nachprüfen zu können (Nr.2).

hemmer-Methode: Hat der Reiseveranstalter seine Niederlassung in einem anderen Mitgliedstaat der EU oder in einem sonstigen Vertragsstaat des Abkommens über den Europäischen Wirtschaftsraum (EWR), so gilt für die Kundengeldabsicherung die Sondervorschrift des § 651s BGB.
Da davon auszugehen ist, dass die Pauschalreiserichtlinie durch Beschluss des gemeinsamen EWR-Ausschusses auch für die Vertragsstaaten des Abkommens über den Europäischen Wirtschaftsraum (EWR) gelten wird, regelt § 651s BGB schon jetzt im Vorgriff, dass Reiseveranstalter aus einem anderen EWR-Staat ihrer Verpflichtung zur Insolvenzsicherung auch dann genügen, wenn sie dem Reisenden gemäß den Vorschriften, die ihr Niederlassungsstaat zur Umsetzung der Richtlinie erlassen hat, Sicherheit leisten.

§ 9 PAUSCHALREISEVERTRAG

> Lesen Sie sich die Vorschrift des § 651s BGB einfach einmal durch. Sollte diese Vorschrift Gegenstand einer Klausur des internationalen Privatrechts sein, so wird von Ihnen hierzu sicher kein Detailwissen verlangt werden.

E) Rechte der Parteien bei Nichterfüllung der Hauptpflichten

I. Verhältnis der §§ 651i ff. BGB zu den allgem. Vorschriften

Abschließende Regelung

Die §§ 651i ff. BGB enthalten eine in sich geschlossene, abschließende Regelung für Mängelrechte im Rahmen des Reisevertragsrechts. Ein Rückgriff auf das Mängelrecht des Werkvertragsrechts scheidet daher aus. 516

1. Verhältnis zu §§ 119 ff. BGB

Das Verhältnis der Anfechtungsregeln zu §§ 651i ff. BGB ist gleich dem Verhältnis der Anfechtungsregeln zum Mängelrecht bei den anderen Verträgen. 517

§ 119 I BGB und § 123 BGB daneben (+)
§ 119 II BGB (-)

Zu § 119 I BGB und § 123 BGB ergibt sich kein Konkurrenzverhältnis, und § 119 II BGB muss ausgeschlossen sein, da das Mängelrecht sonst umgangen werden könnte.

Im Rahmen des Reisevertragsrechts ist dies v.a. im Hinblick auf die Abhilfemöglichkeit des Reiseveranstalters (§§ 651i III Nr.1 bis 4, 651k BGB) und die Verjährung (§ 651j BGB) von Bedeutung.

2. Verhältnis zu § 323 bzw. § 280 und §§ 280 I, III, 281 BGB bei behebbaren Reisemängeln

§ 323 BGB bzw. §§ 281, 280 I BGB werden von §§ 651i ff. BGB verdrängt

§ 323 BGB bzw. § 280 I und §§ 280 I, III, 281 BGB werden von den Sonderregelungen der §§ 651i ff. BGB verdrängt. 518

Reiserechtliches Mängelrecht (§§ 651i ff. BGB) verdrängt aber §§ 280 ff. BGB (sog. „Einheitslösung")

Wird bei einer Pauschalreise eine nach dem Vertrag geschuldete Leistung aus Gründen, die nicht allein in der Person des Reisenden liegen, ganz oder teilweise nicht erbracht, so handelt es sich grundsätzlich um einen Reisemangel, für den der Reiseveranstalter **allein** nach Maßgabe der §§ 651i ff. BGB haftet (sog. **„Einheitslösung"**.[599]

Verzugsrecht wird durch Mängelrecht verdrängt, § 651i II S.3 BGB

Hierfür spricht auch eindeutig die Vorschrift des § 651i II S.3 BGB, wonach ein Reisemangel auch dann vorliegt, wenn der Reiseveranstalter Reiseleistungen nicht oder mit unangemessener Verspätung verschafft. Damit wird auch das Verzugsrecht vom reisevertraglichen Mängelrecht verdrängt.

3. Verhältnis zum Unmöglichkeitsrecht bei unbehebbaren Reisemängeln

Auch Unmöglichkeitsrecht ist ab Vertragsschluss verdrängt

Im Fall der Unmöglichkeit der Erbringung einer Reiseleistung gelten aufgrund der sog. **„Einheitslösung"** die §§ 651i ff. BGB als abschließende Sonderregelung. Das gesamte Unmöglichkeitsrecht wird daher ab Vertragsschluss durch die Sonderregelungen der §§ 651i ff. BGB verdrängt.

---

[599] Vgl. dazu bereits BGH, NJW 1986, 1748 ff. = **juris**byhemmer.

Das gilt auch dann, wenn bereits die erste Reiseleistung ausfällt und damit die gesamte Reise vereitelt wird.

> **hemmer-Methode:** Anders als im Kauf-, Miet- und Werkvertragsrecht gibt es beim Reisevertrag keinen Tag „X", bis zu welchem für Mängel nach SchuldR-AT gehaftet wird (im Kauf- und Werkvertragsrecht der Gefahrübergang, im Mietrecht die Überlassung der Mietsache an den Mieter) und ab welchem für Mängel die besonderen Gewährleistungsregeln des SchuldR-BT eingreifen.
> Das reisevertragliche Mängelrecht kommt daher als abschließende Sonderregelung bereits ab Vertragsschluss zur Anwendung!

II. Rechte des Reisenden bei Reisemängeln

§§ 651i ff. BGB

Gemäß § 651i I BGB hat der Reiseveranstalter dem Reisenden die Reise frei von Reisemängeln zu verschaffen.

Wenn er dies nicht tut, stehen dem Besteller die Rechte aus § 651i III i.V.m. §§ 651k bis 651n BGB zu.

§ 651i III BGB gibt in Nr.1 bis 7 in Anlehnung an §§ 437, 634 BGB einen Überblick der einzelnen Rechte des Reisenden bei Vorliegen eines Reisemangels.

Rechte im Reisevertragsrecht

- ⇨ **Vertragsübertragung auf Dritte** durch Reisenden, **§ 651e BGB** („**Ersetzungsbefugnis**")
- ⇨ **Rücktrittsrecht** des Reisenden, § 651h I - III BGB
- ⇨ **Rücktrittsrechtrecht** des Reiseveranstalters nach § 651h IV BGB

§ 651i III BGB i.V.m.:
- ⇨ **Abhilfe** (inkl. **Selbstabhilfe** und **Aufwendungsersatz**), § 651k BGB
- ⇨ **Kündigung**, § 651l BGB
- ⇨ **Minderung**, § 651m BGB
- ⇨ **Schadensersatz**, § 651n BGB

Vertragsschluss — Reisebeginn — Beendigung der Reise

1. Vorliegen eines Reisemangels, § 651i II BGB

Mangel

§ 651i I BGB bestimmt in Anlehnung an §§ 433 I S.2, 633 I BGB, dass der Reiseveranstalter dem Reisenden die Pauschalreise frei von Reisemängeln zu verschaffen hat.

§ 651i II BGB definiert den Reisemangel.

§ 651i II S.1 BGB

Die Pauschalreise ist nach § 651i II S.1 BGB frei von Reisemängeln, wenn sie die vereinbarte Beschaffenheit hat.

Zu beachten ist, dass zur vereinbarten Beschaffenheit neben individuellen Vereinbarungen insbesondere auch an Webseiten, Kataloge oder Prospekte des Reiseveranstalters zu denken ist, durch deren Leistungsbeschreibungen der Reiseveranstalter vorvertragliche Informationen erteilen kann, die nach Maßgabe des § 651d III S.1 BGB Vertragsinhalt werden und die vertraglichen Pflichten bestimmen.

§ 9 PAUSCHALREISEVERTRAG

§ 651i II S.2 BGB

Soweit die Beschaffenheit nicht vereinbart ist, ist die Pauschalreise nach § 651i II S.2 BGB frei von Reisemängeln, wenn sie sich für den nach dem Vertrag vorausgesetzten Nutzen eignet (Nr.1), ansonsten wenn sie sich für den gewöhnlichen Nutzen eignet und eine Beschaffenheit aufweist, die bei Pauschalreisen der gleichen Art üblich ist und die der Reisende nach der Art der Pauschalreise erwarten kann (Nr.2).

> **hemmer-Methode:** Vergleichen Sie § 651i II BGB mit dem Kauf- und dem Werkvertragsrecht! Die Vorschrift entspricht weitgehend § 434 I bzw. § 633 II BGB.
> Erklärtes Ziel des Gesetzgebers war es, mit Wirkung zum 01.07.2018 ein Gewährleistungssystem nach dem Vorbild der §§ 434, 437 BGB bzw. der §§ 633, 634 BGB zu schaffen, welches lediglich den Besonderheiten des Pauschalreiserechts Rechnung trägt.

Der Reiseveranstalter schuldet dem Reisenden aufgrund seiner Obhuts- und Fürsorgepflichten Abwehrmaßnahmen gegen solche mit den Reiseleistungen verbundenen Gefahren, mit denen der Reisende nicht zu rechnen braucht und die er deshalb nicht willentlich in Kauf nimmt. Daher fallen unter den Mangelbegriff jedenfalls auch Beeinträchtigungen infolge von Sicherheitsdefiziten im Verantwortungsbereich des Reiseveranstalters, d.h. infolge einer Verletzung einer Verkehrssicherungspflicht, für deren Einhaltung er einzustehen hat.[600]

Die Verletzung einer Verkehrssicherungspflicht begründet demnach einen Reisemangel![601]

> **hemmer-Methode:** Problematisch ist der Fall, wenn unvermeidbare, außergewöhnliche Umstände i.S.d. § 651h III S.2 BGB oder andere Gründe vorliegen, die aber nicht zu einem Reisemangel führen.
> In diesem Fall hat der Reiseveranstalter dem Reisenden nach § 651q I BGB unverzüglich durch Bereitstellung geeigneter Informationen über Gesundheitsdienste, Behörden vor Ort und konsularische Unterstützung (Nr.1), Unterstützung bei der Herstellung von Fernkommunikationsverbindungen (Nr.2; vgl. dazu § 312c II BGB) und Unterstützung bei der Suche nach anderen Reisemöglichkeiten (Nr.3) Beistand zu gewähren.

Keine Mängel: Unannehmlichkeiten des Massentourismus und ortsübliche Gegebenheiten

Keine Reisemängel i.S.d. § 651i II S.2 Nr.2 BGB sind bloße, im Zeitalter des Massentourismus grds. hinzunehmende Unannehmlichkeiten wie z.B. feste Sitzplätze beim Abendessen oder enge Sitzreihen im Flugzeug.

Auch ortsübliche Gegebenheiten (wie z.B. schwüle Hitze in Mexiko) sind kein Reisemangel.

Der Doppelbettfall des AG Mönchengladbach („Klassiker")

Beispiel:[602] *Der Kläger buchte für sich und seine Lebensgefährtin eine Urlaubsreise nach Menorca mit Unterbringung in einem Doppelzimmer mit Doppelbett. Nach der Ankunft stellte er fest, dass es in dem ihm zugewiesenen Zimmer kein Doppelbett gibt, sondern zwei separate Einzelbetten, die nicht miteinander verbunden waren. Bereits in der ersten Nacht habe er feststellen müssen, dass er hierdurch in seinen Beischlafgewohnheiten empfindlich beeinträchtigt worden sei. Ein friedliches und harmonisches Einschlaf- und Beischlaferlebnis sei während der gesamten vierzehntägigen Urlaubszeit nicht zustande gekommen, weil die Einzelbetten, die zudem noch auf rutschigen Fliesen gestanden hätten, bei jeder kleinsten Bewegung mittig auseinandergegangen seien. Ein harmonischer Intimverkehr sei deshalb nahezu völlig verhindert worden.*

Der Kläger möchte 20 % des Reisepreises erstattet haben.

---

[600] OLG Düsseldorf, RRa 2003, 14 = **juris**byhemmer.
[601] Vgl. BGH, **Life&Law 12/2007, 804 ff.** = NJW 2007, 2549 ff. = **juris**byhemmer.
[602] AG Mönchengladbach, **Life&Law 02/2007, 146** = NJW 1995, 884 f. = **juris**byhemmer.

Welche besonderen Beischlafgewohnheiten fest verbundene Doppelbetten voraussetzen, bedarf keiner Aufklärung. Es kommt nämlich nicht auf spezielle Gewohnheiten des Klägers an, sondern darauf, ob die Betten für einen durchschnittlichen Reisenden ungeeignet sind. Dies ist nicht der Fall.

Dem Gericht sind mehrere allgemein bekannte und übliche Variationen der Ausführung des Beischlafs bekannt, die auf einem einzelnen Bett ausgeübt werden können, und zwar durchaus zur Zufriedenheit aller Beteiligten. Es ist also ganz und gar nicht so, dass der Kläger seinen Urlaub ganz ohne das von ihm besonders angestrebte Intimleben hätte verbringen müssen.

Aber selbst wenn man dem Kläger seine bestimmten Beischlafpraktiken zugesteht, die ein fest verbundenes Doppelbett voraussetzen, liegt kein Reisemangel vor, denn der Mangel wäre mit wenigen Handgriffen selbst zu beseitigen gewesen. Wenn ein Mangel nämlich leicht abgestellt werden kann, dann ist dies auch dem Reisenden selbst zuzumuten mit der Folge, dass sich der Reisepreis nicht mindert und dass auch Schadensersatzansprüche nicht bestehen.

Der Kläger hat ein Foto der Betten vorgelegt. Auf diesem Foto ist zu erkennen, dass die Matratzen auf einem stabilen Rahmen liegen, der offensichtlich aus Metall ist.

Es hätte nur weniger Handgriffe bedurft und wäre in wenigen Minuten zu erledigen gewesen, die beiden Metallrahmen durch eine feste Schnur miteinander zu verbinden. Es mag nun sein, dass der Kläger etwas derartiges nicht dabei hatte. Eine Schnur ist aber für wenig Geld schnell zu besorgen.

Bis zur Beschaffung dieser Schnur hätte sich der Kläger beispielsweise seines Hosengürtels bedienen können, denn dieser wurde in seiner ursprünglichen Funktion in dem Augenblick sicher nicht benötigt.

§ 651i II S.3 BGB ⇨ Nichtleistung bzw. Zu-spät-Leistung sind Mängel

Nach § 651i II S.3 BGB liegt ein Reisemangel auch dann vor, wenn der Reiseveranstalter Reiseleistungen nicht oder mit unangemessener Verspätung verschafft.

hemmer-Methode: Diese Vorschrift ist gesetzlicher Beleg für die sog. Einheitslösung!

2. Recht des Reisenden auf Abhilfe, Selbstabhilfe und Aufwendungsersatz gemäß § 651i III Nr.1 bis 4 i.V.m. § 651k BGB

Abhilfe nach § 651k I BGB

Nach § 651k I S.1 BGB muss der Reiseveranstalter auf Verlangen des Reisenden den Mangel beseitigen, außer wenn die Abhilfe unmöglich ist (§ 651k I S.2 Nr.1 BGB) oder unter Berücksichtigung des Ausmaßes des Reisemangels und des Werts der betroffenen Reiseleistung mit unverhältnismäßigen Kosten verbunden ist (§ 651k I S.2 Nr.2 BGB).

Bei berechtigter Verweigerung hat Reisender einen Anspruch auf Ersatzleistung, § 651k III BGB

Kann der Reiseveranstalter die Beseitigung des Reisemangels nach § 651k I S.2 BGB verweigern und betrifft der Reisemangel einen erheblichen Teil der Reiseleistungen, so hat der Reiseveranstalter gem. § 651k III S.1 BGB Abhilfe durch angemessene Ersatzleistungen anzubieten.

hemmer-Methode: Es handelt sich - ähnlich wie bei dem Nacherfüllungsanspruch im Kauf- und Werkvertragsrecht - um den modifizierten Erfüllungsanspruch des Reisenden. Da der Reiseveranstalter die Beseitigung des Mangels nur unter den in § 651k I S.2 Nr.1 BGB genannten engen Voraussetzungen verweigern kann, besteht letztlich im Interesse des Reisenden ein Vorrang der Abhilfe in Form der Mängelbeseitigung. Für eine Abhilfe durch gleichwertige Ersatzleistungen (quasi die „Nachlieferung") sind somit die Möglichkeiten des Reiseveranstalters begrenzt.

§ 9 PAUSCHALREISEVERTRAG

Minderung bei mangelhafter Ersatzleistung, § 651k III S.2 BGB

Haben die Ersatzleistungen zur Folge, dass die Pauschalreise im Vergleich zur ursprünglich geschuldeten nicht von mindestens gleichwertiger Beschaffenheit ist, hat der Reiseveranstalter dem Reisenden gemäß § 651k III S.2 BGB eine angemessene - an § 651m I S.2 BGB (Minderung) orientierte - Herabsetzung des Reisepreises zu gewähren.

> **hemmer-Methode:** Dabei handelt es sich um die im Kauf- und Werkvertragsrecht nicht geregelte und daher auch umstrittene sog. „Ausbesserung". Der BGH bejaht im Kaufrecht den Ausbesserungsanspruch des Käufers und lässt daneben auch die Minderung zu.[603] Eine echte Relevanz für die Praxis hat der Ausbesserungsanspruch nun im Zusammenhang mit dem VW-Dieselskandal erlangt.[604]

Bei fehlender Vergleichbarkeit hat Reisender Ablehnungsrecht mit den Rechtsfolgen einer Kündigung, § 651k III S.3 und S.4 BGB

Sind Ersatzleistungen nicht mit den vertraglichen Leistungen vergleichbar oder ist die angebotene Herabsetzung des Reisepreises nicht angemessen, kann der Reisende nach § 651k III S.3 BGB die Ersatzleistungen berechtigterweise ablehnen.[605] In diesem Fall oder wenn der Reiseveranstalter außerstande ist, Ersatzleistungen anzubieten, sind nach § 651k III S.4 BGB die Vorschriften über die Kündigung des Pauschalreisevertrages (§ 651l II, III BGB) anzuwenden, wobei es auf eine ausdrückliche Erklärung der Kündigung durch den Reisenden nicht ankommt.

Selbstabhilferecht und Anspruch auf Aufwendungsersatz, § 651k II BGB

§ 651k II S.1 BGB regelt das Selbstabhilferecht des Reisenden und den Anspruch auf Ersatz der erforderlichen Aufwendungen.

Eine grds. erforderliche vorherige Fristsetzung ist entbehrlich, wenn die Abhilfe vom Veranstalter verweigert wird oder wenn sofortige Abhilfe notwendig ist, § 651k II S.2 BGB.

Aufwendungsersatzanspruch beinhaltet Recht auf Abhilfe und Recht auf Selbstabhilfe

Der Anspruch auf Aufwendungsersatz (§ 651k II S.1 BGB) setzt ein Recht auf Selbstabhilfe voraus. Das Recht auf Selbstabhilfe setzt wiederum das Recht auf Abhilfe voraus.

Hat der Reisende also einen Aufwendungsersatzanspruch, beinhaltet dies, dass er ein Recht auf Abhilfe und Selbstabhilfe hatte.

Vor.: Aufwendungsersatzanspruch

> **Voraussetzungen des Anspruches auf Aufwendungsersatz:**
>
> ⇨ Vorliegen eines Reisevertrages, § 651a BGB
>
> ⇨ Vorliegen eines Reisemangels, § 651i II BGB
>
> ⇨ Erfolglose Fristsetzung durch Reisenden bzw. Entbehrlichkeit
>
> ⇨ Erforderlichkeit der Aufwendungen, § 651k II S.2 BGB
>
> ⇨ keine Verjährung gemäß § 651j BGB

Zur Verdeutlichung folgender Fall:

R und V schließen einen Reisevertrag, der Flug, eine Woche Halbpension und einen Mietwagen der Klasse A beinhaltet.

Als R am vereinbarten Reiseziel angelangt ist und bei der Autovermietung A einen Mietwagen der Klasse A haben möchte, übergibt man ihm einen Wagen, dessen Fenster nicht verschließbar sind, weil die Automatik defekt ist. Einen anderen Wagen hat die Autovermietung nicht mehr zur Verfügung.

---

[603] BGH, NJW 2013, 1365 ff. = **juris**byhemmer; ausführlich hierzu auch Horn, „Der kaufrechtliche Ausbesserungsanspruch", NJW 2017, 289 ff.

[604] Vgl. hierzu ausführlich d´Alquen, „VW-Abgasskandal", **Life&Law 01/2018**, 60 [63 f.].

[605] Vgl. hierzu BGH, **Life&Law 06/2018**, 379 ff. = **juris**byhemmer.

Nachdem R den Reiseleiter angerufen hat und dieser ihm rät, doch mit offenen Fenstern zu fahren, geht R zur Autovermietung B und mietet dort einen Wagen der Klasse A. Die Preise der Autovermietung B liegen deutlich über denen von A.

Kann R Ersatz der an B gezahlten Miete von V verlangen?

R könnte gemäß § 651k II S.1 BGB einen Anspruch auf Ersatz der Mietwagenkosten haben.

Reisevertrag

a) Zwischen R und V müsste ein Reisevertrag zustande gekommen sein. Indem V sich gegen Zahlung eines Gesamtpreises verpflichtet hat, Flug, Hotel und Mietwagen zu organisieren und bereitzustellen, hat er sich zu der Erbringung einer Gesamtheit von Reiseleistungen (§ 651a II, III BGB) und damit zur Verschaffung einer Pauschalreise i.S.d. § 651a I S.1 BGB verpflichtet. Ein Reisevertrag im Sinne von § 651a BGB liegt vor.

Reisemangel

b) Die Reise müsste mangelhaft i.S.d. § 651i II BGB sein.

Da bzgl. des Mietwagens außer „Klasse A" keine konkrete Beschaffenheit vereinbart wurde (§ 651i II S.1 BGB), wäre die Reise nur dann mangelhaft, wenn sie sich für den nach dem Vertrag vorausgesetzten Nutzen eignet (§ 651i II S.1 Nr.1 BGB) oder die Reise keine Beschaffenheit aufweist, die bei Pauschalreisen der gleichen Art üblich ist und die der Reisende nach der Art der Pauschalreise erwarten kann (§ 651i II S.2 Nr.2 BGB).

Mangel einer Einzelleistung muss Reise als solche beeinträchtigen

V schuldete unter anderem die Bereitstellung eines Mietwagens der Klasse A. Sind die Fenster eines Autos nicht verschließbar, ist die Gebrauchsfähigkeit des Wagens so gering, dass eine Einzelleistung des Vertrages gestört ist. Diese Störung beeinträchtigt die Reise auch als solche in ihrem vertraglich vorausgesetzten Nutzen, da R mit einem nicht voll einsatzfähigen Mietwagen nicht die Beweglichkeit hat, die ihm auf der Reise offensichtlich wichtig war. Die Reise ist daher gem. § 651i II S.2 Nr.1 BGB insgesamt mangelhaft.

hemmer-Methode: Anknüpfungspunkt für den Mangel ist die „Reise". Eine mangelhafte einzelne Reiseleistung muss daher auch die Reise als solche in ihrem Nutzen beeinträchtigen und darf nicht lediglich eine Unannehmlichkeit darstellen.
Beispiel: Verlegt der Veranstalter einer Flugreise den Rückflug vertragswidrig in die frühen Morgenstunden des vereinbarten Rückreisetags und weigert sich ausdrücklich oder stillschweigend, dem Reisemangel abzuhelfen, kann der Reisende grundsätzlich die Erstattung der Kosten eines anderweitigen Rückflugs verlangen, mit dem er seine vertragsgemäße Rückreise sicherstellt.[606]

Recht auf Abhilfe (+)

Gemäß § 651k I S.1 BGB hatte R demnach das Recht, vom Reiseveranstalter Abhilfe zu verlangen.

c) Fraglich ist, ob er auch das Recht zur Selbstabhilfe und einen Anspruch auf Aufwendungsersatz gemäß § 651k II S.1 BGB hat.

Fristsetzung

R müsste V eine angemessene Frist zur Abhilfe gesetzt haben, und diese Frist müsste fruchtlos verstrichen sein. Im vorliegenden Fall hat R keine Frist gesetzt. Die Fristsetzung könnte jedoch gemäß § 651k II S.2 BGB ausnahmsweise entbehrlich gewesen sein.

Recht auf Selbstabhilfe (+)

Vorliegend hat V durch seine Aussage, R solle „eben mit offenen Fenstern fahren", zum Ausdruck gebracht, dass er an einer Abhilfe nicht interessiert ist, dieselbe also verweigert. Eine Fristsetzung war demnach gem. § 651k II S.2 Alt.1 BGB entbehrlich. R hatte damit das Recht zur Selbstabhilfe.

---

[606] Vgl. hierzu auch BGH, **Life&Law 08/2012, 561 ff.** = NJW 2012, 2107 ff. = **juris**by**hemmer**.

§ 9 PAUSCHALREISEVERTRAG

Aufwendungen erforderlich (+)

d) Die Aufwendungen des R müssten weiterhin erforderlich gewesen sein. Erforderlich sind grundsätzlich die Aufwendungen für eine gleichwertige Ersatzleistung. Da R hier einen gleichwertigen Mietwagen gemietet hat, sind die Mietkosten für die Abhilfe erforderlich gewesen. Unbeachtlich sind dabei die Preisunterschiede zwischen den Anbietern. Anzeichen dafür, dass R treuwidrig absichtlich einen besonders teuren Anbieter gewählt hat, sind nicht ersichtlich.

hemmer-Methode: Erforderlich können Aufwendungen für eine höherwertige Leistung sein, wenn eine gleichwertige Leistung nicht zur Verfügung steht. Ob eine gleichwertige Leistung zur Verfügung steht, ist auch danach zu beurteilen, was dem Reisenden zumutbar ist. Er muss beispielsweise nicht kilometerweit ein gleichwertiges Hotel suchen, wenn in dem vereinbarten Ort kein solches mehr existiert.

Anspruch auf Aufwendungsersatz (+)

Ergebnis: R kann die Mietwagenkosten von V ersetzt verlangen. Dieser Anspruch verjährt gemäß § 651j S.1 BGB in zwei Jahren, beginnend mit dem Tag, am dem die Pauschalreise dem Vertrag nach enden sollte.

hemmer-Methode: Gemäß § 651y S.1 BGB kann die Verjährungsfrist nicht verkürzt werden!

__Sonderfall__: Unvermeidbare und außergewöhnliche Umstände i.S.d. § 651h III S.2 BGB

§ 651k IV, V BGB regeln Besonderheiten beim Vorliegen unvermeidbarer, außergewöhnlicher Umstände i.S.d. § 651h III S.2 BGB (ehemals „höhere Gewalt").

Umstände sind gem. § 651h III S.2 BGB unvermeidbar und außergewöhnlich, wenn sie nicht der Kontrolle der Partei unterliegen, die sich hierauf beruft, und sich ihre Folgen auch dann nicht hätten vermeiden lassen, wenn alle zumutbaren Vorkehrungen getroffen worden wären.

Änderungen zum 01.07.2018 bei „höherer Gewalt" im Vergleich zur Rechtslage bis 30.06.2018

**hemmer-Methode: Der Begriff der „unvermeidbaren außergewöhnlichen Umstände" tritt dabei an die Stelle des bis zum 30.06.2018 in § 651j BGB a.F. geregelten Begriffs der „höheren Gewalt".
Die bislang in § 651j I, II BGB enthaltenen Rechtsfolgen gibt es ab dem 01.07.2018 weitgehend nicht mehr bzw. sie wurden erheblich geändert!
§ 651h IV S.1 BGB regelt die Möglichkeit des Reiseveranstalters, vor Reisebeginn vom Vertrag zurückzutreten, wenn sich weniger Personen als die im Vertrag angegebene Mindestteilnehmerzahl für die Pauschalreise angemeldet haben und der Rücktritt innerhalb der im Vertrag bestimmten Frist, spätestens jedoch in den in § 651h IV S.1 Nr.1a bis c BGB genannten Fristen erklärt wird.
Außerdem kann der Reiseveranstalter vor Reisebeginn gem. § 651h IV S.1 Nr.2 BGB wegen unvermeidbarer, außergewöhnlicher Umstände unverzüglich nach Kenntniserlangung hiervon zurücktreten.
<u>Wichtig</u>: Das bis 30.06.2018 dem Reiseveranstalter nach *§ 651j BGB* auch noch nach Reisebeginn zustehende Kündigungsrecht bei höherer Gewalt entfällt damit! Eine Kündigung „nach Reiseantritt" steht gem. *§ 651l BGB* dem Reisenden nur dann zu, wenn die unvermeidbaren außergewöhnlichen Umstände zu einem Reisemangel führen!
Führen diese Umstände nicht zum Vorliegen eines Reisemangels, so hat der Reiseveranstalter dem Reisenden nach § 651q I BGB unverzüglich durch Bereitstellung geeigneter Informationen über Gesundheitsdienste, Behörden vor Ort und konsularische Unterstützung (Nr.1), Unterstützung bei der Herstellung von Fernkommunikationsverbindungen (Nr.2; vgl. dazu § 312c II BGB) und Unterstützung bei der Suche nach anderen Reisemöglichkeiten (Nr.3) Beistand zu gewähren.**

§ 651k IV BGB ⇨ Veranstalter trägt Kosten für dreitägige Beherbergung

Ist die Beförderung des Reisenden an den Ort der Abreise oder an einen anderen Ort, auf den sich die Parteien geeinigt haben (Rückbeförderung), vom Vertrag umfasst und aufgrund unvermeidbarer, außergewöhnlicher Umstände nicht möglich, hat der Reiseveranstalter nach § 651k IV BGB die Kosten für eine notwendige Beherbergung des Reisenden für einen höchstens drei Nächte umfassenden Zeitraum zu tragen, und zwar möglichst in einer Unterkunft, die der im Vertrag vereinbarten gleichwertig ist.

Keine Begrenzung auf 3 Tage in den in § 651k V BGB bestimmten Fällen

Der Reiseveranstalter kann sich nach **§ 651k V BGB** auf die Begrenzung des Zeitraums auf höchstens drei Nächte gemäß § 651k IV BGB nicht berufen, wenn:

⇨ der Leistungserbringer nach unmittelbar anwendbaren Regelungen der Europäischen Union dem Reisenden die Beherbergung für einen längeren Zeitraum anzubieten oder die Kosten hierfür zu tragen hat bzw.

⇨ der Reisende zu einem der folgenden Personenkreise (Personen mit eingeschränkter Mobilität, Schwangere, unbegleitete Minderjährige, besondere medizinische Betreuung benötigende Personen) gehört und der Reiseveranstalter mindestens 48 Stunden vor Reisebeginn von den besonderen Bedürfnissen des Reisenden in Kenntnis gesetzt wurde.

3. Minderung, § 651 III Nr.6 i.V.m. § 651m BGB

Der Reisepreis mindert sich unter folgenden Voraussetzungen:

Voraussetzungen der Minderung

Voraussetzungen der Minderung:

⇨ Vorliegen eines Reisevertrages, § 651a BGB

⇨ Vorliegen eines Reisemangels, § 651i II BGB

⇨ **_Sonderfälle kraft Verweisung:_** § 651g III S.3 BGB bzw. § 651k III S.2 BGB

⇨ kein schuldhaftes Unterlassen der unverzüglichen Anzeige gem. § 651o I, II Nr.1 BGB

⇨ keine Verjährung gemäß § 651j BGB

Minderung kraft Gesetzes

Ist die Reise im Sinne des § 651i II BGB mangelhaft, so mindert sich gem. § 651m I S.1 BGB **für die Dauer des Reisemangels** der Reisepreis **automatisch kraft Gesetzes**.

Auf ein Verschulden des Reiseveranstalters kommt es dabei nicht an. Nach Ansicht des BGH trägt der Reiseveranstalter das Risiko, den vereinbarten Reisepreis nicht zu erhalten, auch dann, wenn der Reiseerfolg durch Umstände vereitelt wird, die weder ihm noch dem Reisenden zugerechnet werden können.

Bsp.: Die Verletzung des Reisenden bei einem Verkehrsunfall während des Transfers vom Flughafen zum Hotel begründet einen Reisemangel, auch wenn den Reiseveranstalter kein Verschulden an dem Unfall trifft. Wird der Reisende hierdurch so schwer verletzt, dass er keine weiteren Reiseleistungen in Anspruch nehmen kann, verliert der Reiseveranstalter regelmäßig den gesamten Anspruch auf den Reisepreis.[607]

Der Reisepreis mindert sich in dem Verhältnis, in welchem zur Zeit des Vertragsschlusses der Wert der Pauschalreise in mangelfreiem Zustand zu dem wirklichen Wert gestanden haben würde, § 651m I S.2 BGB.

Die Minderung ist dabei im Wege einer Gesamtwürdigung zu ermitteln und nicht durch Addition der anhand anderer Fälle gefundenen Minderungsquoten aus tabellarischen Aufstellungen.[608]

---

[607] BGH, **Life&Law 04/2017, 247 f. = juris**byhemmer.

[608] Hinweis für Interessierte und Praktiker: Im „Fall der Fälle" helfen Ihnen die Frankfurter Tabelle zur Reisepreisminderung (NJW 1985, 113 ff.) oder die ADAC-Tabelle zur Reisepreisminderung (NJW 2005, 2506 ff.) weiter.

In die Berechnung sind auch diejenigen Leistungsteile mit einzubeziehen, die mit dem mangelhaften Leistungsteil in engem Zusammenhang stehen.[609]

Nach Ansicht des BGH kann ein Ereignis, das zu einem Mangel führt, bei besonderer Schwere eine Minderung rechtfertigen, die nicht auf den anteiligen Reisepreis für die Dauer des Ereignisses beschränkt ist.

Ob ein Schwerstmangel eine Reise völlig entwerten kann und damit der Zweck der Reise verfehlt ist, ist eine reine Wertungsfrage.

Bsp.: Der BGH hat danach bei einem „Beinahe-Absturz" auf dem Rückflug und den dabei erlittenen Todesängsten den Erholungswert der Reise völlig entfallen lassen und eine vollständige Rückzahlung des Reisepreises gem. § 651m I S.2, II S.1 BGB bejaht.[610]

Nach a.A. ist in diesen Fällen nur ein vom Verschulden abhängiger Anspruch auf Schadensersatz gegeben.

Anspruchsgrundlage für die Rückzahlung ist § 651m II BGB

Obwohl sich der Reisepreis wie im Mietrecht kraft Gesetzes mindert, ist Anspruchsgrundlage für die Rückforderung des bereits gezahlten Geldes nicht wie im Mietrecht § 812 BGB, sondern § 651m II S. 1 BGB, wobei für Nutzungen die §§ 346 I, 347 I BGB gelten (Satz 2).

Anzeige des Reisenden ist Obliegenheit, § 651o BGB

Der Reisende hat die Obliegenheit, den Mangel anzuzeigen, § 651o I BGB.

Anzeige an Reiseveranstalter nötig

Der Reisende muss den Mangel dem Reiseveranstalter oder einem Vertreter vor Ort (Reiseleiter) anzeigen, damit dieser den Mangel prüfen und ggf. beheben kann.

Gem. § 651v IV S.1 BGB kann diese Anzeige auch gegenüber dem Reisevermittler, d.h. dem Reisebüro erfolgen!

hemmer-Methode: Eine Beschwerde beim jeweiligen Leistungsträger genügt aber auf gar keinen Fall.

Anzeige auch dann erforderlich, wenn Reiseveranstalter den Mangel bereits kennt

Nach Ansicht des BGH ist die Anzeige eines Reisemangels durch den Reisenden nicht schon deshalb entbehrlich, weil dem Reiseveranstalter der Mangel bereits bekannt ist.[611]

Die Rechtsprechung des BGH zu § 536c BGB, wonach der Mieter nicht verpflichtet ist, dem Vermieter einen Mangel der Mietsache anzuzeigen, wenn dieser bereits Kenntnis von dem Mangel hat,[612] ist auf die hier in Rede stehende Konstellation nicht übertragbar. Der Gesetzgeber hat dem Mieter diese Verpflichtung auferlegt, weil der Vermieter während der Dauer der Mietzeit vom Besitz der Mietsache ausgeschlossen und daher regelmäßig nur der Mieter in der Lage ist, etwaige Mängel zu entdecken. Die Anzeigepflicht nach § 536c BGB ist damit Ausfluss der allgemeinen Pflicht des Mieters zur Obhut der Mietsache. Sie verfolgt den Zweck, die Mietsache vor Schäden zu bewahren und dient damit nicht nur dem Erhalt des Minderungsrechts des Mieters. Die Zielrichtung von § 651o II Nr.1 BGB ist eine andere. Der Reiseveranstalter hat typischerweise durch die für ihn an Ort und Stelle tätige Reiseleitung die gleichen Möglichkeiten wie der Reisende, etwaige Mängel zu bemerken. Der Zweck der Mangelanzeige liegt aus den bereits genannten Gründen in erster Linie darin, dem Reiseveranstalter die Prüfung zu ermöglichen, ob er den Mangel beheben oder auf andere Weise Abhilfe schaffen kann.

---

[609] Vgl. OLG Celle in NJW 2004, 2985 ff. = **juris**byhemmer.
[610] BGH, **Life&Law 12/2008, 791 ff.** = NJW 2008, 2775 f. = **juris**byhemmer.
[611] BGH, **Life&Law 12/2016, 838 ff.** = **juris**byhemmer.
[612] BGH, NJW-RR 2002, 515 f. = **juris**byhemmer.

VERBRAUCHERSCHUTZRECHT

> **hemmer-Methode:** Eine andere Ansicht ist hier sehr gut vertretbar!

Minderung (-) bei schuldhaftem Unterlassen der Anzeige

Die Minderung tritt gemäß § 651o II Nr.1 BGB nur dann nicht ein, wenn der Reisende die Anzeige schuldhaft unterlässt und deshalb der Reiseveranstalter nicht Abhilfe schaffen konnte.

Verschulden ist dabei zu verneinen, wenn und solange keine Möglichkeit zur Anzeige besteht oder der Veranstalter/Reiseleiter den Mangel nicht hätte beseitigen können. Bei unbehebbaren Reisemängeln stellt eine unterbliebene Mängelanzeige somit kein Verschulden dar.

Kein Verschulden bei fehlender Unterrichtung nach Art. 250 § 6 II Nr.5 EGBGB

Hat der Reiseveranstalter den Reisenden entgegen Art. 250 § 6 II Nr.5 EGBGB nicht ordnungsgemäß auf seine Obliegenheit hingewiesen, ihm einen Reisemangel anzuzeigen, so wird vermutet, dass der Reisende die Mangelanzeige nicht schuldhaft versäumt hat.[613]

> **hemmer-Methode:** Bei der Verletzung einer Obliegenheit verliert man einen Anspruch bzw. ein Recht. Die Mangelanzeige ist hier also keine Anspruchsvoraussetzung, sondern dient der Erhaltung des Anspruchs.

4. Kündigungsrecht, § 651i III Nr.5 i.V.m. § 651l BGB

Im Reisevertragsrecht gibt es ein Rücktrittsrecht nach § 651h BGB nur **vor** Reisebeginn.

Nach Reisebeginn wird der Reisevertrag wie ein Dauerschuldverhältnis behandelt, sodass dem Reisenden im Falle des Vorliegens eines Mangels ein Kündigungsrecht nach §§ 651i III Nr.5, 651l BGB eingeräumt wird.

Voraussetzungen

> **Voraussetzungen des Kündigungsrechts:**
> ⇨ Vorliegen eines Reisevertrages, § 651a BGB
> ⇨ Vorliegen eines Reisemangels, § 651i II BGB
> ⇨ erhebliche Beeinträchtigung der Pauschalreise durch den Reisemangel, § 651l I S.1 BGB
> ⇨ angemessene Fristsetzung durch den Reisenden und fruchtloser Ablauf derselben, § 651l I S.2 HS 1 BGB bzw. Entbehrlichkeit der Fristsetzung nach §§ 651l I S.2 HS 2, 651k II S.2 BGB

Beeinträchtigung

Die erhebliche Beeinträchtigung der Pauschalreise muss auf dem vorliegenden Mangel beruhen. Dies ist u.a. nach dem Zweck der Reise zu beurteilen.

Auf ein Verschulden des Reiseveranstalters kommt es nicht an. Auch wenn der Mangel auf unvermeidbare, außergewöhnliche Umstände zurückzuführen ist (vgl. § 651h III BGB), besteht das Kündigungsrecht nach § 651l I BGB.

Erhebliche Beeinträchtigung

Die Beeinträchtigung der Reise ist jedenfalls erheblich, wenn der Gesamtwert der Reise beeinträchtigt ist und eine Minderung von wenigstens 50 % gerechtfertigt wäre. Die Erheblichkeit ist in diesem Fall indiziert, kann aber auch bei geringerer Quote bestehen.[614]

---

[613] BGH, **Life&Law 08/2017, 528 ff.** = NJW-RR 2017, 756 ff. = **juris**byhemmer (die Entscheidung des BGH erging noch zu der bis zum 30.06.2018 geltenden Vorschrift des § 6 II Nr. 7 BGB-InfoV).

[614] Vgl. BGH, **Life Law 06/2018, 379 (384)** = **juris**byhemmer.

§ 9 PAUSCHALREISEVERTRAG

Fristsetzung grds. nötig

Nach § 651l I S.2 BGB kann der Reisende erst kündigen, wenn der Reiseveranstalter eine ihm vom Reisenden bestimmte angemessene Frist hat verstreichen lassen, ohne Abhilfe zu leisten.

Nach § 651l I S.2 HS 2 BGB i.V.m. § 651k II S.2 BGB bedarf es der Bestimmung einer Frist nicht, wenn die Abhilfe vom Reiseveranstalter verweigert wird oder wenn sofortige Abhilfe notwendig ist.[615]

Rechtsfolge: § 651l II BGB

Die Rechtsfolgen der Kündigung sind in § 651l II, III BGB geregelt. Nach erfolgter Kündigung besteht gem. § 651l II S.1 BGB hinsichtlich der erbrachten und zur Beendigung der Pauschalreise noch zu erbringenden Reiseleistungen der Anspruch des Reiseveranstalters auf den vereinbarten Reisepreis fort.

Unter „Reiseleistungen" ist hier alles zu verstehen, was dem Reisenden zugutekommt. Leistungen zwischen dem Reiseveranstalter und einem Leistungsträger reichen deshalb nicht aus. Aus diesem Grund fallen etwaige Stornokosten nicht unter die Entschädigungspflicht des Reisenden.

Der Reisende kann aber ggf. nach § 651l II S.1 HS 2 BGB i.V.m. § 651i III Nr.6 und 7 BGB eine Minderung sowie Schadensersatz oder Ersatz vergeblicher Aufwendungen geltend machen.

Hinsichtlich der nicht mehr zu erbringenden Reiseleistungen entfällt gem. § 651 II S.2 BGB der Anspruch des Reiseveranstalters auf den vereinbarten Reisepreis. Dem Reisenden steht insoweit ein **vertraglicher** Rückforderungsanspruch zu.

Verpflichtung zur Rückbeförderung des Reisenden; Mehrkosten trägt Reiseveranstalter, § 651l III BGB

§ 651l III S.1 BGB bestimmt, dass der Reiseveranstalter verpflichtet ist, die infolge der Aufhebung des Vertrages notwendigen Maßnahmen zu treffen, wobei die Mehrkosten für die Rückbeförderung dem Reiseveranstalter zur Last fallen.

Da nach § 651l III S.2 BGB lediglich die Mehrkosten für die Rückbeförderung dem Reiseveranstalter allein zur Last fallen, können sonstige Mehrkosten vom Reiseveranstalter nur im Falle eines Verschuldens unter dem Gesichtspunkt des Schadensersatzes verlangt werden, §§ 651i III Nr.7, 651n BGB.

5. Schadensersatz, §§ 651i III Nr.7, 651n BGB

Voraussetzungen

> **Voraussetzungen des Schadensersatzanspruches:**
> ⇨ Vorliegen eines Reisevertrages, § 651a BGB
> ⇨ Vorliegen eines Reisemangels, § 651i II BGB
> ⇨ Anzeige oder Abhilfeverlangen, § 651o I, II Nr.2 BGB
> ⇨ keine Exkulpation des Reiseveranstalters nach § 651n I Nr.1 bis 3 BGB
> ⇨ keine Verjährung gemäß § 651j BGB

Anspruch auf Schadensersatz, §§ 651i III, 651n I BGB

§ 651n BGB ergänzt die Gewährleistungsrechte des Reisenden um einen Anspruch auf Schadensersatz wegen vermuteten Verschuldens, wobei in § 651n I Nr.1 bis 3 BGB eine spezielle Exkulpation geregelt ist.

---

[615] Nach OLG Köln, NJW-RR 2005, 703 f. = **juris**byhemmer, ist die Fristsetzung entbehrlich, wenn die Reaktion des Veranstalters auf die Mitteilung des Mangels ergibt, dass von ihm eine umgehende Zurverfügungstellung eines geeigneten anderen Ferienhauses nicht zu erwarten ist und dem Reisenden ein längeres Zuwarten nicht zuzumuten ist.

Der Veranstalter haftet nicht auf Schadensersatz, wenn der Reisemangel vom Reisenden selbst verschuldet ist (§ 651n I Nr.1 BGB).

Eine Haftung besteht auch dann nicht, wenn der Reisemangel von einem Dritten verschuldet ist, der weder Leistungserbringer ist noch in anderer Weise an der Erbringung der von dem Pauschalreisevertrag umfassten Reiseleistungen beteiligt ist, und der Reisemangel für den Reiseveranstalter nicht vorhersehbar oder nicht vermeidbar war (§ 651n I Nr.2 BGB).

Die Haftung ist zudem ausgeschlossen, wenn der Reisemangel durch unvermeidbare, außergewöhnliche Umstände i.S.d. § 651h III S.2 BGB verursacht wurde (§ 651n I Nr.3 BGB). Der Reiseveranstalter haftet daher auch dann auf Schadensersatz, wenn er zwar beweisen kann, dass er nicht fahrlässig gehandelt hat, ihm aber der Nachweis unvermeidbarer, außergewöhnlicher Umstände nicht gelingt. Für diesen Fall greift dann maximal die Möglichkeit, eine Haftungsbegrenzung gem. § 651p I BGB zu vereinbaren.

§ 651n BGB verdrängt Ansprüche aus §§ 280 ff. BGB

§ 651n BGB verdrängt die Ansprüche aus §§ 280 ff. BGB bereits ab Vertragsschluss (sog. **„Einheitslösung"**).

Statt Schadensersatz besteht auch Anspruch auf Ersatz vergeblicher Aufwendungen, §§ 651i III Nr.7, 284 BGB

§ 651i III Nr.7 BGB stellt klar, dass statt des Anspruches auf Schadensersatz auch Ersatz vergeblicher Aufwendungen nach § 284 BGB verlangt werden kann. Gem. § 651j BGB wird auch der Anspruch aus § 284 BGB der kurzen reiserechtlichen Verjährung unterstellt – wie auch im kauf- und werkvertraglichen Mängelrecht.

Die Fälle, in denen der Reisende nach § 284 BGB vorgeht, dürften jedoch ohne große praktische Relevanz bleiben, da unabhängig von dieser Norm bereits ein Selbstvornahmerecht inklusive Aufwendungsersatz besteht, welches noch dazu unter geringere Voraussetzungen gestellt wird (verschuldensunabhängig!), § 651i III Nr.2 BGB i.V.m. § 651k II BGB.

hemmer-Methode: Relevanz könnte die Norm also allenfalls für solche Aufwendungen bekommen, die im Vorfeld der Reise im Vertrauen auf die Mangelfreiheit getätigt wurden, wie etwa Anreisekosten, wenn die Anreise selbst keine Reiseleistung darstellt.

Angemessene Entschädigung wegen nutzlos aufgewendeter Urlaubszeit, § 651n II BGB

Wird die Pauschalreise vereitelt oder erheblich beeinträchtigt, so kann der Reisende nach § 651n II BGB auch wegen nutzlos aufgewendeter Urlaubszeit eine angemessene Entschädigung in Geld verlangen.

BGH und die h.L. sehen den vertanen Urlaub als immateriellen Schaden an: So hat der BGH auch einem Schüler eine Entschädigung wegen verdorbenen Urlaubs zugesprochen.[616]

Arbeitet ein erwerbstätiger Kunde während der Urlaubszeit weiter oder führt er eine ihm nicht vom Reiseveranstalter angebotene Ersatzreise durch, so steht dies seinem Entschädigungsanspruch nicht entgegen.[617] Für die Höhe der Entschädigung wegen nutzlos aufgewendeter Urlaubszeit darf das Arbeitseinkommen nicht zum Maßstab genommen werden, wohl aber der Reisepreis.[618]

---

[616] BGHZ 85, 168 ff. = **juris**byhemmer.
[617] Vgl. BGH, **Life&Law 05/2005, 296 ff.** = NJW 2005, 1047 ff. = **juris**byhemmer.
[618] Mit dieser Entscheidung des BGH (**Life&Law 05/2005, 296 ff.** = NJW 2005, 1047 ff.) hat der BGH seine bisherige Rechtsprechung aufgegeben.

§ 9 PAUSCHALREISEVERTRAG

Auch Kinder ab fünf Jahren haben Anspruch auf Schadensersatz wegen entgangener Urlaubsfreude. In diesem Alter ist Urlaub bereits etwas Besonderes, wohingegen Kleinkinder im Alter von zwei bis drei Jahren ihn noch nicht bewusst wahrnehmen.[619]

§ 651n III BGB ⇨ unverzügliche Leistungspflicht

§ 651n III BGB bestimmt, dass der Reiseveranstalter unverzüglich (§ 121 I S.1 BGB) zu leisten hat, wenn er zum Schadensersatz verpflichtet ist.

Anzeigeobliegenheit, § 651o BGB

Bei schuldhafter Versäumung der Mängelanzeige verliert der Reisende nicht nur das Recht, nach § 651n BGB Schadensersatz, sondern auch anstelle hiervon Aufwendungsersatz nach § 284 BGB zu verlangen, wenn der Reiseveranstalter infolge einer schuldhaften Unterlassung der Anzeige nicht Abhilfe schaffen konnte, § 651o II Nr.2 BGB.

Zum Verständnis folgender Fall:

R hat mit V einen Reisevertrag abgeschlossen. Inhalt der Reise ist eine Ruderwanderfahrt mit fünfzehn Personen auf dem Neckar, wobei V für den Transport zum Ausgangspunkt, die Rückreise mit der Bahn, die Boote, die Verpflegung und die Unterkünfte zu sorgen hat.

Als die angereiste Gruppe am vereinbarten Tag starten möchte, stellt sich heraus, dass der Bootsvermieter L nur Boote für zehn Personen zur Verfügung hat, weil er am Vortag ein Boot an fünf andere Personen vermietet hat, ohne nachzusehen, ob das Boot am nächsten Tag gebraucht wird.

R muss mit vier anderen Teilnehmern drei Tage warten, bis L wieder ein Boot zur Verfügung hat. Einer der anderen Teilnehmer hatte den Reiseveranstalter angerufen und sich beschwert.

Kann R von V Schadensersatz verlangen?

1. R könnte einen Anspruch auf **Schadensersatz gemäß §§ 651i III Nr.7, 651n I BGB haben.**

Reisevertrag

a) R hat mit V einen Reisevertrag geschlossen, § 651a BGB.

Reisemangel

b) Die Reise ist mit einem Mangel behaftet, da das Vorhandensein einer ausreichenden Anzahl von Booten vereinbart war, § 651i II S.1 BGB.

Anzeigepflicht erforderlich?

c) Wie sich aus § 651o II Nr.2 BGB ergibt, wäre der Anspruch des R auf Schadensersatz ausgeschlossen, wenn V infolge einer schuldhaften Unterlassung der Anzeige nach § 651o I BGB nicht Abhilfe schaffen konnte.

hemmer-Methode: Dies gilt natürlich nur bei der Geltendmachung von Mangelschäden. Bei Mangelfolgeschäden ist dagegen die Anzeige entbehrlich, da bei Mangelfolgeschäden eine Abhilfe ohnehin nicht möglich ist.

Anzeige rechtsgeschäftsähnliche Handlung, daher Stellvertretung möglich

Vorliegend ist eine Anzeige durch einen anderen Teilnehmer erfolgt. Die Anzeige ist eine rechtsgeschäftsähnliche Handlung, sodass Vertretung gemäß §§ 164 ff. BGB analog möglich ist. Hier ergibt sich aus den Umständen, dass die Anzeige für alle zurückbleibenden Teilnehmer gelten soll, § 164 I S.2 BGB. Eine Anzeige ist demnach erfolgt.

Vertretenmüssen des V

d) Die Ersatzpflicht wäre ausgeschlossen, wenn sich V gem. § 651n I Nr.1 bis 3 BGB exkulpieren könnte. Da der Bootsvermieter L schuldhaft das schon gebuchte Boot weggegeben hat, muss sich V dieses Verschulden gemäß § 278 S.1 Alt.2 BGB zurechnen lassen, vgl. auch § 651n I Nr.2 BGB im Umkehrschluss. V hat den Reisemangel daher zu vertreten.

---

[619] LG Frankfurt a.M., **Life&Law 08/2011**, 610 f. = RRa 2011, 63 f. = **juris**byhemmer.

Umfang des Anspruchs ⇨ Ersatz aller Mangel- und -folgeschäden

§ 651n I BGB ersetzt alle Mangel- und Mangelfolgeschäden. Der Begriff des „Schadensersatzes" ist wie bei § 536a I BGB als Oberbegriff zu verstehen, der auch den Schadensersatz statt der Leistung umfasst. Eine Differenzierung zwischen Schadensersatz neben und statt der Leistung ist (wie bei § 536a BGB) damit für die Wahl der Anspruchsgrundlage entbehrlich.

hemmer-Methode: Für die Frage, ob für die Geltendmachung des Anspruches auf Schadensersatz zuvor eine Mängelanzeige nach § 651o BGB erfolgen muss, ist die Unterscheidung zwischen Mangelschaden und Mangelfolgeschaden aber doch wieder relevant (s.o.)

Streitig ist, ob der Reisende auch alleine wegen der Minderwertigkeit der Reise infolge eines Mangels Schadensersatz nach § 651n I BGB verlangen kann. Dagegen wird vorgebracht, dass der Reisepreis schon kraft Gesetzes gemindert sei, ein Schaden also gar nicht entstehen könne.

Auch bloße Minderwertigkeit ersetzbar

Die h.M. bejaht in Fällen wie dem vorliegenden trotzdem auch den Schadensersatzanspruch: Bei einem Nebeneinander von Schadensersatzansprüchen und anderen Ansprüchen sei auch in anderen Rechtsbereichen anerkannt, dass der Schaden solange nicht entfällt, als die Rückzahlung noch nicht tatsächlich erfolgt ist. Dies folgt auch aus der Formulierung „unbeschadet" in § 651n I BGB.

hemmer-Methode: Der Streit ist rein akademischer Natur: R hat hier unproblematisch den verschuldensunabhängigen Anspruch gemäß § 651m II, I BGB auf anteilige Rückzahlung des evtl. schon vorgezahlten Reisepreises.

Vertaner Urlaub als immaterieller Schaden, § 651n II BGB

2. R könnte weiterhin gemäß **§§ 651i III Nr.7, 651n II BGB** eine **angemessene Entschädigung in Geld wegen nutzlos aufgewendeter Urlaubszeit** verlangen, wenn die Pauschalreise vereitelt oder erheblich beeinträchtigt wurde.

Da die Reise des R durch das fehlende Boot teilweise vereitelt wurde, kann er eine angemessene Entschädigung für nutzlos aufgewendete Urlaubszeit verlangen.[620]

50 %ige Minderung für erhebliche Beeinträchtigung i.S.d. § 651n II BGB nicht erforderlich (BGH)

Eine bestimmte Minderungsquote, etwa von 50 %, ist für die Annahme einer erheblichen Beeinträchtigung der Reise weder notwendig noch ausreichend. Eine hohe Minderungsquote ist jedoch ein Indiz für eine erhebliche Beeinträchtigung.[621]

Nach der h.M. kann R also eine angemessene Entschädigung in Geld verlangen, und zwar unabhängig davon, ob er berufstätig ist oder nicht.

III. Deliktische Schadensersatzpflicht wegen Verletzung von Verkehrssicherungspflichten, § 823 I BGB

§ 823 I BGB

Neben einer Inanspruchnahme aus § 651n BGB ist in der Klausur immer auch an eine Haftung des Reiseveranstalters aus § 823 I BGB zu denken.

Eine solche Haftung wird in Klausuren häufig übersehen, weil der Reiseveranstalter ja bei der Reise nicht vor Ort ist und daher vordergründig für etwaige Verletzungen der Reisenden deliktisch nicht verantwortlich zu sein scheint.

---

[620] Kann der Reiseveranstalter infolge einer Überbuchung den Kunden nicht an dem gebuchten Urlaubsort unterbringen und tritt der Kunde deshalb die Reise nicht an, so steht dem Kunden wegen Vereitelung der Reise ein Entschädigungsanspruch nach § 651n II BGB zu. Wenn der Kunde dann ein Ersatzangebot des Reiseveranstalters ablehnt, das, gemessen an den subjektiven Urlaubswünschen des Kunden, der gebuchten Reise nicht gleichwertig ist, kann der Veranstalter dem Entschädigungsanspruch des Kunden nicht den Einwand der unzulässigen Rechtsausübung (§ 242 BGB) entgegenhalten, vgl. BGH, **Life&Law 05/2005, 296 ff.** = NJW 2005, 1047 ff. = **juris**byhemmer.

[621] BGH, **Life&Law 12/2013, 933 ff.** = NJW 2013, 1674 f. und 3170 ff. = **juris**byhemmer.

Verkehrssicherungspflicht

Dabei darf aber nicht übersehen werden, dass den Reiseveranstalter – wie im obigen Beispiel angedacht – sog. Verkehrssicherungspflichten treffen. Er muss seine Leistungsträger ordnungsgemäß aussuchen und überwachen. Schädigen die Leistungsträger dann den Reisenden, kommt zwar keine Haftung aus § 831 I BGB in Betracht, weil die Leistungsträger in aller Regel keine Verrichtungsgehilfen sind.

Allerdings kann dem Reiseveranstalter insofern u.U. ein Verschuldensvorwurf bezüglich einer Verkehrssicherungspflichtverletzung gemacht werden. Dann kann dem Reiseveranstalter das Fehlverhalten des nicht ordnungsgemäß überwachten Leistungsträgers im Rahmen von § 823 I BGB zugerechnet werden.

Dem Reiseveranstalter muss nämlich im Rahmen seiner Verkehrssicherungspflichten bei der Ausübung seines Gewerbes grundsätzlich diejenigen Sicherungsvorkehrungen treffen, die ein verständiger, umsichtiger, vorsichtiger und gewissenhafter Angehöriger der jeweiligen Berufsgruppe für ausreichend halten darf, um andere Personen vor Schaden zu bewahren und die ihm den Umständen nach zuzumuten sind.

Auswahl der Leistungsträger ist Grundpflicht des Veranstalters

Es gehört danach zu den Grundpflichten des Veranstalters, die Personen, deren er sich zur Ausführung seiner vertraglichen Pflichten bedient, hinsichtlich ihrer Eignung und Zuverlässigkeit sorgfältig auszuwählen.

Darin erschöpft sich jedoch seine Verantwortung für die Vertragserfüllung nicht. Er muss regelmäßig dem jeweiligen Angebot entsprechend seine Leistungsträger und deren Leistungen überwachen.

Eine Kontrollpflicht besteht in der Regel auch hinsichtlich gesondert zu buchender Veranstaltungen des Leistungsträgers aufgrund des mit diesem bestehenden Vertragsverhältnisses.[622]

Das betrifft auch angebotene gesondert zu buchende Veranstaltungen[623], aber nicht solche Ausflüge, die ein anderer Veranstalter vor Ort anbietet.[624]

Der Reiseveranstalter hat außerdem diejenigen Sicherungsvorkehrungen zu treffen, die ein verständiger, umsichtiger, vorsichtiger und gewissenhafter Reiseveranstalter für ausreichend halten darf, um die Reisenden vor Schaden zu bewahren, und die ihm den Umständen nach zuzumuten sind.[625]

> *Bsp.: Bietet der Reiseveranstalter auch die vom Leistungsträger vor Ort erbrachten Animationsleistungen („Wetten-dass-Spiel") als eigene Leistungen an, so erstreckt sich seine Verkehrssicherungspflicht auch auf diese. Der Reiseveranstalter, der einen Clubbetreiber sorgfältig ausgewählt hat, ist aber nicht verpflichtet, sich von diesem die geplanten Animationsspiele zur Genehmigung vorlegen zu lassen. Vielmehr darf ihm der Reiseveranstalter zunächst einmal insoweit Vertrauen schenken und sich darauf verlassen, dass er keine mit vermeidbaren Gefahren behafteten Spiele durchführen wird.*
>
> *Aus demselben Grund muss sich der Reiseveranstalter auch nicht jedes neue Spiel bei der ersten Durchführung ansehen. Erforderlich, aber auch ausreichend ist vielmehr eine stichprobenartige Überprüfung des Animationsprogramms.*[626]

---

[622] Vgl. dazu den „Djerba-Fall" des OLG Celle, NJW 2005, 3647 ff. = **juris**byhemmer.

[623] BGH, NJW-RR 2002, 1056 = **juris**byhemmer.

[624] OLG Frankfurt, NJW-RR 2001, 53 f. = **juris**byhemmer.

[625] Vgl. hierzu BGH, **Life&Law 11/2006, 739 ff.** („*Tödlicher Unfall in der Wasserrutsche*"); NJW 2006, 2918 ff. = **juris**byhemmer.

[626] Vgl. BGH, **Life&Law 12/2007, 804 ff.** = NJW 2007, 2549 ff. = **juris**byhemmer; OLG Karlsruhe, MDR 2004, 35 ff. = **juris**byhemmer.

> **hemmer-Methode:** Im „Wetten-dass-Fall" hat der BGH der Verkehrssicherungspflicht des Veranstalters erstmals seit langem Grenzen gesetzt. Nach Ansicht von *Tonner* ist es aber noch zu früh, daraus eine Abkehr des BGH von der weiten deliktischen Haftung des Veranstalters abzuleiten.[627]

Wasserrutschenfall
(BGH, Life&Law 11/2006, 739 ff.)

Im „Wasserrutschenfall" hat der BGH eine Verkehrssicherungspflicht in einem Fall bejaht, in dem ein Kind einen tödlichen Unfall an einer Wasserrutsche im Urlaubshotel erlitt.[628]

Dort fehlte eine Gitterabdeckung des Absaugrohrs auf Höhe des Beginns der Rutsche. Der Arm des Kindes wurde angesaugt und das Kind damit unter die Wasseroberfläche gezogen.

Insoweit hat der BGH festgestellt, dass ein Reiseveranstalter verpflichtet ist, sicherheitsrelevante Teile der Einrichtungen der von ihm als Leistungsträger verpflichteten Urlaubshotels überprüfen zu lassen, wenn eine solche so in den Betrieb des Hotels integriert ist, dass sie sich aus der Sicht eines Reisenden als Teil des Leistungsangebots darstellt.

Die Leistungs- und die Verkehrssicherungspflicht des Reiseveranstalters erstreckt sich auch auf solche Einrichtungen des Vertragshotels, die er im Reisekatalog nicht erwähnt hat, sofern sie aus der Sicht des Reisenden als Bestandteil der Hotelanlage erscheinen.

Dies gilt auch dann, wenn für die Benutzung dieser Hoteleinrichtung eine gesonderte Gebühr erhoben wird.

IV. Ansprüche des Reisenden gegen das den Flug ausführende Unternehmen („Fluggastrechte")

Ausgleichsverordnung

Bei internationalen Flügen, die direkt bei einer Fluggesellschaft gebucht werden, wurden die Fluggastrechte durch die Fluggastverordnung neu geregelt, die gem. Art. 288 II AEUV in allen Teilen verbindlich und unmittelbar in jedem Mitgliedsstaat gilt.

AusgleichsVO

Sie statuiert bestimmte Leistungen für den Fall der

- ⇨ Nichtbeförderung (Art. 4 FluggastVO),
- ⇨ Annullierungen (Art. 5 FluggastVO) sowie
- ⇨ bei einer großen Verspätung von Flügen (Art. 6 I FluggastVO).

Die „Fluggastverordnung" gibt den Fluggästen einen unmittelbaren Anspruch gegen das ausführende Unternehmen, sofern das Territorium des Mitgliedsstaates, auf dem sich der Flughafen befindet, den Bestimmungen des EG-Vertrages unterliegt (Art. 3 FluggastVO).

Dem Fluggast stehen folgende Ansprüche zu:

- ⇨ Ausgleichszahlungen (Art. 7 AusgleichsVO),
- ⇨ Erstattung oder anderweitige Beförderung (Art. 8 I AusgleichsVO) sowie
- ⇨ Betreuungsleistungen (Art. 9 AusgleichsVO)

> **hemmer-Methode:** Da sich dieses Skript vor allem an Studenten richtet, kann diese Problematik hier nur angedeutet werden.

---

[627] Tonner, „Vertragliche und deliktische Verkehrssicherungspflichten im Reiserecht", NJW 2007, 2738 [2740].

[628] BGH, **Life&Law 11/2006, 739 ff.** = NJW 2006, 3268 ff. = **juris**byhemmer; (Bestätigung von OLG Köln, NJW 2005, 3074 f.) = **juris**byhemmer.

§ 651p III BGB ⇨ Fluggastrechte und Mängelrechte bestehen nebeneinander, aber nicht kumulativ

Aus **§ 651p III BGB** folgt mittelbar, dass die Ansprüche des Reisenden aus dem neuen Pauschalreiserecht auf Schadensersatz und Erstattung infolge Minderung andere Ansprüche, die auf demselben Ereignis beruhen, aber aus anderen Anspruchsgrundlagen folgen (z.B. Fluggastrechte bei Annullierung oder Ankunftsverspätung am Zielort der Reise), nicht verdrängen, sondern diese unberührt lassen. Der Reisende soll aber diese Ansprüche nicht kumulieren und damit eine überkompensatorische Entschädigung erhalten können.

Daher sieht **§ 651p III BGB** vor, diese Ansprüche voneinander abzuziehen, unabhängig davon, gegen wen sie sich im Einzelfall richten (den Reiseveranstalter oder den Leistungserbringer) und in welcher Reihenfolge die Ansprüche geltend gemacht werden.[629]

Der Abzug hat somit in beide Richtungen zu erfolgen: Hat der Reisende gegen den Reiseveranstalter einen Anspruch auf Schadensersatz (vgl. § 651n BGB) oder auf Erstattung eines infolge einer Minderung zu viel gezahlten Betrages (vgl. § 651m BGB), muss sich der Reisende nach § 651p III S.1 BGB auf seinen Anspruch denjenigen Betrag anrechnen lassen, den er aufgrund desselben Ereignisses als Entschädigung oder als Erstattung infolge einer Minderung nach Maßgabe internationaler Übereinkünfte oder auf solchen beruhender gesetzlicher Vorschriften oder nach Maßgabe der in den Nummern 1 bis 5 genannten Unionsvorschriften über Passagierrechte erhalten hat.

§ 651p III S.2 BGB geht vom umgekehrten Fall aus und bestimmt, dass in denjenigen Fällen, in denen der Reisende vom Reiseveranstalter bereits Schadensersatz erhalten hat oder ihm infolge einer Minderung bereits ein Betrag erstattet worden ist, er sich den erhaltenen Betrag auf dasjenige anrechnen lassen muss, was ihm aufgrund desselben Ereignisses als Entschädigung oder als Erstattung infolge einer Minderung nach Maßgabe internationaler Übereinkünfte oder auf solchen beruhender gesetzlicher Vorschriften oder nach Maßgabe der in Satz 1 Nummer 1 bis 5 genannten Vorschriften über Passagierrechte geschuldet ist.

hemmer-Methode: Hinsichtlich der Ansprüche aus Pauschalreisevertrag und sonstiger Ansprüche (z.B. Fluggastrechte) besteht ein striktes Kumulierungsverbot!

F) Nebenpflichten und Nebenpflichtverletzungen

Beistandspflicht nach § 651q BGB

Befindet sich ein Reisender im Fall des § 651k IV BGB (also beim Vorliegen unvermeidbarer, außergewöhnlicher Umstände i.S.d. § 651h III S.2 BGB) oder aus anderen Gründen[630] in Schwierigkeiten, so hat der Reiseveranstalter dem Reisenden nach § 651q I BGB unverzüglich in angemessener Weise Beistand zu gewähren, insbesondere durch Bereitstellung geeigneter Informationen über Gesundheitsdienste, Behörden vor Ort und konsularische Unterstützung (Nr.1), Unterstützung bei der Herstellung von Fernkommunikationsverbindungen (Nr.2; vgl. dazu § 312c II BGB) und Unterstützung bei der Suche nach anderen Reisemöglichkeiten (Nr.3). § 651k III BGB bleibt hiervon unberührt.

Abhilfemaßnahmen sind daher nicht Gegenstand dieser Regelung, sondern vielmehr die allgemeine Unterstützung bei der Suche nach anderen Reisemöglichkeiten, wenn der Reisende Beistand benötigt.

---

[629] Vgl. dazu auch BGH, NJW 2015, 553 f. = **juris**byhemmer.

[630] **Hinweis:** Andere Gründe in diesem Sinne können z.B. vorliegen, wenn der Reisende bei einer Auslandsreise **gesundheitliche Probleme** hat, welche die an sich vorgesehene Rückbeförderung im Bus nicht zulassen, sondern einen Krankentransport per Flugzeug erforderlich machen. Hier wäre der Reiseveranstalter gefordert, den Reisenden bei der Suche zu unterstützen.

Hat der Reisende die den Beistand erfordernden Umstände schuldhaft selbst herbeigeführt, kann der Reiseveranstalter nach **§ 651q II BGB** Ersatz seiner Aufwendungen verlangen, wenn und soweit diese angemessen und ihm tatsächlich entstanden sind.

Sonstige Nebenpflichten aus § 241 II BGB

Neben dieser speziellen Nebenpflicht haben auch die Parteien des Reisevertrages die allgemeine Rücksichtnahmepflicht nach § 241 II BGB.

Für den Reisenden bedeutet dies z.B., dass er die einzelnen Reisedokumente beschaffen muss, auf deren Erforderlichkeit der Reiseveranstalter hingewiesen hat, und sonstige Vorbereitungen zur Durchführung der Reise zu treffen hat. Der Reisende ist auch verpflichtet, sich so zu verhalten, dass andere Reisende nicht gestört werden.

Haftung aus §§ 280 I, 241 II BGB

Bei Verletzung dieser Schutzpflichten haftet der *Reisende* dem Reiseveranstalter aus §§ 280 I, 241 II BGB.

Für eine Haftung des Reiseveranstalters aus §§ 280 I, 241 II BGB bleibt dagegen kein Raum, da über § 651m I BGB auch alle Mangelfolgeschäden zu ersetzen sind.

Rein theoretisch müssten §§ 280 I, 241 II BGB bei Nebenpflichtverletzungen anwendbar sein, die keinen Reisemangel darstellen. Praktisch sind solche Fälle allerdings schwer vorstellbar.

G) Zulässige Haftungsbeschränkung, § 651p I BGB

Haftungsbegrenzung der Höhe nach zulässig

§ 651p I BGB bestimmt, dass der Reiseveranstalter die Haftung für Schäden der Höhe nach begrenzen darf.

528

Diese Möglichkeit ist jedoch durch § 651p I BGB gleichzeitig wieder weitgehend eingeschränkt. Er darf die Haftung nämlich nur auf den dreifachen Reisepreis beschränken, soweit

⇨ es sich nicht um Körperschäden handelt (Nr.1) und

⇨ die Schäden nicht schuldhaft herbeigeführt wurden (Nr.2).

Auch bei leichter Fahrlässigkeit besteht daher keine Möglichkeit, die Haftung zu beschränken. Eine Haftungsbeschränkung zugunsten des Reiseveranstalters kann daher nur vereinbart werden, wenn er zwar der strikten Haftung nach § 651n I BGB unterliegt, etwa weil der Nachweis unvermeidbarer, außergewöhnlicher Umstände nicht gelingt, gleichwohl aber fehlende Fahrlässigkeit dargetan ist.

§ 651p II BGB

§ 651p II BGB bestimmt, dass in denjenigen Fällen, in denen für eine Reiseleistung internationale Übereinkünfte oder auf solchen beruhende gesetzliche Vorschriften gelten – insbesondere also im Bereich internationaler Beförderungen –, nach denen ein Anspruch auf Schadensersatz gegen den Leistungserbringer nur unter bestimmten Voraussetzungen oder Beschränkungen entsteht oder geltend gemacht werden kann oder unter bestimmten Voraussetzungen ausgeschlossen ist, sich auch der Reiseveranstalter gegenüber dem Reisenden hierauf berufen kann.

H) Besondere Rechte der Parteien

I. Vertragsübertragung vor Reisebeginn, § 651e BGB (sog. „Ersetzungsbefugnis" des Reisenden)

Recht zur Vertragsübertragung vor Reisebeginn, § 651e I BGB

Gemäß § 651e BGB kann der Reisende ohne Angabe eines Grundes bis zum Beginn der Reise verlangen, dass ein Dritter an seiner Stelle die Reise antritt und damit in seine Rechte und Pflichten eintritt.[631]

> **hemmer-Methode:** Nötig ist eine rechtsgeschäftliche Übertragung des Reisevertrages im Ganzen der Art, dass der Dritte durch Vereinbarung mit dem Reisenden an dessen Stelle vollständig in alle Rechte und Pflichten aus dem Vertrag eintritt. Die Vertragsübertragung ist nicht etwa eine Mischung aus Abtretung und Schuldübernahme, sondern ein einheitliches Rechtsgeschäft![632]

Der Reisende muss den Reiseveranstalter auf einem dauerhaften Datenträger i.S.d. § 126b S.2 BGB von der Übertragung in Kenntnis setzen. Die Erklärung muss innerhalb einer angemessenen Frist vor Reisebeginn (= Beginn der Pauschalreise) erfolgen, was jedenfalls dann der Fall ist, wenn sie dem Reiseveranstalter nicht später als sieben Tage vor Reisebeginn zugeht, § 651e I S.2 BGB.

Tritt ein Dritter in den Vertrag ein, haften er und der Reisende gem. § 651e III S.1 BGB dem Reiseveranstalter als Gesamtschuldner für den Reisepreis und die durch den Eintritt des Dritten entstehenden Mehrkosten. Gem. § 651e III S.2 BGB darf der Reiseveranstalter aber nur die Erstattung von angemessenen und ihm tatsächlich entstandenen Mehrkosten fordern.

> **hemmer-Methode:** Zu den dem Reiseveranstalter zu erstattenden Mehrkosten gehören auch diejenigen Kosten, die sich daraus ergeben, dass der Luftbeförderungsvertrag, den der Reiseveranstalter vertragsgemäß für den Reisenden abgeschlossen hat, nicht auf einen Dritten übertragbar ist, sodass der Reiseveranstalter zur Erfüllung der Verpflichtung zur Luftbeförderung einen neuen Vertrag - zu einem höheren Preis - mit dem Luftverkehrsunternehmen abschließen muss, dessen er sich zur Erfüllung seiner Beförderungsverpflichtung bedient.[633]
> Eine andere – flexiblere – Vertragsgestaltung würde nämlich zu deutlich höheren Kosten für den Reiseveranstalter führen. Diese würden dann auf alle Reisenden umgelegt, was weder dem Willen der Reisenden noch dem Sinn und Zweck des § 651e III BGB entsprechen würde. Mehrkosten sollen nämlich demjenigen auferlegt werden, der hierfür verantwortlich ist. Und dies ist sicher nicht der Veranstalter, der im Interesse eines kostengünstigen Angebots mit seinen Leistungsträgern Verträge akzeptiert, die z.B. Passagierwechsel von einer Neubuchung abhängig machen.

Nach § 651e IV BGB muss der Reiseveranstalter dem Reisenden einen Nachweis darüber erteilen, in welcher Höhe durch den Eintritt Mehrkosten entstanden sind.

Widerspruchsrecht des Reiseveranstalters, § 651e II BGB

Nach § 651e II BGB steht dem Reiseveranstalter gegen den Eintritt des Dritten ein Widerspruchsrecht zu, wenn der Dritte die vertraglichen Reiseerfordernisse nicht erfüllt.

---

[631] Vgl. zur grundsätzlichen Zulässigkeit einer Vertragsübernahme Palandt, § 398 BGB, Rn. 38.
[632] Palandt, § 651b BGB, Rn. 1.
[633] BGH, **Life&Law 02/2017**, 89 ff. = **juris**byhemmer.

Bsp.: An den Reisenden werden besondere Anforderungen gestellt (besondere Erfahrungen, Fähigkeiten und körperliche Anforderungen, z.B. bei Reise für Bergsteiger oder Taucher, Tropenexpedition).[634]

Bsp.: Sammelvisum ist bereits beantragt, aber noch nicht ausgestellt.

II. Rücktrittsrecht des Reisenden vor Reisebeginn, § 651h I BGB

Reisender soll zur Reise nicht gezwungen werden

Nach **§ 651h I BGB** kann der Reisende vor Reisebeginn jederzeit vom Vertrag zurücktreten (sog. **„Stornierung"**). Grund dieser Regelung ist, dass er nicht gezwungen werden soll, an einer Reise teilzunehmen, die er vielleicht vor Monaten gebucht hat und jetzt nicht (mehr) machen möchte.

Reiseveranstalter erhält Entschädigung

Tritt der Reisende vom Vertrag zurück, verliert der Reiseveranstalter den Anspruch auf den vereinbarten Reisepreis, § 651h I S.2 BGB. Der Reiseveranstalter kann aber nach § 651h I S.3 BGB eine angemessene Entschädigung verlangen.

> **hemmer-Methode:** Ist man sich nicht sicher, ob man die gebuchte Reise auch wirklich antreten kann bzw. möchte, und möchte man bei teuren Reisen hohe Zahlungen bei Rücktritt vermeiden, so empfiehlt sich der Abschluss einer Reiserücktrittskostenversicherung. § 651h BGB ähnelt dem § 648 BGB im Werkvertragsrecht. Der Unterschied ist, dass der Werkunternehmer die vereinbarte Vergütung in gekürzter Form verlangen kann, während der Reiseveranstalter den Anspruch auf die Vergütung verliert und Entschädigung verlangen kann.

§ 651h II BGB unterscheidet zwischen der Möglichkeit einer vertraglich vereinbarten abstrakten Pauschalierung der angemessenen Entschädigung (Satz 1 Nr.1 bis Nr. 3) und der konkreten Berechnung der Entschädigung (Satz 2), sog. „Reiserücktrittskosten".

Nach § 651h II S.3 BGB muss der Reiseveranstalter eine konkret berechnete Entschädigung auf Verlangen des Reisenden begründen.

Keine Zahlung einer Entschädigung gem. § 651h III BGB beim Vorliegen unvermeidbarer, außergewöhnlicher Umstände

Der Reiseveranstalter kann keine Entschädigung verlangen, wenn am Bestimmungsort oder in dessen unmittelbarer Nähe unvermeidbare, außergewöhnliche Umstände auftreten, die die Durchführung der Pauschalreise oder die Beförderung von Personen an den Bestimmungsort erheblich beeinträchtigen.

Umstände sind gem. § 651h III S.2 BGB unvermeidbar und außergewöhnlich, wenn sie nicht der Kontrolle der Partei unterliegen, die sich hierauf beruft, und sich ihre Folgen auch dann nicht hätten vermeiden lassen, wenn alle zumutbaren Vorkehrungen getroffen worden wären.

Bsp.: Naturkatastrophen, Krieg oder Kriegsgefahr, innere und politische Unruhen, Vulkanaschewolke des Eyjafjallajökull sowie die Terroranschläge vom 11.09.2001 auf das WTC in New York[635]

---

[634] Palandt, § 651b BGB, Rn. 2.

[635] Vgl. hierzu LG Frankfurt a.M. in NJW 2003, 2618 f. = **juris**byhemmer.

III. Rücktrittsrecht des Reiseveranstalters vor Reisebeginn, § 651h IV BGB

Rücktrittsrecht des Veranstalters vor Reisebeginn, § 651h IV BGB

§ 651h IV S.1 BGB regelt die Möglichkeit des Reiseveranstalters, vor Reisebeginn vom Vertrag zurückzutreten, wenn sich weniger Personen als die im Vertrag angegebene Mindestteilnehmerzahl für die Pauschalreise angemeldet haben und der Rücktritt innerhalb der im Vertrag bestimmten Frist, spätestens jedoch in den in § 651h IV S.1 Nr.1a bis c BGB genannten Fristen erklärt wird.

Außerdem kann der Reiseveranstalter vor Reisebeginn gem. § 651h IV S.1 Nr.2 BGB wegen unvermeidbarer, außergewöhnlicher Umstände unverzüglich nach Kenntniserlangung hiervon zurücktreten.

§ 651h V BGB regelt, dass in allen Fällen, in denen der Reiseveranstalter infolge eines Rücktritts zur Rückerstattung des Reisepreises verpflichtet ist, dieser den Reisepreis unverzüglich (vgl. die Legaldefinition in § 121 I S.1 BGB) zurückzuerstatten hat.

hemmer-Methode: Die Vorschrift regelt – vergleichbar mit z.B. § 357 I BGB – unabhängig von der Frage, ob der Reiseveranstalter schuldlos zögert, eine Höchstfrist für die Rückerstattung von 14 Tagen nach Zugang der Rücktrittserklärung.

§ 10 DER EHEMAKLERVERTRAG, § 656 BGB

I. Der Ehemaklervertrag ist eine besondere Form des Maklervertrages und ist grundsätzlich entsprechend dem Maklervertrag zu behandeln.

Begründet keine Verbindlichkeit→ Makler hat keinen Provisionsanspruch

Gem. § 656 BGB wird jedoch durch das Versprechen eines Lohnes bei Vermittlung (oder Nachweis der Gelegenheit zur Eingehung) einer Ehe keine Verbindlichkeit begründet: Der Makler kann auch dann keine Provision verlangen, wenn er eine Ehe vermittelt oder einen Nachweis der Gelegenheit zur Eingehung einer solchen erbracht hat.

Sinn und Zweck

Der Grund dafür, dass § 656 BGB einen Provisionsanspruch ausschließt, liegt darin, dass § 656 BGB die Intimsphäre der Beteiligten schützen und so Peinlichkeiten bei einer mit einer Klage verbundenen Beweisaufnahme vermeiden soll. Dies ist letztlich Ausfluss der grundgesetzlichen Wertung des Art. 1 I GG. Die Würde des Menschen umfasst auch das hier bestehende Diskretionsbedürfnis des Kunden.[636] Dies gilt weiterhin auch nach Einführung des Prostitutionsgesetzes vom 20.12.2001[637], welches der/dem Prostituierten einen klagbaren Anspruch auf Zahlung der sexuellen Dienstleistungen gibt und somit der Freier/die Freierin auch vor Gericht in peinliche Situationen kommen kann. Dies ist jedoch nicht mit der Partnersuche vergleichbar, bei der regelmäßig der Kernbereich der Intimsphäre stärker betroffen ist, als bei der (bloßen) Inanspruchnahme einer Dienstleistung im sexuellen Bereich.

§ 656 BGB analog bei Partnervermittlungsverträgen

hemmer-Methode: Der auf Vermittlung einer Ehe gerichtete Vertrag ist in der heutigen Praxis eher selten, er wurde von der „Partnervermittlung" abgelöst. Da der Partnervermittlungsvertrag jedoch gesetzlich nicht geregelt ist, stellt sich die Frage, ob insoweit § 656 BGB analog anzuwenden ist. Dies wird von der h.M. aufgrund der vergleichbaren Interessenlage und der Planwidrigkeit der Regelungslücke bejaht.[638] Entsprechendes gilt auch für die Vermittlung von Freizeitkontakten, wenn sie auf die Vermittlung eines Partners gerichtet sind, was gegebenenfalls durch Auslegung, §§ 133, 157 BGB zu ermitteln ist. In Hinblick auf die Analogievoraussetzungen ergibt sich im Übrigen nichts anderes dadurch, dass der Gesetzgeber bei der Schuldrechtsreform nichts an § 656 BGB geändert hat. Es kann davon ausgegangen werden, dass der Gesetzgeber die diesbezüglich bereits bestehende Rechtsprechung billigte und insoweit keine Änderungen vornehmen wollte.[639]

§ 656 BGB analog bei Ehemaklerdienstverträgen

II. Vereinbaren die Parteien, dass dem Ehemakler konkrete Tätigkeitspflichten auferlegt werden sollen, liegt kein typischer Ehemaklervertrag i.S.v. § 656 BGB vor, da diesem als Sonderfall des Maklervertrags ebenso eine konkrete Tätigkeitspflicht des Maklers fremd ist.[640] Insoweit liegt ein Dienstvertrag vor, bei dem es jedoch um Tätigkeiten geht, die denen bei § 656 BGB entsprechen.

Aufgrund dieser vergleichbaren Interessenlage ist aber eine analoge Anwendung des § 656 BGB auch auf Eheanbahnungs- bzw. Partnerschaftsvermittlungsdienstverträge zu befürworten. Denn in diesen Fällen wird der Gesetzeszweck (Missbilligung solcher Geschäfte bzw. Schutz der Intimsphäre durch Prozessverhinderung) gleichermaßen berührt.[641]

---

[636] BGH, **Life&Law 06/2004, 374 - 380 (376)** = NJW-RR 2004, 778 - 780 = **juris**byhemmer.

[637] Abgedruckt bei Palandt, Anhang zu § 138.

[638] BGHZ 112, 122 - 127 (124) = **juris**byhemmer; siehe hierzu Erman, § 656 BGB, Rn. 12; Palandt, § 656, Rn. 1a, 6 ff. mit jeweils weiteren Nachweisen zum Meinungsstand.

[639] BGH, **Life&Law 06/2004, 374 - 380 (376)** = NJW-RR 2004, 778 - 780 = **juris**byhemmer.

[640] Vgl. **Hemmer/Wüst, Schuldrecht BT II, Rn. 283**.

[641] BGH, NJW 1990, 2550 - 2553 = **juris**byhemmer; Palandt, § 656, Rn. 9.

Rückgewähr?

III. Eine andere Frage ist, ob ein geleisteter Provisionsanspruch gem. § 812 I S.1 Alt.1 BGB zurückverlangt werden kann:

> *Bsp.: J hat dem Makler M 500,- € als Vorschuss für die Vermittlung einer Ehe gegeben. Durch die Vermittlung des M lernt sie den Jurastudenten S kennen, den sie sofort heiratet. S meint, J könne die 500,- € zurückverlangen, weil durch den Ehemaklervertrag keine Verbindlichkeiten begründet worden seien, J also ohne Rechtsgrund geleistet habe. Hat er Recht?*

Aber Naturalobligation: keine Rückforderung geleisteter Zahlungen möglich

Der Ehemaklervertrag begründet zwar keinen Zahlungsanspruch. Gem. § 656 I S.2 BGB können jedoch bereits geleistete Zahlungen nicht zurückverlangt werden. Der Ehemaklervertrag ist eine „Naturalobligation" bzw. „unvollkommene Verbindlichkeit" und damit Rechtsgrund i.S.d. § 812 I BGB.

hemmer-Methode: Die Rückforderung ist aber nicht in allen Fällen ausgeschlossen. Das ergibt sich e contrario aus § 656 I S.2 BGB, der sich nur auf das Nichtbestehen einer Verbindlichkeit bezieht. Eine Rückforderung kann daher gem. § 812 I S.2 Alt.2 BGB verlangt werden, wenn der Makler überhaupt nicht tätig wird. Steht dem Kunden ein Widerrufsrecht zu, ist auch ein Anspruch auf Rückgewähr gem. §§ 355 III, 357 I S.1, 355 I BGB nicht ausgeschlossen. Des Weiteren kommt bei sehr schweren Verstößen des Maklers ein Rücktritt aus den §§ 324, 241 II BGB und somit ein Anspruch auf Rückzahlung in Betracht. § 656 I S.2 BGB hat nämlich nicht die Tragweite, ausnahmslos jeden Rückforderungsanspruch auszuschließen, der sich aus einem dieser Norm unterfallenden Vertrag ergibt. Stattdessen erfasst § 656 I S.2 BGB nur solche Rückforderungsansprüche, die darauf gestützt werden, dass gem. § 656 I S.1 BGB keine Verbindlichkeit vorliege. § 656 I S.2 BGB erfasst nach seinem Wortlaut und Zweck folglich nicht solche Rückforderungsbegehren, die sich darauf gründen, dass infolge besonderer Nichtigkeitsgründe noch nicht einmal eine unvollkommene Verbindlichkeit bestand, oder darauf, dass der ursprünglich bestehende Rechtsgrund nachträglich weggefallen ist.[642]

IV. Auch den Ehemakler trifft keine Verpflichtung zum Tätigwerden. Wird er jedoch tätig, ist er verpflichtet, im Interesse des Auftraggebers tätig zu werden und diesen vor Schaden zu bewahren. Verstößt er gegen diese Pflicht, kommt eine Haftung wegen Pflichtverletzung aus den §§ 280 I, 241 II BGB in Betracht.

> *Bsp.: Ehemakler E vermittelt der schönen, aber einsamen F einen Ehepartner, obwohl er weiß, dass dieser ein Heiratsschwindler ist. Kann die geprellte F einen Schadensersatzanspruch aus den §§ 280 I, 241 II BGB geltend machen?*

Ein Schadensersatzanspruch könnte sich aus einer Pflichtverletzung des Ehemaklervertrages ergeben. E hat schuldhaft seine Vertragspflichten verletzt. Fraglich ist jedoch, ob aus einer Naturalobligation Schadensersatzansprüche entstehen können. Nach Ansicht des BGH verhindert § 656 BGB lediglich Ansprüche auf Erfüllung und Schadensersatz statt der Leistung, nicht jedoch wegen Schlechterfüllung. Auch eine Naturalobligation ist damit ein Schuldverhältnis i.S.v. § 280 I BGB. F kann somit den ihr entstandenen Schaden geltend machen.

hemmer-Methode: Wird der Ehevermittlungsvertrag über ein Verbraucherdarlehen nach den §§ 491 ff. BGB finanziert, so liegt i.d.R. ein verbundenes Geschäft i.S.d. §§ 358 f. BGB vor. Aus dem Sinn und Zweck des § 359 BGB folgt, dass der Darlehensnehmer in diesem Fall aufgrund von § 656 I bzw. II BGB auch die Rückzahlung des Darlehens als bloße Naturalobligation verweigern kann (Stichwort: Einwendungsdurchgriff).[643]

---

[642] BGHZ 87, 309 - 321 = **juris**byhemmer; BGH, NJW 1989, 1479 - 1480 = **juris**byhemmer.
[643] Vgl. hierzu die Nachweise bei Palandt, § 656, Rn. 4, 5.

§ 11 GEWINNZUSAGEN, § 661a BGB

I. § 661a BGB regelt einen Sonderfall des Preisausschreibens, §§ 661, 657 BGB. Danach schuldet ein Unternehmer, der einem Verbraucher eine Gewinnzusage oder eine ähnliche Mitteilung zusendet und durch die Gestaltung dieser Zusendung den Eindruck erweckt, dass der Verbraucher einen Preis gewonnen hat, dem Verbraucher diesen Preis.[644]

Zweck

II. Zweck des § 661a BGB ist es, derartige Werbepraktiken zu unterbinden.

III. Kennzeichnend für irreführende Zusagen i.S.v. § 661a BGB ist, dass sie entweder schon kein Gewinnversprechen enthalten, sondern lediglich eine deklaratorische „Mitteilung" eines Gewinnes oder einer bloßen Gewinnchance darstellen, die nicht den objektiven Tatbestand einer Willenserklärung erfüllen, da sie nach dem objektiven Empfängerhorizont nicht als Äußerung eines Rechtsbindungswillen aufgefasst werden können. Es kann sich aber auch um formnichtige Schenkungsversprechen handeln, die dem Verbraucher einen Gewinn suggerieren.[645]

BGH: einseitiges Rechtsgeschäft/geschäftsähnliche Handlung

IV. Nach Ansicht des BGH handelt es sich bei einer Gewinnzusage um ein einseitiges Rechtsgeschäft oder eine geschäftsähnliche Handlung.

> **Bsp.:** Die Verbraucherin V erhält von dem Unternehmer U folgendes Schreiben: „Sehr geehrte Frau V, im Zuge einer „Extra-Auszahlung" haben wir 10.000,- € vergeben. Und stellen Sie sich vor, Frau V, Ihr Name wurde nicht nur nominiert, sondern sogar als Gewinner gezogen. Das heißt für Sie, der Bargeld-Betrag gehört jetzt schon Ihnen!"
>
> Hat V gegen U einen Anspruch auf Zahlung der 10.000,- € aus § 661a BGB?

Voraussetzung für einen Anspruch ist das Vorliegen einer Gewinnmitteilung eines Unternehmers an einen Verbraucher.

Da V eine Verbraucherin und U ein Unternehmer ist, ist der persönliche Anwendungsbereich des § 661a BGB eröffnet.

Eine Gewinnmitteilung ist eine geschäftsähnliche Handlung (str.[646]) und beinhaltet die Ankündigung der unentgeltlichen Leistung eines Preises (Gewinn) durch den Absender (Unternehmer) an den Mitteilungsempfänger (Verbraucher). Es kann sich dabei um jede Art von Leistung handeln.

Die Ankündigung muss so präzise sein, dass die in Aussicht gestellte Leistung aus der Sicht des Empfängers bestimmt werden kann. Weiterhin ist erforderlich, dass der Eindruck eines Gewinns erweckt wird, d.h., der Empfänger muss bei objektiver Betrachtung die Mitteilung aufgrund ihres Inhalts dahin verstehen, er werde den Preis erhalten.

Hier heißt es in dem Schreiben, es werde eine Extra-Auszahlung i.H.v. 10.000,- € geben. V wurde namentlich als Gewinnerin genannt, sie durfte sich also persönlich als Gewinnerin angesprochen fühlen.

Die Zusendung an den Verbraucher setzt eine verkörperte Erklärung voraus, da nur diese versandt werden können. Die Übermittlungsart ist dabei jedoch irrelevant, sodass auch E-Mails oder SMS in Betracht kommen.

---

[644] Riehm, Das Gesetz über Fernabsatzverträge und andere Fragen des Verbraucherrechts, Jura 2000, 505 - 513.

[645] Riehm, Das Gesetz über Fernabsatzverträge und andere Fragen des Verbraucherrechts, Jura 2000, 505 - 513.

[646] Nach anderer Auffassung tritt im Gegensatz zur Auslobung nach § 657 BGB die Verpflichtung zur Einlösung der „Gewinnzusage" nicht aufgrund einer Willenserklärung des Unternehmers ein (eine derartige rechtsgeschäftliche Zusage liege in den Fällen des § 661a BGB gerade nicht vor), sondern kraft Gesetzes infolge der Zusendung einer solchen irreführenden „Zusage"; Riehm, Das Gesetz über Fernabsatzverträge und andere Fragen des Verbraucherrechts, Jura 2000, 505 - 513.

Dabei muss die Mitteilung aber persönlich an die Empfängerin gerichtet sein. Allerdings dürfte nur eine ausdrückliche Übermittlung an einen nicht näher bestimmten Personenkreis nicht als Zusendung i.S.d. § 661a BGB einzustufen sein. Entscheidend ist, ob sich ein Durchschnittsverbraucher angesprochen fühlen durfte. Dies ist hier der Fall, da V namentlich in dem Schreiben angesprochen wurde.

Damit liegt nach dem objektiven Empfängerhorizont eine Gewinnmitteilung vor. Diese Gewinnmitteilung ist V auch zugegangen, was zum Entstehen des Anspruchs führt.

V. Häufig wird der Unternehmer versuchen, durch zusätzliche Vergabebedingungen für die Auszahlung des Preisgeldes den Anschein eines Gewinnes zu zerstören, um der Haftung aus § 661a BGB zu entgehen. § 661a BGB ist aber auch in diesen Fällen einschlägig, wenn ein durchschnittlich informierter, situationsadäquat aufmerksamer und verständiger Verbraucher die Mitteilung als Gewinnzusage verstanden hätte. Ein versteckter Hinweis (z.B. Innenseite des Antwortumschlags), der darauf abzielt, dass der „Gewinner" ihn gerade nicht sehe, ist unbeachtlich.[647] Zwar sind die Vergabebedingungen in der Regel keine AGB i.S.v. vorformulierten Vertragsbedingungen, da die Gewinnzusage nur eine geschäftsähnliche Handlung darstellt. Die in den §§ 305 ff. BGB enthaltenen Rechtsgedanken (insb. §§ 305 II, 305c, 307 I S.2 BGB) müssen hier jedoch ebenfalls entsprechend berücksichtigt werden.[648]

Empfänger von Gewinnzusagen können auch dann auf der Auszahlung des versprochenen Geldes bestehen, wenn sie den Brief als bloßes Werbemittel erkannt haben. Nach Ansicht des BGH kommt es nämlich nicht darauf an, ob der konkrete Adressat dem Schreiben Glauben schenkt. Die Zusendung müsse lediglich abstrakt geeignet sein, bei einem durchschnittlichen Verbraucher in der Lage des Empfängers den Eindruck zu erwecken, er werde einen – bereits gewonnen – Preis erhalten.[649]

---

[647] OLGR Karlsruhe 2004, 211 - 213 = **juris**byhemmer.
[648] OLG München, NJW 2004, 1671 - 1672 = **juris**byhemmer.
[649] BGH, NJW 2004, 1652 - 1653 = **juris**byhemmer.

§ 12 VERBRAUCHERSCHUTZ EINZELNER VORSCHRIFTEN

A) Schuldnerverzug

Bei einer Entgeltforderung[650] kommt der Schuldner grundsätzlich in Schuldnerverzug, wenn er nicht innerhalb von 30 Tagen nach Fälligkeit und Zugang einer Rechnung leistet, § 286 III S.1 HS 1 BGB. Für einen Verbraucher, § 13 BGB, gilt dies jedoch nur, wenn er in der Rechnung auf diese Rechtsfolge besonders hingewiesen wurde, § 286 III S.1 HS 2 BGB. Ein früherer oder späterer Hinweis genügt nicht. Der Gläubiger muss neben dem Zugang der Rechnung auch beweisen, dass sie den notwendigen Hinweis enthielt.[651] Zudem gilt § 286 III S.2 BGB nicht zu Lasten eines Verbrauchers, sodass im Zweifel über den Zugang der Rechnung hinsichtlich der 30-Tage-Frist nicht auf den Empfang der Gegenleistung abgestellt werden kann.

542

In diesem Zusammenhang ist auch § 288 I, II BGB zu sehen, der die Höhe des Verzugszinses hinsichtlich Geldschulden regelt. Ist ein Verbraucher an dem Rechtsgeschäft beteiligt, liegt der Verzugszins bei fünf Prozentpunkten über dem Basiszinssatz, § 288 I S.2 BGB.[652] Ist kein Verbraucher beteiligt, liegt der Verzugszins bei neun Prozentpunkten über dem Basiszinssatz, § 288 II BGB. Allerdings sind gegenüber dem Verbraucher und umgekehrt die Abs. III und IV (lesen) anwendbar.

B) Produkthaftungsgesetz

Die verschuldensunabhängige Haftung des Herstellers gegenüber dem Produktgeschädigten basiert auf dem in der technisierten Welt erheblich gestiegenen Produktrisiko, der besonderen Schutzbedürftigkeit der Warenabnehmer, denen angesichts der Komplexität und Unüberschaubarkeit industrieller Massenprodukte der Nachweis konkreter Verantwortlichkeit für Schädigungen wesentlich erschwert wird, in vielen Fällen praktisch unmöglich ist. Weiterhin wird insoweit berücksichtigt, dass dem Hersteller das Produktrisiko nach dem Nutzen-Nachteil-Prinzip eher anzulasten ist als dem einzelnen Verbraucher und er es leichter versichern sowie dadurch entstehende Prämienkosten über die Preise auf die Gesamtheit der Produktbenutzer abwälzen kann.[653]

543

Das Produkthaftungsgesetz schützt im Allgemeinen aber sowohl Unternehmer als auch Verbraucher. Der verbraucherschützende Charakter des ProdHaftG kommt allerdings durch § 1 I S.2 ProdHaftG zum Ausdruck. Nach § 1 I S.2 ProdHaftG haftet der Hersteller nur dann für Sachbeschädigungen verschuldensunabhängig, wenn die Sache ihrer Art nach gewöhnlich für den privaten Ge- und Verbrauch bestimmt ist und hierzu vom Geschädigten hauptsächlich verwendet wurde. Bezüglich Sachbeschädigungen soll also nur der private Endverbraucher geschützt werden.

---

[650] Das sind Forderungen, die auf Zahlung eines Entgelts als Gegenleistung, insbesondere für die Lieferung von Gütern oder die Erbringung von Dienstleistungen im weitesten Sinne, gerichtet sind (BGH, NJW-RR-2017, 1527). Daher findet § 286 III BGB keine Anwendung auf Schadensersatzansprüche, BGH, NJW-RR 2018, 714 ff.

[651] Palandt, § 286, Rn. 28.

[652] Schuldet ein Unternehmer einem Verbraucher eine Geldschuld, gilt dies auch zu Lasten des Verbrauchers. Er kann Zinsen nur i.H.v. 5 Prozentpunkten über dem Basiszinssatz verlangen.

[653] Katzenmeier, Entwicklungen des Produkthaftungsrechts, JuS 2003, 943 - 951.

C) Haftung bei Kreditkartenmissbrauch

Diff. begrenzte und unbegrenzte Haftung

§ 675v BGB regelt die Haftung für den Missbrauch von Kreditkarten und sonstigen Zahlungskarten. § 675u BGB wird durch diese Regelung bei nicht autorisierten Zahlungsvorgängen modifiziert.

Nach § 675v I BGB ist die Haftung des Kunden grundsätzlich auf 50 € beschränkt.

Gem. § 675v II BGB kann die Haftung unter bestimmten Voraussetzungen komplett entfallen.

§ 675v III BGB regelt Fälle, in denen die Haftung vollständig bestehen kann.

D) Sonstiges

Wohnraummiete

I. In den §§ 549 ff. BGB sind besondere Vorschriften für die Miete von Wohnraum enthalten. Da der Mieter von Wohnraum in der Regel ein Verbraucher ist, werden insoweit die Rechte des Wohnraummieters gestärkt.

Siehe hierzu Hemmer/Wüst, Schuldrecht BT II, Rn. 1 ff., insbes. Rn. 78, 102.

Frachtgeschäfte

II. Des Weiteren privilegiert § 414 III HGB den Verbraucher bei der Haftung des Absenders bei Frachtgeschäften. Anders als ein Unternehmer haftet er gegenüber dem Frachtführer nur verschuldensabhängig.

Verbraucherinsolvenzverfahren

III. Schließlich hat der Gesetzgeber in den §§ 304 ff. InsO das sogenannte Verbraucherinsolvenzverfahren geregelt. Das Verbraucherinsolvenzverfahren soll den besonderen Bedürfnissen verschuldeter Verbraucher Rechnung tragen und gleichzeitig durch eine Förderung außergerichtlicher Einigungen und durch weitreichende Verfahrensvereinfachungen die Gerichte vor übermäßigen Belastungen durch Verbraucherinsolvenzverfahren bewahren.[654]

---

[654] Landfermann, in Heidelberger Kommentar zur Insolvenzordnung, vor §§ 304 ff. InsO, Rn. 1.

§ 13 UNTERLASSUNGSKLAGENGESETZ

A) Zweck und Rechtsnatur der Klagen

Der materiell-rechtliche Unterlassungs- und Widerrufsanspruch des § 1 UKlaG soll gewährleisten, dass der Rechtsverkehr von unwirksamen AGB freigehalten wird, und verhindern, dass sich Rechtsunkundige von einer Geltendmachung und Durchsetzung ihrer Rechte abhalten lassen, wenn ihnen eine nach den §§ 307 – 309 BGB unwirksame Klausel entgegengehalten wird. Geschützt wird der allgemeine Rechtsverkehr und nicht der einzelne Verbraucher. Auch wenn AGB keine Rechtsnormen darstellen, sind die Verfahrensbestimmungen des UKlaG ähnlich wie bei einer abstrakten Normenkontrolle ausgestaltet. Schließlich soll der materiell-rechtliche Unterlassungsanspruchs des § 2 UKlaG gewährleisten, dass die Einhaltung von Verbraucherschutzvorschriften gegenüber Unternehmern durchgesetzt werden kann. Er ist ebenfalls auf den Schutz der kollektiven Verbraucherinteressen und nicht auf die Durchsetzung von individuellen Verbraucheransprüchen gerichtet.[655]

B) Anwendungsbereich

Das Gesetz über Unterlassungsklagen bei Verbraucherrechts- und anderen Verstößen (Unterlassungsklagengesetz bzw. UKlaG) regelt Besonderheiten für die Verbandsklage, § 3 UKlaG, bezüglich bestimmter Ansprüche. Es löste zum 01.01.2002 die §§ 13 ff. AGBG a.F. ab, die bereits vorher eine Verbandsklage vorsahen. Es ist in erster Linie ein Verfahrensgesetz. Die Verbandsklage gegen unlauteren Wettbewerb findet sich in § 8 UWG.

Gem. der §§ 1, 2 UKlaG gilt das Gesetz für Unterlassungs- und Widerrufsansprüche, die sich gegen die Verwendung unwirksamer AGB und gegen verbraucherschutzwidriges Verhalten richten. Einen Schadensersatzanspruch sieht das UKlaG dagegen nicht vor.

Das UKlaG sieht eine Aktivlegitimation für die in § 3 UKlaG genannten Verbände vor. Diese Verbände können die Rechte der betroffenen Verbraucher als eigene Rechte geltend machen (vgl. Wortlaut: „Die Ansprüche ... stehen zu"). Gegenüber dem Individualrechtsstreit des einzelnen Verbrauchers gegen den Verwender unwirksamer AGB ergibt sich der Vorteil, dass durch die Verbandsklage nicht nur eine inter-partes-Wirkung erzielt wird, sondern sich gem. § 11 UKlaG jeder betroffene Verbraucher auf das Urteil berufen kann.

C) Die vom UKlaG erfassten Ansprüche

I. Unterlassungsansprüche gegen den Verwender unwirksamer AGB

Nach § 1 UKlaG kann der Verwender unwirksamer AGB auf Unterlassung in Anspruch genommen werden. Im Rahmen der Begründetheit der Unterlassungsklage prüfen Sie daher zunächst die Unwirksamkeit der jeweiligen AGB-Klausel (nur) anhand der §§ 307 bis 309 BGB.

---

[655] Palandt, § 1 UKlaG, Rn. 4.

Daher können die §§ 305a – 306a BGB **nicht** als **Prüfungsmaßstab** herangezogen werden.[656] Im Übrigen kann aber auch ein Verstoß gegen ein gesetzliches Verbot oder zwingendes Recht zur Begründetheit der Klage führen, soweit derselbe Schutzzweck wie bei den §§ 307 bis 309 BGB verfolgt wird.[657]

Wiederholungsgefahr

Der Unterlassungsanspruch setzt ferner eine Wiederholungsgefahr oder eine sogenannte Erstbegehungsgefahr voraus. Letztere ist insbesondere dann gegeben, wenn der Verwender die AGB seinem Vertragsangebot beifügt oder auf sie Bezug nimmt.

II. Unterlassungsansprüche gegen den Empfehlenden unwirksamer AGB

551

Weniger klausurrelevant dürfte die Variante des § 1 UKlaG sein, die sich gegen den Empfehlenden richtet. Empfehlender ist, wer Dritten die Verwendung der angegriffenen AGB anpreist oder nahe legt. Hier sind zum einen Verfasser von Formularsammlungen zu nennen, aber auch Wirtschafts- und Berufsverbände. Auch dieser Anspruch setzt eine Wiederholungs- oder Erstbegehungsgefahr voraus.

Zur Unterlassung kann im Einzelfall auch der Rückruf von Büchern oder anderes aktives Handeln erforderlich sein. Neben der Unterlassung kann der Kläger hier auch den Widerruf der ausgesprochenen Empfehlung fordern, § 9 Nr.4 UKlaG.

III. Unterlassungsanspruch gegen den Verletzer von Verbraucherschutzgesetzen

552

Auch in anderer Weise als durch Verwendung oder Empfehlung unwirksamer AGB kann gegen Verbraucherschutzgesetze verstoßen werden, § 2 UKlaG. Dies sind Vorschriften, deren wesentlicher Zweck darin besteht, die Verbraucher zu schützen. § 2 II UKlaG enthält eine beispielhafte, nicht abschließende Aufzählung.

Voraussetzung ist ein kollektives Interesse der Verbraucher an der Unterlassung der verbraucherschutzwidrigen Praxis. Als ungeschriebenes Tatbestandsmerkmal ist auch hier die Wiederholungsgefahr zu fordern, da ein Unterlassungsanspruch immer in die Zukunft gerichtet ist und daher nur bestehen kann, wenn die Wiederholung des beanstandeten Handelns droht.

D) Die anspruchsberechtigten Verbände

553

Qualifizierte Einrichtungen i.S.d. § 3 I Nr.1 UKlaG sind v.a. die rechtsfähigen Verbraucherschutzverbände. Diese werden auf Antrag in eine beim Bundesverwaltungsamt geführte Liste eingetragen, § 4 I, II UKlaG. Anspruchsberechtigt sind gem. § 3 I Nr.2, 3 UKlaG auch die Verbände zur Förderung gewerblicher Interessen, die Industrie- und Handelskammern sowie die Handwerkskammern.

---

[656] BGH, NJW-RR 1987, 45 - 46 = **juris**byhemmer.
[657] BGH, NJW 1983, 1320 - 1322 = **juris**byhemmer.

E) Zulässigkeit der Klage nach dem UKlaG[658]

⇨ Allgemeine Zulässigkeitsvoraussetzungen nach der ZPO, § 5 UKlaG, soweit das UKlaG keine Spezialvorschriften enthält (z.B. ordnungsgemäße Klageerhebung, Rechtswegeröffnung etc.)

⇨ Zuständigkeit des Gerichts, § 6 UKlaG: § 6 UKlaG trifft Sonderregelungen, die denen des GVG und der ZPO vorgehen. Sachlich ist ausschließlich das LG zuständig, die ausschließliche örtliche Zuständigkeit richtet sich vorrangig nach der gewerblichen Niederlassung des Beklagten. § 6 UKlaG bietet allerdings - soweit erforderlich - verschiedene Hilfsanknüpfungen für die örtliche Zuständigkeit.

⇨ Ordnungsgemäße Klageerhebung, § 253 II ZPO, § 8 UKlaG:

Neben § 253 II ZPO ist hier v.a. § 8 I UKlaG zu beachten. Der Antrag muss den Wortlaut der beanstandeten AGB enthalten sowie die Art von Rechtsgeschäften, bei denen sie verwendet werden. § 13 UKlaG gibt dem Kläger einen Auskunftsanspruch gegen Post, Telefon- oder Mediendiensteanbieter, wenn ihm ansonsten die genaue Benennung des Beklagten nicht möglich ist.

---

[658] Zur Zulässigkeitsprüfung vgl. Sie exemplarisch BGH, **Life&Law 04/2010, 223 - 229** = NJW 2010, 989 - 993 = **juris**byhemmer.

WIEDERHOLUNGSFRAGEN

WIEDERHOLUNGSFRAGEN: **RANDNUMMER**

1. Warum ist der Unternehmer dem Verbraucher grundsätzlich überlegen? 3
2. Was versteht man unter Transaktionskosten? 4
3. Was sind die Instrumente des Verbraucherschutzrechts? 6
4. Welche Konsequenz hat der europarechtliche Ursprung von Verbraucherschutzvorschriften für ihre Auslegung? .... 9 ff.
5. Ist der Existenzgründer ein Verbraucher? 29
6. Ist der Arbeitnehmer ein Verbraucher? 34
7. Wann liegt ein Rechtsgeschäft zu privaten Zweck vor? 39
8. Wie ist die Rechtslage, wenn der Vertragsgegenstand sowohl privaten als auch gewerblichen Zwecken dienen soll, sog. „dual use"? 44
9. Kann sich ein Verbraucher auf Verbraucherschutzrechte berufen, wenn das Geschäft durch einen von ihm bevollmächtigten Unternehmer abgeschlossen wird? 59
10. Wie ist die Rechtslage, wenn ein Unternehmer eine unbestellte Leistung erhält? 70, 76
11. Welche Ansprüche schließt § 241a BGB aus? 86
12. Kann in einem bestehenden Vertragsverhältnis eine unbestellte Leistung erfolgen? 97
13. Kann der Unternehmer von einem Dritten die Herausgabe der unbestellten Leistung verlangen? 114
14. Können in den Fällen des § 241a BGB *Dritte* gegen den Verbraucher Ansprüche geltend machen? 124
15. Wie ist die Rechtslage, wenn ein Dritter die unbestellte Leistung beeinträchtigt? 127
16. Woraus ergibt sich die Schutzwürdigkeit des Verbrauchers bei AGB? 142
17. Was versteht man unter dem Verbot der geltungserhaltenden Reduktion? 157
18. Wann ist eine Klausel für eine Vielzahl von Verträgen bestimmt? 156
19. Was versteht man unter dem sogenannten Rotstift- bzw. „blue-pencil"-test? 158
20. Wie ist das Verhältnis von Individualabreden zu AGB? 173
21. Welche Vorschrift schränkt die Anwendbarkeit der §§ 307 – 309 BGB ein? 181
22. Wie werden AGB in den Vertrag miteinbezogen? 189
23. Wie ist die Rechtslage, wenn beide Parteien AGB verwenden, diese sich jedoch inhaltlich widersprechen? 206
24. Wann ist eine Klausel überraschend? 218
25. Was müssen Sie bei der Auslegung von AGB beachten? 220
26. Was gilt bei unklaren AGB? 226
27. Was ist bei der Inhaltskontrolle von AGB zu beachten? 233

WIEDERHOLUNGSFRAGEN

28. Unter welchen Voraussetzungen und warum ist es zulässig, dass der Leasinggeber Gewährleistungsansprüche gegen sich selbst ausschließt? ... *259*

29. Was müssen Sie bei der Formulierung eigener AGB beachten? ... *275 ff.*

30. Was ist der Sinn und Zweck des Widerrufsrechts? Warum wurde es reformiert? ... *282*

31. Welche Besonderheiten gelten bei der Rückabwicklung eines Verbrauchervertrages aufgrund eines Widerrufs? ... *285 ff.*

32. Ab wann tritt die Präklusionswirkung des § 767 ZPO hinsichtlich des Widerrufsrechts ein? ... *294*

33. Erklären Sie die Struktur der neuen §§ 312–312k; 355–361 BGB! ... *295 ff.*

34. Wann liegt ein außerhalb von Geschäftsräumen geschlossener Vertrag vor? ... *300*

35. Ist der Arbeitsplatz ein Außergeschäftsraum i.S.d. § 312b BGB? ... *313*

36. Was versteht man unter einer Ausflugsveranstaltung? ... *316*

37. Was versteht man unter einem Fernabsatzvertrag? ... *339*

38. Besteht bei Internet-Versteigerungen ein Widerrufsrecht nach § 312g BGB? ... *324 f.*

39. Welchen Rechtsfolgen treten ein, wenn der Unternehmer seinen Pflichten aus § 312i I Nr. 1–4 BGB nicht nach kommt? ... *357 ff.*

40. Was versteht man unter einem Teilzeit-Wohnrechtevertrag? ... *367*

41. Definieren Sie den sachlichen Anwendungsbereich von Verbraucherdarlehensverträgen! ... *378 ff.*

42. Wer ist Unternehmer, wer ist Verbraucher bei Verbraucherdarlehensverträgen? ... *376*

43. Sind die Vorschriften über das Verbraucherdarlehen auf Bürgschaften anwendbar? ... *390 ff.*

44. Was gilt bei einem Schuldbeitritt zum Verbraucherdarlehen? ... *385*

45. Was sind Finanzierungshilfen i.S.d. §§ 491; 506 ff. BGB? ... *393*

46. Was sind die charakteristischen Merkmale des Leasingvertrages? ... *401*

47. Welches Problem bezüglich der Gewährleistung kann beim Finanzierungsleasingvertrag auftreten, wenn ein Andienungsrecht oder eine Kaufoption vereinbart wurde? ... *402*

48. Wie grenzt man das Finanzierungsleasing vom Operatingleasing ab? ... *401, 404 f.*

49. Handelt es sich bei dem Finanzierungsleasingvertrag i.S.d. § 500 BGB nach h.M. um ein verbundenes Geschäft i.S.d. § 358 BGB? ... *408 f.*

50. Was versteht man unter einem Ratenlieferungsvertrag? ... *411*

51. Was versteht man unter einem Darlehensvermittlungsvertrag i.S.d. § 655a BGB? ... *415*

52. Wann liegt ein verbundenes Geschäft i.S.v. § 358 III BGB vor? ... *423*

53. In welcher Form muss die Widerrufserklärung erfolgen? ... *435*

54. Was gilt bei der Widerrufsfrist bei unterbliebener Belehrung? ... *438 f.*

55. Was ist unter einem Verbrauchsgüterkauf zu verstehen? ... *446*

56. Was versteht man unter einem verdeckten Kauf? ... *447*

57. Inwieweit kann der Unternehmer mit dem Verbraucher vertraglich die gesetzlichen Gewährleistungsvorschriften abändern? ... 452 f.

58. Wann liegt eine Umgehung i.S.v. § 476 I 2 BGB vor? ... 455

59. Kann bei einem Verbrauchsgüterkauf der Käufer im Voraus auf Schadensersatzansprüche i.S.d. § 437 Nr.3 Alt.1 BGB durch vertragliche Vereinbarung mit dem Verkäufer verzichten? ... 456

60. Kann beim Verbrauchsgüterkauf durch Vereinbarung im Voraus die Gewährleistungsfrist zu Lasten des Käufers verkürzt werden? Wie ist zu differenzieren? ... 457 ff.

61. Erläutern Sie die Bedeutung des § 477 BGB! ... 465 ff.

62. Warum muss beim Verbrauchsgüterkauf auch im Falle einer Versendung hinsichtlich des Gefahrübergangs auf § 446 BGB zurückgegriffen werden? ... 471

63. Welche Besonderheiten sind bezüglich Garantien beim Verbrauchsgüterkauf zu berücksichtigen? ... 472 ff.

64. Welche Garantien sind in § 479 BGB gemeint? ... 472

65. Muss ein Verbraucher Nutzungsersatz leisten, wenn ihm der Unternehmer im Rahmen der Nacherfüllung eine Sache nachliefert? ... 477 ff.

66. Was regelt § 478 BGB? ... 480 ff.

67. Kann bei einem Reisevertrag auf die Vorschriften zum Werkvertrag zurückgegriffen werden? ... 503

68. Was versteht man unter einer Gesamtheit von Reiseleistungen? ... 507

69. Wer ist Reisender im Sinne des Reisevertragsrechts und welche Rechtsposition nehmen die Personen ein, für welche die Reise mitgebucht wurde? ... 512

70. In welchem Verhältnis stehen die §§ 651a ff. BGB zu § 275 BGB bzw. § 326 BGB? ... 515

71. Welchen Charakter hat das Rechtsverhältnis zwischen Reisendem und Reisevermittler? ... 509

72. Wer ist Reisender und was ist zu beachten, wenn mehrere Personen miteinander verreisen? ... 510

73. Kann der Reiseveranstalter nachträglich den Reisepreis erhöhen? ... 512

74. In welchem Verhältnis stehen die §§ 651a ff. BGB zu §§ 323 ff. bzw. §§ 280 I, III, 283 BGB? ... 517 ff.

75. Nennen Sie die Voraussetzungen der Minderung! ... 520

76. Welche Folgen hat das Minderungsrecht im Reisevertragsrecht? ... 520, 522

77. Nennen Sie die Voraussetzungen des Kündigungsrechts! ... 523

78. Nennen Sie die Voraussetzungen für einen Anspruch auf Schadensersatz! ... 524

79. Kann für vertanen Urlaub Schadensersatz verlangt werden? ... 524

80. Was versteht man unter einem Ehemaklervertrag und wo im BGB ist er geregelt? ... 532

81. Kann durch einen Ehemaklervertrag eine Verbindlichkeit begründet werden? ... 532

82. Welche gesetzgeberischen Überlegungen stecken hinter den Regelungen zum Ehemaklervertrag? ... 532

83. Wie ist die Rechtslage zu beurteilen, wenn es dem Kunden gar nicht darauf ankommt, mit der vermittelten Person eine Ehe einzugehen? 532

84. Was versteht man unter einem Ehemaklerdienstvertrag und was ist insoweit zu berücksichtigen? 533

85. Kann eine bereits geleistete Provisionszahlung vom Kunden gemäß § 812 I 1 Alt.1 BGB zurückverlangt werden? 534

86. Welche Schutzpflichten treffen den Ehemakler? 535

87. Welche Auswirkungen hat es, wenn ein Ehemaklervertrag über einen Verbraucherkredit finanziert wurde? 535

88. Was versteht man unter einer Gewinnzusage? 536

89. Welche gesetzgeberischen Überlegungen stecken hinter § 661a BGB? 537

90. Kann ein Verbraucher den Anspruch aus § 661a BGB auch dann geltend machen, wenn er erkannt hat, dass die Gewinnzusage als bloßes Werbemittel verwendet wurde? 541

91. Welche Besonderheiten sind beim Schuldnerverzug zu beachten, wenn ein Verbraucher beteiligt ist? 542

92. Inwieweit ist ein Verbraucher bei einem Anspruch aus dem ProdHaftG im Vergleich zu einem Unternehmer privilegiert? 543

93. Welche Interessen sollen durch das UKlaG geschützt werden? 548

94. Welche Unterlassungsansprüche können nach dem UKlaG geltend gemacht werden? .... 550 ff.

95. Wer kann diese Ansprüche geltend machen? 553

96. Welche Besonderheiten bestehen bei der Zulässigkeit einer Unterlassungsklage? 554

STICHWORTVERZEICHNIS

Die Zahlen verweisen auf die Randnummern des Skripts

A

AGB		141
	Interessenlage	142
	geltungserhaltende Reduktion	157
	Rotstifttest	158
	Begriff	160
	Vorformulierung	164
	Vielzahl von Verträgen	165
	Individualvereinbarung	173
	Einbeziehung	189
	widersprechende Klauseln	206
	überraschende Klauseln	213
	Auslegung	220
	kundenfeindliche	228, 230
	kundenfreundliche	232
	unklare Klauseln	226
	Formulierung	275
Andienungsrecht		402
Anschrift		333
Außergeschäftsraumvertrag		300
	Schutzzweck	300
	Entgeltlichkeit	303
	Ausflugsveranstaltung	316
	Bestimmung	316
	Ausschluss	304, 317
	Informationspflichten	332 ff.
Ausflugsveranstaltung		316
Auslegung		
	richtlinienkonforme	14
	AGB	220
	kundenfeindliche	228, 230
	kundenfreundliche	232
Arbeitsplatz		313

B

Bagatellegrenze		309
B2C/B2B		349
Bürgschaft		390

C

Computer-Software		321

D

Darlehensvermittlungsvertrag		415
Dual use		44

E

Ehemaklerdienstvertrag		533
Ehemaklervertrag		532
	Provisionsanspruch	534
	Schutzpflicht	535
	Verbraucherdarlehen	535
elektronischer Geschäftsverkehr		348
	Vertragsschluss	358
	Pflichtenkatalog	350 ff
Entgeltliche Leistung		303
Einwendungsdurchgriff		421
Existenzgründer		29, 377, 433

F

Fernabsatzvertrag		342
	Fernkommunikationsmittel	343
	Internetversteigerungen	324
Finanzierungsleasing		399
Frachtgeschäft		546

G

Gastschulaufenthalte		502
Gebrauchsüberlassung		401
Gewinnzusagen		536
	Werbemittel	541
	Gewinnversprechen	538
Grundstücksfinanzierung		424
grundstücksgleiche Rechte		425

I

Ingebrauchnahme		287

K

Kardinalpflicht		267
Kaufoption		402
Kreditgeber		376
Kreditkartenmissbrauch		544

L

Leasing		259
	AGB	259
	Gewährleistungsausschluss	259

N

Notarkosten		365

O

Operatingleasing		404

P

Partnervermittlungsvertrag		532
Pauschalreisevertrag		501 ff.

Entwicklung		501
Anwendbare Normen		503
Reiseveranstalter		505
Leistungserbringer		505
Reisevermittler		505
Geschäftsbesorgung		509
Click through-Buchung		506
Reiseleistungen		507 f.
Dynamic Packaging		508
Informationspflichten		509
Vertrag zugunsten Dritter		513
Reisebestätigung		511
Preiserhöhungen		510
Vertragsänderungen, wesentlich		511
Hauptpflichten		514 f.
Verhältnis zur Anfechtung		517
Verhältnis zu §§ 280 ff.		518
Reisemangel		520
Abhilfe		521
Selbstabhilfe		521
Aufwendungsersatz		521
Minderung		522
Kündigung		523
Schadensersatz		524
Mangelfolgeschäden		524
immaterieller Schaden		524
Deliktische Haftung		525
Fluggastrechte		526
Nebenpflichten		527
Haftungsbeschränkung		528
Vertragsübertragung		529
Ersetzungsbefugnis		529
Rücktritt vor Reisebeginn		530 f.
Postfachanschrift		**333**
Präklusion		**294**
Preiserhöhung		**242**
Produkthaftungsgesetz		**543**

R

Ratenlieferung	**410**
Rücksendekosten	**288**

S

Schadenspauschalierung	**244**
Schriftformklausel	**259a**
Schuldbeitritt	**385**
Schuldnerverzug	**542**

T

Teilzahlung	**394**
Teilzeit-Wohnrechteverträge	**367**
Transaktionskosten	**4**
Transparenzgebot	**270**

U

Unbestellte Leistungen		**68**
Rechtsfolge		77
Persönlicher Anwendungsbereich		93
Sachlicher Anwendungsbereich		95
Weitergabe an Dritte		114
Ansprüche Dritter		124
Drittschadensliquidation		129
Strafrecht		132
Unterlassungsklage		**548**
Unterlassungsansprüche		550 ff.
AGB		550
Verbraucherschutzgesetze		551
Verbände		553
Zulässigkeit		554
Unternehmer		**49**
Definition		50
Unternehmerregress		**480**
Regressfalle		481
Distributionskette		485
Beschaffungskette		485
unselbständiger Regress		486
Nachfristsetzung		487
selbständiger Regress		488
Einheitlichkeit des Mangelbegriffs		490
Beweislastumkehr		491
Untersuchungs- und Rügepflicht		495
Verjährung		496

V

Verbraucher		**19**
i. w. S.		21
i. S. v. § 13 BGB		24
Arbeitnehmer		34
absoluter		35
relativer		36
Verbraucherdarlehen		**373 ff.**
Stellvertretung		58
Schuldbeitritt		385
Bürgschaft		390
Verbraucherinsolvenzverfahren		**547**
Verbraucherschutzrecht		**1**
Begriff		1
Instrumente		6
Entwicklung		11
Stellvertretung		54
Verbrauchsgüterkaufrecht		**446**
verdeckter Kauf		447
Umgehung		455
Beweislastumkehr		465
Fälligkeit der Leistung		500a
Gefahrübergang		471
Garantie		472

Nacherfüllung	477
Nutzungsersatz	477
verbundene Verträge	**420**
Verbraucherbauvertrag	**433b**
Verlustrisiko	**442**
Verspätungsrisiko	**442**
Versteigerung	**324**
Vertragsstrafe	**247**
Vollamortisation	**401**
Vollstreckungsgegenklage	**284**

W

Werklieferungsvertrag	**449**
Widerruf	**281**
Zweck	282
Rückgewährschuldverhältnis	285
Leistungsort/Erfüllungsort	287
Rücksendekosten	288
Ingebrauchnahme/Wertersatz	290 ff.
Belehrung	333, 347, 435
nicht ordnungsgemäße	440
Widerrufserklärung	**434 f.**
Form	435
Frist	436 ff.
wirtschaftliche Einheit	**423**
Wohnraummiete	**545**

Z

Zahlungsaufschub	**393**
Zusammenhängender Vertrag	**433a**

Juristischer und wirtschaftswissenschaftlicher
Einzel- und **Kleingruppenunterricht!**

hemmer.individual

DIE TREFFSICHERE PRÜFUNGSVORBEREITUNG BY HEMMER.

WIR BIETEN IHNEN

individuellen Einzelunterricht oder Unterricht in einer Kleingruppe zur Vorbereitung auf

- alle Klausuren während des Studiums der Rechtswissenschaften,
- insbesondere Ihre Zwischenprüfung,
- das Erste Juristische Staatsexamen,
- das Zweite Juristische Staatsexamen,
- die Eignungsprüfung zur Zulassung zur Rechtsanwaltschaft nach § 16 EuRAG,
- die rechtswissenschaftlichen und wirtschaftswissenschaftlichen Klausuren während des Studiums der Wirtschaftswissenschaften

MIT AUSFÜHRLICHER KLAUSURENKORREKTUR UND ANALYSE DER INDIVIDUELLEN SCHWÄCHEN

6 Monate kostenfreie Nutzung juris by hemmer (Voraussetzung: hemmer.club-Mitgliedschaft)

hemmer.individual Kontakt

Juristisches Repetitorium hemmer
Einzelunterricht
Mergentheimer Straße 44
97082 Würzburg

Wir beraten Sie gerne persönlich! Wir sind in allen juristischen Universitätsstädten vertreten und vermitteln Ihnen gerne auch einen Repetitor vor Ort.

Telefon: 0931 / 797 82-30
Telefax: 0931 / 797 82-34

Email: repetitorium@hemmer.de

www.einzelunterricht-hemmer.de

2019 PRODUKTLISTE
Reihe intelligentes Lernen

Seite 1

hemmer/wüst
Verlagsgesellschaft mbH
Mergentheimer Str. 44 / 97082 Würzburg
Tel.: 09 31 /7 97 82 38 / Fax: 09 31/7 97 82 40
www.hemmer-shop.de / verlag@hemmer.de

ISBN 978-3-86193-   Auflage/Jahr/Euro

Sie erhalten unser ganzes Skripten-Sortiment auch als eBooks in unserem hemmer-shop: www.hemmer-shop.de/ebooks

ISBN 978-3-86193-   Auflage/Jahr/Euro

Grundwissen für Anfangssemester

Nr.	ISBN	Titel	Auflage
GW10	(-732-6)	BGB-AT Theorieband zu den wicht. Fällen	9.A/18 · 9,90
GW11	(-782-1)	SchuldR-AT Theorieband zu den wicht. Fällen	8.A/18 · 9,90
GW12	(-775-3)	SchuldR-BT I Theorieband zu den wicht. Fällen	8.A/18 · 9,90
GW13	(-694-7)	SchuldR-BT II Theoriebd. zu den wicht. Fällen	7.A/18 · 9,90
GW14	(-598-8)	Sachenrecht I Theorieband zu den wicht. Fällen	7.A/17 · 9,90
GW15	(-455-4)	Sachenrecht II Theorieband zu den wicht. Fällen	6.A/16 · 9,90
GW20	(-770-8)	Strafrecht AT Theorieband zu den wicht. Fällen	8.A/18 · 9,90
GW21	(-594-0)	Strafrecht BT Theorieband zu den wicht. Fällen	6.A/17 · 9,90
GW30	(-545-2)	StaatsR Theorieband zu den wicht. Fällen	7.A/17 · 9,90
GW31	(-523-0)	VerwaltungsR Theorieband zu den wicht. Fällen	7.A/16 · 9,90

Die wichtigsten Fälle

Nr.	ISBN	Titel	Auflage
DF1	(-700-5)	76 Fälle - BGB AT	10.A/18 · 12,80
DF2	(-613-8)	55 Fälle - Schuldrecht AT	10.A/17 · 12,80
DF3	(-828-6)	51 Fälle - Schuldrecht BT - Kauf/WerkV	11.A/19 · 12,80
DF4	(-808-8)	42 Fälle - GoA/Bereicherungsrecht	10.A/19 · 12,80
DF5	(-631-2)	45 Fälle - Deliktsrecht	8.A/17 · 12,80
DF6	(-810-1)	44 Fälle - Verwaltungsrecht	10.A/19 · 12,80
DF25	(-632-9)	30 Fälle - Verwaltungsrecht BT Bayern	5.A/17 · 12,80
DF7	(-709-8)	32 Fälle - Staatsrecht	11.A/18 · 12,80
DF8	(-763-0)	34 Fälle - Strafrecht AT	11.A/18 · 12,80
DF9	(-825-5)	44 Fälle Strafrecht BT I - Vermögensd.	11.A/19 · 12,80
DF10	(-618-3)	44 Fälle Strafrecht BT II - Nicht-Vermögensd.	9.A/17 · 12,80
DF11	(-715-9)	50 Fälle - Sachenrecht I	9.A/18 · 12,80
DF12	(-752-4)	43 Fälle - Sachenrecht II - ImmobiliarSR	10.A/18 · 12,80
DF13	(-813-2)	40 Fälle - ZPO I - Erkenntnisverfahren	9.A/19 · 12,80
DF14	(-738-8)	25 Fälle - ZPO II - ZwangsvollstreckungsV	8.A/18 · 12,80
DF15	(-707-4)	35 Fälle - Handelsrecht	8.A/18 · 12,80
DF16	(-767-8)	36 Fälle - Erbrecht	8.A/18 · 12,80
DF17	(-747-0)	26 Fälle - Familienrecht	9.A/18 · 12,80
DF18	(-680-0)	32 Fälle - Gesellschaftsrecht	7.A/18 · 12,80
DF19	(-783-8)	39 Fälle - Arbeitsrecht	8.A/18 · 12,80
DF20	(-533-9)	35 Fälle - Strafprozessrecht	6.A/16 · 12,80
DF21	(-701-2)	23 Fälle - Europarecht	6.A/18 · 12,80
DF22	(-682-4)	10 Fälle - Musterkl. Examen ZivilR	8.A/18 · 14,80
DF23	(-475-2)	10 Fälle - Musterkl. Examen StrafR	6.A/16 · 14,80
DF24	(-591-9)	8 Fälle - Musterkl. Examen SteuerR	9.A/17 · 14,80

Skripten Basics (110)

Nr.	ISBN	Titel	Auflage
BI/1	(-776-0)	Zivilrecht I - BGB AT u.vertragl. SchuldV	11.A/18 · 16,90
BI/2	(-674-9)	Zivilrecht II - Sachenrecht/gesetzl. SV	9.A/18 · 16,90
BI/3	(-724-1)	Zivilrecht III - FamilienR/ErbR	9.A/18 · 16,90
BI/4	(-605-3)	Zivilrecht IV - ZivilprozessR	9.A/17 · 16,90
BI/5	(-777-7)	Zivilrecht V - Handels-/GesellschR	9.A/18 · 16,90
BI/6	(-522-3)	Zivilrecht VI - ArbeitsR	6.A/16 · 16,90
BII	(-542-1)	Strafrecht	7.A/17 · 16,90
BIII/1	(-751-7)	Öffentliches Recht I -VerfassR/StaatsHR	7.A/18 · 16,90
BIII/2	(-388-5)	Öffentliches Recht II - VerwaltungsR	7.A/15 · 16,90
BIV	(-733-3)	Steuerrecht - EstG & AO	10.A/18 · 16,90
BV	(-512-4)	Europarecht	9.A/16 · 16,90

Skripten Zivilrecht (120)

Nr.	ISBN	Titel	Auflage
1	(-727-2)	BGB-AT I, Ensteh.d.Primäranspruchs	15.A/18 · 19,90
2	(-728-9)	BGB-AT II, Scheitern des Primäranspr.	15.A/18 · 19,90
3	(-659-6)	BGB-AT III, Erlösch.d. Primäranspruchs	14.A/17 · 19,90
4	(-818-7)	Schadensersatzrecht I	9.A/19 · 19,90
5	(-492-9)	Schadensersatzrecht II	7.A/16 · 19,90
6	(-532-2)	Schadensersatzrecht III (§§ 249 ff.)	12.A/17 · 19,90
7	(-342-7)	Verbraucherschutzrecht	4.A/14 · 19,90
51	(-830-9)	Schuldrecht AT	12.A/19 · 19,90
52	(-683-1)	Schuldrecht BT I	10.A/18 · 19,90
53	(-772-2)	Schuldrecht BT II	11.A/18 · 19,90
8	(-765-4)	Bereicherungsrecht	16.A/18 · 19,90
9	(-697-8)	Deliktsrecht I	13.A/18 · 19,90
10	(-581-0)	Deliktsrecht II	10.A/17 · 19,90
11	(-619-0)	Sachenrecht I	14.A/17 · 19,90
12	(-737-1)	Sachenrecht II	12.A/18 · 19,90
12A	(-642-8)	Sachenrecht III	13.A/17 · 19,90
13	(-803-3)	Kreditsicherungsrecht	13.A/19 · 19,90
14	(-483-7)	Familienrecht	13.A/16 · 19,90
15	(-788-3)	Erbrecht	14.A/18 · 19,90
16	(-606-0)	Zivilprozessrecht I	13.A/17 · 19,90
17	(-633-6)	Zivilprozessrecht II	12.A/17 · 19,90
18	(-717-3)	Arbeitsrecht	16.A/18 · 19,90
19A	(-462-2)	Handelsrecht	11.A/16 · 19,90
19B	(-579-7)	Gesellschaftsrecht	14.A/17 · 19,90
31	(-450-9)	Herausgabeansprüche	7.A/16 · 19,90
32	(-254-3)	Rückgriffsansprüche	7.A/13 · 19,90

Skripten Strafrecht (120)

Nr.	ISBN	Titel	Auflage
20	(-812-5)	Strafrecht AT I	14.A/19 · 19,90
21	(-671-8)	Strafrecht AT II	13.A/17 · 19,90
22	(-722-7)	Strafrecht BT I	13.A/18 · 19,90
23	(-711-1)	Strafrecht BT II	13.A/18 · 19,90
30	(-675-6)	Strafprozessordnung	12.A/17 · 19,90

Skripten Öffentliches Recht (120/130)

Nr.	ISBN	Titel	Auflage
24	(-734-0)	Verwaltungsrecht I	14.A/18 · 19,90
25	(-630-5)	Verwaltungsrecht II	13.A/17 · 19,90
26	(-597-1)	Verwaltungsrecht III	13.A/17 · 19,90
27	(-524-7)	Staatsrecht I	12.A/16 · 19,90
28	(-791-3)	Staatsrecht II	10.A/18 · 19,90
29	(-655-8)	Europarecht	13.A/17 · 19,90
40	(-729-6)	Staatshaftungsrecht	5.A/18 · 19,90
33	(-662-6)	Baurecht/Bayern	12.A/17 · 19,90
33	(-505-6)	Baurecht/Nordrhein-Westfalen	9.A/16 · 19,90
33	(-666-4)	Baurecht/Baden-Württembg.	5.A/17 · 19,90
33	(-331-1)	Baurecht/Hessen	2.A/14 · 19,90
33	(-847-0)	Baurecht/Saarland	1.A/08 · 19,90
34	(-736-4)	Polizeirecht Bayern	11.A/18 · 19,90
34	(-698-5)	Polizei- u. Ordnungsrecht/NRW	6.A/18 · 19,90
34	(-824-8)	Polizeirecht/Baden-Württembg.	5.A/19 · 19,90
34	(-417-2)	Polizei- u. Ordnungsrecht/Hessen	2.A/15 · 19,90
34	(-028-0)	Polizei- u. Ordnungsrecht/Rheinl.-Pfalz	1.A/11 · 19,90
34	(-877-7)	Polizei- u. Sicherheitsrecht/Saarland	1.A/09 · 19,90
35	(-719-7)	Kommunalrecht/Bayern	11.A/18 · 19,90
35	(-076-1)	Kommunalrecht/NRW	8.A/11 · 19,90
35	(-541-4)	Kommunalrecht/Baden-Württembg.	5.A/17 · 19,90

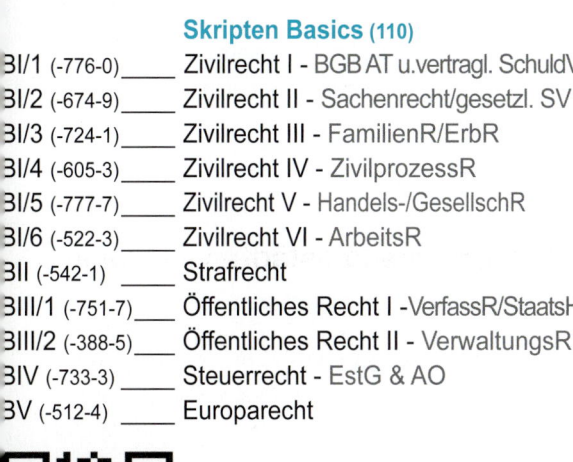

www.hemmer-shop.de

Lieferung erfolgt in aktueller Auflage

2019 PRODUKTLISTE
Reihe Intelligentes Lernen

Seite 2

hemmer/wüst
Verlagsgesellschaft mbH
Mergentheimer Str. 44 / 97082 Würzburg
Tel.: 09 31 /7 97 82 38 / Fax: 09 31/7 97 82 40
www.hemmer-shop.de / verlag@hemmer.de

ISBN 978-3-86193 — Auflage/Jahr/Euro

Lexikon/Definitionen
- D1 (-288-8) Definitionen Strafrecht - schnell gemerkt — 4.A/14 · 19,90

Skripten Schwerpunkt (120)
- P1 (-801-9) Kriminologie — 8.A/19 · 21,90
- P2 (-746-3) Völkerrecht — 9.A/18 · 21,90
- P4 (-349-6) Kapitalgesellschaftsrecht — 5.A/14 · 21,90
- P7 (-243-7) Rechtsgeschichte I — 3.A/13 · 21,90
- P8 (-119-5) Rechtsgeschichte II — 2.A/12 · 21,90
- P11 (-795-1) Einführung in die Rechtsphilosophie und Rechtssoziologie — 3.A/19 · 21,90
- P12 (-183-6) Insolvenzrecht — 3.A/12 · 21,90

Skripten Steuerrecht (120)
- 42 (-528-5) Abgabenordnung — 9.A/16 · 21,90
- 43 (-760-9) Einkommensteuerrecht — 9.A/18 · 21,90

Skripten für WiWi's, BWL'er & Steuerberater
- W1 (-430-1) PrivatR f. BWL'er, WiWi's & Steuerberater — 8.A/15 · 19,90
- W2 (-792-0) Ö-Recht f. BWL'er, WiWi's & Steuerberater — 5.A/19 · 19,90
- WF1 (-472-1) Die 74 wicht. Fälle (BGB AT, SchuldR AT/BT) — 5.A/16 · 19,90
- WF2 (-247-5) Die 44 wicht. Fälle (GoA, BerR, GesR, …) — 2.A/13 · 19,90

Basics Karteikarten
- BK1 (-329-8) Basics - Zivilrecht — 6.A/14 · 16,90
- BK2 (-441-7) Basics - Strafrecht — 4.A/15 · 16,90
- BK3 (-320-5) Basics - Öffentliches Recht — 4.A/14 · 16,90

Karteikarten Zivilrecht
- KK1 (-603-9) BGB-AT I — 10.A/17 · 16,90
- KK2 (-820-0) BGB-AT II — 9.A/19 · 16,90
- KK3 (-539-1) Schuldrecht AT I — 10.A/17 · 16,90
- KK4 (-507-0) Schuldrecht AT II — 8.A/16 · 16,90
- KK5 (-807-1) Schuldrecht BT I (Kauf-u.WerkVR) — 9.A/19 · 16,90
- KK6 (-480-6) Schuldrecht BT II — 7.A/16 · 16,90
- KK7 (-464-6) Arbeitsrecht — 5.A/16 · 16,90
- KK8 (-413-4) Bereicherungsrecht — 7.A/15 · 16,90
- KK9 (-531-5) Deliktsrecht — 7.A/16 · 16,90
- KK11 (-755-5) Sachenrecht I — 10.A/18 · 16,90
- KK12 (-816-3) Sachenrecht II — 9.A/19 · 16,90
- KK13 (-495-0) Kreditsicherungsrecht — 4.A/16 · 16,90
- KK14 (-336-6) Familienrecht — 4.A/14 · 16,90
- KK15 (-699-2) Erbrecht — 5.A/18 · 16,90
- KK16 (-566-7) ZPO I — 7.A/17 · 16,90
- KK17 (-491-2) ZPO II — 6.A/16 · 16,90
- KK18 (-358-8) Handelsrecht — 5.A/14 · 16,90
- KK19 (-383-0) Gesellschaftsrecht — 6.A/15 · 16,90

Die Shorties (Minikarteikarten) inkl. Box
- SH1 (686-2) Box 1: BGB AT, Schuldrecht AT — 10.A/18 · 24,9
- SH2/I (735-7) Box 2/1: vertragliches Schuldrecht — 6.A/18 · 24,9
- SH2/II (-514-8) Box 2/2: gesetzliches Schuldrecht — 6.A/16 · 24,9
- SH3 (-804-0) Box 3: Sachenrecht, ErbR, FamR — 9.A/19 · 24,9
- SH4 (-547-6) Box 4: ZPO I/II, GesellschaftsR, HGB — 7.A/17 · 24,9
- SH5 (-759-3) Box 5: Strafrecht — 11.A/18 · 24,9
- SH6 (-764-7) Box 6: Grundrecht, StaatsOrgR, BauR, u.a. — 9.A/18 · 24,9
- SH7 (-534-6) Box 7: EuropaR, StaatshaftungsR — 1.A/16 · 24,9
- SH8 (-513-1) Box 8: ArbeitsR, StPO — 1.A/16 · 24,9

Karteikarten Strafrecht
- KK20 (-817-0) Strafrecht AT I — 10.A/19 · 16,9
- KK21 (-673-2) Strafrecht-AT II — 9.A/17 · 16,9
- KK22 (-822-4) Strafrecht-BT I — 10.A/19 · 16,9
- KK23 (-696-1) Strafrecht-BT II — 9.A/18 · 16,9
- KK24 (-789-0) StPO — 7.A/18 · 16,9

Karteikarten Öffentliches Recht
- KK25 (-538-4) Verwaltungsrecht I — 9.A/17 · 16,9
- KK26 (-758-6) Verwaltungsrecht II — 7.A/18 · 16,9
- KK27 (-352-6) Verwaltungsrecht III — 6.A/14 · 16,9
- KK28 (-608-4) Staats- u. Verfassungsrecht — 10.A/17 · 16,9
- KK29 (-470-7) Europarecht — 4.A/16 · 16,9

Überblickskarteikarten
- ÜK I (-821-7) BGB im Überblick I — 14.A/19 · 30,0
- ÜK II (-536-0) BGB im Überblick II (Nebengebiete) — 8.A/17 · 30,0
- ÜK III (-607-7) StrafR im Überblick — 10.A/17 · 30,0
- ÜK IV (-784-5) Öffentl.-R im Überblick — 11.A/18 · 19,9
- ÜK V (-725-8) Öffentl.-R im Überblick II Bayern — 9.A/18 · 19,9
- ÜK VI (-468-4) Öffentl.-R im Überblick II NRW — 3.A/16 · 19,9
- ÜK VII (-706-7) Europarecht — 6.A/18 · 19,9

Assessor-Basics/Theoriebände (410)
- A IV (-730-2) Die zivilrechtl. Anwaltsklausur/Teil 1 — 12.A/18 · 19,9
- A VII (-543-8) Das Zivilurteil — 12.A/17 · 19,9
- A VIII (-544-5) Die Strafrechtskl. im Assessorexamen — 8.A/17 · 19,9
- A IX (-412-7) Die Assessorklausur Öffentl. Recht — 6.A/15 · 19,9

Assessor-Basics/Klausurentraining
- A I (-774-6) Zivilurteile — 18.A/18 · 19,9
- A II (-535-3) Arbeitsrecht — 15.A/17 · 19,9
- A III (-411-0) Strafrecht — 12.A/15 · 19,9
- A V (-731-9) Zivilrechtl. Anwaltsklausuren/Teil 2 — 12.A/18 · 19,9

Assessorkarteikarten
- AK I (-645-9) Zivilprozessrecht im Überblick — 7.A/17 · 19,9
- AK II (-778-4) Strafprozessrecht im Überblick — 9.A/18 · 19,9
- AK III (-721-0) Öffentliches Recht im Überblick — 6.A/18 · 19,9
- AK IV (-676-3) Familienrecht im Überblick — 3.A/18 · 19,9

Lieferung erfolgt in aktueller Auflage

2019 PRODUKTLISTE
REIHE INTELLIGENTES LERNEN

Seite 3

hemmer/wüst
Verlagsgesellschaft mbH
Mergentheimer Str. 44 / 97082 Würzburg
Tel.: 09 31 /7 97 82 38 / Fax: 09 31/7 97 82 40
www.hemmer-shop.de / verlag@hemmer.de

Sonderartikel | Euro

Lernkarteikartenbox (28.01)
Code	Beschreibung	Euro
LB	Die praktische Lernbox für die Karteikarten	1,99
S 810	Din A4, 80 Blatt 10er Pack	17,50

Coach dich! (70.05)
| S5 | Psychologischer Ratgeber | 19,80 |

Lebendiges Reden (70.06)
| S6 | Psychologischer Ratgeber inkl. Audio-CD | 21,80 |

NLP für Einsteiger (71.01)
| S7 | Psychologischer Ratgeber | 12,80 |

Prüfungen als Herausforderung (70.08)
| S8 | Psychologischer Ratgeber | 14,80 |

Wiederholungsmappe (75.01) — 9,90
Intelligentes Lernen
inkl. Handbuch und Kurzskript

Ordner byhemmer (88.20) — 2,50
Ringbuchmappe für Einlagen, DIN A4

(-200-0) Die wahren Paradiese - 15 traumhafte Gärten — 29,80
Gebunden (Hardcover) mit Schutzumschlag, 208 Seiten
(275 x 255 mm)

Ein grünes Band verbindet 15 Gärtnerinnen und Gärtner aus Deutschland und Österreich, die ihre Gartenparadiese mit Hingabe und Leidenschaft angelegt haben und pflegen.
Jeder Garten wird mit einer Vielzahl von Fotos ausführlich porträtiert. Die Besitzer erzählen in diesem reizvollen Bildband ihre ganz eigene Gartengeschichte. Eine höchstpersönliche Führung durch die Traumgärten!

(-500-1) Vom „Baumeland" zum Traumgarten — 24,80
Ein ländlicher Garten mit mediterranem Charme
Gebunden (Hardcover) mit Schutzumschlag, 180 Seiten
(275 x 255 mm)

Ein Buch über den eigenen Garten
Die intensive Beschäftigung mit dem Thema Garten seit mehr als zwanzig Jahren, all die Tätigkeiten im Jahreslauf, das Erleben der Natur und die Erfahrungen, die ich gemacht habe, fließen in dieses Werk über unseren Garten ein. Es werden sowohl die Entstehung der Gartenanlage als auch die vier Jahreszeiten mit den dazugehörenden Aufgaben im Garten beschrieben.

Life&LAW | Euro

Code	Beschreibung	Euro
	Einzelheft der Life&LAW	6,80
AboLL	Probe-Abonnement der Life&LAW	9,80
	Life&Law die ersten 3 Monate zum Preis von	
	danach erhalten Sie die Life&Law zum Preis von	5,80
LLJ	Life&LAW Jahrgangsband 1999 - 2017	je 50,00
	bitte Jahrgang eintragen	
LLJ18	Life&LAW Jahrgangsband 2018	80,00
LLE	Einband für Life&LAW Jahrgang	je 6,00

Endsumme:

Lieferung erfolgt in aktueller Auflage

Kundennummer: D _ _ _ _ _

Prüfen Sie in Ruhe zuhause!
Alle Produkte dürfen innerhalb von 14 Tagen an den Verlag (Originalzustand) zurückgeschickt werden. Es wird ein uneingeschränktes gesetzliches Rückgaberecht gewährt. Hinweis: Der Besteller trägt bei einem Bestellwert bis 40 Euro die Kosten der Rücksendung. Über 40 Euro Bestellwert trägt er ebenfalls die Kosten, wenn zum Zeitpunkt der Rückgabe noch keine (An-) Zahlung geleistet wurde.

Die Lieferung erfolgt (ausschließlich innerhalb Deutschlands) versandkostenfrei an Ihre angegebene Adresse.
Ich weiß, dass meine Bestellung nur bearbeitet wird, wenn ich zum Einzug ermächtige. Bestellungen auf Rechnung können nicht berücksichtigt werden.
Bei fehlerhaften oder unleserlichen Angaben, sowie einer Rücklastschrift aufgrund Nichtdeckung meines Kontos wird der branchenübliche Schaden in Rechnung gestellt. Der Kunde ist berechtigt, diesem Pauschalbetrag den Nachweis entgegenzuhalten, dass nur ein geringerer Schaden entstanden ist. Die Lieferung erfolgt unter Eigentumsvorbehalt.

Name: _____   Vorname: _____

Adresse: _____

Telefon: _____   e-mail-adresse: _____

Buchen Sie die Endsumme von meinem Konto ab:

Konto-Nr.: _____   Bankleitzahl: _____

Bank: _____   BIC: _____

IBAN: _

Ort, Datum: _____   Unterschrift: _____